Gouvernance, qualité de l'information financière et fraude

Julien Le Maux

JFD Éditions

Gouvernance, qualité de l'information financière et fraude
Julien Le Maux

Catalogage avant publication de Bibliothèque et Archives nationales du Québec et Bibliothèque et Archives Canada

Le Maux, Julien

Gouvernance, qualité de l'information financière et fraude

Comprend des références bibliographiques

ISBN 978-2-923710-76-1

1. Gouvernement d'entreprise. 2. Information financière. 3. Fraude comptable. I. Titre.

HD2741.L45 2015 658.4 C2014-942518-X

Les Éditions JFD
CP 15 Succ. Rosemont
Montréal (Québec)
H1X 3B6
Téléphone : 514-999-4483
Courriel : info@editionsjfd.com
www.editionsjfd.com

ISBN : 978-2-923710-76-1
Dépôt légal : 3e trimestre 2016
Bibliothèque et Archives nationales du Québec
Bibliothèque et Archives Canada

Infographie et graphisme : Adrien Rowen et Jean-Sébastien Delorme
Correction : Lise Bergeron et Eva Lavergne

Imprimé au Québec, Canada

Table des matières

Chapitre 4
La gouvernance et le conseil d'administration

Chapitre 5
La gouvernance et les auditeurs

Chapitre 8
Fraude comptable et financière
Définitions, déterminants et conséquences

Chapitre 9
Fraude comptable et financière
Détection et prévention

Chapitre 10
Cas Sinbad Ltée
Énoncé

Cas Sinbad Ltée
Corrigé

Chapitre 11
Cas Hardy Ltée
Énoncé

Cas Hardy Ltée
Corrigé

Chapitre 12
Cas Thomson & French Inc.
Énoncé

Cas Thomson & French Inc.
Corrigé

Introduction

Écrire un ouvrage sur la gouvernance, la qualité de l'information financière et la fraude en 2016 s'apparente à publier un ouvrage de médecine au 18e siècle. Alors que nombre de traités médicaux expliquent les traitements adéquats à prodiguer aux patients, les médecins continuent de penser qu'une saignée ou qu'une amputation reste le moyen le plus efficace de soigner une maladie. Peu importe que l'amputation entraîne la septicémie, le sentiment du travail bien fait et la bonne conscience satisfont amplement le prétendu médecin.

Depuis près de 15 ans, les codes de bonne gouvernance rédigés par les associations de dirigeants d'entreprise et les lois promulguées par des assemblées nationales se multiplient. Pourtant, les scandales continuent d'éclater et ne semblent pas vouloir s'arrêter. D'*Enron* en 2002 à *Toshiba* en 2015, en passant par *Worldcom* et *Nortel* en 2003, *American International Group* en 2005, Madoff en 2008 et *Saryam* en 2009, les fraudes continuent et les montants en cause ne diminuent pas.

Au début des années 1990, dans l'introduction d'un ouvrage collectif portant sur l'éthique et la gestion de l'entreprise, Hubert de La Bruslerie écrivait :

> *Parler de morale des affaires aujourd'hui est peut-être faire preuve d'une certaine audace! L'époque – la nôtre, et non pas celle de nos parents, ni, espérons-le, celle de nos enfants – serait celle des affaires, de la corruption, de l'appât du gain, des coups financiers, de l'argent sale... Après les trente années « glorieuses » de croissance économique, faut-il parler des dix ou vingt « corrompues » qui caractérisaient ce siècle finissant*[1].

Ce point de vue est toujours d'actualité 25 ans plus tard. Toutefois, nous ne parlons plus des 20 corrompues, mais plutôt des 45 corrompues.

C'est dans ce cadre que l'idée d'écrire un ouvrage portant sur la gouvernance d'entreprise, la qualité de l'information comptable et financière (ICF) et la fraude est née. Son originalité réside dans son approche, qui mêle à la fois les conclusions de travaux universitaires et des recommandations pour les professionnels, et les hypothèses formulées par l'auteur.

En matière de gouvernance, penser que la simple structure juridique permet de contrôler le pouvoir au sein de la direction est une erreur. Le narcissisme du dirigeant ou l'excès de confiance en soi sont des éléments à intégrer pour comprendre le rôle du dirigeant. De même, la presse a tendance à analyser la rémunération des dirigeants en regardant simplement le montant versé. Or, cette somme n'est qu'un élément parmi d'autres. Le plus important est la structure de cette rémunération. Différents exemples,

---

[1] *Éthique, déontologie et gestion de l'entreprise* (1992), Economica.

et une étude de cas, montreront que l'utilisateur des états financiers peut extraire beaucoup d'informations de cette structure de rémunération.

Concernant les états financiers, croire en l'idée qu'ils sont transparents, qu'ils reflètent une image fidèle de l'activité de l'entreprise et que la certification par un auditeur fournit une bonne qualité de l'information financière est tout simplement une erreur. Il faut distinguer la régularité et la qualité de l'information financière. Cette dernière peut être gérée afin d'émettre un signal souhaité par les producteurs des documents comptables, c'est-à-dire les dirigeants. Deux sociétés parfaitement similaires peuvent présenter des jeux d'états financiers très différents en fonction du message qu'elles souhaitent faire passer. Par exemple, si l'une d'elles est en phase d'introduction en bourse, le signal émis sera beaucoup plus favorable que celui de l'autre entreprise.

Enfin, à propos des fraudes comptables et financières, leurs survenues permanentes a amené la communauté des affaires à développer de nouveaux outils, tels que le code d'éthique, ou à renforcer le rôle des acteurs présents, comme les auditeurs internes. Ce sont bien entendu des décisions qui vont dans le bon sens, mais nous verrons que l'impact de celles-ci est minime par rapport au lancement d'alerte, qui est aujourd'hui le principal vecteur de détection de la fraude. Une liste d'outils est fournie aux lecteurs pour mieux lutter contre cette dernière.

L'ouvrage est divisé en quatre parties. La première, composée de cinq chapitres, est consacrée aux différents concepts, acteurs et problématiques relatifs à la gouvernance d'entreprise. La seconde partie, composée de deux chapitres, porte sur la qualité de l'information comptable et financière, les leviers permettant de la gérer et les méthodes pour l'évaluer. La troisième partie, composée de deux chapitres, a pour objectif de fournir au lecteur tous les concepts théoriques et les outils pratiques destinés à lutter contre la fraude. Enfin, la quatrième partie est composée de trois études de cas, dont les thèmes sont liés aux trois premières parties du livre, et qui permettent au lecteur d'appréhender des situations concrètes nécessitant l'application de tous les outils précédemment présentés.

À la fin de chaque chapitre se trouve un questionnaire à choix multiples destiné à aider le lecteur à vérifier s'il a correctement assimilé le contenu du chapitre. S'y trouve également une section intitulée « Le professionnel s'interroge » qui fournit une série de questions que toute personne intéressée aux problématiques abordées dans le chapitre devrait se poser.

Le chapitre 1 expose le cadre théorique dans lequel s'inscrit la gouvernance. Les théories de l'agence, des parties prenantes et des ressources et compétences y sont présentées. Le rôle de l'actionnariat, et plus globalement du contrôle, sur la gouvernance des entreprises y est démontré. En effet, une mauvaise qualité de la gouvernance a pour conséquence de permettre aux acteurs contrôlants de pouvoir extraire des bénéfices privés au détriment de toutes les autres parties prenantes.

Le chapitre 2 est consacré aux méthodes d'évaluation de la gouvernance. Depuis une décennie, de nombreux travaux ont porté sur la notation et la classification des systèmes de protection des actionnaires. De l'évaluation de la protection des actionnaires minoritaires au niveau national, les travaux se sont rapprochés des entreprises en définissant des grilles de notation de la qualité de la gouvernance.

Le chapitre 3 porte sur la place des dirigeants dans la gouvernance des entreprises. Y sont exposées les différentes théories établies concernant leur rôle dans la définition de la gouvernance, mais également l'impact de leurs qualités et défauts personnels. Ce chapitre traite aussi des problématiques relatives à leur rémunération.

Le chapitre 4 est consacré au conseil d'administration, acteur majeur dans la gestion des pouvoirs et des conflits d'intérêts au sein de l'entreprise. Il doit présenter différentes caractéristiques, et ses membres doivent respecter certains critères, pour permettre à l'entreprise d'afficher une bonne qualité en matière de gouvernance.

Le chapitre 5 porte sur la place de l'auditeur au sein de la gouvernance. Son rôle de vérificateur des états financiers en fait un acteur important des questions relatives à la gouvernance d'entreprise. Toutefois, ce n'est pas une raison pour que son intervention ait été toujours parfaite et sans tache. Sont abordées dans ce chapitre les problématiques liées à ses qualités et à sa rémunération.

Le chapitre 6 introduit la question de la qualité de l'information comptable et financière publiée par les entreprises. Contrairement aux idées reçues, cette qualité peut être gérée comme celle de toute autre communication. Or, cette gestion remet en cause les concepts de transparence et d'image fidèle. Ce chapitre expose les raisons et les conséquences de la gestion de la qualité de l'information comptable et financière.

Le chapitre 7 a pour objectif de fournir aux lecteurs les outils permettant d'évaluer le degré de gestion de la qualité de l'information comptable et financière. Ces outils sont nombreux, et différents exemples montrent qu'il est relativement aisé d'apprécier cette qualité.

Le chapitre 8 porte sur la fraude comptable et financière. Les cas de fraudes sont courants depuis 15 ans et ils ne sont pas voués à disparaître prochainement. Ce chapitre permet au lecteur de comprendre les différents types de fraudes existants et de maîtriser un outil essentiel : le triangle de la fraude.

Le chapitre 9 est consacré aux méthodes de détection et de prévention de la fraude comptable et financière. Y est principalement abordée la compréhension de la personnalité des fraudeurs afin de mieux pouvoir anticiper leurs actes.

Les trois derniers chapitres sont trois études de cas portant sur la gouvernance, la qualité de l'information financière et la fraude, qui permettent de mettre en application toutes les théories et tous les outils pratiques développés au cours des précédents chapitres. Ces études de cas ont été bâties à partir de cas réels, mais les noms des sociétés ont été modifiés afin de préserver l'anonymat des acteurs en cause.

1 Cadre théorique de la gouvernance

« Je regarde comme impie et détestable cette maxime qu'en matière de gouvernement la majorité d'un peuple a le droit de tout faire, et pourtant je place dans la majorité l'origine de tous les pouvoirs. »

Alexis de Tocqueville (1835)

« A good governance structure is then one that selects the most able managers and makes them accountable to investors. »

Jean Tirole, prix Nobel d'économie 2014

Introduction

La gouvernance peut être définie comme la gestion des pouvoirs et des conflits d'intérêts dans l'entreprise. Dans ces conditions, l'ensemble des décisions de gestion et des mécanismes de contrôle sont concernés par la gouvernance et, par conséquent, l'évaluateur doit intégrer cette dimension dans son analyse.

Comprendre la gouvernance d'entreprise sans comprendre les bénéfices privés est tout simplement impossible. Il s'agit en effet de la matérialisation des conflits d'intérêts, c'est-à-dire la traduction en avantages de l'exercice du contrôle. De nombreux travaux théoriques ou études professionnelles envisagent la gouvernance comme un objectif de toute organisation sans comprendre sa raison d'être.

L'élément essentiel en matière de gouvernance est la réponse à la question du « pourquoi? »; le « qui? » et le « comment? » ne sont que secondaires.

Cadre théorique

Le cadre théorique de la gouvernance d'entreprise est composé de trois branches principales[2] :

Figure 1.1 **Piliers du cadre théorique**

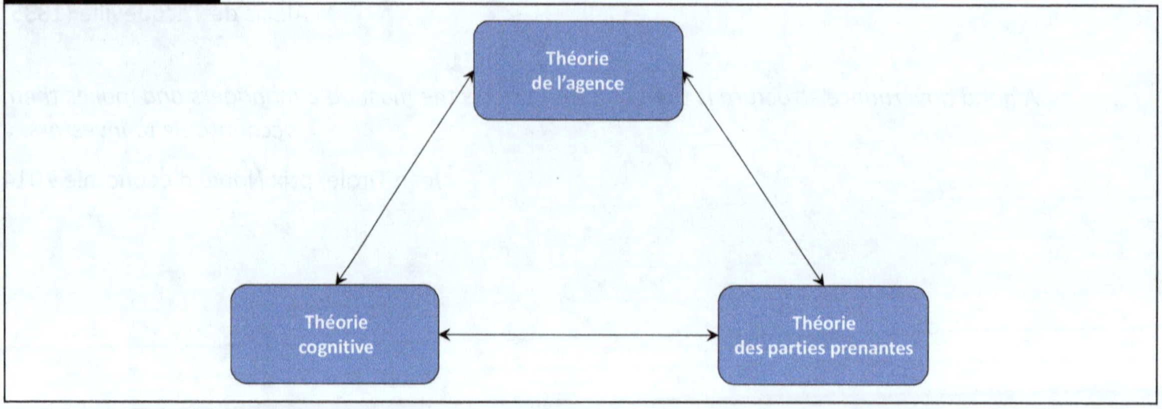

Théorie de l'agence

> *« Our objective is to develop a theory of organizations that provides a clear understanding of how organizational rules of the game affect a manager's ability to resolve problems, increase productivity, and achieve his or her objective. »*
>
> Michael C. Jensen (1998)

Développée par Jensen et Meckling (1976) et Jensen (1983), la théorie de l'agence se fonde sur les divergences d'intérêts entre individus ou organisations. Les auteurs définissent la relation d'agence comme un contrat dans lequel une partie, le principal[3], donne à une autre partie, l'agent, l'autorité de prendre des

[2] D'autres théories issues de la sociologie ou de la psychologie existent, mais nous avons fait le choix de nous concentrer uniquement sur la théorie de l'agence, la théorie des parties prenantes et la théorie cognitive.

[3] « *Principal* » et « *agent* » sont les termes anglais qui ont été repris par la littérature universitaire francophone tels quels. Il s'agit de la francisation d'un terme qui n'a pas du tout cette définition dans la langue française. Le terme correct, utilisé dans le milieu juridique, est celui de mandataire, car il s'agit de l'acteur qui mandate un autre, le mandant, pour réaliser une tâche à sa place. Toutefois, nous conserverons les termes de *principal* et d'*agent* dans cet ouvrage pour ne pas confondre le lecteur lorsque celui-ci ouvrira d'autres ouvrages ou articles.

décisions à sa place pour réaliser une tâche. Dans le cadre de la gestion classique d'une entreprise, l'actionnaire est le principal et le dirigeant, l'agent, car c'est l'actionnaire qui mandate le dirigeant pour diriger l'entreprise à laquelle il a apporté des capitaux.

Le risque principal associé à la relation d'agence est lié à la séparation entre la prise de décision du dirigeant et les attentes des actionnaires. Or, ce sont ces derniers qui ont pris le risque financier. Les conflits d'intérêts entre les dirigeants et les actionnaires sont la base des difficultés auxquelles font face les investisseurs, ces derniers pouvant être expropriés par les dirigeants ou voir les capitaux investis dans des projets non pertinents (Shleifer et Vishny 1997).

La théorie de l'agence a pour objectif d'expliquer les formes organisationnelles permettant de réduire les coûts induits par ces conflits. Elle a ainsi pour vocation d'amener les agents économiques à coopérer de manière efficace.

Afin de mieux comprendre les conflits d'agence et les coûts qui y sont associés, il est essentiel de comprendre pourquoi il est inévitable que les attentes entre les agents économiques diffèrent quasi systématiquement.

Du comportement des acteurs à l'incomplétude des contrats

Le principe fondamental de la théorie de l'agence est que tout contrat est par définition **incomplet**, c'est-à-dire qu'il ne prévoit pas toutes les situations possibles. Par exemple, il n'envisage pas quelles doivent être les réactions du dirigeant par rapport à tous les événements économiques possibles. De même, il ne peut pas inclure toutes les décisions envisageables.

Dans ce contexte de manque de précision, un comportement opportuniste du dirigeant est possible. Afin de comprendre cette notion d'opportunisme, il est utile de se placer dans le cadre psychologique défini par les fondateurs de la théorie de l'agence (Jensen et Meckling 1994). Selon ces derniers, le comportement de tout être humain peut être analysé selon le modèle suivant : **Resourceful, Evaluative, Maximizing Model** (REMM).

- Les individus sont des « évaluateurs » permanents : ils prennent des décisions en fonction de leurs préférences et du coût sous-jacent. Toutefois, leur rationalité est limitée;
- Les individus sont insatiables : ils ne sont jamais satisfaits;
- Les individus cherchent à maximiser leur patrimoine, qu'il soit financier ou non;
- Les individus savent s'adapter et sont créatifs pour contourner toutes les règles qu'ils estiment contraignantes (exemple de l'optimisation fiscale).

Étant donné ces caractéristiques individuelles, il est logique que les dirigeants ne soient pas uniquement les représentants des actionnaires, mais également des acteurs cherchant à maximiser leurs gains tout en tâchant de préserver leur situation. Il est ici essentiel de rappeler que cette situation n'aboutit pas systématiquement à des opérations frauduleuses. Dans une large majorité des cas, les décisions des dirigeants se font dans le cadre légal et réglementaire.

Pour ne pas rompre avec la littérature traditionnelle, nous conservons l'expression de « *théorie de l'agence* ». Toutefois, il est important de rappeler que celle-ci est le résultat d'une mauvaise traduction de l'expression anglaise « *agency theory* », qui signifie en réalité « *théorie du mandat* ». Nous pouvons ici citer la définition de l'« *agency* » proposée par Lawson (1998) : « *An agent is a person who is employed to bring the person appointing him agent, the principal, into a contractual relationship with a third party (Towle v White, 1873).* » Il semblerait alors préférable de changer les termes d'« agent » et de « principal », trop souvent utilisés dans les travaux francophones, par ceux de « mandataire » et de « mandant ». Pour preuve, en France, le dirigeant d'une société est qualifié de « mandataire social ».

Typologie des coûts

La relation d'agence entraîne des coûts spécifiques aux actionnaires (coûts de surveillance) et aux dirigeants (coût de dédouanement), mais également des coûts partagés entre chaque intervenant (pertes résiduelles) :

Les **coûts de surveillance** représentent l'ensemble des coûts assumés par les actionnaires afin de surveiller les décisions prises par les dirigeants et d'évaluer leur impact sur leur participation. Ce sont les coûts liés à l'audit, aux dépenses juridiques liées à l'établissement des plans de rémunération ou à la révocation des dirigeants. Ces coûts ne sont pas uniquement pécuniaires, ils se traduisent également en temps, comme celui qui est requis pour trouver et embaucher un nouveau dirigeant. Afin de réduire ces coûts, de nombreux législateurs ont facilité la surveillance des dirigeants en instaurant des organes de contrôle tels que le conseil d'administration ou le comité d'audit. Ces derniers disposent ainsi d'une information privée, donc de meilleure qualité, ainsi que d'occasions pour poser des questions aux dirigeants. L'objectif est alors de réduire l'asymétrie d'information existante entre les différents co-contractants.

Les **coûts de dédouanement** sont constitués des coûts engagés par la direction pour s'assurer que les actionnaires disposent d'une information de qualité et ainsi réduire l'asymétrie d'information existante. Ces coûts se traduisent essentiellement en temps passé pour assurer une plus grande transparence. Ce sont, par exemple, les efforts consacrés à exposer les résultats financiers de l'entreprise dans les différentes rencontres avec les analystes financiers ou les journalistes. Le temps étant par définition limité, les activités de dédouanement se font par conséquent au détriment des activités de gestion plus traditionnelles, comme la recherche d'une plus grande efficacité. C'est pour cette raison que l'activité de dédouanement doit être arrêtée lorsque son coût marginal devient supérieur au bénéfice associé à une plus grande transparence (Jensen et Meckling 1976).

Les **pertes résiduelles** sont définies comme les pertes liées au caractère sous-optimal des accords signés entre l'agent et le principal. En effet, les contrats étant, par définition, incomplets, les différents signataires ne peuvent prévoir toutes les situations optimales et doivent par conséquent parfois faire des choix sous-optimaux.

Typologie des conflits

Les conflits d'agence se fondent sur quatre piliers : l'aléa moral, la rétention de bénéfices, l'horizon temporel et l'aversion au risque.

- **L'aléa moral** est basé sur la propension d'un dirigeant qui n'est pas actionnaire à investir dans des projets non rentables dont il serait l'unique bénéficiaire, et ce, au détriment des actionnaires. L'aléa moral est un conflit existant essentiellement dans les entreprises dont l'actionnariat est dispersé, ce qui est souvent le cas pour les grandes entreprises (Jensen 1993);

- **La rétention des bénéfices**, ou capture des bénéfices, est fondée sur le pouvoir croissant dont disposent les dirigeants lorsque la taille de l'entreprise augmente. Ce pouvoir du dirigeant, c'est-à-dire l'agent, a pour conséquence une diminution de l'efficacité du contrôle par l'investisseur, c'est-à-dire le principal. Dans ce contexte, il est possible, pour les dirigeants, d'obtenir des rémunérations plus élevées[4] ou de procéder à des investissements non optimaux. Différentes études ont démontré qu'en l'absence de contrôle efficace par les actionnaires, les acquisitions d'entreprises s'effectuaient à un prix trop élevé (Morck et al. 1990) ou pour des raisons tenant plus à la réputation du dirigeant qu'à la création de richesse pour l'entreprise (Roll 1986);

[4] La question du lien entre la gouvernance et la rémunération des dirigeants sera abordée dans le chapitre 4 sur les dirigeants.

- Le **conflit lié à l'horizon potentiel** provient de la différence entre l'horizon de placement des investisseurs et la durée de vie probable du mandat du dirigeant, la seconde étant souvent plus courte que le premier. Dans cette perspective, les dirigeants peuvent être amenés à préférer les projets d'investissement générant un rendement à court terme au détriment de celui à long terme. Il a ainsi été démontré qu'en mesurant l'horizon temporel du dirigeant à l'aide de son ancienneté à son poste de direction, une relation négative et significative est mise en évidence entre le choix d'une politique d'investissement ayant une rentabilité à court terme avec l'horizon temporel du dirigeant (Antia et al. 2010);
- Enfin, le dernier conflit provient des **différences en matière d'aversion au risque**. Le principal et l'agent ne disposent pas de la même aversion au risque. Étant donné que l'investisseur peut diversifier son portefeuille d'actions entre plusieurs sociétés, son aversion au risque est faible. Au contraire, le dirigeant ne peut pas diversifier ses actifs, notamment son actif humain qu'il ne peut utiliser dans une autre entreprise (Fama 1980).

Ces différents conflits d'agence ne remettent pas en cause le principe fondamental suivant : les actionnaires ont besoin du capital humain des dirigeants et les dirigeants ont besoin du capital financier des actionnaires.

Conflits d'agence de type I et II

Les différents conflits d'agence présentés ci-dessus ne se traduisent pas de la même manière selon le profil de l'actionnariat de l'entreprise. En effet, selon ce cadre théorique, la séparation entre la gestion et la propriété de l'entreprise conduit à une asymétrie d'information entre le dirigeant et les actionnaires (Jensen et Meckling 1976). Le premier est en effet mieux informé en raison du fait qu'il est la source des décisions managériales quotidiennes, alors que les actionnaires, situés par définition à l'extérieur de l'entreprise, ne reçoivent de l'information que périodiquement, parfois seulement une fois par année. Dans ce contexte, l'asymétrie d'information fournit au dirigeant une latitude discrétionnaire, c'est-à-dire qu'elle lui permet de prendre plus aisément des décisions. Or, ces dernières peuvent être des investissements non rentables ou des stratégies de manipulations comptables nuisant à la qualité de l'information financière. Ce conflit entre dirigeant et actionnaires est appelé **conflit d'agence de type I**. Le moyen pour en limiter les dégâts est de favoriser l'actionnariat des dirigeants, car les intérêts de ces derniers s'aligneraient avec ceux des autres actionnaires (Jensen 1986).

Bien qu'il soit important d'un point de vue théorique, et qu'il soit particulièrement relayé dans la presse, le conflit entre les dirigeants et les actionnaires n'est pas le plus courant. En effet, la communauté des actionnaires n'est pas homogène, car les intérêts de chacun diffèrent de ceux des autres investisseurs. Selon La Porta et al. (1999), les trois premiers actionnaires détiennent en moyenne 12 % du capital aux États-Unis, 24 % en France, 50 % en Allemagne et 60 % en Italie. Ils remettent ainsi en cause les conclusions de l'existence d'une séparation entre contrôle et propriété. Dans ces conditions, le principal problème d'agence n'est pas entre les dirigeants et les actionnaires, mais est plutôt « *la conséquence d'une opposition entre les actionnaires minoritaires et ceux aux affaires, ces derniers ayant un contrôle presque total sur les dirigeants* » (Hamon 2001). Ce conflit entre actionnaires contrôlant l'entreprise et actionnaires minoritaires est appelé **conflit d'agence de type II**. Il est utile de noter que la définition de l'actionnaire contrôlant ne fait pas référence au seul actionnaire majoritaire. Une participation plus faible peut être suffisante pour contrôler une entreprise[5].

Les entreprises qualifiées de « familiales », c'est-à-dire dont les principaux actionnaires sont les membres d'une même famille, sont souvent le lieu de conflits d'agence de type II. En effet, le pouvoir au sein de ces entreprises ne se trouve pas que dans les mains des seuls dirigeants, mais également dans celles des

[5] Cette question est traitée dans la section sur l'actionnariat et plus particulièrement dans la sous-section sur le contrôle.

principaux actionnaires, qui ont souvent des liens personnels ou familiaux avec les dirigeants. De plus, ces familles bénéficient souvent de droits de vote supérieurs aux droits au capital. Dans ce type de société, les informations contenues dans les états financiers ou le rapport annuel ne reflètent pas la réalité, il est parfois préférable de participer à un dîner familial plutôt qu'à un conseil d'administration pour savoir ce qui se passe dans l'entreprise et quelles seront les prochaines décisions managériales. Les conflits d'agence de type I peuvent se mêler aux conflits d'agence de type II dans les entreprises familiales. C'est le cas lors de la nomination d'un dirigeant extérieur à la famille.

Selon la théorie de l'agence, les politiques de distribution des dividendes constitueraient un mécanisme de gouvernance disciplinaire dans le cadre des conflits d'agence de type II. Les dividendes représentent un moyen de diminuer le risque d'expropriation par l'actionnaire de contrôle (Faccio et al. 2001). Toutefois, ce point de vue n'a été que peu vérifié. De nombreuses études ont montré que la présence d'un actionnaire détenant une participation importante ou d'une forte concentration du capital avait un impact négatif sur le niveau de dividende (Dempsey et Laber 1992; Hu et Kumar 2004). Par conséquent, bien que théoriquement utile pour limiter les conflits d'agence de type II, la réalité de la politique de dividende ne présente pas les avantages espérés.

Le flux de trésorerie comme solution aux conflits d'agence

Afin de mieux comprendre les conflits d'agence, la **théorie du *free cash flow*** a été développée (Jensen 1986). Son principe repose sur l'utilisation faite par les dirigeants des flux de trésorerie de l'entreprise. Le *free cash flow*, c'est-à-dire le flux de trésorerie généré par l'exploitation disponible après le financement des investissements rentables, incite les dirigeants à accroître la taille de l'entreprise au détriment des actionnaires. Cette augmentation de la taille passe par des investissements dans des projets non rentables. En effet, cela leur permet d'accroître les ressources qui sont sous leur contrôle et ainsi d'augmenter leur prestige et leur rémunération. Dans ce cadre, le risque d'une gestion inefficiente prend en particulier la forme du surinvestissement et entraîne une destruction de valeur pour les actionnaires (Shleifer et Vishny 1997).

Afin de limiter ce pouvoir discrétionnaire, l'endettement joue un rôle majeur pour réduire la trésorerie en excès. Des distributions externes obligatoires permettent de réduire la présence de ces fonds, et ainsi de limiter les investissements dans des projets destructeurs de valeur.

La théorie du *free cash flow* est la transcription des conflits d'agence dans la politique d'investissement et de financement[6].

Critiques de la théorie de l'agence

La principale critique de la théorie de l'agence est liée au fait que le conflit ne concerne que les dirigeants et les actionnaires, en dehors de toutes les autres parties prenantes. Or, la définition de la gouvernance ne devrait pas être restreinte aux seuls propriétaires et dirigeants de l'entreprise. Cette vision restrictive serait même contradictoire avec le fondement de la théorie de l'agence selon laquelle l'entreprise est un nœud de contrats. En effet, les contrats, qui sont le noyau de l'entreprise, concernent également les salariés ou les clients.

Une seconde critique porte sur les objectifs de l'entreprise tels que définis par les auteurs de la théorie de l'agence. L'objectif principal est la création de valeur financière dont pourrait profiter l'ensemble des actionnaires. Les questions relatives aux responsabilités sociales ou sociétales, bien qu'elles ne soient pas oubliées, n'interviennent que dans un second temps.

Face à ces critiques, et afin de ne pas se limiter à la seule valeur actionnariale, s'est développée la théorie des parties prenantes qui se fonde notamment sur une nouvelle valeur : la valeur partenariale.

---

[6] Pour un approfondissement de l'impact de la théorie du *free cash flow* sur l'analyse de la politique de financement et d'investissement, voir Le Maux (2014).

Théorie des parties prenantes

La théorie des parties prenantes considère que l'entreprise n'est pas fondée uniquement sur les intérêts particuliers de ses propriétaires, c'est-à-dire de ses actionnaires. Il est par conséquent logique d'opposer la valeur actionnariale (*shareholder value*) à la valeur partenariale (*stakeholder value*), la première étant qualifiée de court-termiste alors que la seconde représente une vision à moyen ou à long terme.

L'approche partenariale

En matière de gouvernance, la **théorie des parties prenantes**, ou *stakeholder theory*, a pour vocation d'intégrer tous les acteurs prenant part directement ou indirectement à la vie de l'entreprise. Ainsi, parallèlement aux dirigeants et aux investisseurs, sont également pris en compte les salariés, les clients ou la société civile. Ce sont toutes les parties qui ont un intérêt à la vie de l'entreprise. L'entreprise est ainsi perçue comme une organisation plus large que le nœud de contrats défini par la théorie de l'agence : elle devient un système social et technique. L'entreprise s'efforce donc de construire « dans » une société et non uniquement « sur » un marché (Martinet 1984). Du nœud de contrats envisagé par la théorie de l'agence, l'entreprise devient un nœud d'investissement spécifique, c'est-à-dire une combinaison d'actifs et de personnes mutuellement spécialisées (Rajan et Zingales 1998, 2000). Dans cette perspective, l'objectif de la gouvernance d'entreprise est d'aligner la capacité à saisir les opportunités de croissance et l'appropriation des gains qui en sont issus (Zingales 2000). Les mécanismes permettent ainsi de discipliner les parties prenantes de façon à ce que le potentiel de création de valeur soit réalisé au mieux.

Selon Freeman (1984), l'un des fondateurs de la théorie des parties prenantes, « *une partie prenante est tout simplement tout groupe ou individu qui affecte ou est affecté par la réalisation d'un but d'une entreprise* ». Ainsi, les parties prenantes englobent toute forme d'agents économiques, qu'il s'agisse d'individus ou de toute forme de groupe (organisation, institution, association, etc.). Toutefois, l'inconvénient d'une telle définition unificatrice est sa qualité de pouvoir tout englober. Comment définir les parties prenantes?

La classification proposée par Mitchell et al. (1997) aide à qualifier un agent économique de partie prenante en se basant sur trois questions :

- Quel pouvoir réel ou potentiel détiennent les parties prenantes dans une société et vis-à-vis d'une entreprise pour imposer leur volonté?
- Quelle est leur légitimité?
- Avec quel degré d'urgence une organisation doit-elle répondre à leurs attentes?

Les groupes répondant aux trois qualités (pouvoir, légitimité, urgence) sont des parties prenantes stables (*definitive stakeholders*) et doivent par conséquent être inclus dans la vie quotidienne de l'entreprise, qu'il s'agisse de la définition de la stratégie, de sa mise en œuvre ou de sa communication. Si seuls deux attributs sont présents, ses qualités sont différentes. Les parties prenantes sont dépendantes si elles disposent de l'urgence et de la légitimité. Elles peuvent être dangereuses si elles disposent du pouvoir et de l'urgence. Elles sont dominantes lorsqu'elles ont le pouvoir et la légitimité. Enfin, avec un seul attribut, elles sont dormantes (pouvoir), discrétionnaires (légitimité) ou demandeuses (urgence).

En matière de gouvernance, cette large définition implique un niveau de transparence élevé au sein de l'entreprise, mais également vis-à-vis de l'extérieur. Cela suppose également que de nombreux interlocuteurs soient présents afin de communiquer et de répondre aux questions de chacune des parties prenantes. L'entreprise doit préciser quelle est la nature de sa relation avec les parties prenantes, l'expliquer, la justifier et s'assurer de sa qualité. L'intérêt de la classification proposée plus tôt est qu'elle permet de définir une politique envers chacune des parties prenantes et d'anticiper les exigences de chacune d'elles.

La responsabilité sociale des entreprises

L'origine du concept de responsabilité sociale des entreprises est plus ancienne que celle de la théorie des parties prenantes, puisque son fondateur, Howard Bowen, a rédigé le premier ouvrage sur le sujet (Bowen 1953). Il s'agissait de répondre à une demande des Églises évangéliques américaines qui souhaitaient se doter d'une doctrine sociale. Toutefois, le débat sur la responsabilité sociale est apparu aux États-Unis avec l'article de Milton Friedman, « *The Social Responsibility of Business is to Increase its Profits* », publié en 1970 dans le New York Times Magazine (Salmon 2003). Cette vision a été très critiquée, car elle se fondait essentiellement sur une approche actionnariale.

Malgré les critiques concernant cette approche jugée trop financière, aucune définition n'a fait l'objet d'un consensus. Il a été difficile de concilier les attentes de chacune des parties prenantes, mais également de définir la notion de responsabilité. Les principales questions sont : de quoi l'entreprise est-elle responsable? Est-ce qu'elle est responsable auprès de ses actionnaires ou auprès d'autres parties prenantes? Quelles sont les limites de sa responsabilité? Comment doit-elle communiquer?

Un exemple classique de la responsabilité sociale des entreprises est le cas des entreprises spécialisées dans le tabac. Bien que la société sache que ce produit est dangereux pour la santé, sa production et sa commercialisation ne sont pas remises en cause en raison des nombreuses retombées positives qu'elles produisent (emplois, investissements, etc.). Peuvent également être citées les entreprises d'armement ou celles ayant des effets néfastes sur l'environnement.

La norme ISO 26000 propose une définition de la responsabilité sociale des organisations : « *responsabilité d'une organisation vis-à-vis des impacts de ses décisions et de ses activités sur la société et sur l'environnement, par un comportement transparent et éthique qui :*

- Contribue au développement durable, incluant la santé et le bien-être de la société;
- Prend en compte les attentes des parties prenantes;
- Respecte les lois en vigueur et est compatible avec les normes internationales de comportement;
- Est intégré dans l'organisation et mis en œuvre dans ses relations ».

Cette large définition, aux frontières relativement floues, permet d'englober un maximum de problématiques tout en ne froissant aucune partie prenante. La référence au développement durable satisfait les Européens, alors que la référence à l'éthique est conforme à la logique américaine (Capron et Quairel-Lanoizelée 2010).

Critique de l'approche partenariale

La principale critique envers la théorie des parties prenantes est l'absence de définition précise de l'objectif et des différents acteurs. Ce flou présente deux défauts. Tout d'abord, l'absence d'objectif précis rend impossible toute évaluation de la gestion de l'entreprise. Ensuite, en matière de gouvernance, l'absence d'une liste détaillée des parties prenantes multiplie les préoccupations des dirigeants, au risque de ne pas se concentrer sur l'objectif de la maximisation de la valeur et de ne pas allouer de manière optimale les ressources de l'entreprise.

L'un des principaux détracteurs de la théorie des parties prenantes est le fondateur de la théorie de l'agence, Michael C. Jensen. Jensen propose une réponse scientifique à l'approche partenariale. Le premier argument est que l'approche partenariale n'apporte aucune réponse sur les méthodes de rémunération des différentes parties prenantes. De plus, la prise en compte de la valeur partenariale par les dirigeants est une excellente méthode pour renforcer leur enracinement car, étant invérifiable, il s'agit d'une excuse séduisante en cas de mauvais résultats (Jensen 2002). Dans ces conditions, Jensen conclut à la nécessité d'un objectif final unique : la maximisation de la valeur marchande de l'entreprise dans une perspective de long terme.

L'approche par la valeur partenariale fait face à d'autres critiques. Malgré qu'elle soit plus large que la théorie de l'agence (approche financière), elle reste cependant prisonnière de la vision contractuelle. De plus, elle reste aussi limitée, car elle n'explore pas la dimension cognitive du processus de création de la valeur qui peut permettre de donner une orientation différente à la théorie de la gouvernance.

Des théories contractuelles aux théories basées sur les ressources et les compétences

> *« Pour que la gouvernance puisse contribuer efficacement à améliorer le potentiel de création de valeur – que la valeur soit actionnariale ou partenariale – des entreprises, il ne suffit pas de se préoccuper des systèmes disciplinaires juridico-comptables visant à éviter les spoliations, il faut également prendre conscience des effets des systèmes de gouvernance sur les dimensions managériale et perceptive de la création de valeur. »*
>
> Gérard Charreaux (2002)

Des approches complémentaires aux théories contractuelles

Les théories de l'agence et des parties prenantes reposent sur une approche contractuelle, soit entre les dirigeants et les actionnaires, soit entre toutes les parties intéressées à l'entreprise. Leur inconvénient est qu'elles n'envisagent les relations entre individus que comme des ententes contractuelles limitant les conflits d'intérêts sans prendre en compte la construction de compétences qui se produit lors de ces contrats. Une entreprise n'est pas seulement une organisation gérant des problèmes informationnels, c'est aussi un endroit où des connaissances et des compétences sont générées (Hodgson 1998).

Selon la **théorie de la dépendance envers les ressources**, la survie de l'entreprise dépend de sa capacité à contrôler certaines ressources indispensables. Il est alors primordial d'intégrer l'accès à ces ressources dans la structure de gouvernance. Ainsi, lorsque l'environnement de l'entreprise est incertain ou risqué, celle-ci devrait opter pour l'incorporation de nouveaux administrateurs représentant les ressources les plus critiques (Pfeffer et Salancik 1978; Burt 1983).

Le rôle des ressources en matière de gouvernance peut être expliqué avec l'exemple d'une entreprise appartenant au secteur nucléaire. Il est logique de retrouver dans son conseil d'administration les compétences managériales et financières, mais il est également utile de disposer d'un accès privilégié au monde politique. L'activité nucléaire nécessite en effet d'avoir accès à des ressources naturelles accessibles uniquement avec des licences accordées par les gouvernements et de disposer de relations auprès des gouvernements acquéreurs de centrales nucléaires.

La **théorie cognitive**[7] met l'accent sur la création interne de connaissances issues de l'apprentissage organisationnel. L'entreprise est envisagée comme un répertoire de connaissances capables de percevoir les nouvelles opportunités, créatrices de valeur à long terme. Dans ce contexte, la performance se situe davantage dans l'aptitude du gestionnaire à imaginer et à percevoir de nouvelles opportunités plutôt que dans sa capacité à restructurer les processus actuels.

---

[7] Cognitif : « *qui est capable de connaître* »; Sciences cognitives : « *ensemble des sciences qui concernent la connaissance et ses processus (psychologie cognitive, linguistique, psycholinguistique, logique, certains aspects de l'informatique* », (définitions du dictionnaire *Le Grand Robert de la langue française*).
D'un point de vue théorique, la théorie cognitive intègre la théorie comportementale, la théorie évolutionniste et la théorie des ressources et compétences. Pour approfondir ces théories, nous conseillons au lecteur l'ouvrage de Charreaux et Wirtz (2006).

En adoptant la perspective cognitive, le conseil d'administration aurait d'autres fonctions que le contrôle, notamment celle d'aider le dirigeant à construire sa vision ou à détecter des opportunités d'investissements. La théorie cognitive permet d'expliquer la différence des besoins d'une entreprise en matière de gouvernance en fonction de son cycle de vie (Filatotchev et Wright 2005). Une entreprise en phase de démarrage nécessite des ressources spécifiques à l'entrepreneuriat, à la construction et à l'évaluation de plans d'affaires. Au contraire, une entreprise arrivée à maturité a plus besoin de compétences liées au contrôle financier ou stratégique.

Finalement, les théories contractuelles et cognitives reposent sur des hypothèses différentes qui sont complémentaires. Dans le cas de la composition d'un conseil :

- Selon la théorie de l'agence, la présence des administrateurs indépendants permettrait d'améliorer la performance;
- Selon la théorie cognitive, le conseil doit être composé d'administrateurs qui contribuent à la création des compétences afin d'aider le dirigeant à bâtir une stratégie créatrice de valeur.

La diversité comme ressource de l'entreprise

La question de la diversité en tant que mécanisme de gouvernance est apparue de manière significative au début du 20e siècle. Auparavant, ce sont surtout les problématiques relatives à l'indépendance du conseil d'administration et au contrôle des dirigeants qui étaient prépondérantes. À la suite des différentes crises boursières de 2001-2002 (éclatement de la bulle boursière du secteur de la haute technologie) et de 2008-2009 (crise bancaire et immobilière), de nombreuses études ont cherché de nouveaux facteurs favorables à une meilleure gouvernance. Ainsi, différents chercheurs ont démontré que la diversité est un acteur qui enrichit le niveau du débat au sein du conseil d'administration (Carter et al. 2003; van Knippenberg et al. 2004)[8].

La diversité a essentiellement pris la forme de la féminisation des fonctions de dirigeants et d'administrateurs. Les autres formes de diversité n'ont pas été le sujet d'études. Dans cette perspective, la présence des femmes au sein du conseil est perçue comme ayant une influence positive sur l'indépendance des administrateurs (Kang et al, 2007). Une étude réalisée auprès de 50 administratrices, 12 dirigeants et sept secrétaires du conseil issus des entreprises du *Fortune 1000* montre que les femmes apportent deux contributions : elles participeraient plus activement à la construction des processus de réputation des entreprises, d'une part et, d'autre part, les femmes seraient plus sensibles aux préoccupations des clients et des employés dans la prise de décision (Konrad et al. 2008).

Conclusion

Les théories de l'agence, des parties prenantes et cognitive sont les fondements de la théorie de la gouvernance d'entreprise, cette dernière pouvant être qualifiée d'existante. Les opposer ou chercher à en faire primer une sur les autres est inutile, car elles sont complémentaires. Une comparaison avec la vie quotidienne serait de vouloir faire primer la neurologie, la cardiologie ou la pédiatrie pour expliquer la santé des individus, tout en refusant de croire que la médecine existe.

Les trois théories étudiées ci-dessous permettent d'appréhender les différents aspects de la gouvernance : le contrôle et la création de valeur. Le cadre théorique de la gouvernance d'entreprise défini, deux concepts associés à cette dernière doivent être traités à la fois théoriquement et empiriquement : le contrôle et les bénéfices privés.

---

[8] Une étude plus approfondie de l'impact de la diversité des administrateurs est réalisée dans le chapitre relatif à la gouvernance au sein du conseil d'administration.

Définition du contrôle

> *« If we are to assume that the desire for personal profit is the prime force motivating control, we must conclude that the interests of control are different from and often radically opposed to those of ownership. »*
>
> Adolf A. Berle et Gardiner C. Means (1932)

Rôle de l'actionnariat

L'analyse de la structure de l'actionnariat a été le fondement des premiers travaux sur la gouvernance d'entreprise. Dans le premier ouvrage sur le sujet, le juriste Adolf Berle et l'économiste Gardiner Means, tous deux professeurs à l'Université Harvard, ont démontré que la structure de l'actionnariat des grandes entreprises américaines était si dispersée que les dirigeants n'étaient plus contrôlés. Trois siècles auparavant, Adam Smith mettait en garde contre le danger de la séparation des fonctions de dirigeants et d'actionnaires : « *Les directeurs de ces sortes de compagnies étant davantage les régisseurs de l'argent d'autrui que de leur propre argent, on ne peut guère s'attendre qu'ils y apportent cette vigilance exacte et soucieuse que les associés apportent souvent dans le maniement de leurs fonds [...]. Ainsi, la négligence et la profusion doivent toujours dominer plus ou moins dans l'administration des affaires de la compagnie.* » Cette constatation a été la base du développement de la théorie de l'agence (Jensen et Meckling 1976).

Ce rôle de l'actionnariat dans la théorie ayant été étudié au cours des sections précédentes, il est important de comprendre la situation actuelle concernant la concentration de l'actionnariat des entreprises afin de confirmer ou non les constations faites il y a plus de 80 ans.

Concentration de l'actionnariat

L'actionnariat des entreprises peut présenter deux types de structures : concentré ou dispersé. Un actionnariat concentré fait référence à la présence d'un actionnaire ayant une part importante du capital. Cette part n'a pas à être majoritaire pour que l'actionnariat soit « concentré », il suffit que le premier actionnaire ait un poids significatif, même minoritaire. Au contraire, un actionnariat est qualifié de dispersé lorsqu'aucun des actionnaires ne représente un poids significatif.

Différentes théories contradictoires s'opposent sur le rôle de l'actionnariat, attribuant un rôle positif ou négatif de la concentration :

- La **concentration du capital** favorise la surveillance, et la dispersion de l'actionnariat accroît la marge de manœuvre des dirigeants. La surveillance impose en effet un coût que seul un actionnaire de taille majeure peut supporter. Au contraire, les petits actionnaires ont tendance à ne pas s'investir et posent le problème du passager clandestin (Easterbrook et Fischel 1983). Ce dernier arrive lorsque chacun pense que l'autre actionnaire fait le travail de surveillance mais, dans une majorité des cas, aucun ne le fait et c'est ce qui offre de nombreuses opportunités aux dirigeants.
- La **dispersion du capital** favorise la surveillance, car elle rend possible une prise de contrôle par un investisseur externe à l'entreprise (Holmstrom et Tirole 1993). Au contraire, en présence d'un large actionnaire, la probabilité d'une offre publique diminue.

Bien que cette opposition ait fait l'objet de très nombreuses études, aucune des deux théories ne fait consensus.

Le concept d'actionnaire ultime

Il est possible pour un actionnaire de détenir le contrôle d'une entreprise cotée en bourse tout en ayant une part minoritaire du capital. Il s'agit d'une situation très courante dans le monde, qu'il s'agisse des places boursières développées ou émergentes (La Porta et al. 2000). Trois outils permettent le contrôle minoritaire : les actions à droits de vote multiples et les structures pyramidales. Ces différentes possibilités de structure actionnariale ont entraîné la création d'une nouvelle expression : l'actionnaire ultime (*ultimate shareholder*). Le terme « ultime » renvoie au fait que ce n'est pas l'actionnaire majoritaire au capital qui a le contrôle, mais l'actionnaire qui ultimement contrôle l'entreprise. L'expression renvoie également à l'éloignement, comme dans les structures pyramidales. Dans certains cas, l'actionnaire contrôlant n'apparaît qu'après plusieurs étages d'entreprises, comme nous le verrons pour l'entreprise *Louis Vuitton Moët Hennesy* (*LVMH*).

Les actions à droits de vote multiples

Le principe des actions à droits de vote multiples est d'accorder à certains actionnaires un nombre de droits de vote supérieur à leur droit en capital. Par exemple, une action peut permettre à son détenteur de disposer de 10 droits de vote, mais celui-ci ne disposera que d'un droit aux dividendes. En présence d'actions à droits de vote multiples, les actions à droit de vote simple sont qualifiées de titres subalternes.

L'exemple de la structure de capital du Groupe Jean Coutu (PJC) présenté ci-dessous permet de noter les différents types d'actions existantes. Il permet également de remarquer le rôle particulier des actions à droits de vote multiples : conserver le contrôle. Il s'agit en effet d'une technique couramment utilisée par les entreprises familiales qui, pour des besoins de croissance, doivent faire appel à de nouveaux investisseurs, mais qui ne souhaitent pas pour autant perdre le contrôle de l'entreprise. Dans le cas de Jean Coutu, la possibilité de voir disparaître les actions de catégorie A lorsque le contrôle n'est plus dans les mains de la famille est la démonstration qu'elles n'ont été créées que dans le but de préserver le contrôle de cette dernière.

Exemple du Groupe Jean Coutu (PJC)

Extrait du rapport annuel 2014

- Actions à droit de vote subalterne catégorie « A », participantes, avec un droit de vote par action, échangeables au gré du porteur contre un même nombre d'actions catégorie « B » lors d'une offre publique d'achat portant uniquement sur les actions catégorie « B », sans valeur nominale, dividende déclaré en dollars canadiens.
- Actions catégorie « B », participantes, avec dix droits de vote par action, échangeables contre des actions à droit de vote subalterne catégorie « A » à raison d'une action à droit de vote subalterne catégorie « A » pour une action catégorie « B », sans valeur nominale, dividende déclaré en dollars canadiens.
- Actions catégorie « C », à être émises en une ou plusieurs séries selon des droits, privilèges, conditions et restrictions à être déterminés, non participantes, sans droit de vote, sans valeur nominale.

Extrait de la notice annuelle 2014 « rubrique 5. Structure du capital »

> *Dans le cas où la « Famille Coutu » cesserait d'être véritable propriétaire, directement ou indirectement, d'un nombre d'actions représentant plus de 50 % des droits de vote afférents aux actions en circulation de toutes les catégories, les actions catégorie « B » cesseront dès lors de comporter dix votes par action et comporteront, à compter de cette date, un seul vote par action.*

« Famille Coutu » signifie Jean Coutu et ses descendants, nés ou à naître, ou l'un d'entre eux, de même que toute personne morale contrôlée par l'un ou plusieurs d'entre eux.

L'exemple de *Québecor* est similaire à celui du Groupe Jean Coutu (PJC). Deux types d'actions existent : les actions de catégorie A disposant de 10 droits de vote et les actions de catégorie B disposant d'un droit de vote. Les actions de catégorie A offrent dans le cas de *Québecor* un autre avantage : les détenteurs des actions de catégorie A élisent 75 % des administrateurs, alors que les détenteurs d'actions de catégorie B en élisent 25 %.

Le contrôle familial est donc souvent assuré par les actions à droits de vote multiples (Villalonga et Amit 2009). Les études existantes concernant les actions à droit de vote multiples soulignent le danger d'une déconnexion importante entre le contrôle et la propriété d'une entreprise. Seul le modèle « une action – un droit de vote » est optimal en matière de gouvernance (Grossman et Hart 1988).

Les structures pyramidales

La structure pyramidale a pour fonction de réduire le montant investi par les actionnaires principaux. Elle repose sur la construction d'entreprises en cascade qui permettent à l'actionnaire situé en haut de la pyramide de réaliser un apport de fond minimal. Par exemple, dans la figure 1.2 pour détenir l'entreprise Final, l'actionnaire ultime n'a pas à apporter les 100 $ d'actifs, seul un montant de 25,50 $ permettant l'acquisition du capital d'une entreprise majoritaire au capital de Final est nécessaire.

Figure 1.2 **Structure pyramidale**

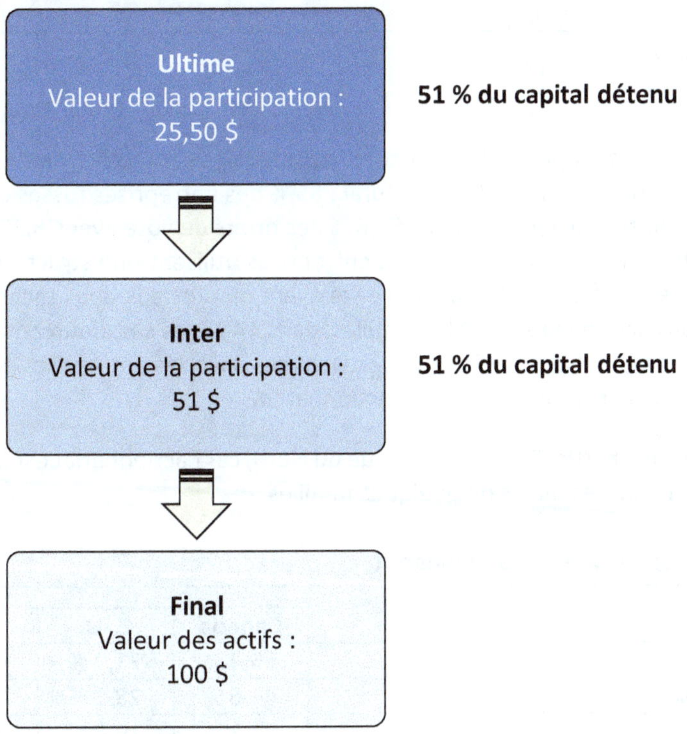

Ce type de structure, très courant pour les entreprises cotées, est présenté dans la figure 1.3 à partir de l'exemple du groupe *Louis Vuitton Moët Hennesey* (*LVMH*).

En matière de gouvernance, un consensus clair se dégage : les structures pyramidales sont défavorables aux actionnaires minoritaires ou non contrôlants, car les actionnaires principaux ont une moins forte incitation à maximiser la valeur de l'entreprise (Bebchuk 1999; Enriques et Volpin 2007).

Figure 1.3 **Structure de propriété de *LVMH***

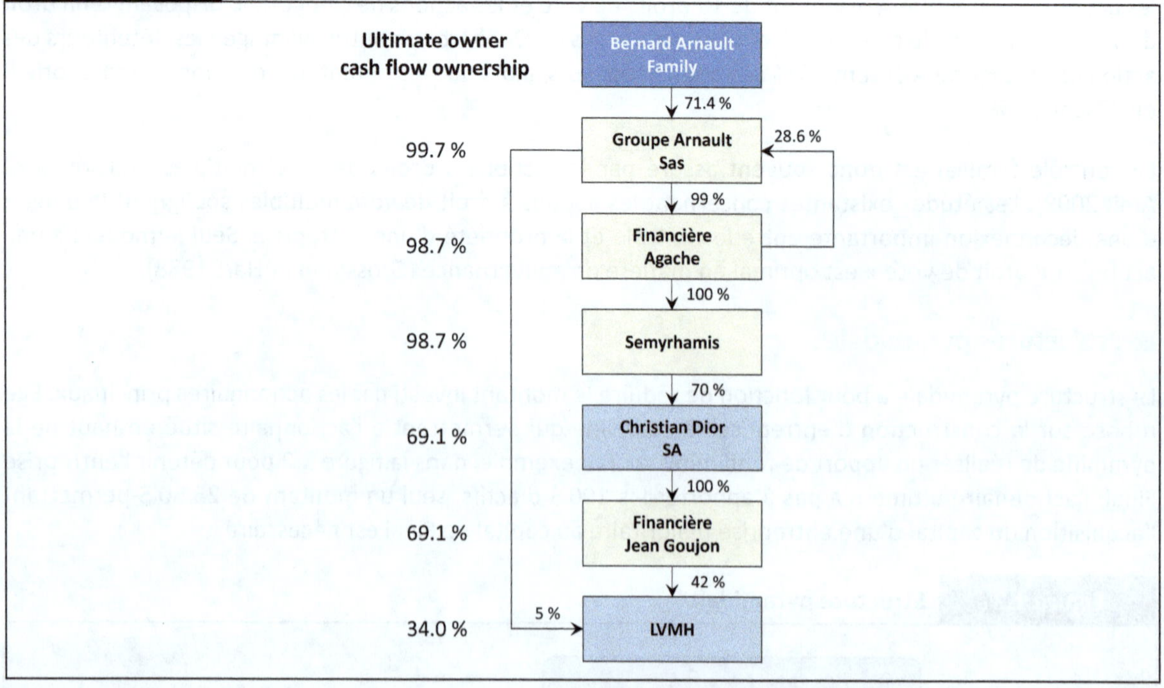

Source : Enriques et Volpin (2007)

État du marché

Les actions à droits de vote multiples et les structures pyramidales sont souvent utilisées en même temps. Le marché russe est à ce titre un exemple caricatural : 85 % des entreprises russes cotées en bourse sont la propriété de l'État qui, en moyenne, détient 51,6 % des droits de vote avec 26,33 % des actions (Chernykh 2008). Afin de détenir le contrôle, 51 % des entreprises utilisent une structure pyramidale et 46 % émettent des actions sans droit de vote, une majorité ayant recours aux deux techniques. En Europe occidentale, les principaux actionnaires sont les familles, dans 44 % des cas, pourcentage qui monte à 65 % pour la France ou l'Allemagne (Faccio et Lang 2002). Dans ces pays, les entreprises ont également recours aux différentes techniques de structuration de l'actionnariat.

La situation canadienne est particulière en Amérique du Nord, car l'actionnariat est plus concentré qu'aux États-Unis, notamment dans les mains de quelques familles.

Tableau 1.1 **Répartition de l'actionnariat**

	Canada	É.-U.	Asie	Europe
	55,4 %	71,9 %	43,6 %	36,9 %
Actionnariat dispersé	44,6 %	28,1 %	56,4 %	63,1 %
Famille	31,2 %	19,8 %	37,9 %	44,3 %
Entreprise au capital dispersé	2,6 %	2,4 %	9,0 %	2,0 %
Institution financière	10,8 %	4,7 %	4,9 %	8,7 %
Entreprise gouvernementale	0,0 %	0,0 %	4,6 %	4,1 %
Divers	0,0 %	1,2 %	0,0 %	3,4 %
Contrôle pyramidal	7,6 %	4,0 %	48,8 %	24,7 %
Contrôle par des actions à droits de vote multiples	14,0 %	8,2 %	n. d.	19,9 %

Source : King et Santor (2008)

Relation entre la structure de propriété et la performance

Trois conceptions principales quant au lien entre la performance et la structure de propriété semblent s'affronter : la thèse de la « convergence des intérêts », la thèse de la neutralité et enfin la thèse de l'enracinement.

- La **thèse de la neutralité** suppose que la structure de détention du capital constitue une réponse endogène du processus de maximisation du profit (Demsetz 1983). En d'autres termes, toutes les structures sont équivalentes. Dans ce contexte, une absence de relations entre la rentabilité et la concentration de l'actionnariat a été mise en évidence (Demsetz et Lehn 1985). La structure du capital est donc une variable indépendante de toutes les autres variables de performance boursière, de performance comptable ou de croissance.

- Selon la **thèse de la convergence d'intérêts**, la concentration du capital accentue la convergence des intérêts actionnariaux. Cette relation provient du fait que les actionnaires importants, en surveillant la gestion et la politique des dirigeants, exercent une influence favorable sur la performance des sociétés et remplissent le rôle que devraient assurer les actionnaires de taille peu significative. Concernant la présence d'un actionnaire important, Shleifer et Vishny (1986) montrent qu'elle facilite le succès d'une OPA en cas d'équipe dirigeante inefficace. La question particulière des dirigeants avait déjà donné lieu à une première étude de Morck et al. (1988), qui examinent la relation entre la performance de l'entreprise et la participation des dirigeants dans le capital, sur un échantillon de 371 firmes américaines. Ils établissent que la performance est positivement liée à la participation lorsque celle-ci est inférieure à 5 % ou supérieure à 25 % du capital. Les résultats, confirmés par (Holderness et al. 1999), semblent alors attester de l'existence de deux phénomènes contraires : la convergence d'intérêts et la thèse de l'enracinement.

- La **thèse de l'enracinement** repose sur l'hypothèse que la présence d'importants actionnaires ou de dirigeants possédant une participation importante dans le capital ont la possibilité de gérer dans une optique contraire à la maximisation de la valeur actionnariale. L'enracinement est souvent conforté par la présence d'actions à droits de vote multiples qui permet aux actionnaires de ne pas subir le coût de leurs décisions, car la participation en capital est plus faible que celle en droits de vote.

La thèse de l'enracinement n'est pas exclusive de celle de la convergence d'intérêts. Aux États-Unis, il a été démontré que l'impact de la participation des dirigeants sur la performance de l'entreprise est positif lorsqu'elle est inférieure à 5 % et supérieure à 25 %. Entre les deux, c'est la théorie de l'enracinement, c'est-à-dire un impact négatif, qui est vérifiée (Morck et al. 1988).

De même, la participation de la société mère dans le capital de la filiale a un impact sur la performance de cette dernière. Récemment, il a été démontré que lorsque la société mère a une part minoritaire dans le capital de la filiale, la performance et la valeur de cette dernière est inférieure de 23 % par rapport aux entreprises du même secteur. Au contraire, lorsque la participation est majoritaire, la performance de la filiale est comparable aux entreprises du secteur (Atanasov et al. 2010).

Dans le cadre canadien, c'est la théorie de l'enracinement qui semble vérifiée. Il a ainsi été démontré qu'une participation importante du dirigeant au capital, ou la présence d'un large actionnaire, a un impact négatif sur la performance des entreprises (André et Schiell 2004; Bozec et Laurin 2008). En matière d'évaluation, les entreprises utilisant des actions à droits de vote multiples subissent une décote par rapport à celles ne disposant que d'actions à droit de vote simple (Smith et al. 2009).

Le cas des entreprises familiales canadiennes est plus original (King et Santor 2008). Lorsque celles-ci disposent d'actions ordinaires, l'entreprise familiale est plus performante en termes de rentabilité comptable ou financière que les autres entreprises. Au contraire, lorsque l'actionnariat est composé d'actions à droits de vote multiples, la valeur de l'entreprise est inférieure de 17 % à celle des entreprises dont le capital est dispersé. Ce résultat démontre que le facteur prédominant dans la faible valeur d'une entreprise familiale n'est pas le caractère familial de son actionnaire principal, mais plutôt la technique juridique utilisée pour conserver le contrôle.

Le contrôle d'une entreprise

La gouvernance d'entreprise pouvant être définie comme la gestion des pouvoirs et conflits d'intérêts, le rôle du contrôle et des acteurs l'exerçant est majeur.

Définition du concept de contrôle

De nombreuses définitions du concept de contrôle existent. Du point de vue comptable, il existe le contrôle, le contrôle conjoint et l'influence notable. Parallèlement, le monde juridique définit traditionnellement l'actionnaire en fonction de son statut majoritaire ou minoritaire. Ces différentes définitions présentent un problème majeur : elles font référence à un pourcentage d'actions, ou plus précisément de droits de vote, que doit détenir un actionnaire. Or, le contrôle ne se mesure pas en actions détenues, mais en termes de pouvoir. Celui-ci peut être exercé avec 5 %, 25 % ou 51 % du capital.

La Cour de justice du Delaware a rendu un arrêt dans lequel elle définit les pouvoirs d'un « ***actionnaire de contrôle*** » (Bebchuk et Kahan 1999) :

- Élire les directeurs;
- Entraîner la dissolution de l'entreprise;
- Fusionner avec une autre entreprise;
- Payer les autres actionnaires pour les sortir du capital de l'entreprise;
- Amender le certificat de constitution de société;
- Ou altérer matériellement la nature de la firme et les intérêts publics des actionnaires[9].

L'actionnaire de contrôle est ici défini par rapport aux pouvoirs qu'il exerce, ou qu'il peut exercer, et non en fonction du nombre d'actions détenues. Cette analyse peut être approfondie en élargissant la définition du détenteur du contrôle, passant d'un simple actionnaire à une coalition d'entités.

Définition de la coalition de contrôle[10]

La « coalition de contrôle » se fonde sur les travaux de Cyert et March (1963) sur la « coalition dominante » et de Mintzberg (1983) sur la « coalition interne » et la « coalition externe ». Selon Cyert et March (1963), les organisations sont définies comme des coalitions d'individus, certaines étant organisées en sous-coalitions, avec des frontières fluctuantes, dans le temps et dans les fonctions.

[9] Extrait et traduction de *Paramount Communications Inc.* V *QVC Network INC.*, 637 A.2d 34 (Delaware 1994), cité par Bebchuk et Kahan (1999) : « *A controlling shareholder can : (a) elect directors, (b) cause a break-up of the corporation, (c) merge it with another company, (d) cash-out the public stockholders, (e) amend the certificate of incorporation, (f) sell all or substantially all of the corporate assets; or (g) otherwise alter materially the nature of the corporation and the public stockholder's interests.* »

[10] Une analyse détaillée du concept de coalition de contrôle est disponible dans l'article suivant : Le Maux (2008).

Issue de cette situation, une coalition de contrôle peut être définie comme une entente entre plusieurs agents économiques ayant pour but de disposer du pouvoir de contrôle sur une société. Cette collusion est composée de deux catégories d'agents économiques :

- Les **dirigeants** : Leur position dans l'entreprise leur permet, d'une part, de définir les orientations stratégiques et, d'autre part, de contrôler partiellement l'information, notamment en restreignant sa disponibilité pour les autres agents. La notion de dirigeants utilisée ici est à concevoir au sens large et englobe les membres de l'équipe de direction au sens strict (comité exécutif, de direction, gérant, etc.), mais également les membres du principal organe de contrôle de la direction, qui sont fortement impliqués dans la coalition (conseil d'administration, de surveillance).
- Les **actionnaires importants** (*large shareholders*) : Le qualificatif « important » renvoie au niveau de capital détenu, notamment en volume de capitalisation, mais sans référence à un seuil quelconque. La raison de leur participation à la coalition de contrôle est double : d'une part, ces actionnaires sont mieux informés que les autres, notamment parce qu'ils peuvent mobiliser aisément des moyens plus importants (avocats, cabinets d'audit, etc.) pour contrôler les dirigeants et protéger leurs investissements[11].

La coalition de contrôle dispose d'un fort pouvoir d'influence au sein des assemblées générales en y tenant un rôle de leader. Le nombre important de voix détenues lui évite de mobiliser d'autres actionnaires pour faire voter certaines résolutions et permet d'éviter la contestation de la gestion des dirigeants. La coalition de contrôle comporte « *une barrière à la sortie [...] construite avec application : érigée dans les nobles matériaux que sont la coalition d'actionnaires et le mécanisme juridique des actions à vote double, elle protège effectivement la direction en place des mouvements erratiques que connaît la valeur du titre* » (Bertin et Bertin-Mourot 1987).

Le concept de coalition de contrôle regroupe donc l'ensemble des acteurs économiques disposant des caractéristiques suivantes :

- Un **accès à l'ensemble des outils et mécanismes de gestion et de contrôle** (exemples : audit interne, contrôle de gestion, décisions stratégiques, etc.);
- Un **accès privilégié à l'information** concernant la société contrôlée. « *L'information est une ressource essentielle pour les organisations, sa détention constitue donc une source importante de pouvoir pour les acteurs* » (Pfeffer et Salancik 1978).

D'un point de vue théorique, la coalition de contrôle permet de s'éloigner des traditionnels conflits d'agence de type I et de type II qui sont trop souvent mis en avant. L'objectif est de mettre en exergue l'existence d'une hétérogénéité au sein de la communauté actionnariale, étant donné que certains subissent une forte asymétrie d'information avec les dirigeants alors que d'autres, au contraire, ont le pouvoir de nommer les dirigeants.

De plus, la coalition de contrôle intègre un concept devenu essentiel en gouvernance : les réseaux. Le rôle du réseau permet de répondre aux questions liées à la réduction de la probabilité d'une prise de contrôle ou à une éventuelle attitude plus conciliante du conseil d'administration envers les dirigeants. Dans ce contexte, le concept de coalition de contrôle se trouve à la frontière des théories « sociales » et des théories inter-organisationnelles (Mizruchi 1989, 1996).

---

[11] Les actionnaires contrôlants, qui bénéficient, par définition, d'une information privée, réalisent des rendements supérieurs aux autres investisseurs (Ikenberry et al. 1995).

Le fonctionnement de la coalition de contrôle : de l'entreprise managériale à l'entreprise familiale

Bien que le concept de coalition de contrôle soit généralisable à toute entreprise, ses caractéristiques diffèrent lorsqu'elle est managériale ou familiale. Les divergences entre les deux catégories de contrôlants sont plus importantes que les ressemblances. Le tableau 1.2 synthétise les principales caractéristiques en fonction du type de coalition.

Tableau 1.2 Caractéristiques de la coalition de contrôle selon le mode de contrôle

	Caractéristiques	Coalition familiale	Coalition managériale
Actionnariat	Répartition du capital	**Peu diffus** Recours fréquent aux actions à droits de vote multiples et aux structures pyramidales	**Relativement diffus** Présence possible d'investisseurs appartenant à la coalition
	Séparation entre la direction et la propriété	**Faible**	**Forte**
Conseil d'administration	Nature du lien entre ses membres	**Liens familiaux** ou de proximité	**Administrateurs croisés** **Réseaux** d'anciens élèves **Expériences** politiques
	Méthode de recrutement	Cooptation partielle sur le plan **familial** ou proche	**Rôle des réseaux d'administrateurs**
	Professionnalisation des administrateurs	**Faible**	**Élevée**
	Poids accordé des administrateurs indépendants	**Moyen**	**Élevé**
Dirigeants	Source de légitimité du dirigeant pour les investisseurs	**Confiance** de la part des principaux actionnaires	**Expertise**
	Source de conflit au sein de la coalition	**Conflit familial** Entrée d'actionnaires extérieurs	**Absence de performances** financières et/ou comptables
	Interconnexion avec d'autres sociétés	**Faible** en dehors des sociétés du groupe familial	**Élevée** Connexion en capital ou en sièges dans les conseils d'administration

Source : adapté de Le Maux (2008)

Tout d'abord, concernant l'actionnariat, celui des entreprises familiales est très concentré, souvent dans les mains du fondateur et de sa famille. Cela se traduit par une faible séparation entre les dirigeants et les actionnaires et donc une faible asymétrie d'information entre les deux. Au contraire, dans le cas d'une entreprise managériale, l'actionnariat est dispersé, ce qui laisse une importante latitude discrétionnaire aux dirigeants. Parfois, un actionnaire dominant est présent dans le capital. Dans ce cas, les dirigeants et le conseil d'administration sont nommés directement par les dirigeants afin que l'asymétrie d'information soit limitée entre l'actionnaire et la direction.

Ce dernier point nous amène aux questions relatives aux organes de contrôle et de direction. Dans le cas des entreprises familiales, le mode de nomination ou de cooptation des administrateurs et dirigeants est basé sur des liens familiaux. Peuvent ainsi être cités les cas de transmission de la direction d'une société par voie filiale : Jean Coutu et son fils Francois J. Coutu pour le *Groupe Jean Coutu* (Marie-Josée Coutu, Michel Coutu et Sylvie Coutu sont également administrateurs du groupe), Paul Guy Desmarais et ses deux fils Paul Guy Desmarais Jr. et André Desmarais, pour Power Corporation, François Pinault et son fils François-Henri Pinault pour *Kering* ou Antoine Riboud et son fils Franck Riboud pour *Danone*. Les liens familiaux, en atténuant, voire en neutralisant, l'asymétrie informationnelle, rendent improbable l'hypothèse d'opportunisme et hypothèquent fortement la théorie de l'agence comme théorie explicative des relations entre les actionnaires familiaux et le dirigeant de l'entreprise familiale (Hirigoyen 2002). Dans ce cadre, la professionnalisation des administrateurs ne nécessite pas une expertise particulière et les liens entre eux reposent sur la confiance. La littérature scientifique montre que l'indépendance peut compléter la composition du conseil d'administration. En effet, les administrateurs indépendants, lorsqu'ils disposent d'une expertise dans un secteur industriel, apportent un point de vue complémentaire aux administrateurs familiaux (Davis et al. 1997; Gomez-Mejia et al. 2003; Anderson et Reeb 2004).

Concernant les entreprises managériales, la confiance ne peut être la base des relations, car les administrateurs et dirigeants n'ont pas de liens personnels. Il est par conséquent logique que l'expertise soit la source de la légitimité accordée par les administrateurs. De plus, le concept d'indépendance est devenu majeur depuis que les bonnes pratiques de gouvernance sont devenues une exigence des investisseurs, voire une contrainte légale ou réglementaire. Le développement d'associations d'administrateurs professionnels (Cercle des Administrateurs de Sociétés Certifiés et National Association of Corporate Directors au Canada, Institut Français des Administrateurs en France) est la preuve que l'expérience en tant qu'administrateur est devenue aussi importante que l'expertise managériale ou sectorielle.

Enfin, la dernière différence majeure entre ces deux catégories d'entreprises concerne l'apparition des conflits au sein de la coalition. Dans le cadre des entreprises, ce sont les conflits au sein des familles qui tendent à être la cause de l'éclatement de la coalition. Les membres d'une famille travaillant dans l'entreprise familiale ont le double rôle d'être employés de l'entreprise familiale et membres de la famille, c'est-à-dire qu'ils ont des attentes sur le plan professionnel et sur le plan personnel (Arregle et al. 2007). Cette double appartenance, c'est-à-dire à la fois à la famille et aux employés au sens large (dirigeants, administrateurs ou salariés), est une source de conflit n'existant pas dans les sociétés managériales. Le cas de l'entreprise *Teisseire* et son acquisition par le concurrent *Fruité* est caractéristique de la fin d'une coalition familiale[12] :

- La remise en cause du management ne repose nullement sur des critères de performance, mais uniquement sur un conflit familial;
- À la suite du conflit, la direction n'est plus confiée à des membres de la famille. L'actionnaire principal rompt ainsi avec les caractéristiques de la coalition familiale pour passer à une coalition managériale.

Les entreprises managériales n'étant pas soumises au poids des relations personnelles, la coalition managériale repose sur la performance. Une baisse ou une absence de performance est souvent la cause de la remise en question de la coalition et de son remplacement par une nouvelle coalition managériale.

[12] Pour une présentation détaillée du cas, voir Le Maux (2008).

L'entreprise *Vivendi Universal* (*VU*) a vécu l'un de ses principaux tournants en 2002 avec notamment le départ de son président directeur général, Jean-Marie Messier[13]. D'un point de vue pédagogique, l'analyse de ce départ est un cas très intéressant d'application du concept de coalition de contrôle dans le cadre d'une société cotée managériale. En effet, il s'agit d'un changement de pouvoir au sein de la coalition qui quitte la zone d'influence d'une banque, la *Société Générale*, pour intégrer celle d'une autre banque, *BNP Paribas*.

Début 2002, *Vivendi Universal* a annoncé d'importantes pertes comptables pour l'exercice 2001. Parallèlement, l'endettement ne cessait de croître et les exigences en termes de remboursements et d'intérêts se faisaient de plus en plus lourdes. Son action a perdu plus de 42 % au cours de l'année 2002 et sa valeur a été divisée par quatre par rapport à son plus haut historique. Dans ce contexte, le dirigeant est mis en cause par les investisseurs et la presse financière. Un conflit naît alors au sein du conseil d'administration et se termine par la démission du PDG.

L'analyse de la répartition du pouvoir au sein de *Vivendi Universal* permet alors de disposer d'une première grille de lecture de la coalition de contrôle. Dans cette perspective, le tableau 1.3 présente les principaux actionnaires présents dans le capital avant, pendant et après le départ du dirigeant en 2002 :

Tableau 1.3 **Répartition du capital de *Vivendi Universal***

	2001		2002		2003		2004	
	Capital	**DDV**	**Capital**	**DDV**	**Capital**	**DDV**	**Capital**	**DDV**
Autocontrôle	0,09 %		0,05 %		0,01 %			
Autodétention	9,62 %		1,92 %		0,01 %		0,15 %	
BNP Paribas	0,36 %	0,40 %	0,79 %	0,79 %	1,15 %	1,15 %	1,15 %	1,15 %
Bronfman	5,63 %	6,25 %	4,24 %	4,24 %	1,44 %	1,44 %	0,47 %	0,47 %
CDC	0,18 %	0,20 %	1,78 %	1,78 %	1,78 %	1,78 %	2,01 %	2,02 %
Cie de Saint Gobain	1,13 %	1,26 %	1,15 %	1,15 %	0,50 %	0,50 %		
Citigroup			1,70 %	1,70 %	1,69 %	1,69 %	1,69 %	1,69 %
Groupe Axa	0,53 %	0,59 %	0,04 %	0,04 %	0,03 %	0,03 %	0,03 %	0,03 %
Groupe Canal+	0,19 %		0,01 %					
Groupe Liberty Media			3,50 %	3,50 %				
Groupe Seydoux	0,90 %	1,00 %	0,61 %	0,61 %	0,33 %	0,33 %		
Philips	3,52 %	3,91 %	3,58 %	3,58 %	3,01 %	3,01 %		
Salariés (PEG)	1,89 %	2,10 %	2,12 %	2,12 %	1,68 %	1,68 %	1,16 %	1,16 %
Société Générale	1,31 %	1,37 %	1,12 %	1,12 %	1,14 %	1,14 %	0,65 %	0,65 %
UBS Warburg			0,92 %	0,92 %	1,02 %	1,02 %	1,49 %	1,49 %
Veolia Environnement					0,54 %	0,54 %	0,47 %	0,47 %
Autres actionnaires	74,65 %	82,92 %	76,35 %	78,45 %	85,67 %	85,69 %	90,83 %	90,87 %

Source : Rapport annuel 2003 et site internet Vivendi

[13] Le cas de *Vivendi Universal* est détaillé dans l'article de Le Maux (2008).

Ce tableau montre que la notion d'actionnaire important, définie en première partie, est somme toute relative. En effet, en 2001, le principal actionnaire de *Vivendi Universal* est la société elle-même, avec 9,62 % du capital.

Parallèlement, les principaux actionnaires membres de la coalition de contrôle se sont protégés contre d'éventuelles tentatives de prise de contrôle grâce à l'ensemble des outils mis à disposition par la législation française : le seuil de déclaration de franchissement de seuil statutaire est de 0,5 %[14], alors que le seuil légal est de 5 %, et la direction de la société a mis en place un système de limitation des droits de vote[15] particulièrement complexe.

Dans le cas de *Vivendi Universal*, la coalition est composée des dirigeants et des membres du conseil d'administration. L'évolution de la composition du conseil d'administration avant et après le départ du dirigeant doit être mise en parallèle des participations croisées de chacun des membres au sein des conseils des sociétés participantes à la coalition. Les trois figures ci-dessous présentent ainsi les liens nominatifs avant et après la démission de J.-M. Messier, ainsi que la situation en 2004.

Figure 1.4 **Structure du conseil d'administration de Vivendi Universal avant le départ de Jean-Marie Messier**

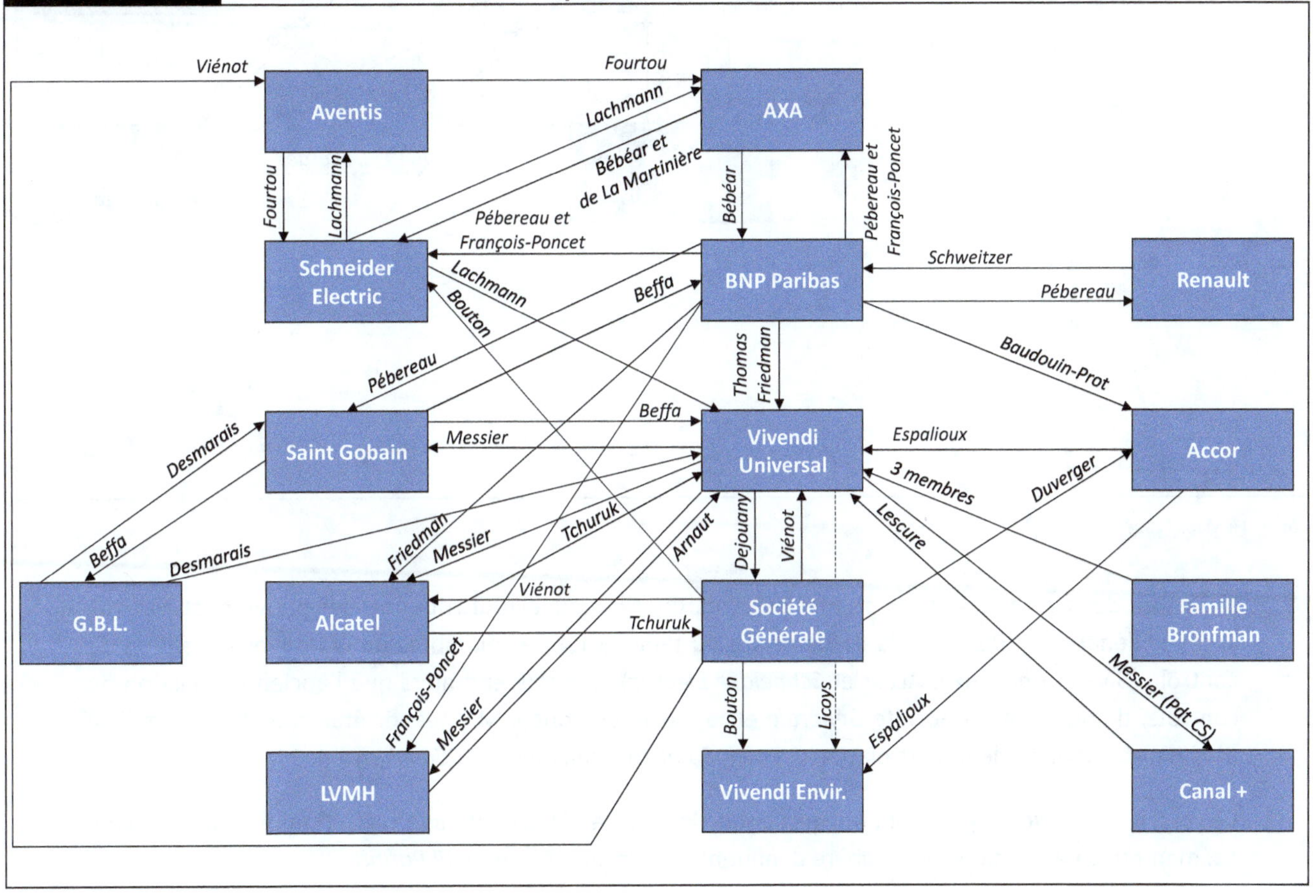

Source : Le Maux (2008)

[14] Article 5 des statuts. Tout actionnaire qui a une participation qui franchit le seuil de 0,5 % du capital et qui ne déclare pas sa nouvelle participation perd ses droits de vote.

[15] Article 15 des statuts.

Figure 1.5 **Structure du conseil d'administration de *Vivendi Universal* après le départ de Jean-Marie Messier**

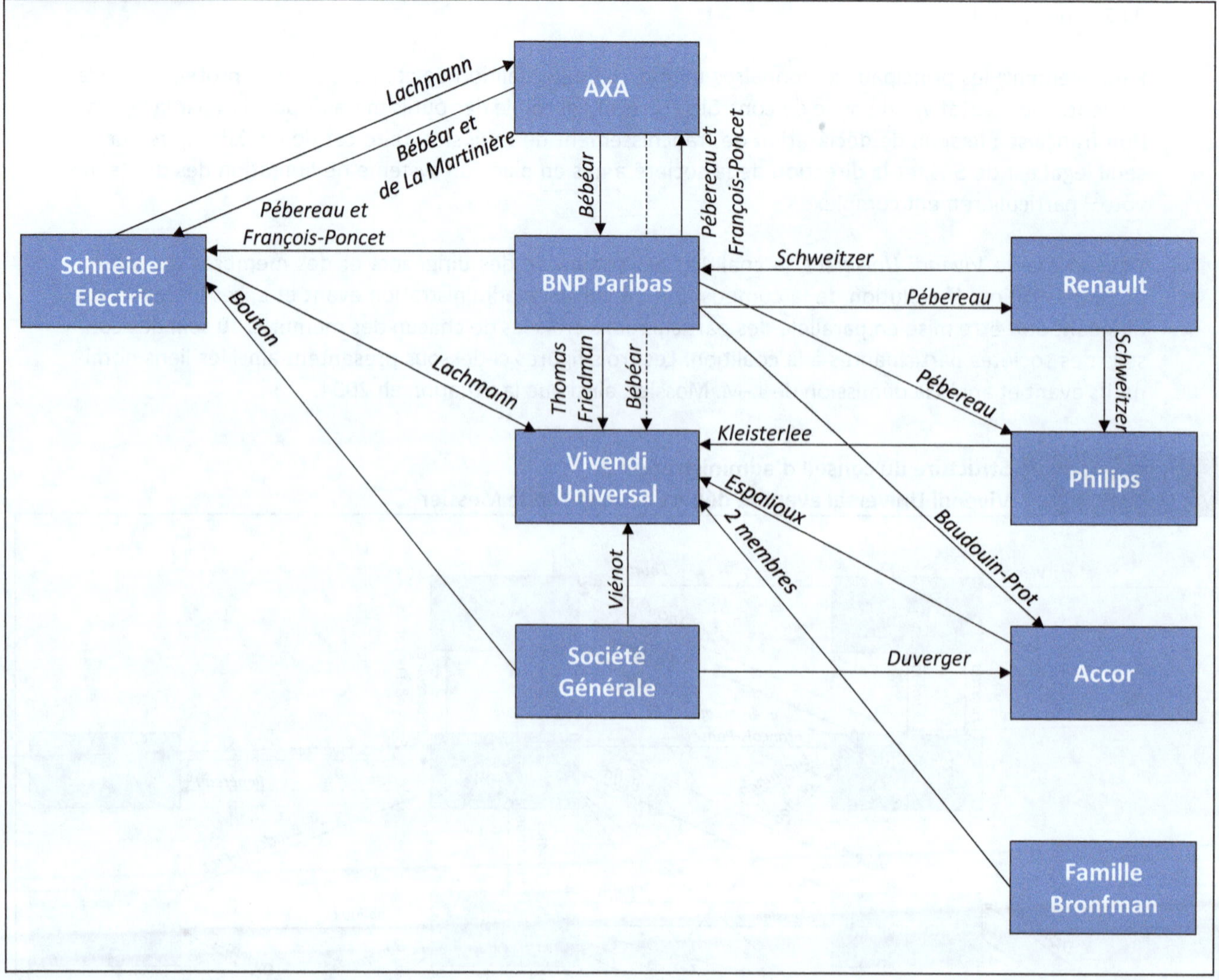

Source : Le Maux (2008)

La lecture des figures 1.4 et 1.5 permet de remarquer la nouvelle distribution des pouvoirs et réseaux après le départ du PDG. Dans la partie droite du tableau 1.4, les membres de la nouvelle coalition de contrôle (*BNP Paribas, Axa, Accor* et *Schneider Electric*) apparaissent, alors que l'ancienne coalition de contrôle, dominée par la *Société Générale* et les sociétés dont J.-M. Messier était membre du conseil d'administration, perdent leurs places (*Canal +, Saint-Gobain, LVMH, FCC* et *Alcatel*).

De plus, nous pouvons également remarquer que le nouveau PDG de *VU* a été sélectionné au sein d'*Aventis*, membre à part entière de la sphère d'influence du groupe *Axa* et *BNP Paribas*[16].

[16] Extrait du quotidien *Les Échos* du 26 avril 2005 : – Interview de J.-R. Fourtou – page 13 : « C'est ainsi qu'un soir de juin 2002, Valery Giscard d'Estaing, Serge Kampf, président fondateur de *CapGemini*, Claude Bébéar et Jean-René Fourtou – qui se prépare alors à prendre sa retraite de PDG d'*Aventis* – se retrouvent [...]. Ce mercredi-là, la conversation prend un tour particulier. *"Cela ressemblait à un coup monté. Les trois ne me parlaient que de la nécessité de prendre la présidence de Vivendi Universal"*, se souvient Jean-René Fourtou. »

Tableau 1.4 Évolution de la composition du conseil d'administration

Fin 2001 (19 membres)		Fin 2002 (12 membres)		Fin 2003 (12 membres)	
Noms	**Sociétés / Famille**	**Noms**	**Sociétés / Famille**	**Noms**	**Sociétés / Famille**
Messier J.-M.	PDG	Fourtou J.-R.	PDG	Fourtou J.-R.	PDG
Espalioux J.-M.	Accor	Bébéar C.	Axa	Bébéar C.	Axa
Licoys E.	Vivendi Environnement	Bronfman E.	Famille Bronfman	Fernandez de Cordoba F.	Real Automóvil Club
Arnault B.	LVMH	Bronfman E. Jr	Famille Bronfman	Kleisterlee G.	Philips
Lescure P.	Canal +	Espalioux J.-M.	Accor	Collomb B.	Lafarge
Foriel-Destezet P.	Akila Finance S.A	Fernandez de Cordoba F.	Real Automòvil Club	Fribourg P.	ContiGroup Companies
Beffa J.-L.	Saint-Gobain	Friedman J.	BNP Paribas	Hawawini G.	Doyen de l'INSEAD
Friedman J.	BNP Paribas	Hoenn D.	BNP Paribas	Van Miert K.	Ancien v.-p. de la Commission Européenne
Koplowitz E.	FCC	Kleisterlee G.	Philips	Rodocanachi P.	Booz Allen Hamilton
Kravis M.-J.	The Hudson Institute et USA Networks	Kravis M.-J.	The Hudson Institute et USA Networks	Kravis M-J.	The Hudson Institute et USA Networks
Bronfman E. Jr	Famille Bronfman	Lachmann H.	Schneider Electric	Lachmann H.	Schneider Electric
Lachmann H.	Schneider Electric	Viénot M.	Société Générale	Bremond G.	Pierre & Vacances
Minzberg S.	Claridge inc.				
Murray S.	Murray S.				
Tchuruk S.	Alcatel				
Thomas R.	BNP Paribas				
Viénot M.	Société Générale				
Brown R.	E.D.S				

Sources : Rapports annuels

À la suite de ce changement de coalition, de nombreux événements au sein de la société confirment la passation de pouvoir :

- La nouvelle coalition de contrôle s'appuie sur la nomination de nouveaux dirigeants comme Robert de Metz, nommé le 5 septembre 2002, alors qu'il était membre du comité exécutif de *Paribas* de 1997 à 2000;
- *Paribas Affaires Industrielles*, filiale de *BNP Paribas*, a demandé à *VU* de racheter sa participation de 16 % pour près de 50 millions d'euros. Cela valorise le distributeur à plus de 300 millions. La banque, rentrée au capital en 1985, a exercé une option de vente, octroyée en 1995. Courant encore pendant cinq ans, elle a été exercée le vendredi 5 juillet, soit deux jours après la démission de J.-M. Messier[17]. *VU* était alors en négociation serrée avec la *BNP* pour obtenir de nouveaux crédits et éviter une cessation de paiements.
- « *L'erreur de Jean-Marie Messier a été de ne pas réussir à imposer sa stratégie centrée sur les médias, les loisirs et le téléphone, ce que Jean-René Fourtou fera vraisemblablement. Il est clair que Vivendi Universal va suivre finalement la stratégie imaginée par Jean-Marie Messier. » Après ces déclarations faites au quotidien* Le Figaro, *et qui auraient été mal reçues par la nouvelle direction de VU, le mandat d'administrateur de Marc Viénot paraît menacé. Il ne devrait pas être proposé au renouvellement lors de la prochaine assemblée générale.* »[18] Le départ alors évoqué, et par la suite vérifié, de Marc Viénot, dirigeant de la *Société Générale*, confirme un changement significatif parmi les membres de la coalition de contrôle de *Vivendi Universal*.

L'étude de *Vivendi Universal* montre un exemple concret de conflit au sein d'une coalition de contrôle d'une société managériale lorsque celle-ci fait face à des problèmes en termes de résultats financiers.

Les bénéfices privés : coût d'une mauvaise gouvernance

Aussi qualifié de bénéfices de contrôle ou de bénéfices privés de contrôle, ce concept est essentiel en matière de gouvernance. Il représente même la raison d'être de la gouvernance : si aucun avantage ne pouvait être extrait par l'une des parties au détriment des autres, pourquoi se poser la question des conflits d'intérêts?

Les bénéfices privés : définitions et typologies

Les théories classiques n'envisagent une action que sous l'angle des revenus qu'elle procure et omettent de prendre en considération le fait qu'elle permet aussi d'exercer un contrôle (par un droit de vote en assemblée) sur l'activité de la firme représentée par ce titre (Batteau 1980). Or, ce contrôle peut être utilisé soit à des fins de maximisation de la valeur, qu'elle soit actionnariale ou partenariale, soit afin d'obtenir une partie de la richesse créée.

Définition des bénéfices privés

Le concept de **bénéfices privés**, aussi appelés **bénéfices de contrôle**, est issu des travaux de Grossman et Hart (1988) et Harris et Raviv (1988), qui montrent qu'une partie des actionnaires peut obtenir une part plus importante des flux de trésorerie générés que celle qui devrait être attribuée sur la base de la seule participation au capital. Cette partie excessive des bénéfices perçus est alors définie comme des « *bénéfices privés* ». Selon Bebchuk (1999), toute valeur capturée par les agents contrôlant la firme et non partagée avec l'ensemble des actionnaires est un bénéfice privé. À l'opposé se trouvent les bénéfices publics,

---

[17] Les Échos, 30/09/2002, p. 18 : « *La BNP force Vivendi Universal à racheter ses parts dans UGC* ».
[18] *Idem*

dont le dividende est l'exemple le plus courant. En effet, tout actionnaire perçoit un dividende en proportion du nombre d'actions qu'il détient, ce qui en fait un bénéfice public, alors que les bénéfices privés ne profitent qu'aux seuls actionnaires contrôlants.

Dans la décision de la Cour de justice du Delaware déjà abordée dans la section sur la coalition de contrôle, un point est intéressant en matière de bénéfices privés dans les pouvoirs d'un « *actionnaire de contrôle* » (Bebchuk et Kahan 1999) :

- Élire les directeurs;
- Entraîner la dissolution de l'entreprise;
- Fusionner avec une autre entreprise;
- Payer les autres actionnaires pour les sortir du capital de l'entreprise;
- Amender le certificat de constitution de société;
- Ou altérer matériellement la nature de la firme et les intérêts publics des actionnaires.

Le dernier point concerne l'extraction de bénéfices privés au détriment de l'entreprise et des actionnaires non contrôlants. Il s'agit donc d'une reconnaissance juridique de leur existence.

L'illustration de la figure 1.6 permet de présenter un cas simple d'extraction de bénéfices privés au sein d'un groupe. Dans ce groupe, une *holding* détient deux participations financières : la première est une participation à hauteur de 51 % du capital dans la filiale A et la seconde est une participation à 100 % dans le capital de la filiale B.

Figure 1.6 L'extraction de bénéfices privés à l'aide d'une transaction interne

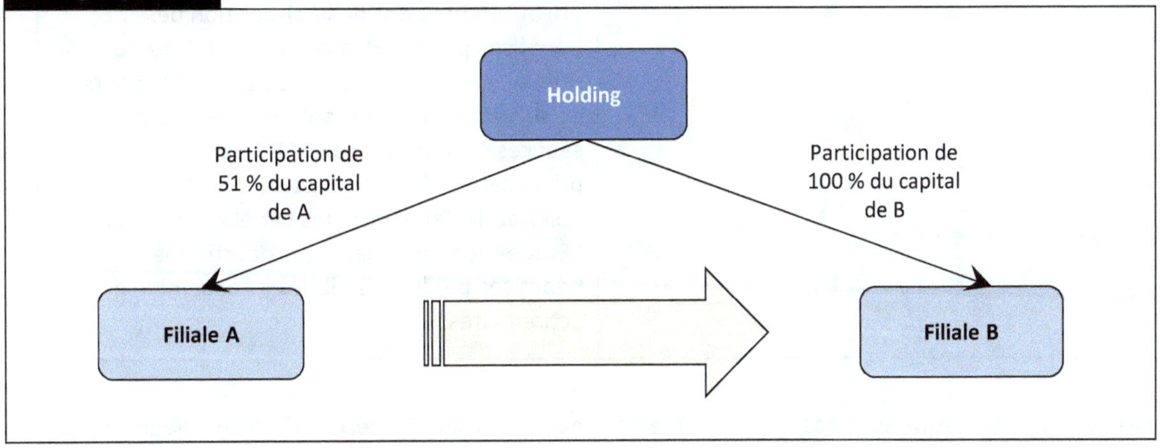

Dans cet exemple, une technique pour que la *holding* puisse extraire de la richesse au détriment des actionnaires minoritaires de la filiale A est simple à mettre en place. Il suffit d'instituer des cessions d'actifs à une valeur sous-évaluée à la filiale B. La perte réalisée par la filiale A sera subie par tous les actionnaires dont la *holding* à hauteur de 51 %. Toutefois, cette perte subie en tant qu'actionnaire majoritaire de la filiale A est automatiquement compensée par le gain réalisé par la filiale B dont la *holding* est actionnaire à 100 %.

Le gain net de l'opération est positif pour la *holding*. Les principaux perdants sont ici les actionnaires minoritaires qui ne compenseront pas les pertes de la sous-évaluation.

Le tableau 1.5 présente différents exemples de bénéfices privés définis dans la littérature scientifique :

Tableau 1.5 **Exemples de bénéfices privés**

Auteurs	Définitions
Field et Karpoff (2002)	Les salaires et bonus accordés aux dirigeants.
Grossman et Hart (1988)	Les gains de synergies réalisés par l'acquéreur, la capacité à « sortir » les actionnaires minoritaires à une valeur inférieure au marché et la dispersion des ressources représentent les bénéfices privés.
Johnson et al. (2000)	Les bénéfices privés sont les ressources transférées en dehors de la firme au bénéfice de ceux qui la contrôlent. Les bénéfices privés proviennent des transactions avec l'actionnaire contrôlant (rémunérations excessives, garantie de prêt) ou des transferts d'actifs que celui-ci réalise du fait d'être contrôlant (transactions d'initiés, etc.).
Zingales (1994)	L'amélioration de la performance d'une société privatisée provient de la disparition des bénéfices privés extraits par l'État. L'auteur relève l'exemple du Credito Italiano : le cours de son action a progressé de 38 % en cinq séances en septembre 1992 après sa privatisation. Cette hausse significative serait le résultat de l'abandon des bénéfices privés de l'État et donc une hausse proportionnelle des bénéfices publics distribués à l'ensemble des actionnaires.

Les bénéfices privés ne sont pas systématiquement pécuniaires, la recherche d'une meilleure réputation ou d'un plus grand prestige à l'aide des ressources de l'entreprise constitue aussi un bénéfice privé (Aggarwal et Samwick 2003).

Typologie des bénéfices privés

Le concept de bénéfices privés étant défini, il peut être intéressant de proposer une typologie de ceux-ci afin de simplifier leur détermination lors de l'évaluation de la qualité de la gouvernance d'une entreprise. La typologie la plus utilisée est basée sur les transactions entre l'entreprise et son actionnaire de contrôle. Elle est présentée dans une première section. La seconde section porte sur les avantages en nature accordés aux dirigeants (*perquisites*). Ils sont en effet parfois confondus avec les bénéfices privés.

Les transactions avec soi-même ou transactions d'initiés (self-dealing transactions)

Les transactions avec soi-même (*self-dealing transactions*) représentent la majorité des cas d'extraction de bénéfices privés. Il est important de noter que ces transactions sont légales. Seules des pratiques abusives de ces méthodes sont sanctionnées[19]. Ces transactions peuvent être réparties en trois groupes (Johnson et al. 2000; Atanasov et al. 2011) :

- Le ***détournement de flux de trésorerie*** (*cash flow tunneling*) consiste à détourner une partie du flux de trésorerie annuel sans toutefois s'approprier directement les actifs. L'exemple classique de ce type de détournement est l'utilisation des *royalties*. Cette méthode ne pénalise nullement la valeur comptable de la société qui en est victime, car aucun actif n'est sorti du bilan, seuls les *cash flows* générés le sont;
- Le ***détournement d'actifs*** (*asset tunneling*) est le transfert d'actifs majeurs, corporels ou incorporels, au profit des dirigeants d'une firme ou des actionnaires la contrôlant, transfert qui diminue le patrimoine de la société. Ces transferts peuvent s'effectuer par des prix de transfert d'actifs sous-évalués, lorsque les actifs sont transférés de la victime au bénéficiaire, ou sur-évalués, lorsque les actifs sont cédés à la victime. Ces transferts peuvent également diminuer la rentabilité des autres actifs des sociétés concernées si des synergies disparaissent;
- Le ***détournement de capitaux propres*** (*equity tunneling*) consiste à augmenter la valeur de la participation du contrôlant au détriment des actionnaires minoritaires, mais ne changent pas directement les flux de trésorerie générés ou la productivité des actifs. Les exemples les plus classiques sont le retrait des sociétés cotées à un prix sous-évalué ou l'émission de titres à but dilutif.

Les avantages complémentaires à la rémunération ou bénéfices privés?

Une part importante de la population considère les avantages en nature, appelés ***perquisites*** en anglais et *perks* dans le langage courant comme des bénéfices privés versés aux dirigeants d'une firme, et cela, au détriment de ses actionnaires. Parmi ces avantages, se trouvent l'utilisation de jets privés et les cartes de membre à des *country clubs*.

Selon Hart (2001), les *perks* sont définis comme des bénéfices privés non pécunaires : « *fancy offices, private jets, the easy life, etc. that are attractive to management but are of no interest to shareholders – in fact they reduce firm value. Moreover, it is reasonable to assume that they are inefficient in the sense that one dollar of perks reduces firm value by more than one dollar.* »

Dans ce cadre, en août 2006, la Securities and Exchange Commission (SEC) a adopté une nouvelle règle en matière de divulgation de la rémunération des dirigeants. L'objectif de cette nouvelle règle[20] est le suivant : « *help investors keep an eye on how much of their money is being paid to the top executives who work for them.* »

Durant la même année, l'étude des *perks* s'est focalisée sur l'utilisation d'un avion privé par les dirigeants. Yermack (2006) met en évidence le fait que les sociétés disposant d'un tel actif ont une performance significativement inférieure à celle des sociétés n'en disposant pas. Mais le résultat le plus surprenant de cette étude est le suivant : lors de l'annonce publique de l'acquisition d'un avion mis à disposition des dirigeants, le cours de l'action chute en moyenne de 1,1 %.

Rajan et Wulf (2006) remettent en cause cette analyse en supposant que les *perks* peuvent être au bénéfice de la firme. Par exemple, l'utilisation de jets privés peut permettre aux dirigeants d'être moins fatigués et donc plus performants. Dans cette perspective, ils réalisent une étude à partir d'une base de données détaillée sur les avantages en nature accordés aux dirigeants de plus de 300 sociétés américaines.

---

[19] Atanasov et al. (2011) exposent plusieurs exemples d'abus d'extraction de bénéfices privés qui ont été sanctionnés par les autorités de régulation ou lors de procédures judiciaires.

[20] SEC Release No. 33-8732A « Firms were required to adhere to these new rules starting in December 2006 ».

Tableau 1.6 **Proportion de dirigeants percevant des avantages en nature (en %)**

Avantages	Moyenne
Avion d'entreprise	66 %
Service de chauffeur	38 %
Voiture d'entreprise	56 %
Frais d'adhésion à un *country club*	47 %
Frais d'adhésion à un *lunch club*	48 %
Frais d'adhésion à un *health club*	17 %
Comptabilité financière personnelle	70 %
Planification fiscale	65 %
Planification immobilière	59 %

Source : Rajan et Wulf (2006)

Évaluation des bénéfices privés

Deux méthodes d'évaluation des bénéfices privés existent :

1. la prime versée par l'acquéreur d'un bloc d'actions permettant de contrôler une entreprise ou;
2. la prime versée par l'acquéreur qui choisit d'acquérir une action à droits de vote multiples au lieu d'une action à droit de vote simple.

Les transactions de blocs

Cette méthode se base sur les cessions de blocs de contrôle d'entreprises cotées en bourse (Barclay et Holderness 1989; Burkart et al. 2000). Le principe est que le prix qu'un actionnaire paye pour l'acquisition d'un bloc d'actions intègre les bénéfices qu'il compte extraire de cette situation de contrôle alors que, au contraire, le cours de l'action ne représente que l'actualisation des bénéfices publics (Chung et Kim 1999). Dès lors, la différence entre le prix payé et le cours de bourse reflète le gain obtenu par le nouvel actionnaire de contrôle, c'est-à-dire ses bénéfices privés : « *The pricing of block trades also reflects the stream of any private benefits the large-block shareholder can secure through his voting power, to the exclusion of other shareholders* » (Barclay et Holderness 1989, 1991). Les tableaux 1.7 et 1.8 présentent quelques statistiques sur les primes de transactions de blocs.

Tableau 1.7 **Étude internationale sur les primes lors de transactions de blocs**

Pays	Moyenne	Médiane	Écart-type	Min.	Max.
Échantillon de 39 pays	14 %	11 %	18 %	-4 %	48 %
Allemagne	10 %	10 %	13 %	-24 %	32 %
Brésil	65 %	49 %	83 %	6 %	299 %
Canada	1 %	1 %	4 %	-2 %	6 %
États-Unis	2 %	2 %	10 %	-20 %	40 %
France	2 %	1 %	10 %	-10 %	17 %
Hong Kong	1 %	3 %	5 %	-12 %	5 %

Source : Dyck et Zingales (2004)

Le tableau 1.7 indique que la prime payée par l'acquéreur d'un bloc de contrôle est, en moyenne, de 14 %, c'est-à-dire qu'il paie 14 % de plus que la valeur de marché. Cette prime peut être très faible, voire proche de zéro pour le Canada ou Hong Kong, alors qu'elle est très élevée pour le Brésil ou le Mexique. Ces différences significatives s'expliquent par la capacité de l'acquéreur d'extraire des bénéfices privés, élément que le vendeur du bloc anticipe en fixant le prix de la transaction.

Tableau 1.8 Principaux résultats d'études sur la prime de transaction de blocs

Auteurs	Échantillon	Principales conclusions
Barclay et Holderness (1989)	63 cessions de blocs de contrôle entre 1978 et 1982	La prime de contrôle est de 20 %.
Mikkelson et Regassa (1991)	37 transactions de blocs de 1978 à 1987	La prime de contrôle est évaluée à 9 %.
Atanasov (2005)	Seconde vague de privatisations bulgares	Une action appartenant à un bloc de contrôle a une valeur 10 fois supérieure à une action isolée.
Hwang et Hu (2009)	738 transactions aux États-Unis de blocs entre 1987 et 2005	La prime de contrôle moyenne est évaluée à 9 %.
Poulsen (2011)	179 transactions de blocs aux États-Unis entre 1996 et 2001	La prime de contrôle moyenne est évaluée à 62 %.
Le Maux et Francoeur (2014)	808 transactions de blocs en Europe entre 1998 et 2011	La prime de contrôle est de 32 % à la date de la première rumeur de l'acquisition dans la presse, et de 21 % à la date d'annonce de la transaction.

La taille du bloc a un impact positif sur les primes de blocs en raison du nombre de droits de vote qu'il permet de mobiliser lors d'assemblées générales. Concernant l'utilisation de cette méthodologie, deux courants s'opposent :

- Selon le premier, la prime payée par l'acquéreur d'un bloc d'actions est égale à la valeur des bénéfices privés anticipés (Barclay et Holderness 1989);
- Au contraire, selon le second, la différence entre le prix de transaction d'un bloc et le cours de bourse est la conséquence d'un gain objectif pour l'ensemble des actionnaires (Bebchuk 1994 ; Zingales 2000). Barclay et Holderness (1989) ont, en partie, confirmé la position de leurs détracteurs en démontrant l'existence d'une hausse anormale du cours des titres lors de simples négociations de blocs qui, sans pour autant que les transactions soient conclues, étaient ensuite généralement suivies de revirements stratégiques.

Afin de mesurer les bénéfices privés de contrôle, il est nécessaire d'évaluer l'exercice du contrôle. Pour cela, l'exercice du contrôle est mesuré par la révocation des dirigeants au cours de la première année suivant la transaction du bloc. La prime de bloc augmente de 7,9 % lorsque la transaction est suivie d'une révocation. Ce résultat suggère que les bénéfices privés sont liés à l'exercice du contrôle (Hwang et Hu 2009).

Tableau 1.9 **Prime de transaction de blocs en fonction de la probabilité de changement du dirigeant**

Probabilité du changement de dirigeant	Part du capital représenté par le bloc d'actions						
	5 %	**10 %**	**15 %**	**20 %**	**25 %**	**30 %**	**50 %**
0 %	0,61 %	1,20 %	1,79 %	2,38 %	2,97 %	3,56 %	5,92 %
10 %	1,58 %	2,72 %	3,86 %	5,00 %	6,14 %	7,28 %	11,84 %
20 %	2,95 %	4,64 %	6,33 %	8,02 %	9,71 %	11,40 %	18,16 %
25 %	3,79 %	5,75 %	7,72 %	9,68 %	11,65 %	13,61 %	21,47 %
30 %	4,72 %	6,96 %	9,20 %	11,44 %	13,68 %	15,92 %	24,88 %
40 %	6,89 %	9,68 %	12,47 %	15,26 %	18,05 %	20,84 %	32,00 %
50 %	9,46 %	12,80 %	16,14 %	19,48 %	22,82 %	26,16 %	39,52 %
75 %	17,64 %	22,35 %	27,07 %	31,78 %	36,50 %	41,21 %	60,07 %
100 %	28,31 %	34,40 %	40,49 %	46,58 %	52,67 %	58,76 %	83,12 %

Source : Hwang et Hu (2009)

Évaluation des droits de vote

Selon la théorie financière, si deux actions versent le même dividende, elles devraient avoir la même valeur quel que soit le droit de vote. Or, empiriquement, il a été constaté que si deux actions n'ont pas le même nombre de droits de vote, leurs valeurs diffèrent. Par conséquent, cette différence entre le prix des actions ordinaires et le prix des actions à droits de vote multiples ne peut être imputée qu'aux avantages supplémentaires de ces dernières. Le principal de ces avantages est la possibilité d'extraire des bénéfices privés.

L'écart entre les valeurs d'actions à droits de vote multiples et subalternes peut être utilisé pour évaluer les bénéfices privés. La lecture du tableau 1.10 nous permet de remarquer que la prime accordée aux actions possédant des droits de votes multiples existe et peut parfois être très élevée.

Tableau 1.10 **Synthèse des résultats empiriques basés sur la valorisation du droit de vote**

Auteurs	Échantillons	Prime – droits de vote
Levy (1983)	21 firmes israéliennes en 1981	45,5 %
Lease et al. (1983)	30 sociétés É-U sur la période 1940-1978	5,4 %
Lease et al. (1984)	6 sociétés É-U sur la période 1940-1978	1,25 %
Zingales (1994)	64 firmes italiennes de 1987 à 1990	82 %
Zingales (1995)	94 firmes É-U entre 1984 et 1990	30 %
Smith et Amoako-Adu (1995)	98 firmes cotées à la bourse de Toronto entre 1981 et 1992	7,84 % (1981-1986) 19,31 % (1988-1992)
Chung et Kim (1999)	119 firmes coréennes sur la période 1992-1993	10 %
Nenova (2003)	661 firmes cotées dans 18 pays en 1995	Entre 0,5 % et 22,6 %
Doidge (2004)	745 firmes cotées dans 20 pays entre 1994 et 2001	Entre 5 % et 49 %

Conclusion

Un cadre théorique rigoureux, basé sur trois piliers, définit la gouvernance d'entreprise. Les deux premiers piliers théoriques sont basés sur une approche contractuelle, la première basée sur la relation avec les actionnaires et la seconde, sur celle associant toutes les parties prenantes. Dans les deux cas, un mandat est attribué au dirigeant pour gérer l'entreprise. Ce mandat implique automatiquement une asymétrie d'information entre le dirigeant et les mandataires. Bien que fondées sur le même principe, les parties impliquées diffèrent entre la théorie de l'agence et la théorie des parties prenantes. Selon la première théorie, ce sont les actionnaires qui sont les principaux concernés, leur objectif étant la maximisation de la valeur de l'entreprise. Selon la seconde théorie, toutes les parties prenantes sont impliquées dans la relation. Ces parties prenantes sont les actionnaires, mais également les clients, fournisseurs et tous les autres membres de la société.

Le troisième pilier définissant la gouvernance est basé sur l'approche cognitive. Cette dernière diffère des autres, car elle ne se base plus sur la fonction de contrôle de la gouvernance, mais plutôt sur les ressources cognitives qui peuvent être mobilisées pour créer de la richesse.

Le professionnel s'interroge

- Quels sont les principaux coûts d'agence de l'entreprise?
- Quels sont les conflits d'agence au sein de l'entreprise?
- Quelles sont les parties prenantes impliquées dans la vie de l'entreprise?
- Quelle est la politique de l'entreprise en matière de responsabilité sociale?
- Quelles sont les ressources cognitives mobilisées au sein de l'entreprise?
- Existe-t-il une coalition de contrôle?
    - Quels sont les principaux acteurs de la coalition de contrôle?
    - Disposent-ils de toutes les qualités de la coalition de contrôle?
- Est-ce que les bénéfices privés sont extraits dans l'entreprise?
    - Quelles sont les sources d'extraction des bénéfices privés?
    - Quelles méthodes peuvent être utilisées pour évaluer les bénéfices privés?

Questions à choix multiples

1. Quels sont les trois cadres théoriques qui sont à la base des études de gouvernance?

a) Théorie de l'agence, théorie des signaux, théorie cognitive.

b) Théorie de l'agence, théorie des parties prenantes, théorie cognitive.

c) Théorie de l'agence, théorie des signaux, théorie des parties prenantes.

d) Théorie des parties prenantes, théorie des signaux, théorie cognitive.

e) Aucune réponse ne convient.

2. Lequel de ces énoncés est faux?

a) L'entreprise est un « nœud de contrats » associant l'entreprise à tous ses apporteurs de ressources (actionnaires, créanciers, etc.).

b) Dans le modèle de la théorie de l'agence, les actionnaires assument les coûts de dédouanement et les gestionnaires assument les coûts de surveillance.

c) Les contrats peuvent être formels ou informels (marchés financiers, marché des dirigeants).

d) Tout contrat est incomplet, c'est-à-dire qu'il ne prévoit pas toutes les situations possibles.

e) Aucune réponse ne convient.

3. Parmi les affirmations suivantes, laquelle est fausse?

a) Les individus sont des « évaluateurs » permanents : ils prennent des décisions en fonction de leurs préférences et du coût sous-jacent. Toutefois, leur rationalité est limitée.

b) Les individus sont insatiables : ils ne sont jamais satisfaits.

c) Les individus cherchent à maximiser leur patrimoine, qu'il soit financier ou non.

d) Les individus ne savent pas s'adapter et subissent sans imagination toutes les règles qu'ils estiment contraignantes.

e) Aucune réponse ne convient.

4. Parmi les caractéristiques suivantes, laquelle ne définit pas la relation d'agence?

a) Il existe toujours une asymétrie d'information entre les différents signataires d'un contrat.

b) Les dirigeants ont une meilleure connaissance de leur performance réelle que les actionnaires.

c) Les dirigeants doivent se dédouaner envers les actionnaires afin d'expliquer la performance et les décisions stratégiques choisies.

d) Les dirigeants subissent un coût de dédouanement envers l'administration fiscale.

e) Aucune réponse ne convient.

5. Parmi les affirmations suivantes concernant la théorie cognitive, laquelle est fausse?

a) La théorie cognitive met particulièrement l'accent sur la création interne de connaissances issue de l'apprentissage organisationnel.

b) La performance se situe davantage dans l'aptitude du gestionnaire à imaginer et à percevoir de nouvelles opportunités que dans sa capacité à restructurer les processus actuels.

c) Le système de gouvernance ne devrait pas encourager les stratégies de développement de l'apprentissage organisationnel qui représentent un coût trop élevé.

d) En adoptant la perspective cognitive, le conseil d'administration aurait d'autres fonctions que le contrôle, notamment celle d'aider le dirigeant à construire sa vision ou à détecter des opportunités d'investissements.

e) Aucune réponse ne convient.

6. Parmi les opérations suivantes, laquelle ne représente pas une extraction de bénéfice privé?

a) Le versement d'un dividende exceptionnel.

b) Le versement de redevances élevées à la société mère.

c) La fixation d'un prix de cession interne sous-évaluée entre deux filiales.

d) La fixation d'un prix d'action faible lors d'une opération de retrait de la cotation.

e) Aucune réponse ne convient.

7. Parmi les affirmations suivantes, laquelle est fausse?

a) La gouvernance est la gestion des pouvoirs et des conflits d'intérêts afin de contrôler les risques pouvant altérer la performance de l'entreprise.

b) Les bénéfices privés peuvent être évalués en examinant les transactions de blocs.

c) Les bénéfices privés peuvent être évalués en examinant la valorisation du droit de vote.

d) Les bénéfices privés peuvent être évalués par les dividendes.

e) Aucune réponse ne convient.

8. Parmi les affirmations suivantes, laquelle est fausse?

a) Il existe trois types de coûts d'agence : les coûts de surveillance, les coûts de dédouanement et les pertes résiduelles.

b) La gouvernance a pour fonction de réduire les coûts d'agence.

c) Un niveau d'endettement élevé est un moyen de réduire les coûts d'agence.

d) Il existe trois types de conflits d'agence : le conflit opposant actionnaire et dirigeants, le conflit opposant actionnaires majoritaires et actionnaires minoritaires et le conflit opposant administrateurs et dirigeants.

e) Aucune réponse ne convient.

9. Parmi les théories suivantes, laquelle n'existe pas concernant l'actionnariat?

a) La théorie de la neutralité.

b) La théorie de la convergence d'intérêts.

c) La théorie de l'enracinement.

d) La théorie de l'entraide.

e) Aucune réponse ne convient.

10. Parmi les affirmations suivantes, laquelle est fausse?

a) Les dirigeants sont des acteurs de la coalition de contrôle.

b) Les actionnaires majoritaires sont des acteurs de la coalition de contrôle.

c) Les auditeurs sont des acteurs de la coalition de contrôle.

d) Pour qu'une coalition de contrôle existe, ses membres doivent avoir accès à l'ensemble des outils et mécanismes de gestion et de contrôle.

e) Aucune réponse ne convient.

Réponses

1. b	6. a
2. b	7. d
3. d	8. d
4. d	9. d
5. c	10. c

Bibliographie

Aggarwal, R. K., Samwick, A. A. (2003). Why do managers diversify their firms? Agency reconsidered. *Journal of Finance* 58 (1): 71-118.

Anderson, R. C., Reeb, D. M. (2004). Board composition: Balancing family influence in S&P 500 firms. *Administrative Science Quarterly* 49 (2): 209-237.

André, P., Schiell, E. (2004). Systèmes de gouvernance, actionnaires dominants et performance future des entreprises. *Finance Contrôle Stratégie* 7 (2) : 165-193.

Antia, M., Pantzalis, C., Park, J. C. (2010). CEO decision horizon and firm performance: An empirical investigation. *Journal of Corporate Finance* 16 (3): 288-301.

Arregle, J.-L., Hitt, M. A., Sirmon, D. G., Very, P. (2007). The development of organizational social capital: Attributes of family firms*. *Journal of Management Studies* 44 (1): 73-95.

Atanasov, V. (2005). How much value can blockholders tunnel? Evidence from the bulgarian mass privatization auctions. *Journal of Financial Economics* 76 (1): 191-234.

Atanasov, V., Black, B., Ciccotello, C. S. (2011). Law and tunneling. *Journal of Corporation Law* 37 (1): 1-49.

Atanasov, V., Boone, A., Haushalter, D. (2010). Is there shareholder expropriation in the United States? An analysis of publicly traded subsidiaries. *Journal of Financial and Quantitative Analysis* 45 (1): 1-26.

Barclay, M. J., Holderness, C. G. (1989). Private benefits from control of public corporations. *Journal of Financial Economics* 25 (2): 371-395.

Barclay, M. J., Holderness, C. G. (1991). Negotiated block trades and corporate control. *Journal of Finance* 46 (3): 861-878.

Batteau, P. (1980). Approches formelles du problème du contrôle des firmes et sociétés par actions. *Finance* 1 (1) : 1-26.

Bebchuk, L. A. (1994). Efficient and inefficient sales of corporate control. *Quarterly Journal of Economics* 109 (4): 957-993.

Bebchuk, L. A. (1999). A rent-protection theory of corporate ownership and control. *National Bureau of Economic Research* 7203.

Bebchuk, L. A., Kahan, M. (1999) National Bureau of Economic Research.

Bertin, M., Bertin-Mourot, B. (1987). *Les 200.* Paris : Le Seuil.

Bowen, H. R. (1953). *Social responsibility of the businessman.* Harper & Row.

Bozec, Y., Laurin, C. (2008). Large shareholder entrenchment and performance: Empirical evidence from Canada. *Journal of Business Finance & Accounting* 35 (1/2): 25-49.

Burkart, M., Gromb, D., Panunzi, F. (2000). Agency conflicts in public and negotiated transfers of corporate control. *Journal of Finance* 55 (2): 647-677.

Burt, R. (1983). *Corporate profits and cooptation.* New York: Academic Press.

Capron, M., Quairel-Lanoizelée, F. (2010). *La responsabilité sociale d'entreprise.* La Découverte.

Carter, D. A., Simkins, B. J., Simpson, W. G. (2003). Corporate governance, board diversity, and firm value. *Financial Review* 38 (1): 33-53.

Charreaux, G. (2002). L'actionnaire comme apporteur de ressources cognitives. *Revue Francaise de Gestion* (141) : 77-107.

Charreaux, G., Wirtz, P. (2006). *Gouvernance des entreprises : Nouvelles perspectives.* Economica.

Chernykh, L. (2008). Ultimate ownership and control in Russia. *Journal of Financial Economics* 88 (1): 169-192.

Chung, K. H., Kim, J.-K. (1999). Corporate ownership and the value of a vote in an emerging market. *Journal of Corporate Finance* 5 (1): 35-54.

Cyert, R. M., March, J. G. (1963). *A behavioral theory of the firm.* Englewood Cliffs, N.J.: Prentice-Hall.

Davis, J. H., Schoorman, F. D., Donaldson, L. (1997). Toward a stewardship theory of management. *Academy of Management Review* 22 (1): 20-47.

Dempsey, S. J., Laber, G. (1992). Effects of agency and transaction costs on dividend payout ratios: Further evidence of the agency-transaction cost hypothesis. *Journal of Financial Research* 15 (4): 317-321.

Demsetz, H. (1983). The structure of ownership and the theory of the firm. *Journal of Law and Economics* 26 (2): 375-390.

Demsetz, H., Lehn, K. (1985). The structure of corporate ownership: Causes and consequences. *Journal of Political Economy* 93 (6): 1155-1177.

Doidge, C. (2004). U.S. Cross-listings and the private benefits of control: Evidence from dual-class firms. *Journal of Financial Economics* 72 (3): 519-553.

Dyck, A., Zingales, L. (2004). Private benefits of control: An international comparison. *Journal of Finance* 59 (2): 537-600.

Easterbrook, F. H., Fischel, D. R. (1983). Voting in corporate law. *Journal of Law and Economics* 26 (2): 395-427.

Enriques, L., Volpin, P. (2007). Corporate governance reforms in continental Europe. *Journal of Economic Perspectives* 21 (1): 117-140.

Faccio, M., Lang, L. H. P. (2002). The ultimate ownership of Western European corporations. *Journal of Financial Economics* 65 (3): 365-395.

Faccio, M., Lang, L. H. P., Young, L. (2001). Dividends and expropriation. *The American Economic Review* 91 (1): 54-78.

Fama, E. F. (1980). Agency problems and the theory of the firm. *Journal of Political Economy* 88 (2): 288-307.

Field, L. C., Karpoff, J. M. (2002). Takeover defenses of ipo firms. *Journal of Finance* 57 (5): 1857-1889.

Filatotchev, I., Wright, M. (2005). *The life cycle of corporate governance.* Edward Elgar Publishing Ltd.

Freeman, R. E. (1984). *Strategic management. A stakeholder approach.* Boston: Pitman Publishing.

Gomez-Mejia, L. R., Larraza-Kintana, M., Makri, M. (2003). The determinants of executive compensation in family-controlled public corporations. *Academy of Management Journal* 46 (2): 226-237.

Grossman, S. J., Hart, O. D. (1988). One share-one vote and the market for corporate control. *Journal of Financial Economics* 20: 175-202.

Hamon, J.-J. (2001). La répartition des droits de vote, leur exercice et l'efficacité économique. *Revue d'économie financière* : 175-209.

Harris, M., Raviv, A. (1988). Corporate control contests and capital structure. *Journal of Financial Economics* 20 (1/2): 55-86.

Hart, O. (2001). Financial contracting. *Journal of Economic Literature* 39 (4): 1079-1100.

Hirigoyen, G. (2002). Le gouvernement des entreprises familiales. In *La gestion des entreprises familiales* (Economica). 17-28.

Hodgson, G. M. (1998). Competence and contract in the theory of the firm. *Journal of Economic Behavior & Organization* 35 (2): 179-201.

Holderness, C. G., Kroszner, R. S., Sheehan, D. P. (1999). Were the good old days that good? Changes in managerial stock ownership since the great depression. *The Journal of Finance* 54 (2): 435-469.

Holmstrom, B., Tirole, J. (1993). Market liquidity and performance monitoring. *Journal of Political Economy* 101 (4): 678-709.

Hu, A., Kumar, P. (2004). Managerial entrenchment and payout policy. *Journal of Financial and Quantitative Analysis* 39 (4): 759-790.

Hwang, J. H., Hu, B. (2009). Private benefits: Ownership versus control. *Journal of Financial Research* 32 (4): 365-393.

Ikenberry, D., Lakonishok, J., Vermaelen, T. (1995). Market underreaction to open market share repurchases. *Journal of Financial Economics* 39 (2-3): 181-208.

Jensen, M. C. (1983). Organization theory and methodology. *Accounting Review* 58 (2): 319-339.

Jensen, M. C. (1986). Agency costs of free cash flow, corporate finance, and takeovers. *American Economic Review* 76 (2): 323-329.

Jensen, M. C. (1993). The modern industrial revolution, exit, and the failure of internal control systems. *Journal of Finance* 47 (3): 831-880.

Jensen, M. C. (2002). Value maximization, stakeholder theory, and the corporate objective function. *Business Ethics Quarterly* 12 (2): 235-256.

Jensen, M. C., Meckling, W. H. (1976). Theory of the firm: Managerial behavior, agency costs and ownership structure. *Journal of Financial Economics* 3 (4): 305-360.

Jensen, M. C., Meckling, W. H. (1994). The nature of man. *Journal of Applied Corporate Finance* 7 (2): 4-19.

Johnson, S., La Porta, R., Lopez-de-Silanes, F., Shleifer, A. (2000). Tunneling. *American Economic Review* 90 (2): 22-27.

King, M. R., Santor, E. (2008). Family values: Ownership structure, performance and capital structure of canadian firms. *Journal of Banking & Finance* 32 (11): 2423-2432.

Konrad, A. M., Kramer, V., Erkut, S. (2008). Critical mass: The impact of three or more women on corporate boards. *Organizational Dynamics* 37 (2): 145-164.

La Porta, R., Lopez-de-Silanes, F., Shleifer, A. (1999). Corporate ownership around the world. *Journal of Finance* 54 (2): 471-517.

La Porta, R., Lopez-de-Silanes, F., Shleifer, A., Vishny, R. W. (2000). Agency problems and dividend policies around the world. *Journal of Finance* 55 (1): 1-33.

Lawson, R. (1998). *Business law.* Financial Times – Prentice Hall.

Le Maux, J. (2008). La « coalition de contrôle » : Un outil au service de la gouvernance. *Revue Française de Gestion* (181) : 15-39.

Le Maux, J. (2014). *Analyse financière.* Chenelière Éducation.

Le Maux, J., Francoeur, C. (2014). Block premia, litigation risk, and shareholder protection. *European Financial Management* 20 (4): 756-769.

Lease, R. C., McConnell, J. J., Mikkelson, W. H. (1983). The market value of control in publicly-traded corporations. *Journal of Financial Economics* 11 (1–4): 439-471.

Lease, R. C., McConnell, J. J., Mikkelson, W. H. (1984). The market value of differential voting rights in closely held corporations. *Journal of Business* 57 (4): 443-467.

Levy, H. (1983). Economic evaluation of voting power of common stock. *Journal of Finance* 38 (1): 79-93.

Martinet, A.-C. (1984). *Management stratégique : Organisation et politique.* Paris/Londres : McGraw-Hill.

Mikkelson, W. H., Regassa, H. (1991). Premiums paid in block transactions. *Managerial & Decision Economics* 12 (6): 511-517.

Mintzberg, H. (1983). *Power in and around organizations.* Englewood Cliffs, N.J.: Prentice-Hall.

Mitchell, R. K., Agle, B. R., Wood, D. J. (1997). Toward a theory of stakeholder identification and salience: Defining the principle of who and what really counts. *Academy of Management Review* 22 (4): 853-886.

Mizruchi, M. S. (1989). Similarity of political behavior among large american corporations. *American Journal of Sociology* 95 (2): 401-424.

Mizruchi, M. S. (1996). What do interlocks do? An analysis, critique, and assessment of research on interlocking directorates. *Annual Review of Sociology* 22: 271-298.

Morck, R., Shleifer, A., Vishny, R. W. (1988). Management ownership and market valuation: An empirical analysis. *Journal of Financial Economics* 20: 293-316.

Morck, R., Shleifer, A., Vishny, R. W. (1990). Do managerial objectives drive bad acquisitions? *Journal of Finance* 45 (1): 31-48.

Nenova, T. (2003). The value of corporate voting rights and control: A cross-country analysis. *Journal of Financial Economics* 68 (3): 325-351.

Pfeffer, J., Salancik, G. R. (1978). *The external control of organizations: A resource dependence perspective.* New York: Harper and Row.

Poulsen, T. (2011). Private benefits in corporate control transactions. *International Review of Financial Analysis* 20 (1): 52-58.

Rajan, R. G., Wulf, J. (2006). Are perks purely managerial excess? *Journal of Financial Economics* 79 (1): 1-33.

Rajan, R. G., Zingales, L. (1998). Power in a theory of the firm. *The Quarterly Journal of Economics* 113 (2): 387-432.

Rajan, R. G., Zingales, L. (2000). The governance of the new enterprise. *National Bureau of Economic Research Working Paper Series* No. 7958.

Roll, R. (1986). The hubris hypothesis of corporate takeovers. *The Journal of Business* 59 (2): 197-216.

Salmon, A. (2003). L'entreprise citoyenne. In *Encyclopédie des ressources humaines* (Éditions Vuibert). 183-192.

Shleifer, A., Vishny, R. W. (1986). Large shareholders and corporate control. *Journal of Political Economy* 94 (3): 461-488.

Shleifer, A., Vishny, R. W. (1997). A survey of corporate governance. *Journal of Finance* 52 (2): 737-783.

Smith, B. F., Amoako-Adu, B. (1995). Relative prices of dual class shares. *Journal of Financial & Quantitative Analysis* 30 (2): 223-239.

Smith, B. F., Amoako-Adu, B., Kalimipalli, M. (2009). Concentrated control and corporate value: A comparative analysis of single and dual class structures in Canada. *Applied Financial Economics* 19 (12): 955-974.

Tirole, J. (2001). Corporate governance. *Econometrica* 69 (1): 1-35.

van Knippenberg, D., De Dreu, C. K. W., Homan, A. C. (2004). Work group diversity and group performance: An integrative model and research agenda. *Journal of Applied Psychology* 89 (6): 1008-1022.

Villalonga, B., Amit, R. (2009). How are U.S. Family firms controlled? *Review of Financial Studies* 22 (8): 3047-3091.

Yermack, D. (2006). Flights of fancy: Corporate jets, CEO perquisites, and inferior shareholder returns. *Journal of Financial Economics* 80 (1): 211-242.

Zingales, L. (1994). The value of the voting right: A study of the Milan stock exchange experience. *Review of Financial Studies* 7 (1).

Zingales, L. (1995). What determines the value of corporate votes? *Quarterly Journal of Economics* 110 (4): 1047-1073.

Zingales, L. (2000). In search of new foundations. *The Journal of Finance* 55 (4): 1623-1653.

2 Méthodes d'évaluation de la gouvernance

« Lorsque la loi […] ne laisse aucune liberté aux hommes, les hommes, de leur côté, ne travaillent qu'à éluder la loi. »

Jean-Étienne-Marie Portalis (1801)

Introduction

Le cadre légal de la vie des affaires est le premier moyen de contrôle contre d'éventuels conflits d'intérêts qui amèneraient certaines parties prenantes à être lésées. Ainsi, en définissant les rôles et les devoirs des dirigeants et en délimitant leur pouvoir, il permet aux actionnaires de ne pas avoir à surveiller quotidiennement l'utilisation faite de leurs apports de fonds. Il est par conséquent nécessaire que les actionnaires travaillent dans un système légal efficace. Ils ont besoin des tribunaux pour assurer leurs droits de votes, des spécialistes des opérations de fusions et acquisitions pour les protéger lors de prise de contrôle et des créanciers pour être sûrs d'être remboursés.

Toutefois, il n'existe pas un cadre légal mondial, mais autant de cadres légaux qu'il y a de systèmes juridiques. Chaque législateur propose des définitions, et la vie des affaires diffère même si les pays sont voisins.

L'objectif de ce chapitre est tout d'abord d'étudier l'efficacité des principaux systèmes légaux en matière de gouvernance d'entreprise. Les deux sections de ce chapitre ont pour objectif de présenter tous les outils disponibles pour l'évaluation de la qualité de la gouvernance, qu'il s'agisse du cadre national ou du cas d'une entreprise isolée.

Le cadre légal

L'analyse de la gouvernance des entreprises ne peut se faire sans prendre en compte le cadre légal dans lequel elles exercent leur activité. Il a en effet été démontré que celui-ci expliquait, pour chaque pays, de nombreux éléments tels que le nombre d'entreprises cotées ou le poids de la capitalisation boursière d'un pays.

Cette analyse du lien entre les lois et la vie quotidienne de l'entreprise peut sembler logique de nos jours, mais cela n'a pas toujours été le cas. De nombreux économistes expliquaient en effet le rôle mineur du cadre légal dès lors que toutes les étapes de la vie de l'entreprise peuvent être prévues dans les contrats entre les parties prenantes, comme la convention entre actionnaires ou les statuts de l'entreprise (Easterbrook et Fischel 1991). Toutefois, l'impossibilité de prévoir toutes les situations de la vie d'une entreprise et le niveau élevé que peuvent représenter les coûts juridiques ont mis en évidence les limites des contrats. Dans ce cas, le cadre légal est indispensable pour protéger les parties prenantes. : *« One of the principal remedies to agency problems is the law »* (La Porta et al. 2000).

Le rôle du cadre légal

Afin d'évaluer l'efficacité d'un système légal, il a fallu avant tout établir une typologie pour ensuite pouvoir faire un classement. Tout d'abord, deux types de systèmes juridiques s'opposent, la common law[21] (droit coutumier) et la *civil law* (droit civil). Alors que le premier est fondé sur la jurisprudence et la résolution de conflits, le second, issu du droit romain antique, est basé sur les lois. À partir de cette dichotomie, quatre familles légales existent :

- Le système juridique de la **common law** : Grande-Bretagne, États-Unis, Australie, Canada, Hong Kong, Inde, Irlande, Israël, Kenya, Malaisie, Nouvelle-Zélande, Nigéria, Pakistan, Singapour, Afrique du Sud, Sri Lanka, Thaïlande, Zimbabwe;
- Le système juridique de **droit civil français** : France, Argentine, Belgique, Brésil, Chili, Colombie, Équateur, Égypte, Grèce, Indonésie, Italie, Jordanie, Mexique, Pays-Bas, Pérou, Philippines, Portugal, Espagne, Turquie, Uruguay, Venezuela;

[21] L'expression « common law » sera utilisée dans tout cet ouvrage, car c'est la plus courante. La traduction française « droit coutumier » est moins utilisée dans la littérature professionnelle ou universitaire.

- Le système juridique de **droit civil allemand** : Allemagne, Autriche, Japon, Corée du Sud, Suisse, Taïwan;
- Le système juridique de **droit civil scandinave** : Danemark, Finlande, Norvège, Suède.

Cette typologie a été utilisée pour montrer des différences significatives sur des thèmes aussi différents que l'actionnariat des banques ou des entreprises de presse, la protection des actionnaires et des créanciers ou encore la conscription militaire.

Dyck et Zingales (2004) estiment que le système fiscal, rattachable à l'environnement légal, peut également jouer un rôle important. En effet, les autorités fiscales et les actionnaires extérieurs ont un objectif commun : connaître le résultat réel d'une entreprise. Ainsi, en développant un outil de contrôle de la richesse créée par la firme, les autorités fiscales tendent à réduire les bénéfices privés en identifiant et interdisant un certain nombre de pratiques, telles que la vente en dessous du prix de production[22].

Du point de vue de la gouvernance, les différences en termes de protection légale des actionnaires peuvent permettre d'expliquer les choix de méthodes de financement des sociétés et des différences macroéconomiques importantes entre les différents pays :

- Pourquoi les firmes italiennes s'introduisent-elles si peu en bourse (Levy 1983; Zingales 1994; Zingales 1995; Pagano et al. 1996)?
- Pourquoi la valeur financière d'un droit de vote est-elle faible en Suède et aux États-Unis, et très élevée en Italie et en Israël?

La protection des actionnaires minoritaires

La gouvernance peut être évaluée entreprise par entreprise, mais elle peut également l'être sur le plan national, en fonction de la protection des actionnaires dans la loi et la jurisprudence. L'appréciation des mécanismes de protection légaux des actionnaires a fait l'objet d'un long débat depuis la fin des années 1990 et a abouti à la création d'un indice : les *Antidirector Rights* (La Porta et al. 1998). Différentes versions des indices ont été publiées, car des erreurs ont été faites lors des premiers calculs. Seront exposés ci-dessous trois scores :

- L'indice de La Porta et al. (1998), travail fondateur en matière d'évaluation de la protection légale;
- L'indice de Spamann (2010) qui apporte de nombreuses corrections aux résultats précédemment obtenus;
- L'indice de Djankov et al. (2008) qui est une extension du premier index au cas particulier de l'extraction de bénéfices privés.

La première version des indices de protection des actionnaires (Antidirector Rights Index)

Un indice de protection des actionnaires a été développé dans chaque pays : *Antidirector Rights* (La Porta et al. 1998). Le pointage est compris entre 0 et 6, 6 étant le score d'une bonne gouvernance et 0 d'une mauvaise. Le score est basé sur six critères, la valeur de 1 étant attribuée pour chaque critère s'il est prévu dans le cadre légal :

- **Vote par courrier** : le score est égal à 1 si le vote par courrier est possible et à 0 sinon;
- **Blocage des actions** : le score est égal à 1 si le blocage des actions avant une assemblée générale est obligatoire et à 0 sinon;

[22] Par exemple, la vente de pétrole en Russie (Black et al. 2000).

- **Vote cumulatif** : le score est égal à 1 si les actionnaires peuvent attribuer la totalité de leur vote à un candidat aux fonctions d'administrateur ou si les actionnaires minoritaires sont représentés au conseil d'administration grâce à un vote proportionnel, ou à 0 sinon;
- **Contestation des minoritaires** : le score est égal à 1 si le cadre légal offre un droit de contestation des décisions managériales aux actionnaires minoritaires ou si ces derniers ont le droit d'exiger le rachat de leurs titres par l'entreprise en cas de changements majeurs comme une cession d'actifs ou une fusion, et à 0 sinon;
- **Droit préférentiel de souscription** : le score est égal à 1 si les actionnaires ont un droit préférentiel de souscription lors de l'émission de nouvelles actions, et à 0 sinon;
- **Convocation d'une assemblée extraordinaire des actionnaires** : le score est égal à 1 si le pourcentage des actions devant être détenu pour demander une assemblée générale extraordinaire est inférieur à 10 %.

Le tableau 2.1 présente les résultats des scores de protection des actionnaires en fonction des zones géographiques. Deux conclusions ont été faites à partir de ceux-ci. Tout d'abord, les pays de common law protègent mieux leurs actionnaires que les autres pays. Le système de droit civil français est celui qui protège le moins les actionnaires.

Tableau 2.1 Indice *Antidirector Rights* (La Porta et al. 1998)

	Vote par courrier	Blocage des actions	Vote cumulatif	Contestation des minoritaires	Droit de souscription	% capital nécessaire pour convoquer une assemblée	Indice
Common law	0,39	1,00	0,28	0,94	0,44	0,09	4,00
Droit civil français	0,05	0,57	0,29	0,29	0,62	0,15	2,33
Droit civil allemand	0,00	0,17	0,33	0,50	0,33	0,05	2,33
Droit civil scandinave	**0,25**	**1,00**	**0,00**	**0,00**	**0,75**	**0,10**	**3,00**

À partir de cette étude, il a été démontré que le niveau de protection des actionnaires explique le niveau de concentration de l'actionnariat. Lorsque les actionnaires sont peu protégés par le cadre légal, il leur est préférable de disposer d'une large participation afin de mieux contrôler l'entreprise.

Au contraire, lorsque le cadre légal est favorable aux actionnaires, la concentration est plus faible. Ce résultat tend à confirmer la théorie de l'agence selon laquelle l'actionnaire contrôlant doit être surveillé afin qu'il n'abuse pas de sa situation privilégiée. Cette surveillance peut alors être effectuée par les autres actionnaires ou par le cadre légal.

Tableau 2.2 **Répartition du capital en fonction de l'environnement juridique**

	Capital dispersé	Famille	État	Institution financière au capital dispersé	Entreprise au capital dispersé	Divers
Score de protection élevé	47,92 %	24,58 %	13,75 %	2,50 %	8,33 %	2,92 %
Score de protection faible	27,33 %	34,33 %	22 %	7 %	2,33 %	7 %

Source : La Porta et al. (1999)

Les auteurs concluent que la protection juridique des actionnaires minoritaires est un des déterminants les plus significatifs du développement des marchés financiers d'un pays par rapport à l'économie nationale. Parallèlement, Nenova (2003) démontre, à partir de la différence des droits de vote des actions de 661 sociétés réparties dans 18 pays en 1997, que les variables liées à l'environnement légal expliquent 73 % de la différence de valorisation des bénéfices privés entre les différents pays.

L'évaluation de la protection légale a été un élément majeur dans l'évolution de l'analyse de la gouvernance. Peu d'études ont eu un impact aussi significatif dans le monde universitaire, mais peu aussi ont donné lieu à autant de travaux démontrant que les résultats sont erronés.

L'indice de protection des actionnaires corrigé (Spamann 2010)

Une étude plus récente a démontré que les résultats sont faux (Spamann 2010)[23]. Il s'agit d'une étude très importante, car elle remet en cause toutes les conclusions issues du travail de La Porta et al. (1998).

Alors que la méthodologie de la première étude reposait sur la lecture des textes légaux, l'auteur de la seconde a choisi de contacter les juristes et avocats de chacun des pays afin de s'assurer d'avoir l'opinion de spécialistes locaux. La conclusion a été la mise en évidence de nombreuses erreurs, tel qu'indiqué dans le tableau 2.3. La conséquence est que les différences en matière d'actionnariat ne sont plus significatives entre les zones géographiques.

La seconde conclusion qui peut être établie à partir du tableau 2.3 concerne l'évolution des cadres légaux. La situation des actionnaires s'est améliorée dans trois zones sur quatre. Il s'agit d'une évolution notable pour l'efficacité de la gouvernance.

Tableau 2.3 **Indice de protection légale des actionnaires (note sur 6)**

	Indice original (La Porta et al. 1998)	Indice corrigé en 1997 (Spamann 2010)	Indice corrigé en 2005 (Spamann 2010)
Common law	4,00	3,94	4,06
Droit civil français	2,33	3,40	3,75
Droit civil allemand	2,33	4,17	4,50

[23] Les données utilisées pour réaliser cette étude sont disponibles sur le site personnel d'Holger Spamman (http://www.spamann.net/).

Le cadre légal en constante évolution (Guillén et Capron 2015)

Les études précédemment présentées ont pour particularité d'examiner la qualité de la protection légale des actionnaires minoritaires à une date donnée. Or, une telle approche présente le défaut de supposer que le cadre légal est stable dans le temps. Guillén et Capron (2015) ont corrigé ce défaut en réalisant une évaluation sur une période de 40 ans[24]. Dix questions ont été utilisées pour établir le score de protection légale :

- Est-ce que la vente de plus de 50 % des actifs de l'entreprise nécessite l'approbation de l'assemblée générale des actionnaires?
- Est-ce que les actionnaires possédant moins de 1 % du capital peuvent proposer une résolution à l'ordre du jour?
- Est-ce que le vote des actionnaires par voie de courrier postal est possible?
- Est-ce que les actions à droits de vote multiples sont autorisées?
- Est-ce que les conseils d'administration doivent être majoritairement indépendants?
- Est-ce que la révocation d'un administrateur nécessite un motif justifié et entraîne automatiquement le versement d'une prime de départ?
- Est-ce que les administrateurs peuvent faire l'objet de poursuites judiciaires?
- Est-ce que tout actionnaire peut déposer une contestation contre une résolution présentée en assemblée générale des actionnaires?
- Est-ce qu'un seuil de participation au capital déclenchant une offre publique obligatoire pour tout investisseur le franchissant existe?
- Est-ce que les franchissements de seuil par un investisseur doivent être rendus publics?

Les résultats obtenus sur une longue période indiquent une forte variation dans le temps. Par exemple, la protection des actionnaires en Russie passe de zéro à un score supérieur de celui des États-Unis, de la France et de la Suisse en 2010.

Figure 2.1 Évolution du score de protection légale des actionnaires

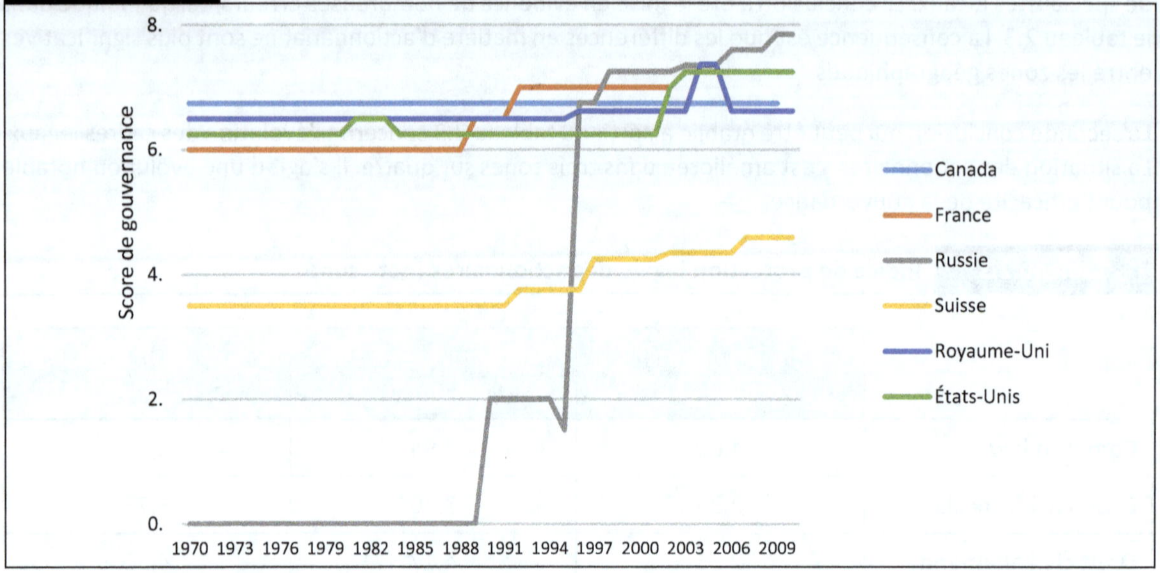

24 Les données utilisées pour réaliser cette étude sont disponibles sur le site personnel de Mauro F. Guillén (http://www.management.wharton. upenn.edu/guillen/).

Cette étude rend obsolète les conclusions de tous les travaux réalisés auparavant, car elle remet en cause le principe même du classement des systèmes légaux les plus efficaces. Toutefois, pour l'analyste en gouvernance, ces nombreuses contradictions ne doivent pas le détourner de cette étape importante qu'est l'évaluation du cadre légal dans lequel exerce une entreprise.

Évaluation de la protection contre l'extraction de bénéfices privés (Djankov et al. 2008)

Il s'agit ici non pas d'évaluer le cadre légal général, mais les réponses juridiques particulières à une étude de cas précise. Cette étude de cas a été soumise à des avocats et juristes de 102 pays afin de savoir quelles seraient les conséquences judiciaires du cas suivant : M. James est un investisseur qui détient 60 % des actions de l'entreprise *Buyer Co.*, entreprise cotée en bourse, et 90 % des actions de *Seller Co.* M. James est administrateur de *Buyer Co.*, entreprise dont il a également nommé deux autres administrateurs et dont son fils est le dirigeant.

Seller Co., qui opère dans le secteur de la quincaillerie, a dû fermer plusieurs magasins récemment. Cette baisse d'activité a eu pour conséquence de faire fonctionner au ralenti les camions de *Seller Co.* M. James propose donc que *Buyer* les rachète à un prix égal à 10 % de la valeur des actifs de *Buyer Co.* Cette acquisition permettrait d'accroître les ventes de *Buyer Co.*

Lors de cette transaction, M. James se trouve des deux côtés de celle-ci et pourrait bénéficier d'un prix payé trop élevé. En effet, du fait de ses participations, pour 100 $ de surprix payé par *Buyer Co.*, M. James subirait 60 $ de perte en tant qu'actionnaire de *Buyer Co.*, mais gagnerait, du fait d'être actionnaire à 90 % de *Seller*, de 90 % du surprix, soit 90 $. Le cas de M. James pose la question du conflit d'intérêts.

À partir de cette situation, les auteurs se sont posé les questions suivantes :

- Qui doit approuver cette transaction?
- Quelles informations doivent être approuvées par le conseil d'administration, les actionnaires, les autorités boursières et les divers régulateurs?
- Quels sont les devoirs des dirigeants, administrateurs et actionnaires contrôlants?
- Comment la validité de la transaction peut-elle être remise en cause?
- Quelles sont les actions judiciaires qui peuvent être engagées si l'entreprise Buyer Co. est considérée comme victime dans l'opération?
- Quels sont les éléments de preuve nécessaires pour chacune des actions judiciaires?
- Qui est en droit de déclencher chacune des actions judiciaires?
- Quelles sont les actions directes et indirectes possibles?
- Quelle est la disponibilité des documents nécessaires pour engager une action judiciaire?
- Quelles sont les condamnations pénales et civiles possibles?

Les réponses à ces 10 questions permettent d'établir un score de protection des actionnaires minoritaires contre une extraction éventuelle de bénéfices privés. Il s'agit d'un outil beaucoup plus précis que celui basé sur les *Antidirector Rights*.

Tableau 2.4 Indice de protection légale des actionnaires contre l'extraction de bénéfices privés

	Indice de protection
Common law	4,22
Droit civil français	2,90
Droit civil allemand	3,50
Droit civil scandinave	3,63

Les auteurs confirment que le système de common law (score : 0,66) est plus protecteur que ceux basés sur le droit civil français (score : 0,33), allemand (score : 0,38) ou scandinave (score : 0,39)[25]. Les différences significatives se traduisent en conséquences économiques majeures. Ainsi, par rapport aux pays de droit civil français, les pays de common law ont des marchés financiers plus développés, des primes de transaction de blocs plus faibles, plus de sociétés cotées et une moindre concentration des actionnaires. Une meilleure protection légale des investisseurs permet donc une plus grande performance économique des pays appartenant au système juridique de la common law.

L'évaluation des différents cadres légaux assurant la protection des actionnaires minoritaires a donné lieu à d'importantes discussions depuis la fin des années 1990. La conclusion, après différents débats portant sur la méthodologie, est qu'il existe des différences significatives entre les systèmes juridiques ayant un impact sur la gouvernance des entreprises.

Toutefois, une analyse plus fine de la gouvernance individuelle de chaque entreprise est possible en procédant à une notation, selon un processus semblable à la notation financière.

Notation de la gouvernance

Le principe de la notation de la gouvernance d'une entreprise est semblable à celle basée sur sa situation financière. Après avoir présenté les principaux acteurs du marché de la notation et leurs méthodes de travail, nous présenterons deux indices : le **G-Index** et le **E-Index**.

Principe de la notation d'une entreprise

La notation, qu'elle soit relative à la capacité financière ou à la structure de gouvernance, a pour principe d'aider les parties prenantes dans la compréhension de l'entreprise et l'appréciation de ses risques. En matière financière, trois agences se répartissent le marché mondial[26] : *Standard & Poor's*, *Moody's* et *Fitch Ratings*. Leur objectif est d'évaluer le risque de non-remboursement d'une entreprise, d'une collectivité locale ou d'un État[27]. La conclusion de leur évaluation est composée de lettres facilement interprétables par tout individu. La meilleure notation est le AAA (ou triple A) et la plus mauvaise, celle qui indique un risque de défaillance financière très élevée, est D ou E en fonction de l'agence.

Le principe est le même en matière de gouvernance : les agences de notation évaluent les risques associés aux structures de gouvernance mises en place au sein de l'entreprise. Le risque apprécié n'est plus le risque de défaillance financière, mais c'est un risque plus global, intégrant les risques provenant des conflits d'intérêt, de l'extraction des bénéfices privés ou de l'absence de contrôle de la direction.

[25] Les données utilisées pour réaliser cette étude sont disponibles sur le site personnel d'Andrei Shleifer (http://scholar.harvard.edu/shleifer/).

[26] Aussi appelées les « *Big Three* », elles réalisent 94 % du chiffre d'affaires mondial en matière de notation financière.

[27] Pour une étude plus approfondie de la notation financière, voir Le Maux (2014).

Contrairement au marché de la notation financière, la concentration sur le marché de la notation de la gouvernance est faible. Parmi les nombreuses agences, peuvent être citées *Governance Metrics International* ou *GMI* (www3.gmiratings.com), *Institutional Shareholder Services* ou *ISS* (www.issgovernance.com), *Investor Responsibility Research Center Institute* ou *IRRC* (http://www.irrcinstitute.org).

Parallèlement aux agences de notation de la gouvernance, se sont développées les agences de conseil en vote (*proxy advisors*), dont l'objectif est d'assister les actionnaires dans le choix de voter ou non pour les différentes résolutions proposées lors d'assemblées générales. Ces agences ont souvent pour activité secondaire d'évaluer la structure de gouvernance de l'entreprise afin de pouvoir évaluer l'indépendance d'un administrateur ou la qualité du processus permettant de déterminer la rémunération du dirigeant.

Chacune des agences a développé son propre modèle d'évaluation qui ne peut être diffusé publiquement. Le choix fait dans cet ouvrage est de présenter deux modèles très utilisés dans le monde académique et facilement applicables par toute personne intéressée à la gouvernance pour une entreprise donnée : le G-Index et le E-Index.

G-Index : un indice de gouvernance

La construction du G-Index, aussi appelé indice de Gompers et al. (2003), est relativement simple : pour chaque entreprise analysée, l'analyste doit vérifier la présence ou non des caractéristiques présentées dans le tableau 2.5. Leur particularité est qu'elles entraînent toutes une diminution du droit des actionnaires et, parallèlement, une augmentation du pouvoir des dirigeants, accentuant ainsi les conflits d'agence au sein de l'entreprise.

D'un point de vue opérationnel, pour chaque caractéristique présente, un point est accordé. Les 28 qualités devant être vérifiées peuvent être regroupées en cinq sous-groupes :

- Le premier sous-groupe est composé de toutes les techniques permettant de retarder le changement de contrôle;
- Le second sous-groupe comprend les mécanismes de protection des dirigeants lors d'un changement de contrôle (parachutes dorés, parachutes argentés) et les clauses permettant de limiter la responsabilité des administrateurs;
- Le troisième sous-groupe concerne la politique de vote au sein de l'entreprise, notamment la mise en place d'une super-majorité ou d'un processus de vote cumulatif pour l'élection des administrateurs;
- Le quatrième sous-groupe, intitulé *autres*, inclut toutes les caractéristiques ne pouvant pas être incluses dans un des autres sous-groupes;
- Le dernier sous-groupe comprend toutes les pratiques autorisées et interdites par le cadre légal.

Le G-Index est égal à la somme des points accordés pour chacune des clauses contraires à une bonne gouvernance actionnariale. L'interprétation du score est très facile :

- Si le G-index est inférieur à 5, l'entreprise est qualifiée de « **démocratie** ». Il s'agit de la situation idéale pour les actionnaires;
- Si le G-Index est supérieur à 14, l'entreprise est qualifiée de « **dictature** ». Il s'agit de la pire situation pour les actionnaires car, dans ce cas, le pouvoir managérial est fort et les dirigeants n'ont que peu de comptes à rendre.

Les caractéristiques financières de ces deux groupes sont les suivantes (Gompers et al. 2003) :

- Les dictatures sont essentiellement des entreprises de grande taille, contrairement aux démocraties. La taille s'entend par la valeur de l'actif comptable ou la capitalisation boursière;
- La moitié des dictatures appartient à l'indice S&P 500[28] qui regroupe les 500 plus grandes capitalisations boursières. Au contraire, le groupe des démocraties n'est composé que de 15 % d'entreprises du S&P 500;
- Le taux de croissance du chiffre d'affaires des dictatures est significativement plus faible que celui des démocraties;
- Les entreprises avec un G-Index élevé (faible gouvernance) ont des dépenses d'investissement plus élevées et elles réalisent plus d'acquisition d'entreprises. Ces résultats semblent indiquer que les dirigeants cherchent à construire un « empire » plus difficilement contrôlable par les actionnaires;
- Le portefeuille d'actions composées uniquement de démocraties a un rendement boursier significativement plus élevé que celui composé uniquement de dictatures.

Ces résultats ont été obtenus à partir d'une étude réalisée entre 1990 et 1999. Toutefois, depuis 2000, les conclusions ne sont plus les mêmes. Une étude plus récente, réalisée sur la période 2002 à 2008, montre que, si la différence en termes de performance comptable existe toujours, celle en termes de rendement boursier n'est plus significative (Bebchuk et al. 2013). Ce changement est lié au fait que la gouvernance est maintenant une donnée intégrée par les analystes et les investisseurs dans toute stratégie boursière. Il existe un effet d'apprentissage chez ces professionnels qui proviendrait à la fois de l'expérience acquise au cours des années 1990, mais également de l'intérêt croissant des médias. Cet intérêt incite tous les intervenants sur les marchés financiers à introduire la gouvernance au même titre que le dividende ou l'évolution des taux d'intérêt. Cette hypothèse d'apprentissage se reflète notamment dans le fait que les investisseurs institutionnels ont de plus en plus recours à des agences de conseil en matière de gouvernance.

Le tableau 2.5 présente l'évolution du G-Index entre 1990 et 2006[29]. Il peut être noté que le G-index moyen est stable sur toute la période alors que les bornes extrêmes, c'est-à-dire la proportion de démocratie et de dictature, tendent à diminuer. Il tend donc à y avoir une convergence des structures de gouvernance vers un même modèle moyen.

Tableau 2.5 Évolution du G-Index aux États-Unis

	1990	1993	1995	1998	2000	2002	2004	2006
G-Index moyen	9,12	9,38	9,43	8,92	9,17	9,23	9,26	9,19
% entreprises démocratiques (G < 5)	10,19 %	9,89 %	8,84 %	12,47 %	9,20 %	7,17 %	7,12 %	6,45 %
% entreprises dictatoriales (G > 14)	6,09 %	6,72 %	6,27 %	5,01 %	5,44 %	5,57 %	4,99 %	4,54 %

Source : Bebchuk et al. (2013)

[28] Indice boursier américain regroupant les 500 plus grandes capitalisations boursières.

[29] Les données sont extraites du site d'un des fondateurs du G-Index, Andrew Metrick : faculty.som.yale.edu/andrewmetrick/data.html

Tableau 2.6 **Score de gouvernance**

Décisions retardées *Delay*	**Description**
Chèque en blanc *Blank check*	Une action privilégiée carte blanche (*blank check preferred stock*) est une action sur laquelle le conseil d'administration a un large pouvoir pour déterminer le droit de vote, le dividende ou le droit de conversion. Alors qu'elle peut être utilisée par une entreprise pour satisfaire les nouveaux besoins financiers qu'elle rencontre, elle représente surtout un outil pouvant limiter une prise de contrôle en plaçant ces actions auprès d'investisseurs amicaux.
Conseil d'administration échelonné Classified board	Aussi appelé *staggered board*, il s'agit d'un conseil d'administration dans lequel les administrateurs ont des mandats de durées différentes. Dès lors qu'une seule partie du conseil ne peut être renouvelée chaque année, un actionnaire qui obtiendrait la majorité du capital lors d'une prise de contrôle devrait attendre plusieurs années avant de prendre le contrôle du conseil d'administration.
Assemblée spéciale *Special meeting*	Les clauses relatives aux assemblées générales spéciales concernent le niveau de vote des actionnaires nécessaires pour réunir une assemblée spéciale d'actionnaires. De telles clauses fournissent du temps supplémentaire lors de batailles de procuration (*proxy fight*) dès lors que l'acquéreur doit attendre avant de réunir l'assemblée générale annuelle pour remplacer les administrateurs.
Consentement écrit *Written consent*	La clause oblige l'obtention de consentement écrit unanime pour toute décision, pratique qui tend à ralentir toutes les opérations sur le capital.
Protection *Protection*	**Description**
Plans de rémunération *Compensation plans*	Les plans de rémunération permettent aux participants de profiter d'une prime ou d'obtenir le paiement anticipé de bonus en cas de changement de contrôle de l'entreprise.
Contrats *Contracts*	Les contrats d'indemnisation des administrateurs sont des contrats entre l'entreprise et certains administrateurs envisageant le paiement des frais juridiques lors d'une poursuite judiciaire de ces derniers.
Parachutes dorés *Golden parachutes*	Le parachute doré est une clause du contrat de travail du dirigeant prévoyant une rémunération en cas de licenciement, sans même avoir à obtenir l'accord des actionnaires.
Indemnisation *Indemnification*	Les clauses d'indemnisation des administrateurs sont des clauses statutaires de l'entreprise qui envisagent le paiement des frais juridiques lors d'une poursuite judiciaire contre ces derniers.
Responsabilité *Liability*	La clause relative aux responsabilités des administrateurs permet de limiter les responsabilités et devoirs des administrateurs.
Clause de rupture conventionnelle *Severance*	Les clauses de rupture dans les contrats des dirigeants permettent d'assurer une rémunération élevée, même sans un changement de contrôle.

Politique de vote *Voting*	**Description**
Limites aux modifications au règlement intérieur *Bylaws*	Une limitation à la modification au règlement intérieur de l'entreprise limite la capacité des actionnaires à modifier les documents relatifs à la gouvernance de l'entreprise.
Limites aux modifications des statuts *Charter*	Une limitation à la modification aux statuts de l'entreprise limite la capacité des actionnaires à modifier les documents relatifs à la gouvernance de l'entreprise.
Vote cumulatif *Cumulative voting*	Le vote cumulatif permet à un actionnaire de répartir les droits de vote comme il le souhaite lors de l'élection des administrateurs. Chaque actionnaire détient un nombre de droits de vote donné. Il distribue ces droits de vote librement entre un ou plusieurs candidats à la fonction d'administrateur. Les candidats ayant le plus de votes sont élus. Cette technique permet aux actionnaires minoritaires de faire élire des administrateurs les représentant. Il s'agit d'une pratique juridique en faveur d'une bonne gouvernance.
Vote confidentiel *Secret ballot*	Selon la procédure du vote confidentiel, un tiers indépendant ou un salarié assermenté est en charge du décompte des votes par procuration. Cette technique permet de limiter les conflits d'intérêts et favorise une bonne gouvernance.
Super-majorité *Supermajority*	Les exigences relatives à une super-majorité imposent que le vote des actionnaires soit supérieur à un seuil plus élevé que 50 % pour qu'une décision soit prise. Les seuils de super-majorité sont traditionnellement 66,7 %, 75 % ou 90 %.
Actions à droits de vote multiples *Unequal voting*	Le principe du vote inégalitaire est de limiter les droits de vote de certains actionnaires. Par exemple, l'instauration d'un plafond en matière de vote à 5 % interdit à tout actionnaire ayant une part supérieure à 5 % du capital de représenter plus de 5 % des droits de vote.
Autres *Others*	**Description**
Transaction relative au contrôle *Antigreenmail*	Le *greenmail* est une transaction entre un actionnaire et une entreprise dans laquelle l'actionnaire s'accorde avec l'entreprise pour lui vendre ses actions, souvent avec une prime, en échange de la promesse de ne pas chercher à prendre le contrôle de l'entreprise durant une période donnée. La clause *antigreenmail* prévient de tels arrangements à moins que l'offre de rachat soit faite à l'ensemble des actionnaires.
Devoirs des administrateurs *Directors' duties*	Les dispositions relatives aux obligations des administrateurs autorisent ces derniers à considérer d'autres acteurs que les actionnaires lors d'une fusion. Il peut s'agir des salariés ou des fournisseurs. Cette clause permet aux administrateurs de rejeter légalement une offre d'acquisition qui aurait été profitable aux actionnaires.

Juste valeur *Fair price*	La disposition relative à la juste valeur requiert d'un acquéreur qu'il propose à tous les actionnaires le même prix, qui est le plus élevé établi depuis le début de l'offre. L'objectif est de limiter les offres à deux étages (*two-tier offers*) dans lesquelles l'acquéreur fait une offre publique à un prix élevé afin de prendre le contrôle, puis propose un prix plus faible aux autres actionnaires.
Protection des retraites *Pensions parachutes*	Les parachutes relatifs aux retraites préviennent un acquéreur de l'utilisation de la trésorerie excédentaire disponible dans le fonds de pension de la cible pour financer l'acquisition.
Pilule empoisonnée *Poison pill*	Les pilules empoisonnées fournissent à leurs utilisateurs des droits spéciaux dans le cas d'une offre d'acquisition telle qu'une offre hostile. Par exemple, la pilule empoisonnée peut prévoir la vente d'un actif essentiel lors d'une offre non approuvée par le conseil d'administration.
Parachutes argentés *Silver parachutes*	Les parachutes argentés sont des clauses contractuelles envisageant le versement d'une contrepartie monétaire en cas de changement de contrôle de l'entreprise. Contrairement aux parachutes dorés, le nombre de bénéficiaires est élevé et ils ne sont donc pas réservés qu'aux seuls preneurs de décisions.
Cadre légal *State*	**Description**
Loi relative aux clauses *antigreenmail* *Antigreenmail law*	Une loi *antigreenmail* interdit les clauses *greenmail* (voir ci-dessus pour la définition d'une *greenmail*)
Loi relative au regroupement d'entreprises *Business combination law*	Une loi sur le regroupement des entreprises impose un moratoire sur certaines transactions (p. ex. : fusion, cession d'actif) entre un actionnaire et l'entreprise, à moins que la transaction n'ait été approuvée par le conseil d'administration.
Loi relative au prix de rachat *Cash-out law*	Une loi *control-share cash-out* permet aux actionnaires de céder leur participation à un actionnaire contrôlant à un prix basé sur le prix le plus élevé payé durant les transactions récentes.
Loi relative aux devoirs des administrateurs *Directors' duties law*	Une loi sur les devoirs des administrateurs oblige les administrateurs à faire appel à d'autres acteurs que les actionnaires lors d'une fusion. Par exemple, la loi peut obliger la direction à obtenir l'accord des salariés.
Loi relative à la juste valeur *Fair price law*	Une loi relative à la juste valeur oblige les acquéreurs à utiliser le cours de l'action défini durant un intervalle de temps précédent l'offre publique.
Loi relative à la prise de contrôle *Control share acquisition law*	Une loi sur la prise de contrôle impose le franchissement de seuils du capital afin de réaliser définitivement la prise de contrôle.

Source : Gompers et al. (2003)

E-Index : un indice d'enracinement

Un second indice de notation, le E-Index, a été construit à partir du G-Index. Le E-Index (*Entrenchment Index)*, développé par Bebchuk et al. (2009), est composé des six indicateurs suivants : le conseil d'administration échelonné, la pilule empoisonnée, la super-majorité, les parachutes dorés, la limitation aux modifications au règlement intérieur et la limitation aux modifications des statuts. Ces six indicateurs sont choisis en raison de la forte opposition des actionnaires institutionnels à leur mise en place dans une entreprise. Il s'agit en effet de mécanismes limitant fortement la probabilité d'une offre publique, c'est-à-dire d'une opportunité pour les investisseurs de pouvoir vendre leurs actions à un prix élevé.

Comme pour le G-Index, il suffit d'attribuer la note de 1 à chacun des attributs lorsqu'ils sont présents au sein d'une entreprise. Les fondateurs de cet indice montrent qu'une augmentation du E-Index est associée à un rendement négatif de l'entreprise à court terme et à une baisse de la valeur à long terme.

La répartition, selon le E-Index, entre les entreprises démocratiques et dictatoriales, suit la même évolution que celle établie avec le G-Index. Cette évolution repose sur la même théorie de l'apprentissage développée par Bebchuk et al. (2013).

Tableau 2.7 Évolution du E-Index aux États-Unis

	1990	1993	1995	1998	2000	2002	2004	2006
E-Index	2,28	2,35	2,32	2,27	2,42	2,49	2,54	2,50
% entreprises démocratiques (E = 0)	12,29 %	10,57 %	10,84 %	11,04 %	8,59 %	7,50 %	6,18 %	5,27 %
% entreprises dictatoriales (E > 5)	4,40 %	4,51 %	3,71 %	3,66 %	4,37 %	4,84 %	4,56 %	3,88 %

Source : Bebchuk et al. (2013)

Conclusion

Le présent chapitre a démontré que, face à la seule problématique que représente la gouvernance d'entreprise, les changements législatifs se sont développés au cours des dernières décennies. Chaque législateur a développé un cadre légal qui lui est propre pour favoriser la vie des affaires et protéger les investisseurs. L'élément intéressant des nombreuses études réalisées sur le sujet est qu'aucun système parfait ne semble se dégager. De plus, au sein de chacun de ces différents systèmes légaux, les entreprises ont appris à profiter de la liberté contractuelle pour définir des statuts particuliers qui leur permette de contourner l'esprit de la loi pour permettre un enracinement des dirigeants. Il s'agit ici d'une réelle capacité d'adaptation, tel que nous l'avons vu dans le chapitre sur les principes théoriques avec le modèle REMM (Jensen et Meckling 1994).

Toutes ces différences auraient pu grandement compliquer le travail de l'analyste qui souhaite connaître la qualité de la gouvernance d'une entreprise en particulier. Toutefois, le travail a été simplifié grâce au développement de grilles d'évaluation (G-Index et E-Index) facilement utilisables et interprétables.

Le professionnel s'interroge

- Quel est le contexte dans lequel est réalisée l'évaluation de la qualité de la gouvernance?
    - Dans le cadre d'un apport en capital, l'investisseur souhaite savoir si les statuts existants lui offrent un cadre favorable pour se faire entendre (choix des administrateurs, vote en assemblée générale) et pour pouvoir profiter d'une opération financière future (droit de souscription lors d'une augmentation de capital, cession de titres sans frein particulier, etc.).
    - Dans le cadre d'une acquisition d'entreprise, l'acquéreur souhaite savoir s'il pourra prendre le contrôle sans devoir faire face à des coûts ou délais significatifs. Par exemple, il est indispensable de savoir si le changement de dirigeants ou d'administrateurs est possible à court terme.
- Est-ce que le système légal auquel appartient l'entreprise est synonyme de bonne gouvernance?
- Est-ce que la structure de gouvernance mise en place par l'entreprise permet de limiter les manques du système légal?
- Quel est le score obtenu avec les indices d'évaluation de la gouvernance (G-Index et E-Index)?
- Est-ce qu'un manque de transparence empêche le calcul des indices d'évaluation de la gouvernance?

Questions à choix multiples

1. Quel est l'indice mesurant l'enracinement des dirigeants?

a) AAA-Index.

b) E-Index.

c) G-Index.

d) Z Score.

e) Aucune réponse ne convient.

2. Parmi les systèmes légaux suivants, lequel n'existe pas?

a) Droit civil français.

b) Droit civil allemand.

c) Common Law.

d) Droit civil scandinave.

e) Aucune réponse ne convient.

3. Parmi les systèmes légaux suivants, lequel protège le moins les actionnaires selon les premiers travaux sur les *Antidirector Rights*?

a) Droit civil français.

b) Droit civil allemand.

c) Common Law.

d) Droit civil scandinave.

e) Aucune réponse ne convient.

4. Parmi les systèmes légaux suivants, lequel protège le plus les actionnaires selon les premiers travaux sur les *Antidirector Rights*?

a) Droit civil français.

b) Droit civil allemand.

c) Common Law.

d) Droit civil scandinave.

e) Aucune réponse ne convient.

5. Parmi les critères suivants, lequel ne permet pas de calculer le score de protection des actionnaires?

a) Vote par courrier.

b) Blocage des actions.

c) Qualité de l'auditeur.

d) Droit préférentiel de souscription.

e) Aucune réponse ne convient.

6. Quelles sont les sous-catégories du G-index?

a) Un sous-groupe est composé de toutes les techniques permettant de retarder le changement de contrôle.

b) Un sous-groupe comprend les mécanismes de protection des dirigeants lors d'un changement de contrôle (parachutes dorés, parachutes argentés) et les clauses permettant de limiter la responsabilité des administrateurs.

c) Un sous-groupe concerne la politique de vote au sein de l'entreprise, notamment la mise en place d'une super-majorité ou d'un processus de vote cumulatif pour l'élection des administrateurs.

d) Un sous-groupe intitulé *autres*, inclut toutes les caractéristiques ne pouvant pas être incluses dans un des autres sous-groupes.

e) Aucune réponse ne convient.

7. Parmi les affirmations suivantes, laquelle ne provient pas des travaux sur le G-Index?

a) Si le G-Index est inférieur à 5, l'entreprise est qualifiée de « démocratie ».

b) Si le G-Index est supérieur à 14, l'entreprise est qualifiée de « dictature ».

c) Les entreprises avec un G-Index élevé ont des dépenses d'investissement plus élevées et elles réalisent plus d'acquisitions d'entreprises.

d) Il existe une corrélation entre le G-Index et le taux d'endettement de l'entreprise.

e) Aucune réponse ne convient.

8. Quelle mesure n'est pas utilisée pour mesurer le E-Index?

a) La pilule empoisonnée.

b) Le parachute doré.

c) L'échelonnement du vote des administrateurs.

d) Le taux d'indépendance du comité d'audit.

e) Aucune réponse ne convient.

9. Quelle mesure n'est pas utilisée pour évaluer l'enracinement des dirigeants et administrateurs?

a) Le contrat d'indemnisation des administrateurs.

b) L'ancienneté du mandat des administrateurs.

c) La limitation de responsabilités des administrateurs.

d) La clause de rupture conventionnelle.

e) Aucune réponse ne convient.

10. Quelle mesure relative à la politique de vote n'est pas contraire aux principes de bonne gouvernance?

a) Le vote confidentiel.

b) La super-majorité.

c) Le vote cumulatif.

d) Les actions à droits de vote multiples.

e) Aucune réponse ne convient.

Réponses

1. b	6. e
2. e	7. d
3. c	8. b
4. a	9. e
5. c	10. e

Bibliographie

Bebchuk, L. A., Cohen, A., Ferrell, A. (2009). What matters in corporate governance? *Review of Financial Studies* 22 (2): 783-827.

Bebchuk, L. A., Cohen, A., Wang, C. C. Y. (2013). Learning and the disappearing association between governance and returns. *Journal of Financial Economics* 108 (2): 323-348.

Black, B., Kraakman, R., Tarassova, A. (2000). Russian privatization and corporate governance: What went wrong? *Stanford Law Review* 52 (6): 1731-1808.

Djankov, S., La Porta, R., Lopez-de-Silanes, F., Shleifer, A. (2008). The law and economics of self-dealing. *Journal of Financial Economics* 88 (3): 430-465.

Dyck, A., Zingales, L. (2004). Private benefits of control: An international comparison. *Journal of Finance* 59 (2): 537-600.

Easterbrook, F. H., Fischel, D. R. (1991). *The economic structure of corporate law.* Harvard University Press.

Gompers, P., Ishii, J., Metrick, A. (2003). Corporate governance and equity prices. *Quarterly Journal of Economics* 118 (1): 107-155.

Guillén, M. F., Capron, L. (2015). State capacity, minority shareholder protections, and stock market development. *Administrative Science Quarterly* 61 (1): 125-160.

Jensen, M. C., Meckling, W. H. (1994). The nature of man. *Journal of Applied Corporate Finance* 7 (2): 4-19.

La Porta, R., Lopez-de-Silanes, F., Shleifer, A. (1999). Corporate ownership around the world. *Journal of Finance* 54 (2): 471-517.

La Porta, R., Lopez-de-Silanes, F., Shleifer, A., Vishny, R. (1998). Law and finance. *Journal of Political Economy* 106: 1113-1150.

La Porta, R., Lopez-de-Silanes, F., Shleifer, A., Vishny, R. W. (2000). Agency problems and dividend policies around the world. *Journal of Finance* 55 (1): 1-33.

Le Maux, J. (2014). *Analyse financière.* Chenelière éducation.

Levy, H. (1983). Economic evaluation of voting power of common stock. *Journal of Finance* 38 (1): 79-93.

Nenova, T. (2003). The value of corporate voting rights and control: A cross-country analysis. *Journal of Financial Economics* 68 (3): 325-351.

Pagano, M., Panetta, F., Zingales, L. (1996). The stock market as a source of capital: Some lessons from initial public offerings in Italy. *European Economic Review* 40 (3–5): 1057-1069.

Spamann, H. (2010). The "antidirector rights index" revisited. *Review of Financial Studies* 23 (2): 467-486.

Zingales, L. (1994). The value of the voting right: A study of the Milan stock exchange experience. *Review of Financial Studies* 7 (1).

Zingales, L. (1995). What determines the value of corporate votes? *Quarterly Journal of Economics* 110 (4): 1047-1073.

3 | La gouvernance et les dirigeants

« À mon avis, les primes de départ négociées à l'avance par les dirigeants de grandes entreprises, tout comme la rémunération basée sur la valeur des actions, sont un fléau tout autant, sinon plus important, que les scandales boursiers des dernières années. C'est de la corruption légalisée.

« Il n'y a aucune raison qui justifie que celui qui est le mieux payé dans une organisation soit, en plus, le mieux protégé. [...] Selon moi, les comités de sélection devraient exclure les candidats qui exigent de tels avantages. »

Entretiens avec Henry Mintzberg – Comment la productivité a tué l'entreprise américaine, de Jacinthe Tremblay (2010)

« In other words, investors can always buy toads at the going price for toads. If investors instead bankroll princesses who wish to pay double for the right to kiss the toad, those kisses had better pack some real dynamite. We've observed many kisses but very few miracles. Nevertheless, many managerial princesses remain serenely confident about the future potency of their kisses – even after their corporate backyards are knee-deep in unresponsive toads. »

Warren Buffet (1981)

Introduction

Évaluer la gouvernance d'une entreprise ne doit pas se limiter à l'analyse de la seule structure juridique de l'entreprise. Une bonne évaluation de la gouvernance nécessite l'analyse de sa direction, à la fois en termes économiques et psychologiques. Ce dernier point peut surprendre, mais il est essentiel pour comprendre le contexte dans lequel les décisions managériales sont prises. Il s'agit d'apprécier l'enracinement des dirigeants, le terme « enracinement » renvoyant aux racines d'un arbre qui, si elles sont trop profondes, l'empêchent de tomber, quelles que soient les conditions météorologiques.

Dans la première partie de ce chapitre seront abordées les différentes théories utiles à l'appréciation des dirigeants dans le cadre de la gouvernance. Dans une seconde partie, les différentes questions relatives à la rémunération des dirigeants, c'est-à-dire le montant versé, la structure de paiement (salaire, bonus, actions ou options) et le lien avec la performance, sont étudiées.

Dirigeants : théories et pratiques

Peu d'acteurs économiques ont fait l'objet d'un aussi grand nombre d'études que les dirigeants d'entreprise. Leur rôle de décideurs en fait des individus intéressant le monde professionnel et universitaire.

Deux facettes sont importantes lors de l'évaluation d'un dirigeant :

- Son **enracinement**, qui peut être un frein à la bonne gouvernance;
- Ses **qualités et défauts**, qui peuvent avoir un impact sur la richesse créée par l'entreprise.

Un événement particulier dans la vie des entreprises a démontré que ces deux facettes ont un rôle en matière de création de richesse pour les actionnaires. Il s'agit d'un événement imprévu dont les conséquences peuvent entraîner une baisse ou une hausse du cours de l'action en fonction de la qualité de la gouvernance de la direction : le décès inattendu du dirigeant.

L'enracinement par rapport à la gouvernance

Au niveau de la direction d'une entreprise, la situation contraire à une bonne gouvernance s'appelle l'enracinement. Il s'agit du cas d'un dirigeant qui souhaite, comme le nom l'indique, enfouir profondément des racines pour éviter d'être révoqué par des actionnaires mécontents lors d'une assemblée générale ou lors d'une prise de contrôle. L'enracinement est une dynamique, c'est-à-dire que c'est un processus continu d'utilisation des différents mécanismes légaux pour permettre aux dirigeants de se protéger.

Bien entendu, l'enracinement n'est pas sans coût. L'objectif de l'enracinement est double : éviter une révocation et extraire des bénéfices privés au détriment des actionnaires minoritaires qui ne peuvent donc rien dire.

Le concept d'enracinement

La gouvernance, qui est définie comme la gestion des pouvoirs et des conflits d'intérêts, doit régir le fonctionnement de la direction de l'entreprise. L'objectif est en effet de s'assurer que tout dirigeant soit évalué selon sa performance, qu'elle soit financière, sociale ou environnementale. Ainsi, en cas de mauvaise performance, il faut veiller à ce qu'aucun mécanisme évitant la révocation n'existe. Face à cette probable révocation et afin de bénéficier au maximum de son statut, un dirigeant peut souhaiter s'enraciner dans sa fonction.

Le terme enraciner renvoie aux racines d'un arbre : plus les racines sont profondes, plus il est difficile de renverser l'arbre. En matière de gestion, l'enracinement naît d'un excès de pouvoir du dirigeant sur les partenaires de l'entreprise (actionnaires, créanciers, etc.). Il y a donc enracinement lorsque les différents partenaires sont contraints d'accepter des comportements des dirigeants qui ne maximisent pas la valeur de la firme.

Le cycle de vie du dirigeant

La théorie du cycle de vie d'une entreprise traditionnellement utilisée en stratégie (émergence, croissance, maturité, déclin) peut s'appliquer également au dirigeant. La place de ce dernier diffère avec le temps dans la gouvernance de l'entreprise.

Dans un premier temps, les intérêts du dirigeant convergent avec ceux des actionnaires. Nommé peu de temps avant, sa stratégie vise une création de valeur à long terme. Cette première étape peut être la seule durant des années. Toutefois, au bout de plusieurs années, en raison d'un enracinement possible, ou lors d'une phase de faible performance ou d'une acquisition qui provoque une révocation du dirigeant, une autre voie est possible, une voie décomposée en trois étapes :

Figure 3.1 **Cycle de vie du dirigeant**

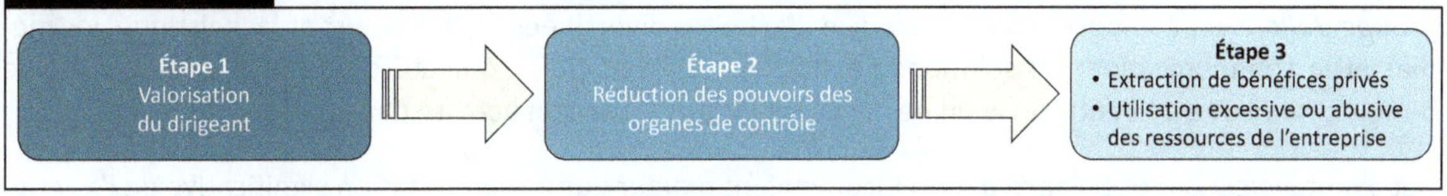

- **Étape 1 : la valorisation du dirigeant à l'aide d'un alignement de ses intérêts avec ceux des actionnaires**. Cet alignement est une émission d'un signal fort aux marchés financiers. Une confiance est alors accordée aux dirigeants;
- **Étape 2 : la réduction des pouvoirs des organes de contrôle**. Cette étape repose sur l'enracinement des dirigeants à l'aide de décisions politiques et financières complexes (politique d'investissement peu transparente, restructuration de l'organisation de l'entreprise);
- **Étape 3 : l'extraction de bénéfices privés**. Après avoir réduit le pouvoir des organes de contrôle, en s'assurant que le conseil d'administration n'est pas indépendant, par exemple des dirigeants. Le faible niveau de contrôle ne peut limiter cette extraction de richesse.

La troisième étape prend traditionnellement fin lors du départ du dirigeant, que cela soit en raison de son âge ou d'une prise de contrôle par un investisseur se rendant compte des bénéfices privés. Ce dernier peut en effet augmenter la valeur de l'entreprise, et donc celle de sa participation, en réduisant cette extraction de richesse.

Actionnariat du dirigeant

L'actionnariat du dirigeant peut également avoir un impact sur l'enracinement. Lorsque le dirigeant détient une part importante du capital, il devient difficile de voter pour sa révocation pour deux raisons. La première est qu'en tant qu'actionnaire, il a une certaine légitimité auprès des administrateurs et des autres actionnaires lors de prises de décisions. Cette légitimité apparente peut être la source d'un enracinement. La seconde est qu'en détenant une part importante des actions, il possède également un nombre important de droits de vote et il est logique qu'il ne vote pas pour sa propre révocation.

Ainsi, la performance est positivement liée à la participation des dirigeants lorsque celle-ci est **inférieure à 5 % ou supérieure à 25 % du capital** (Morck et al. 1988; McConnell et Servaes 1990).

Ainsi, l'actionnariat des dirigeants ne doit pas être systématiquement perçu comme la source d'un enracinement. Il peut représenter une incitation importante pour le dirigeant à fournir des efforts pour l'entreprise. De plus, certaines activités, comme la banque d'investissement, nécessite un investissement du dirigeant pour établir une relation de confiance avec les clients afin que ceux-ci participent financièrement aux activités de l'entreprise (Westman 2011).

La stratégie de l'entreprise comme source d'enracinement

La diversification des activités et la croissance de l'entreprise sont les deux objectifs les plus cités par les dirigeants (Shleifer et Vishny 1997). Pourtant, ils sont très souvent synonymes de destruction de richesse pour les actionnaires. La raison de cette dernière est l'opacité associée à ces décisions de gestion. Ainsi, Kaplan et Weisbach (1992) exposent la piteuse histoire de la diversification des entreprises américaines au cours des années 1980.

Deux stratégies d'investissement méritent d'être approfondies lors de l'étude de la gouvernance : la diversification de l'activité et les investissements spécifiques à la personnalité du dirigeant.

Diversification de l'activité

Cette stratégie consiste à diversifier les secteurs dans lesquels une entreprise réalise son activité. Le *groupe Bolloré* est composé d'un portefeuille d'activités diversifiées : le transport et la logistique, les médias et la communication, les solutions de stockage d'électricité. L'objectif d'une telle stratégie est de diminuer le risque de l'entreprise en ne concentrant pas toute son activité dans un seul secteur.

Cet avantage est contrebalancé par un inconvénient majeur : une augmentation significative de l'asymétrie. Il devient en effet difficile de comprendre l'entreprise, car nul ne peut être expert dans l'analyse de tous les secteurs d'activité. La diversification est ainsi une source d'opacité pour les actionnaires.

La faible transparence des firmes diversifiées, surtout dans les pays émergents, permet donc aux dirigeants et/ou aux actionnaires de contrôle de profiter de la situation (Lins et Servaes 1999; Lins et Servaes 2002).

Aggarwal et Samwick (1999) expliquent la politique de diversification par la théorie de l'enracinement des dirigeants, c'est-à-dire par la recherche d'un certain niveau de prestige et d'une meilleure réputation sur le marché du travail des dirigeants. En effet, un dirigeant affichant sa capacité de coordonner et superviser un groupe composé de multiples activités peut faire croire à celui-ci qu'il est apte à occuper tout poste de direction.

Cette attitude est bien entendu contraire aux intérêts des actionnaires extérieurs, qui subissent financièrement les coûts de la diversification. De même, il a été démontré que la rémunération d'un dirigeant d'une entreprise diversifiée est moins sensible aux variations de performance que celle d'un dirigeant d'une entreprise spécialisée (Anderson et al. 2000). Aussi, la diversification peut être utilisée dans les groupes en difficulté financière : profitant d'une forte asymétrie d'information, les entreprises en bonne santé financière peuvent transférer des fonds à celles qui sont en détresse financière sans que les actionnaires n'émettent la moindre opinion (Stein 1997; Scharfstein et Stein 2000).

Investissements spécifiques

La politique d'investissements spécifiques est un large concept englobant la stratégie de diversification. Il s'agit d'un processus d'investissement, développé par les dirigeants de l'entreprise, qui dispose de caractéristiques qui leur sont si personnelles qu'il n'est que peu compréhensible par les parties extérieures à la direction. Le cas du conglomérat en est un exemple : le choix d'investir dans des secteurs significativement différents peut être issu d'une stratégie du dirigeant pour s'enraciner, c'est-à-dire être difficilement révocable, car il est ardu de trouver un autre dirigeant qui comprenne l'activité du groupe.

Il peut également s'agir d'investissements dont la réussite dépend de la personnalité du dirigeant. Le cas des entreprises de haute technologie peut être cité comme exemple : un investissement dans une technologie spécifique aux connaissances des dirigeants rend ces derniers inamovibles.

La politique de financement comme frein à l'enracinement

La qualité de la gouvernance peut donc avoir un impact sur la politique d'investissement d'une entreprise. C'est une autre facette financière qui peut être un frein à l'enracinement : la politique de financement.

Les investissements spécifiques ou la mise en place d'une politique de diversification nécessitent une importante trésorerie, et limiter cette dernière représente donc un mécanisme pour lutter contre l'enracinement. C'est dans ce cadre qu'a été développée la théorie du *free cash flow* (Jensen 1986). Selon celle-ci, financer l'entreprise par un endettement significatif plutôt que par des capitaux propres impose à l'entreprise de dégager de la trésorerie pour être capable de payer ses intérêts et rembourser sa dette. Ces versements de trésorerie aux créanciers empêchent donc le dirigeant de réaliser des investissements ou des acquisitions destructeurs de valeur.

Les qualités et défauts des dirigeants

Caractéristiques personnelles

Les questions relatives à la personnalité ont un impact sur toutes les décisions prises par les dirigeants. Dans cette perspective, de nombreux travaux ont démontré que la stratégie, les décisions d'investissement et de financement ainsi que la performance de l'entreprise dépendent de certaines caractéristiques personnelles :

- **L'âge du dirigeant** (Thomas et al. 1991) : La recherche en psychologie a montré depuis longtemps que l'âge a un impact sur le comportement des individus. Un dirigeant âgé freine les investissements risqués alors que les plus jeunes acceptent des projets risqués;
- **L'ancienneté en tant que dirigeant** (Jensen 1993) : L'ancienneté peut être interprétée comme un signe d'expérience et d'expertise. Toutefois, elle est également le symptôme d'un enracinement. Une longue ancienneté, qui rend le dirigeant moins critiquable, est associée à une faible performance. Les entreprises dont les dirigeants sont âgés ou sont à la tête de l'entreprise depuis de nombreuses années ont une valeur inférieure aux entreprises dirigées par des individus jeunes ou présents depuis peu d'années.
- **La formation**
    - **Le passé militaire** (Benmelech et Frydman 2015) : Les entreprises dotées d'un dirigeant ayant une expérience personnelle militaire investissent moins, ont moins de frais de recherche et de développement et ont des taux d'endettement plus faibles que les autres. Toutefois, en période de crise, leur performance opérationnelle est plus élevée. Parallèlement, ces dirigeants sont significativement moins impliqués dans des actes frauduleux. Enfin, à titre de comparaison, les dirigeants ayant une expérience militaire sont plus performants que ceux ayant obtenu un MBA;
    - **L'expertise financière** (Custódio et Metzger 2014) : Les entreprises dotées d'un dirigeant ayant une expérience financière (ancien directeur financier ou ayant une expérience au sein d'un cabinet d'audit) ont moins de trésorerie, sont plus endettées et rachètent plus leurs actions que les autres. De plus, elles investissent moins dans les activités de recherche et de développement et déposent moins de brevets.

- **L'appartenance à l'actionnariat familial** (Bertrand et Schoar 2006) : Les dirigeants appartenant à la famille propriétaire ou fondatrice ont tendance à prendre davantage de décisions ayant un impact sur le long terme en raison de la volonté de transmettre l'entreprise à la génération suivante. La réalisation de cette volonté peut toutefois se faire au détriment des autres actionnaires, car l'objectif n'est pas de générer des flux de trésorerie (Bertrand et Schoar 2006);

- **Le statut de fondateur ou de descendant du fondateur** : De nombreuses études ont démontré que l'héritier du fondateur est souvent un mauvais dirigeant. Ainsi, une plus mauvaise performance a pu être constatée lors du passage du pouvoir de direction du dirigeant à son héritier aux États-Unis (Villalonga et Amit 2006), au Canada (Morck et al. 2000), en France, en Allemagne (Bloom et Van Reenen 2007) ou en Thaïlande (Bertrand et al. 2008). L'impact négatif sur la performance de l'entreprise semble être un phénomène mondial.

Ces différentes caractéristiques ont donc une influence sur la performance, la politique d'investissement et la valeur de l'entreprise. Certaines études ont examiné la dimension psychologique du dirigeant, notamment sous les aspects du narcissisme et de l'excès de confiance.

La psychologie du dirigeant

Le narcissisme peut être défini comme l'amour excessif porté à l'image de soi. Il s'agit d'un concept développé en psychologie (Ellis 1898) et en psychanalyse (Freud 1914)[30]. Qualifier les dirigeants de narcissiques peut sembler excessif, mais il est évident qu'une partie de lui a besoin de reconnaissance médiatique. De plus, le développement de l'enseignement et du conseil en leadership entraîne logiquement une croissance du narcissisme : le narcissisme est le cœur du leadership et toute personne qui souhaite s'élever dans l'organigramme de l'entreprise doit disposer d'une bonne dose de narcissisme (Kets de Vries 2004).

Mesurer le narcissisme

Lors de l'application d'un concept à une population, développer une théorie est une première étape difficile, mais l'opérationnaliser avec des outils de mesure est encore plus complexe. Peu de travaux se sont aventurés dans cette voie. Un modèle relativement simple d'utilisation, basé sur quatre piliers, est présenté ci-dessous (Rijsenbilt et Commandeur 2013) :

- La **rémunération du dirigeant** : La rémunération est un indicateur du niveau de conflit d'agence entre les dirigeants et les actionnaires (Jensen et Meckling 1976; Jensen et Murphy 1990b). Elle peut être considérée comme un indice de narcissisme, car, étant donné que le dirigeant a une influence importante sur elle, un niveau élevé de narcissisme se traduit par une rémunération élevée. Les mesures sont :
    - ***La rémunération totale*** : une haute estime de soi se traduit par une rémunération élevée;
    - ***La part de rémunération fixe versée en trésorerie*** : une part fixe élevée est un montant certain que perçoit le dirigeant, et seuls les individus sûrs d'eux-mêmes peuvent l'exiger;
    - ***La place du dirigeant dans le classement des salaires au sein de l'entreprise*** : un dirigeant narcissique exige que son salaire soit le plus élevé de l'entreprise.

[30] Selon le *Diagnostic and Statistical Manual of Mental Disorders* (DSM) de l'*American Psychiatric Association*, la définition du narcissisme est la suivante : « *a pervasive pattern of grandiosity (in fantasy or behavior), need for admiration and a lack of empathy, beginning by early adulthood and present in a variety of contexts* ».

- **L'exposition médiatique du dirigeant** : Elle inclut toutes les informations plaçant l'entreprise dans un contexte favorable en matière de communication, surtout si la réussite provient du travail du dirigeant. Le narcissique a besoin des félicitations publiques constantes. Les mesures possibles sont :
  - ***Les prix reçus par le dirigeant*** : l'attribution des prix n'a pas seulement pour résultat de mettre en avant un dirigeant; elle a également des conséquences néfastes en accentuant ou en faisant naître le narcissisme;
  - ***Le nombre de citations dans la presse*** : les médias jouent un rôle important dans la croissance de l'estime de soi des dirigeants. Le nombre d'articles citant le dirigeant a un impact sur sa réputation;
  - ***Le nombre de lignes dans le* Who's who** : Le *who's who* est un dictionnaire biographique rassemblant la présentation des principaux acteurs sociaux et économiques (dirigeants, hommes politiques, universitaires, sportifs, etc.). Entrer dans ce dictionnaire est un signe de reconnaissance sociale, et une longue présentation peut être perçue comme le témoignage d'un rôle important dans la vie de la société;
  - ***Le nombre de photographies dans le rapport annuel*** : Une façon de montrer son rôle majeur au sein de l'entreprise est d'apparaître le plus souvent possible dans le rapport annuel. Dans cette perspective, pour être plus facilement reconnu, un narcissique préfère publier sa photo plutôt que simplement son nom.
- **Le pouvoir du dirigeant** : Il est défini comme la reconnaissance de la qualité professionnelle du dirigeant par toutes les parties prenantes de l'entreprise. Les mesures sont :
  - ***Séparation ou fusion des fonctions de président et de directeur général*** : La fusion des fonctions de direction et de contrôle est, pour un dirigeant narcissique, le signe d'une double expertise et d'une grande confiance accordée par les actionnaires. De plus, cela accroît le leadership lors des réunions des conseils d'administration;
  - ***Nombre de mandats dans d'autres conseils d'administration*** : Appartenir à différents conseils d'administration est, pour un dirigeant narcissique, la reconnaissance de la multiplicité de son expertise. Être capable d'être administrateur d'un groupe automobile, d'une banque et d'une entreprise informatique est une carte de visite recherchée pour un dirigeant narcissique.
- **Le comportement du dirigeant en matière d'acquisition** : Avoir une haute estime de soi a pour conséquence d'être sûr de ses propres décisions, notamment en termes de fusions et acquisitions. Il suffit en effet de voir l'intérêt des journalistes pour chaque opération. Les mesures sont :
  - ***Nombre d'acquisitions*** : Un dirigeant narcissique tendra à multiplier les acquisitions afin de construire un groupe de plus grande taille. L'intérêt est double : plus l'entreprise est grande et plus le dirigeant réalise des acquisitions, plus l'intérêt des médias est important;
  - ***Valeur des acquisitions*** : Plus la valeur des fusions et acquisitions est importante, plus grande est la diffusion médiatique des décisions du dirigeant.

Conséquences du narcissisme sur la performance de l'entreprise (Chatterjee et Hambrick 2007)

À partir d'un échantillon de 111 dirigeants d'entreprises américaines du secteur informatique observés entre 1992 et 2004, les auteurs ont mis en évidence que sont associées au narcissisme une performance très volatile, des opérations de fusions et acquisitions plus courantes et une stratégie dynamique.

Conséquences du narcissisme en matière de fraude (Rijsenbilt et Commandeur 2013)

À partir d'un échantillon de fraudes comptables réalisées aux États-Unis entre 1992 et 2008, les auteurs ont démontré que les dirigeants narcissiques étaient significativement plus impliqués dans les opérations frauduleuses.

L'excès de confiance

Parallèlement au narcissisme, les dirigeants peuvent être affectés d'un autre défaut : l'excès de confiance. Cet excès est un trait de la psychologie humaine qui peut avoir un impact significatif sur les décisions de gestion de l'entreprise et plus particulièrement sur les opérations de fusions et acquisitions.

Les études réalisées sur ces dernières ont mis en évidence que ces opérations financières sont créatrices de valeur pour les actionnaires de la société cible, mais destructrices de valeur pour les actionnaires de l'acquéreur (Moeller et al. 2005; Malmendier et Tate 2008; Eckbo 2010).

Deux hypothèses économiques ont traditionnellement été utilisées pour justifier les opérations d'acquisitions :

- ***Hypothèse du changement de dirigeant*** : l'acquéreur estime que la source de la création de valeur est une rotation des dirigeants de l'entreprise achetée. Selon cette hypothèse, une nouvelle équipe de direction pourrait permettre à l'entreprise d'être plus performante, et l'opération deviendrait alors profitable pour l'acquéreur;

- ***Hypothèse des synergies*** : La création de valeur provient des gains générés par la réunion des actifs de l'acquéreur et de la cible. Ainsi, le rapprochement de deux concurrents permet au nouveau groupe de disposer d'un pouvoir plus fort lors de la négociation avec les clients ou les fournisseurs. Par exemple, l'acquisition d'un fournisseur de matière première peut assurer à un industriel l'accès à des ressources indispensables à un faible prix.

Selon ces deux hypothèses, l'acquéreur ne devrait donc pas connaître une baisse de sa valeur mais, au contraire, créer de la valeur pour ses actionnaires. La raison pour laquelle les opérations d'acquisitions sont destructrices de richesse se trouve dans **l'hypothèse d'hubris** selon laquelle le comportement des dirigeants est souvent basé sur **l'excès de confiance** (Roll 1986). Définie comme l'arrogance et la démesure[31], l'hubris est un sentiment d'orgueil qui pousse l'homme à voir trop grand et entraîne sa perte.

Le lien entre l'hypothèse d'hubris et la politique de fusions et acquisitions est le suivant : un dirigeant en situation d'excès de confiance a tendance à réaliser des opérations d'acquisitions à des prix trop élevés et à un rythme trop rapide. Il s'agit tout simplement de la conséquence de l'attention accordée au dirigeant acquéreur par les médias, les investisseurs ou les concurrents.

L'hypothèse d'hubris peut être expliquée par **trois indicateurs :**

- La performance boursière récente de l'entreprise : une hausse du cours de l'action conforte le dirigeant dans son action;

- La reconnaissance médiatique des dirigeants : apparaître souvent à la une de la presse économique renforce l'opinion que le dirigeant a de lui-même et de sa politique, ce qui l'incite à poursuivre dans cette voie;

- La valeur que le dirigeant s'accorde à lui-même : il s'agit de son estime de soi.

---

[31] Définition du dictionnaire *Le Petit Robert*, édition 2015.

Ces trois facettes théoriques de l'effet d'hubris peuvent être mesurées avec différents indicateurs :

- La performance boursière récente de l'entreprise : **performance boursière** au cours des derniers mois;
- La reconnaissance médiatique des dirigeants : **nombre de citations** dans la presse au cours des trois derniers mois;
- La valeur que le dirigeant s'accorde à lui-même : **rémunération totale**.

Lorsque les trois indicateurs indiquent un effet d'hubris élevé, seule la vigilance du conseil d'administration peut freiner les erreurs de la direction. En cas de manque de vigilance, l'effet d'hubris l'emporte et la direction tend à payer d'autres entreprises à des prix trop élevés, ce qui a pour effet direct de détruire sa propre valeur.

Figure 3.2 **Impact de l'effet d'hubris sur la performance de l'acquéreur**

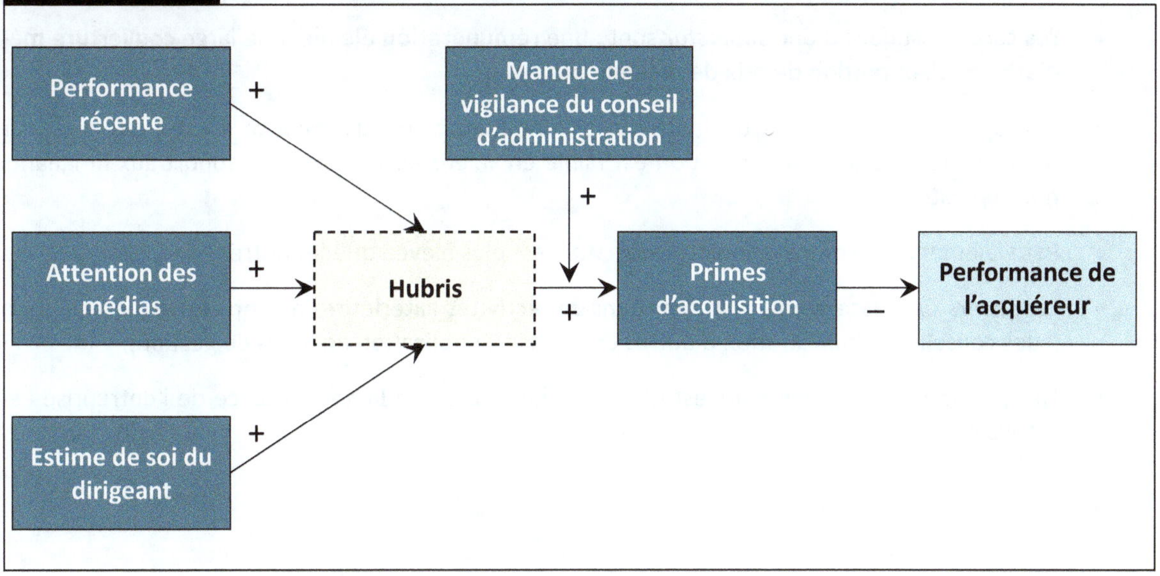

Source : Hayward et Hambrick (1997)

De nombreuses études ont validé ce modèle qui explique pourquoi, dans le cadre du marché des fusions et acquisitions, l'acquéreur détruit plus régulièrement de richesse qu'il n'en crée. La question de la confiance du dirigeant en lui-même a ainsi été approfondie à de nombreuses reprises. Les dirigeants les plus confiants ont tendance à payer leurs acquisitions à un prix trop élevé et réalisent donc des opérations destructrices de valeur. Cette observation est accentuée lorsque l'opération est basée sur une stratégie de diversification et ne nécessite pas d'apport de fonds des actionnaires ou des créanciers (Malmendier et Tate 2008).

L'excès de confiance des dirigeants est anticipé par les investisseurs. En effet, alors que l'annonce d'une première opération d'acquisition par un dirigeant n'a pas d'impact sur le cours de l'action, les suivantes entraînent une baisse du cours de bourse (Billett et Qian 2008). Dans l'étude citée, les auteurs montrent que l'opinion des investisseurs trouve souvent son opposé dans le comportement du dirigeant. En effet, alors que les investisseurs montrent une inquiétude lors de l'annonce de nouvelles acquisitions, il a été observé que le dirigeant accroît sa participation. Cet investissement personnel est le signe d'une très forte confiance du dirigeant envers ses propres décisions.

Un lien existe entre l'excès de confiance et l'enracinement des dirigeants, car les opérations de fusions et acquisitions réalisées par des dirigeants enracinés sont en grande majorité destructrices de valeur. Trois raisons expliquent cette relation (Harford et al. 2012) :

- Ces dirigeants préfèrent éviter les acquisitions qui risqueraient de menacer l'enracinement. Ainsi, ils ne réalisent que peu d'opérations payées en actions, car elles risqueraient de créer un nouvel actionnaire important qui se mettrait à surveiller plus en détail la gestion du groupe;

- Ces dirigeants tendent à payer un prix trop élevé. Le cours de l'action de l'acquéreur connaît une baisse d'autant plus marquée que la prime payée pour l'opération est forte;

- Ces dirigeants choisissent des cibles offrant peu de synergies. La performance opérationnelle des entreprises acquises est significativement inférieure à celle des entreprises acquises par des dirigeants peu enracinés.

Une étude originale a été réalisée sur les dirigeants américains qualifiés de *superstars* en raison de leurs très nombreuses opérations d'acquisitions (Malmendier et Tate 2009) :

- Les caractéristiques d'une *superstar* sont : une **rémunération élevée**, une large **couverture médiatique** et **l'obtention de prix de meilleur dirigeant**;

- Les *superstars* ont pour particularité d'avoir une **mauvaise performance**, c'est-à-dire que leur performance préalable à l'opération est faible en valeur absolue et par rapport aux dirigeants non *superstars*;

- Parallèlement, la rémunération des *superstars* est plus élevée que les autres;

- Les *superstars* **passent plus de temps dans des activités extérieures à l'entreprise** (participation à des conseils d'administration d'autres entreprises, publication de livres de gestion);

- La performance des *superstars* est d'autant plus faible que la gouvernance de l'entreprise est mauvaise.

La réaction des investisseurs à un événement improbable : le décès du dirigeant

Tous les travaux présentés dans les sections précédentes portent sur les dirigeants lorsqu'ils se trouvent en poste ou au moment de leur révocation par les actionnaires. Or, il est intéressant de vérifier toutes les hypothèses formulées lors du départ involontaire du dirigeant, car cela montrerait la réaction brute des investisseurs. Dans cette perspective, un moment de la vie de l'entreprise a fait l'objet de différentes études : le décès soudain du dirigeant.

Johnson et al. (1985) ont montré que la mort soudaine et inattendue d'un dirigeant (p. ex. : accident d'avion, crise cardiaque) est souvent accompagnée d'une hausse du cours de l'action. À partir de 53 décès qui ont eu lieu entre 1971 et 1982, les chercheurs montrent que la hausse est d'autant plus forte que l'entreprise est un conglomérat. Deux conclusions s'ensuivent. La première est que les investisseurs percevaient le conglomérat comme un empire construit par le dirigeant, empire qui va être démantelé. La seconde conclusion est que ce décès sera suivi d'une réduction du niveau de bénéfices privés que s'appropriaient les dirigeants.

Vingt-cinq ans après ce premier article, Salas (2010) a souhaité confirmer l'étude en étendant la période analysée. Son étude est réalisée à partir de 195 décès inattendus (accidents, crises cardiaques) de dirigeants d'entreprises américaines entre 1972 et 2008. Ces décès ont eu pour conséquences une hausse du cours de l'action de l'entreprise. Cette hausse variait en fonction des situations :

- La hausse du cours est élevée pour les **entreprises faiblement performantes** ou pour les dirigeants ayant une **ancienneté supérieure à 10 ans;**
- La hausse du cours de l'action est plus élevée lorsque le **dirigeant est enraciné** (mauvaise gouvernance de l'entreprise, indépendance et taille du conseil d'administration);
- La hausse du cours de l'action est élevée lorsque les médias annoncent que l'entreprise pourrait faire l'objet d'une prise de contrôle (confirmation de **l'hypothèse du rôle du marché du contrôle** en matière de gouvernance).

Rémunération des dirigeants

La rémunération des dirigeants est une question complexe et qui fait l'objet d'un débat important dans les médias chaque année, à la période des assemblées générales. De nombreuses critiques portent sur le fait que ces rémunérations sont le résultat d'un pouvoir excessif des dirigeants, qui s'arrogeraient de leurs propres faits et sans référence à la performance de l'entreprise.

Rémunération des dirigeants

Selon les calculs de la centrale syndicale AFL-CIO, à partir des comptes de 350 sociétés, le directeur général moyen a gagné 11,7 millions de dollars en 2013, soit **331 fois la rémunération du salarié moyen** et... **774 fois le salaire minimum.**

Le patron le mieux payé d'Amérique en 2013 dirige une **société déficitaire** : Charif Souki, à la tête de *Cheniere*, une société du secteur gazier, a touché 142 millions de dollars, alors que sa société n'a encore jamais dégagé de bénéfice depuis sa création, en 1996.

Extrait de *« Aux États-Unis, des écarts entre dirigeants et employés qui choquent de plus en plus », Les Échos, 05/05/2014*

Donatiello et al. (2016) ont réalisé une étude sur la perception de la rémunération des dirigeants des grandes entreprises aux États-Unis. Les questions suivantes ont été posées à deux échantillons d'individus différents : les administrateurs de sociétés et le grand public.

Question 1 : De manière générale, pensez-vous que la rémunération des dirigeants des grandes entreprises américaines est un problème?

Figure 3.3 **Perception du montant de la rémunération des dirigeants d'entreprises américaines**

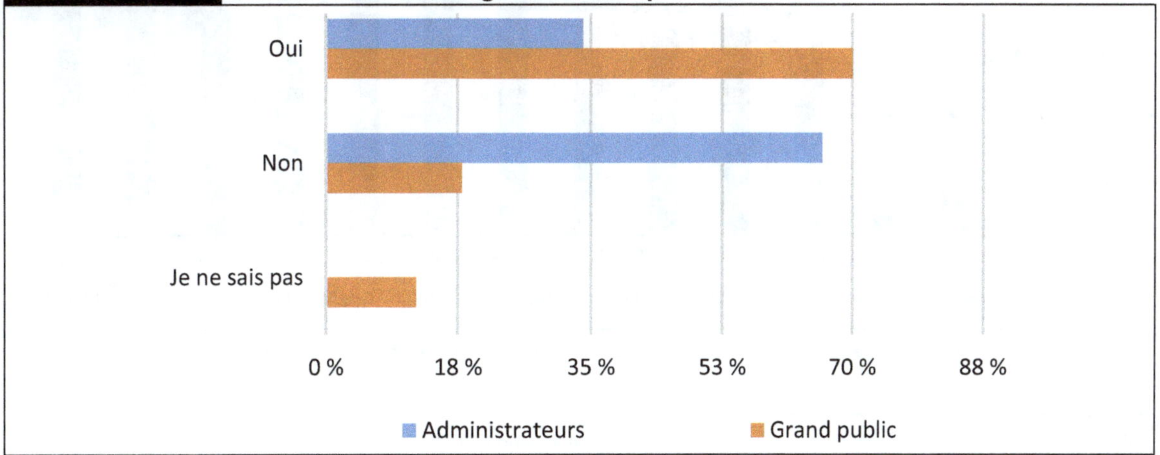

Question 2 : De manière générale, pensez-vous qu'il y a un montant maximal qu'un dirigeant devrait être payé comparativement au salaire moyen des salariés, peu importe l'entreprise et sa performance?

Figure 3.4 **Pertinence d'une rémunération maximale des dirigeants d'entreprises américaines**

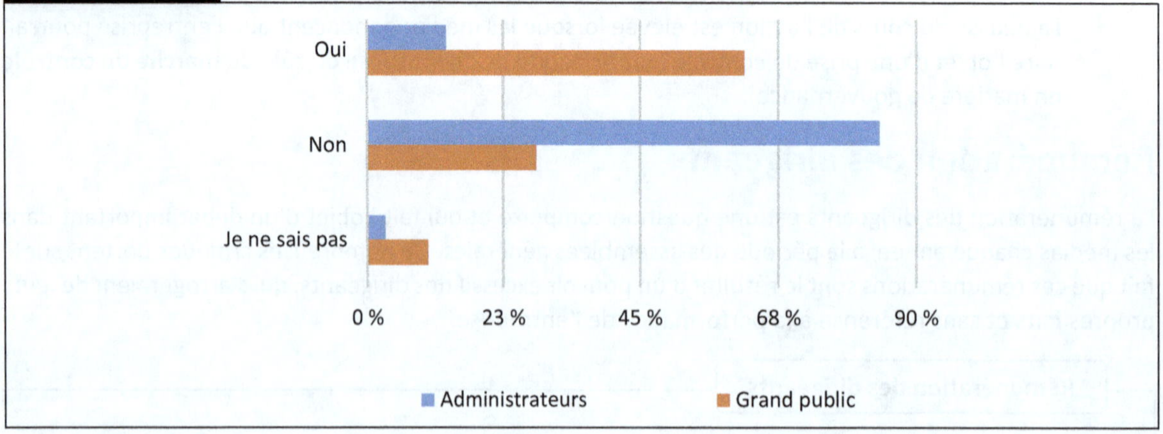

Montant et structure de la rémunération

La figure 3.3 présente l'évolution de la rémunération des dirigeants des entreprises canadiennes. Une comparaison avec les dirigeants américains est présentée dans la figure 3.4 La tendance, en termes de montant, est semblable même si le montant est toujours plus élevé aux États-Unis. Étant donné l'importance du secteur financier au Canada, la figure 3.11 expose l'évolution de la rémunération des dirigeants des principales banques canadiennes.

Les figures 3.5 et 3.6 présentent l'évolution de la rémunération aux États-Unis[32] à plus long terme et la figure 3.7, l'évolution de la rémunération des dirigeants des six principales banques canadiennes.

Figure 3.5 **Niveau et composition de la rémunération des chefs de la direction des sociétés du TSX 60**

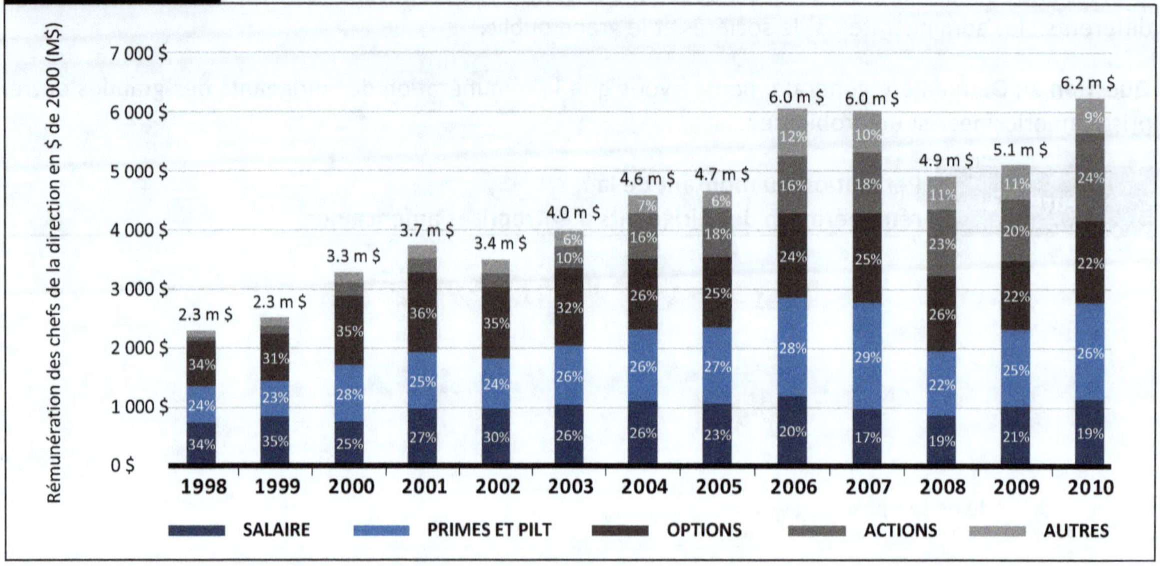

Source : IGOPP, « Payer pour la valeur ajoutée : Trancher le nœud gordien de la rémunération des dirigeants », 2012

[32] Il n'existe pas de travaux regroupant ces données sur une aussi longue période pour le Canada.

Figure 3.6 **Niveau et composition de la rémunération médiane des chefs de la direction**

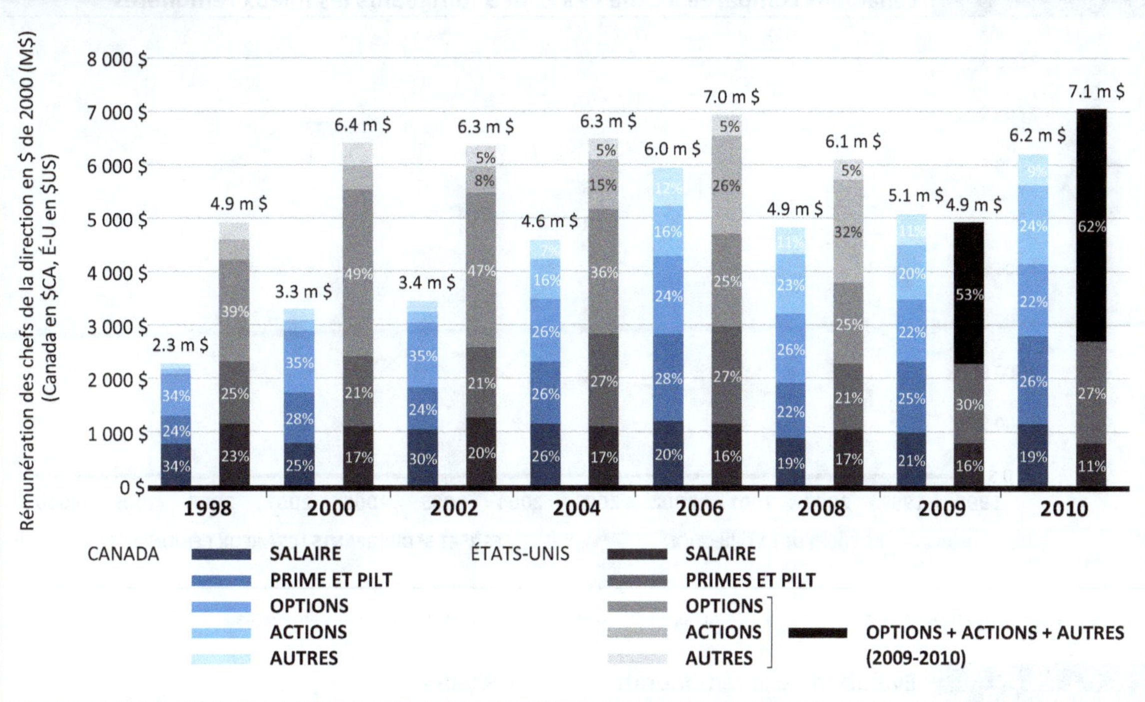

Source : IGOPP, « Payer pour la valeur ajoutée : Trancher le nœud gordien de la rémunération des dirigeants », 2012

Figure 3.7 **Niveau et composition de la rémunération des chefs de la direction des six grandes banques canadiennes**

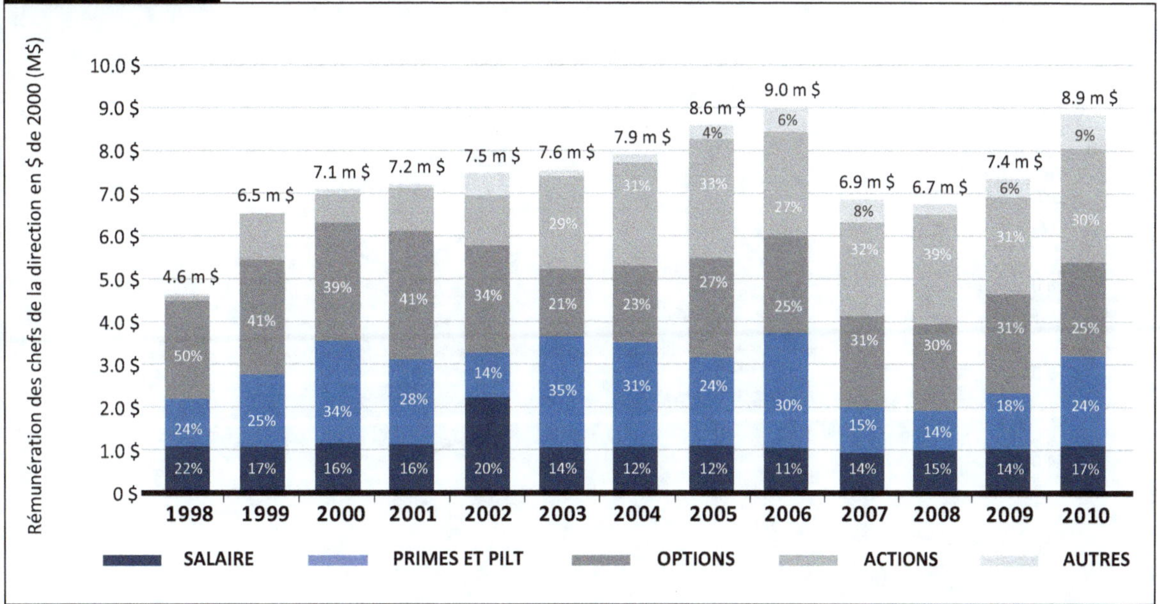

Source : IGOPP, « Payer pour la valeur ajoutée : Trancher le nœud gordien de la rémunération des dirigeants », 2012

Les trois figures suivantes présentent l'évolution de la rémunération du principal dirigeant par rapports aux deux suivants. Il est ici intéressant de noter que la croissance de la rémunération diffère selon la fonction du principal intéressé. Le taux de croissance est en effet nettement plus élevé pour le principal dirigeant.

Figure 3.8 **Tendance de la rémunération des chefs de la direction canadiens comparée à celle des 2e et 3e dirigeants les mieux rémunérés**

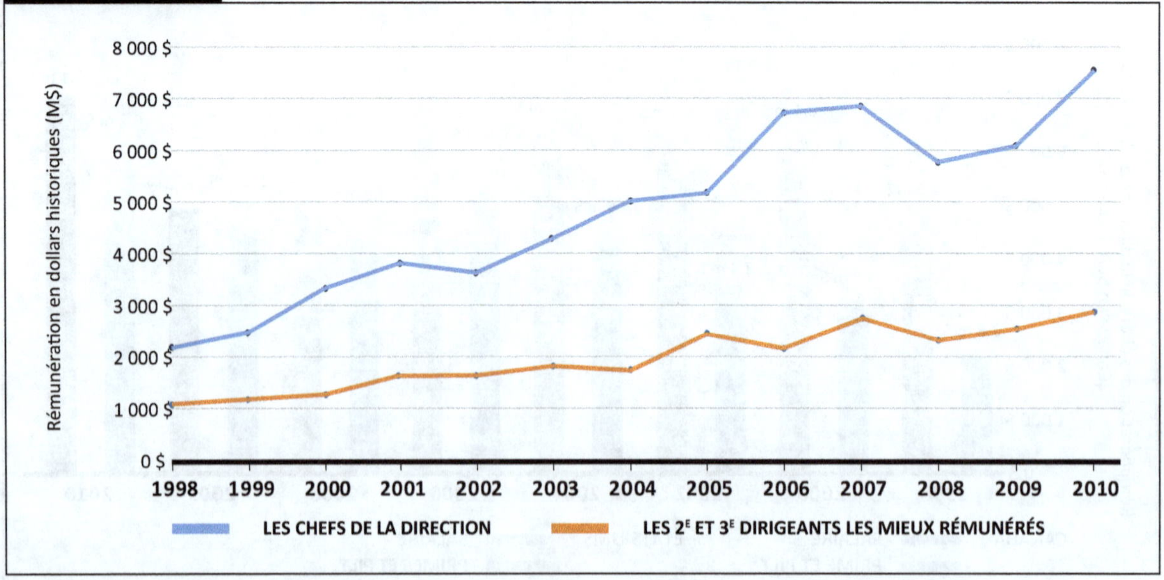

Source : IGOPP, « Payer pour la valeur ajoutée : Trancher le nœud gordien de la rémunération des dirigeants », 2012

Figure 3.9 **Évolution de la rémunération des directeurs généraux et des autres dirigeants des entreprises du S&P 500**

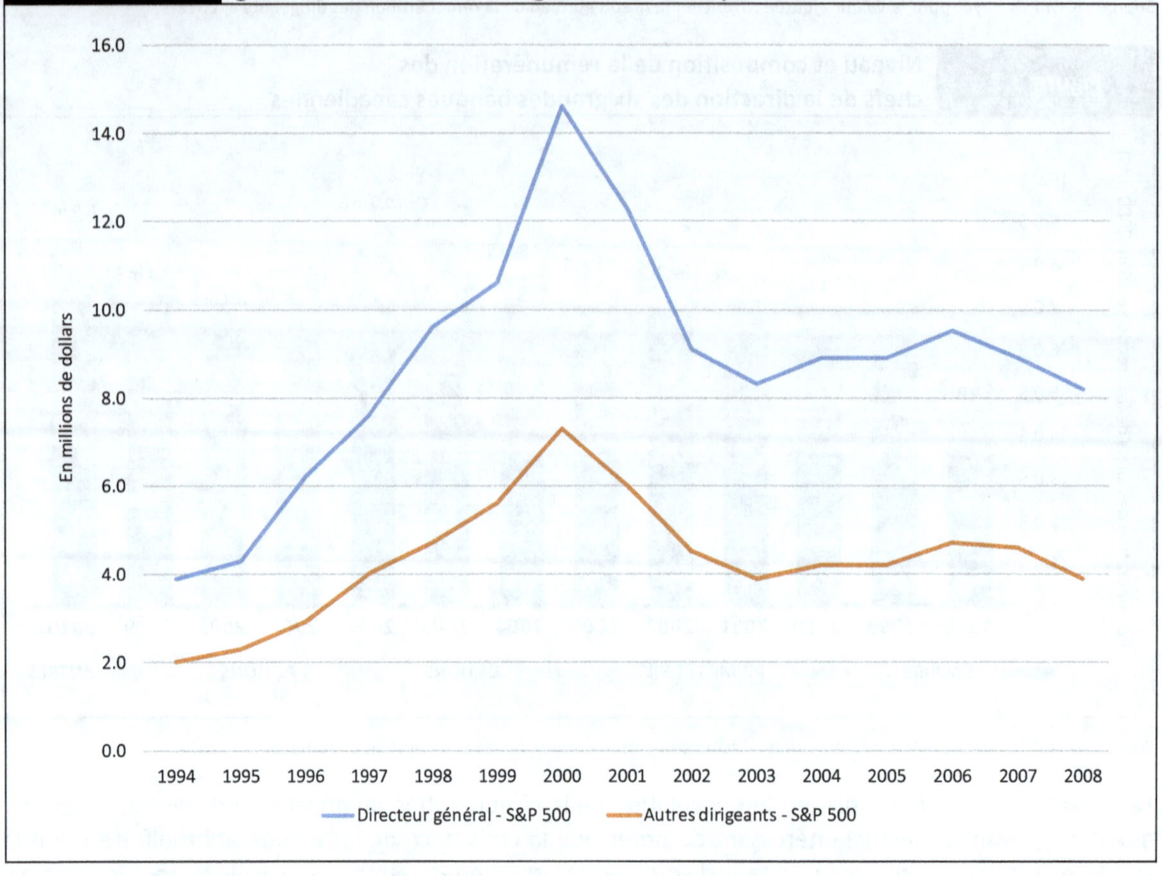

Source : Frydman et Jenter (2010)

Figure 3.10 **Évolution de la rémunération des directeurs généraux des entreprises du S&P 500, du MidCap 400 et du SmallCap 600**

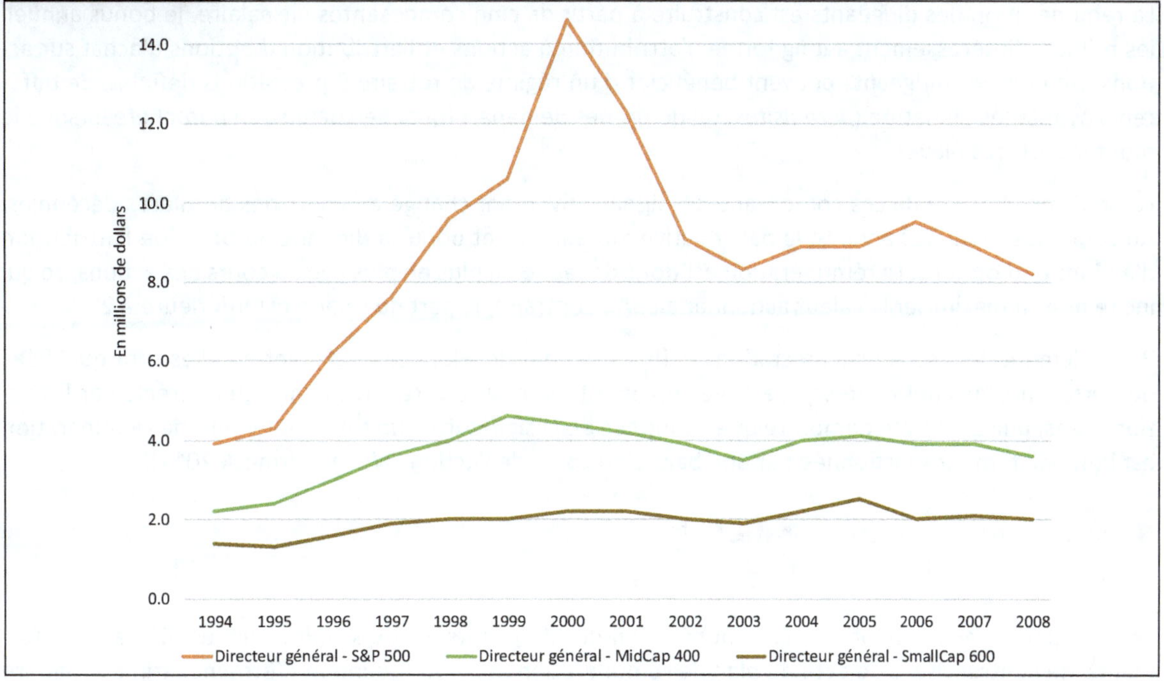

Source : Frydman et Jenter (2010)

Une comparaison des modes de rémunération sur le plan international montre que la répartition diffère significativement. La part des actions et options attribuées est élevée aux États-Unis, au Canada et au Royaume-Uni. Au contraire, elle est faible en Allemagne et en Suède.

Tableau 3.1 **Rémunération des dirigeants des principales sociétés cotées en 2006**

	Rémunération (en millions $)		Composition de la rémunération			
	Moyenne	Médiane	Salaire	Autres	Bonus	Attributions d'actions et d'options
Afrique du Sud	1,7	1,3	43 %	7 %	36 %	14 %
Allemagne	3,6	2,4	39 %	10 %	41 %	10 %
Australie	2,4	1,7	46 %	10 %	26 %	18 %
Belgique	1,6	0,9	58 %	5 %	27 %	10 %
Canada	3,1	2,2	33 %	10 %	26 %	32 %
États-Unis	5,5	3,3	28 %	6 %	27 %	39 %
France	2,4	0,9	61 %	2 %	22 %	15 %
Irlande	2,4	1,7	44 %	8 %	25 %	22 %
Italie	5,2	2,7	56 %	4 %	29 %	12 %
Norvège	1,7	1	56 %	3 %	25 %	15 %
Pays-Bas	2,4	1,4	44 %	12 %	23 %	22 %
Royaume-Uni	2,9	1,7	42 %	9 %	19 %	30 %
Suède	1,7	1,1	62 %	18 %	19 %	2 %
Suisse	6,1	2,3	50 %	4 %	21 %	25 %

Source : Fernandes et al. (2013)

Structure de la rémunération

La rémunération des dirigeants est construite à partir de cinq composantes : le salaire, le bonus annuel, les primes d'intéressement à long terme, l'attribution d'actions et l'attribution d'options d'achat sur actions. De plus, les dirigeants peuvent bénéficier d'un régime de retraite à prestations définies, de différents avantages en nature (*perquisites*) ou de primes de départ (qualifiée de *golden parachute* lorsque le montant est très élevé).

Le poids de chacune de ces composantes a significativement changé au cours des dernières décennies. Au cours des dernières années, la part relative aux salaires et bonus a diminué au profit de l'attribution d'actions et d'options. La rémunération est donc devenue de plus en plus liée au cours des actions, ce qui incite donc à maximiser la valeur actionnariale. Au contraire, la part du salaire est inférieure à 20 %.

Parallèlement, les retraites à prestations définies se sont développées, au point qu'elles sont qualifiées de dettes internes (*inside debt*). Ce développement est pourtant relativement peu apprécié par les actionnaires, puisqu'il a été démontré que l'annonce de la signature d'un tel complément de rémunération est immédiatement sanctionnée par une baisse du cours de l'action (Wei et Yermack 2011).

Relation entre la rémunération des dirigeants et la performance de l'entreprise

La principale question relative à la rémunération des dirigeants est de savoir si elle est liée à la performance de l'entreprise. L'objectif du plan de rémunération est théoriquement d'être incitatif, c'est-à-dire qu'il doit inciter les dirigeants à être performants. Il doit également permettre l'alignement des intérêts des dirigeants et des actionnaires afin de limiter les coûts d'agence.

Si les dirigeants ne visent que leurs intérêts personnels et si les actionnaires ne les surveillent pas directement, ils peuvent profiter de leur situation pour accroître leur richesse personnelle. Donatiello et al. (2016) ont réalisé une étude auprès des dirigeants et administrateurs d'entreprises américaines afin de leur demander quelle devrait être la mesure principale de performance permettant de déterminer la rémunération.

Figure 3.11 **Choix de la mesure pertinente de performance dans le calcul de la rémunération des dirigeants**

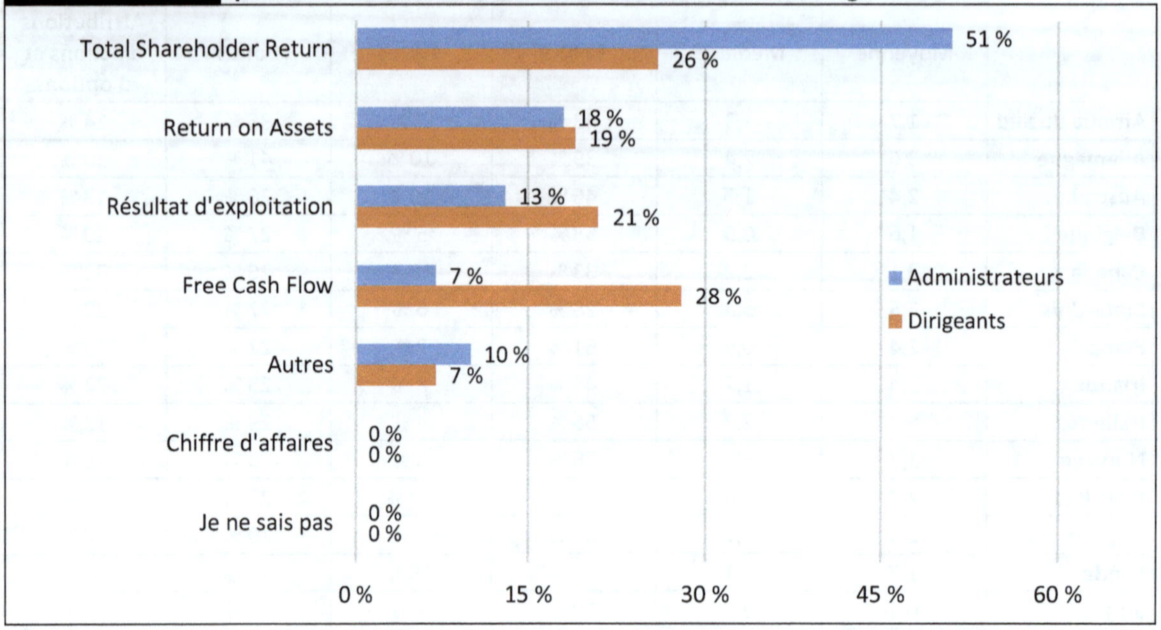

La figure 3.11 montre que les administrateurs et les dirigeants n'ont pas la même perception de la performance de l'entreprise. Alors que les administrateurs préfèrent le recours à une mesure financière basée sur le rendement boursier, les dirigeants préfèrent une mesure calculée à partir du flux de trésorerie généré par l'entreprise.

Les figures 3.12 et 3.13 présentent les déterminants réellement utilisés. Les principaux indicateurs utilisés pour calculer la rémunération à court terme sont le bénéfice par action (*earnings per share – EPS*), des indicateurs non financiers, la marge opérationnelle et le chiffre d'affaires (*revenue*). Pour la rémunération à long terme, les principaux indicateurs sont le rendement de l'action (*total shareholder return – TSR*), le bénéfice par action (*earnings per share – EPS*), le rendement sur capital (*Return on Capital – ROC*) ou capitaux investis (*Return on Invested Capital – ROIC*) et le chiffre d'affaires (*revenue*).

Figure 3.12 Mode de calcul des rémunérations incitatives à court terme aux États-Unis

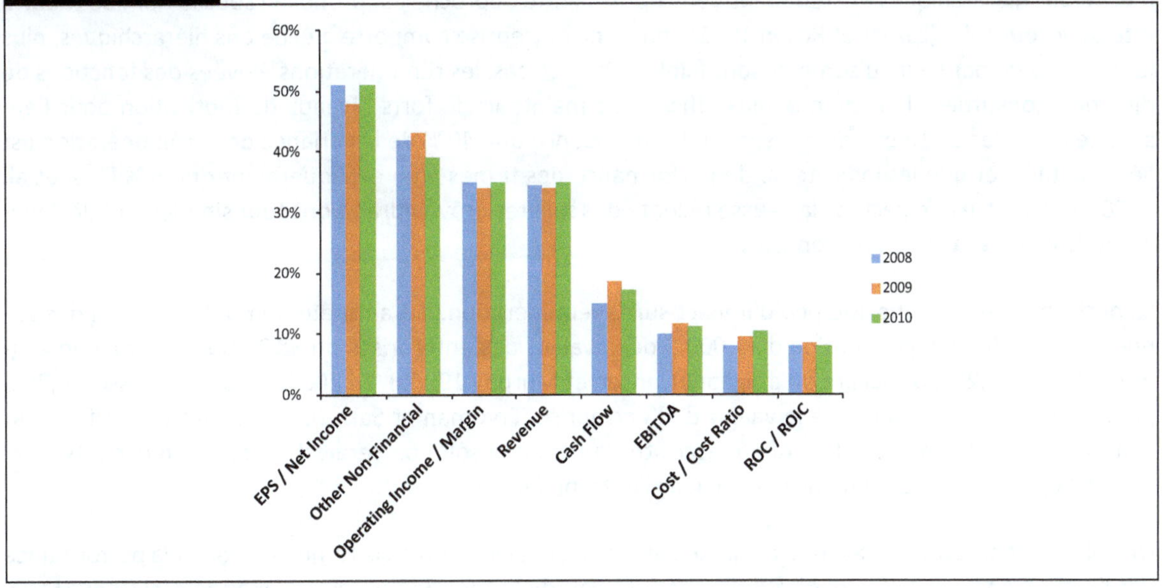

Source : Larcker et Tayan (2012)

Figure 3.13 Mode de calcul des rémunérations incitatives à long terme aux États-Unis

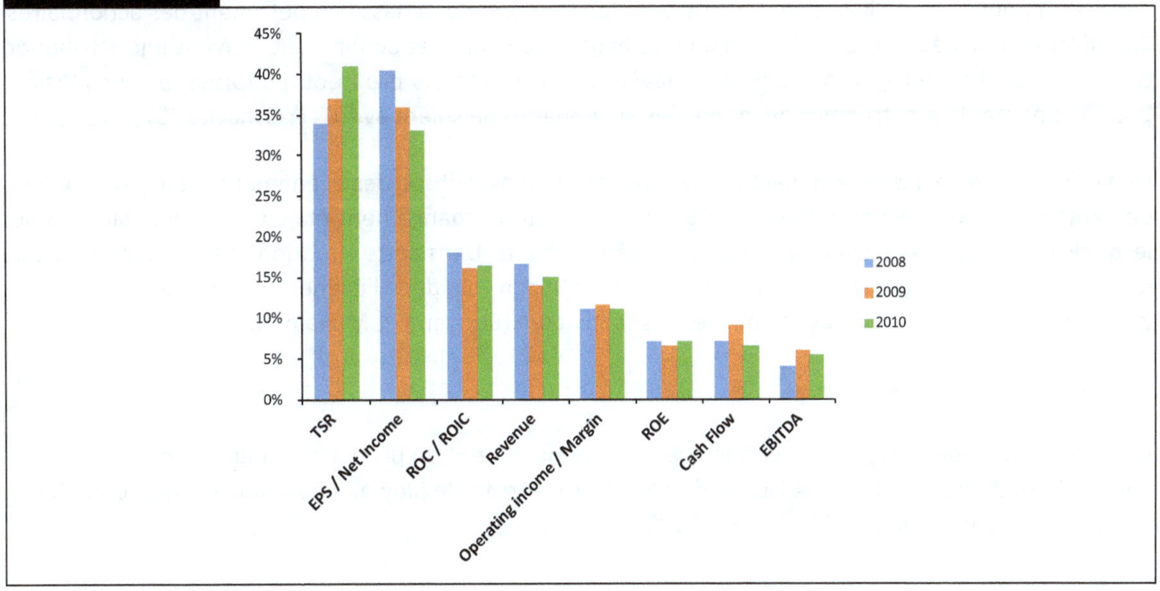

Source : Larcker et Tayan (2012)

Il est ici intéressant de noter que le flux de trésorerie généré par l'entreprise n'est que peu utilisé pour déterminer la performance de l'entreprise. Ce ne sont que des indicateurs comptables ou boursiers qui sont utilisés. Bien qu'étant éloigné du thème de la gouvernance d'entreprise, il s'agit d'une réelle problématique en matière d'analyse des états financiers (Le Maux 2014).

D'un point de vue empirique, aucun consensus n'existe sur l'existence d'un lien entre la rémunération des dirigeants et la performance des entreprises. Pourtant, le nombre d'études sur le sujet se compte par centaines, quelles que soient la période ou la zone géographique (Jensen et Murphy 1990a; Frydman et Jenter 2010; Frydman et Saks 2010).

Le principal lien entre la rémunération et l'entreprise repose sur la taille de cette dernière. Différentes raisons peuvent expliquer la relation. La première est que la rémunération augmente avec le nombre d'échelons hiérarchiques existant dans l'entreprise. Cette approche est proposée sous le nom de **théorie dite du « tournoi »** (Lazear et Rosen 1981) : plus une entreprise comporte d'échelons hiérarchiques, plus les chances de parvenir au sommet sont faibles. Dans ce cas, les rémunérations élevées des fonctions de direction constituent le moyen le plus efficace de maintenir de forts niveaux de motivation pour l'ensemble des salariés. Une comparaison a mis en évidence que 40 % de la variance de la rémunération est liée à la taille et que les indicateurs de performance des firmes n'en expliqueraient que 5 % (Tosi et al. 2000). Dans cette perspective, la hausse récente des salaires proviendrait donc tout simplement de l'augmentation de la taille des entreprises.

La performance n'a donc que peu d'impact sur la rémunération. Il a ainsi été démontré, à la fin des années 1980, qu'une augmentation de 1 000 $ de la valeur des entreprises du S&P 500 entraîne une augmentation de 3,25 $ du salaire du dirigeant (Jensen et Murphy 1990a). En 2005, le gain est passé à 6,40 $ pour une hausse de 1 000 $ de la valeur de l'entreprise (Frydman et Saks 2010). L'effet incitatif est par conséquent relativement faible. Afin d'accroître le lien, une solution serait d'inciter les dirigeants à accroître la part de leur patrimoine investi dans l'entreprise.

Un volume important de travaux a expliqué l'absence de relation entre la rémunération et la performance par l'extraction de richesse par les dirigeants. Il s'agit de la **théorie du pouvoir managérial** (*managerial power hypothesis*) développée par Bebchuk et Friedman (2004). Elle est fondamentale pour la compréhension des politiques de rémunération qui supposent que le déterminant principal est l'utilisation excessive du pouvoir du dirigeant pour s'attribuer le maximum de richesse au détriment des actionnaires. Parallèlement, il a été mis en évidence qu'une hausse du cours des actions suit souvent une attribution d'options aux dirigeants, chronologie qui suggère que ces derniers profitent d'informations privilégiées pour augmenter leur patrimoine avant que les actionnaires ne soient avertis (Yermack 1997).

Une étude originale des déterminants de la rémunération est l'étude des événements heureux en faveur de l'entreprise, comme une croissance de l'économie ou un changement majeur de la législation, pour lesquels les dirigeants ne sont pas les acteurs déterminants. Dans cette situation, il a été démontré que le salaire augmente significativement, alors qu'il n'a aucun rôle dans l'événement. Au contraire, en cas d'événements malheureux, aucune baisse n'est constatée (Bertrand et Mullainathan 2001).

Cas du backdating

La rémunération des dirigeants a donné lieu au développement de pratiques frauduleuses au cours des années 1990-2000. En 2005, Erik Lie, professeur à l'Université de l'Iowa, a démontré la pratique d'attributions d'options d'achat antidatées (Lie 2005).

Cette pratique consistait à falsifier les contrats d'attribution d'options d'achat en modifiant la date de signature afin de la faire coïncider avec la date où le cours de l'action était le plus faible. En modifiant illégalement le contrat, les dirigeants s'assuraient une rémunération élevée lors de l'exercice des options. Logiquement, les actionnaires n'étaient pas informés de ces actes illégaux.

La découverte des contrats antidatés a donné lieu à de nombreux procès. Cent quarante entreprises cotées aux États-Unis ont fait l'objet d'enquêtes et 15 condamnations de dirigeants ont eu lieu. Par exemple, William Sorin, dirigeant de *Comverse Technology*, a été le premier dirigeant condamné à une peine de prison pour cette pratique. L'ancien dirigeant a fui en Namibie et est classé parmi les personnes les plus recherchées par le FBI.

Les dirigeants ayant eu recours aux options antidatées ont également fait l'objet de sanctions de la part des investisseurs. Ainsi, la probabilité d'une révocation forcée du principal dirigeant ou du directeur financier par les investisseurs augmente significativement (Efendi et al. 2013). Trente-six pourcent des dirigeants d'entreprises concernées ont été révoqués et ont, par la suite, dû faire face à un manque d'intérêt sur le marché du travail. Les dirigeants révoqués ont eu beaucoup plus de mal que les autres à retrouver un nouveau poste. La réputation est d'autant plus altérée que les dirigeants ayant été personnellement impliqués dans une affaire d'options antidatées ont souvent également été l'objet d'enquêtes pour d'autres comportements frauduleux. Cette relation tend à indiquer qu'il existe une psychologie spécifique au fraudeur qui occupe un poste de direction (Biggerstaff et al. 2015).

Cas des faillites de Bear Stearns et Lehman Brothers

L'année 2008 a été particulièrement désastreuse pour le marché bancaire. Après avoir débuté avec la fraude d'un trader au sein de la *Société Générale* pour un montant de près de cinq milliards d'euros, deux faillites majeures sont survenues : celle de la banque *Bear Stearns*[33], en mars, et celle de la banque *Lehman Brothers*[34], en septembre.

Dans le cas de ces deux banques, alors que tous les clignotants passés au rouge indiquaient la faillite prochaine, la rémunération des dirigeants n'a cessé de croître. Au total, entre 2000 et 2008, le directeur général de *Bear Stearns* a perçu 388 millions $, et les quatre autres principaux dirigeants se sont partagés 1,07 milliards $. Parallèlement, la rémunération du directeur général de *Lehman Brothers* a été de 522 millions $ et celle des quatre autres principaux dirigeants, de 492 millions $.

Le tableau 3.2 présente l'évolution des données comptables et de la rémunération du principal dirigeant au cours des trois années avant la faillite. L'analyse du cas permet de noter que, à partir de 2005, une faillite est inévitable. Une entreprise ne peut, sans biaiser l'information destinée aux actionnaires, afficher un résultat net de 3,2 milliards $ en 2005 tout en détruisant plus de 12 milliards $ de trésorerie du seul fait d'exister.

Au cours de ses trois dernières années, *Lehman Brothers* a détruit plus de 94 milliards $ de trésorerie alors que le directeur général a vu son patrimoine augmenter de 286,7 millions $ et celui des quatre autres dirigeants, de 245,6 millions $. Ce cas illustre parfaitement la théorie du pouvoir managérial (Bebchuk et Friedman 2004) selon laquelle la rémunération est essentiellement basée sur la volonté d'enrichissement du dirigeant et non sur la performance de l'entreprise.

---

[33] Une analyse plus approfondie du cas de *Bear Stearns* peut être consultée dans l'article de Bebchuk et al. (2010).

[34] Une analyse plus approfondie du cas de *Lehman Brothers* peut être consultée dans l'article de Le Maux et Morin (2011).

Tableau 3.2 **Données comptables et financières de *Lehman Brothers* (en millions $)**

	2005	2006	2007	Total
Résultat net	**3 260 $**	**4 007 $**	**4 192 $**	**11 459 $**
Flux de trésorerie provenant des activités opérationnelles	**(12 205) $**	**(36 376) $**	**(45 595) $**	**(94 176) $**
Part « bonus » de la rémunération	14,8 $	6,5 $	4,3 $	25,6 $
Rémunération liée à la vente nette d'actions Lehman Brothers	98,6 $	108,7 $	53,6 $	260,9 $
Rémunération totale du directeur général	**113,4 $**	**115,2 $**	**58,1 $**	**286,7 $**
Part « bonus » de la rémunération	26,1 $	15,7 $	11,9 $	53,7 $
Rémunération liée à la vente nette d'actions	71,7 $	57,9 $	62,3 $	191,9 $
Rémunération totale des quatre autres plus hauts dirigeants	**97,8 $**	**73,6 $**	**74,2 $**	**245,6 $**

Définir une politique de rémunération

Élaboration d'une politique de rémunération des dirigeants

La détermination de la politique de rémunération des dirigeants est fondamentale en matière de gouvernance. Un des objectifs essentiels est d'aligner les intérêts des dirigeants sur ceux de l'entreprise et de ses actionnaires. Dans cette perspective, le conseil doit définir des principes qui conduisent les dirigeants à augmenter la valeur de l'entreprise à long terme et à assurer sa pérennité.

Les principes à respecter pour la rémunération des dirigeants sont les suivants[35] :

- **Équilibre et modération** : Entre rémunération et performance; entre intérêts des dirigeants et intérêts des actionnaires; entre la prise de risques et la protection juridique du dirigeant; entre les pratiques du marché et les attentes de l'opinion;
- **Exhaustivité** : décision du conseil à l'échelle du groupe, consolidée sur l'ensemble des rémunérations : fixes, variables, conditions de retraite, etc.;
- **Prise en compte du marché de référence ou du métier de l'entreprise** : Activité stable, ou au contraire dépendant fortement des qualités des personnes acceptant de diriger et des équipes qu'elles peuvent constituer; situation éventuelle de crise exigeant des dirigeants un engagement et une prise de risque exceptionnels;
- **Cohérence** : Avec la rémunération des autres dirigeants de l'entreprise, pour conforter la solidarité de l'équipe dirigeante; avec la politique générale de rémunération de l'entreprise, pour son caractère exemplaire et dans un souci de cohésion sociale;
- **Simplicité et stabilité** : pour le calcul de la partie variable et l'établissement et l'octroi des plans de stock-options; choix de critères de performance simples à établir et expliquer, stables dans la durée et, compte tenu de la fonction, représentatifs de la réalisation des objectifs d'ensemble de l'entreprise.

---

[35] Extrait du *Vade-mecum de l'administrateur*, Institut Français des Administrateurs, Gualino Éditeur, 2004.

Les critères permettant de définir la rémunération doivent être clairs et facilement interprétés par les dirigeants, par le conseil d'administration et les actionnaires. De plus, ils doivent être stables dans le temps pour paraître légitimes aux différentes parties prenantes. Des critères qui changent tous les ans en fonction de la performance de l'entreprise semblent en effet être établis uniquement en faveur des dirigeants et au détriment de l'entreprise.

Ils doivent être calculés en fin d'année par un évaluateur indépendant de la direction. Il peut s'agir d'un consultant externe ou de membres indépendants du conseil d'administration. La méthodologie utilisée pour calculer, ainsi que le résultat obtenu, doivent être fournis de manière détaillée au conseil d'administration afin qu'il puisse prendre une décision appropriée quant au renouvellement ou à la révocation du dirigeant. La transparence doit également être de mise à l'égard des actionnaires.

De plus, les critères doivent être fondés sur la performance de l'entreprise, c'est-à-dire sur des critères incitant à l'accroissement de la valeur de l'entreprise, mais également sur des éléments jugés importants pour les parties prenantes. Par exemple, dans le cas d'une entreprise polluante, la baisse du niveau de pollution ou l'optimisation du retraitement des déchets sont des indicateurs pertinents.

L'horizon de la politique de rémunération doit également être pris en compte. Il est important de maintenir un équilibre entre les composantes à court terme et à long terme. Il serait dangereux de n'avoir que des incitations de performance à court terme. Différentes possibilités s'offrent au conseil d'administration pour assurer cet équilibre : attribuer des actions ou des options d'achat d'actions ne pouvant être vendues ou exercées que dans plusieurs années, verser la part variable calculée à 12 mois uniquement si la performance dure trois ans, etc.

Enfin, il est essentiel de ne pas récompenser les échecs de la direction. Les primes de départ attribuées en cas de révocation, quel que soit le motif (incompétence, juste motif), ne devraient pas entraîner le versement d'indemnités appelées *golden parachutes*.

Analyser une politique de rémunération du directeur général : la méthode du CPS

La méthode d'analyse du ***CEO Pay Slice*** (CPS) a été développée par Bebchuk et al. (2011) et permet d'évaluer la politique de rémunération des dirigeants. Il est en effet difficile de dire si une rémunération de 250 000 $ est pertinente ou non. De nombreux analystes proposent, pour évaluer le caractère excessif ou non de la politique de rémunération, de rapporter le salaire du dirigeant au salaire médian au sein de l'entreprise. Un rapport élevé serait alors un mauvais signe, car cela indiquerait que le dirigeant est trop rémunéré par rapport aux autres salariés. Cette approche est bien entendu erronée. Pour le prouver, un exemple peut être donné : le ratio sera toujours plus élevé chez *McDonalds* que chez *Goldman Sachs*, le salaire médian d'un banquier étant toujours supérieur à celui d'un employé dans la restauration rapide.

Dans le but d'éviter ce type d'analyse, la méthode du CPS est intéressante. Le CPS est défini comme le pourcentage de la rémunération totale attribuée aux cinq principaux dirigeants, c'est-à-dire ceux ayant les salaires les plus élevés, qui est obtenu par le directeur général :

À partir d'un échantillon de 2 015 entreprises observées entre 1993 et 2004, les auteurs ont montré que le CPS moyen est égal à 35 %[36]. Le CPS est négativement associé à la performance comptable mesurée par le rendement de l'actif (résultat net/actif comptable). En termes de gouvernance, un CPS élevé est associé à une faible rotation des dirigeants, notamment dans les cas de faible performance des dirigeants.

[36] L'écart-type de la distribution du CPS est égal à 11,4 %.

Au cours de la section précédente, la question de l'enracinement des dirigeants et son impact sur la politique de fusions et acquisitions a été étudiée. Le CPS complète cet axe d'étude, car un CPS élevé est associé à des rendements négatifs le jour de l'annonce d'une acquisition, notamment lorsque l'enracinement des dirigeants est élevé. L'impact du CPS est également important lors de la publication du rapport annuel. Les auteurs ayant défini le CPS ont en effet démontré que le cours de l'action baisse significativement lors de cette publication si le CPS augmente.

Conclusion

La question de la rémunération des dirigeants fait, depuis plusieurs décennies, l'objet d'un important débat auquel participent actionnaires, législateurs et universitaires. Alors que certains exigent que des lois limitent les montants versés, d'autres estiment que c'est la liberté contractuelle qui doit régir la définition de la rémunération du dirigeant. Ces différents points de vue ont amené la production de très nombreux rapports et travaux existants sur le sujet. Pourtant, aucun consensus ne s'est à ce jour dégagé. Il n'a pas encore été démontré que la relation est associée à la performance de l'entreprise ou, au contraire, à l'exercice du pouvoir managérial.

Malgré cette absence de consensus, un outil est disponible pour l'analyste en matière de gouvernance, le CPS. Son utilisation offre une grille d'interprétation en plus d'une formule simple à calculer. Certes, tout ratio, aussi simple soit-il, peut présenter des défauts. Il est toutefois possible de les limiter en croisant l'utilisation du CPS avec une évaluation de l'enracinement des dirigeants.

Le professionnel s'interroge

Objectifs des dirigeants

- Quels sont les objectifs fixés aux dirigeants?
- Qui a défini les objectifs?
- Est-ce que ces objectifs permettent une augmentation de la valeur de l'entreprise?

Qualités du dirigeant

- Quelles sont les qualités du dirigeant en matière de capital humain managérial (diplômes, expérience managériale, expérience sectorielle)?
- Est-ce que le profil du candidat répond aux spécificités et aux besoins de l'entreprise?
- Quel est l'impact passé des décisions du dirigeant en matière de performance des entreprises?

Gouvernance et direction

- Quelles sont les caractéristiques personnelles du dirigeant (âge, ancienneté, narcissisme)?
- Est-ce que ces caractéristiques tendent à confirmer un enracinement?
- Est-ce que la participation des dirigeants est significative (en % du capital et en % du patrimoine personnel)?
- Est-il possible de révoquer le dirigeant sans coût significatif?

Stratégie de l'entreprise

- Est-ce que la stratégie de l'entreprise est transparente et compréhensible?
- Est-ce que les investissements réalisés par l'entreprise rendent le dirigeant indispensable (ce qui intensifierait son enracinement)?

Rémunération du dirigeant

- Est-ce que les objectifs définis se traduisent par une rémunération incitative (performance, réduction de la pollution, etc.)?
- Est-ce que la structure et les outils de rémunération des dirigeants sont adaptés?
- Est-ce que la rémunération est équilibrée en matière d'horizon (court et long terme)?
- Existe-t-il des indemnités de départ, c'est-à-dire une rémunération de l'échec?
- Est-ce que l'information relative à la performance est transparente?
- Une analyse de la politique de rémunération des dirigeants ne peut être effectuée sans :
  - Une étude du contexte de l'entreprise (cycle de vie de l'entreprise, industrie, intensité concurrentielle, etc.);
  - Une comparaison avec les entreprises du secteur (concurrents);
  - Une analyse des réussites et/ou échecs des plans passés (incitatif? enracinement?).

Questions à choix multiples

1. Parmi les indicateurs suivants, lequel ne permet pas d'évaluer l'hypothèse d'hubris?

a) Performance boursière au cours des derniers mois.

b) Nombre de citations dans la presse au cours des trois derniers mois.

c) Rémunération (salaire fixe + variable + rémunération à base d'action).

d) Taux d'endettement de l'entreprise.

e) Aucune réponse ne convient.

2. Parmi les affirmations suivantes, laquelle ne s'applique pas à la théorie de l'enracinement des dirigeants?

a) L'enracinement naît d'un excès de pouvoir du dirigeant sur les partenaires de l'entreprise (actionnaires, créanciers, etc.).

b) Il y a enracinement lorsque les différents partenaires sont contraints d'accepter des comportements des dirigeants qui ne maximisent pas la valeur de la firme.

c) L'enracinement des dirigeants permet une performance financière plus élevée.

d) L'enracinement peut être contrôlé par un conseil d'administration efficace et indépendant.

e) Aucune réponse ne convient.

3. Quelle phase n'est pas une étape du cycle de vie des dirigeants?

a) L'augmentation de l'actionnariat des dirigeants.

b) La valorisation du dirigeant via une convergence entre les intérêts de ce dernier et ceux des actionnaires.

c) La réduction des moyens de contrôle.

d) L'extraction des bénéfices privés.

e) Aucune réponse ne convient.

4. Quelle caractéristique du dirigeant ne permet pas d'évaluer un possible enracinement?

a) La compétence financière du dirigeant.

b) L'âge du dirigeant.

c) L'ancienneté en tant que dirigeant.

d) L'actionnariat du dirigeant.

e) Aucune réponse ne convient.

5. Parmi les mesures opérationnelles suivantes, laquelle ne permet pas d'évaluer le narcissisme du dirigeant?

a) L'exposition médiatique du dirigeant.

b) Le diplôme du dirigeant.

c) Le comportement du dirigeant en matière d'acquisition.

d) La rémunération du dirigeant.

e) Aucune réponse ne convient.

6. Quelle caractéristique du dirigeant n'a pas d'influence sur la gouvernance de l'entreprise?

a) Son âge.

b) Son ancienneté.

c) Sa formation.

d) Son lien familial avec le fondateur.

e) Aucune réponse ne convient.

7. Parmi les mesures opérationnelles suivantes, laquelle ne permet pas d'évaluer l'excès de confiance du dirigeant?

a) L'exposition médiatique du dirigeant.

b) La performance passée du dirigeant.

c) L'expertise du dirigeant.

d) L'augmentation de l'actionnariat du dirigeant.

e) Aucune réponse ne convient.

8. Quelle situation parmi les suivantes ne représente pas un frein à l'enracinement des dirigeants?

a) Un niveau d'endettement élevé.

b) Un conseil d'administration indépendant.

c) Une forte diversification de l'activité.

d) La participation des salariés au conseil d'administration.

e) Aucune réponse ne convient.

9. Concernant la pratique des options antidatées, quelle affirmation parmi les suivantes est fausse?

a) Les entreprises ayant recours aux options antidatées ne divulguent pas une information pertinente aux actionnaires.

b) Les actionnaires doivent voter pour mettre en place des options antidatées.

c) Cette pratique frauduleuse consiste à falsifier le contrat d'attribution d'options sur actions.

d) La date d'attribution des options est définie ex post (au lieu de la date de signature) pour choisir la date à laquelle le cours de l'action est au plus bas.

e) Aucune réponse ne convient.

10. Parmi les affirmations suivantes, laquelle reflète le mieux la rémunération recommandée par les pratiques de bonne gouvernance?

a) La rémunération doit être uniquement fixe.

b) La rémunération doit être uniquement basée sur l'attribution d'options.

c) La rémunération des dirigeants doit permettre d'aligner les intérêts de ces derniers avec ceux des actionnaires.

d) La rémunération doit être uniquement sur une part fixe et une part variable.

e) Aucune réponse ne convient.

Réponses

1. d 6. e

2. c 7. c

3. a 8. d

4. a 9. b

5. b 10. c

Bibliographie

Aggarwal, R. K., Samwick, A. A. (1999). Executive compensation, strategic competition, and relative performance evaluation: Theory and evidence. *Journal of Finance* 54 (6): 1999-2043.

Anderson, R. C., Bates, T. W., Bizjak, J. M., Lemmon, M. L. (2000). Corporate governance and firm diversification. *Financial Management* 29 (1): 5-22.

Bebchuk, L. A., Cohen, A., Spamann, H. (2010). The wages of failure: Executive compensation at Bear Stearns and Lehman 2000-2008. *Yale Journal of Regulation* 27: 257-282.

Bebchuk, L. A., Cremers, K. J. M., Peyer, U. C. (2011). The CEO pay slice. *Journal of Financial Economics* 102 (1): 199-221.

Bebchuk, L. A., Friedman, J. (2004). *Pay without performance – the unfulfilled promise of executive compensation.* Cambridge, MA: Harvard University Press.

Benmelech, E., Frydman, C. (2015). Military CEOs. *Journal of Financial Economics* Forthcoming.

Bertrand, M., Johnson, S., Samphantharak, K., Schoar, A. (2008). Mixing family with business: A study of Thai business groups and the families behind them. *Journal of Financial Economics* 88 (3): 466-498.

Bertrand, M., Mullainathan, S. (2001). Are CEOs rewarded for luck? The ones without principals are. *Quarterly Journal of Economics* 116 (3): 901-932.

Bertrand, M., Schoar, A. (2006). The role of family in family firms. *Journal of Economic Perspectives* 20 (2): 73-96.

Biggerstaff, L., Cicero, D. C., Puckett, A. (2015). Suspect CEOs, unethical culture, and corporate misbehavior. *Journal of Financial Economics* (Forthcoming).

Billett, M. T., Qian, Y. (2008). Are overconfident CEOs born or made? Evidence of self-attribution bias from frequent acquirers. *Management Science* 54 (6): 1037-1051.

Bloom, N., Van Reenen, J. (2007). Measuring and explaining management practices across firms and countries. *Quarterly Journal of Economics* 122 (4): 1351-1408.

Chatterjee, A., Hambrick, D. C. (2007). It's all about me: Narcissistic chief executive officers and their effects on company strategy and performance. *Administrative Science Quarterly* 52 (3): 351-386.

Custódio, C., Metzger, D. (2014). Financial expert CEOs: CEO's work experience and firm's financial policies. *Journal of Financial Economics* 114 (1): 125-154.

Donatiello, N., Larcker, D. F., Tayan, B. (2016). CEO pay, performance, and value sharing. *Stanford Closer Look Series*.

Eckbo, B. E. (2010). *Corporate takeovers.* Academic Press.

Efendi, J., Files, R., Bo, O., Swanson, E. P. (2013). Executive turnover following option backdating allegations. *Accounting Review* 88 (1): 75-105.

Fernandes, N., Ferreira, M. A., Matos, P., Murphy, K. J. (2013). Are U.S. CEOs paid more? New international evidence. *Review of Financial Studies* 26 (2): 323-367.

Frydman, C., Jenter, D. (2010). CEO compensation. *Annual Review of Financial Economics* 2 (1): 75-102.

Frydman, C., Saks, R. E. (2010). Executive compensation: A new view from a long-term perspective, 1936–2005. *Review of Financial Studies* 23 (5): 2099-2138.

Harford, J., Humphery-Jenner, M., Powell, R. (2012). The sources of value destruction in acquisitions by entrenched managers. *Journal of Financial Economics* 106 (2): 247-261.

Hayward, M. L. A., Hambrick, D. C. (1997). Explaining the premiums paid for large acquisitions: Evidence of CEO hubris. *Administrative Science Quarterly* 42 (1): 103-127.

Jensen, M. C. (1986). Agency costs of free cash flow, corporate finance, and takeovers. *American Economic Review* 76 (2): 323-329.

Jensen, M. C. (1993). The modern industrial revolution, exit, and the failure of internal control systems. *Journal of Finance* 47 (3): 831-880.

Jensen, M. C., Meckling, W. H. (1976). Theory of the firm: Managerial behavior, agency costs and ownership structure. *Journal of Financial Economics* 3 (4): 305-360.

Jensen, M. C., Murphy, K. J. (1990a). CEO incentives – it's not how much you pay, but how. *Harvard Business Review* 68 (3): 138-149.

Jensen, M. C., Murphy, K. J. (1990b). Performance pay and top-management incentives. *Journal of Political Economy* 98 (2): 225-264.

Johnson, W. B., Magee, R. P., Nagarajan, N. J., Newman, H. A. (1985). An analysis of the stock price reaction to sudden executive deaths: Implications for the managerial labor market. *Journal of Accounting and Economics* 7 (1–3): 151-174.

Kaplan, S. N., Weisbach, M. S. (1992). The success of acquisitions: Evidence from divestitures. *The Journal of Finance* 47 (1): 107-138.

Kets de Vries, M. (2004). Organizations on the couch: A clinical perspective on organizational dynamics. *European Management Journal* 22 (2): 183-200.

Larcker, D. F., Tayan, B. (2012). What is CEO talent worth? *Rock Center for Corporate Governance at Stanford University, Closer Look Series: Topics, Issues and Controversies in Corporate Governance* No. CGRP-23.

Lazear, E. P., Rosen, S. (1981). Rank-order tournaments as optimum labor contracts. *Journal of Political Economy* 89 (5): 841.

Le Maux, J. (2014). *Analyse financière.* Chenelière éducation.

Le Maux, J., Morin, D. (2011). Black and white and red all over: Lehman brothers' inevitable bankruptcy splashed across its financial statements. *International Journal of Business and Social Science* 2 (20): 39-65.

Lie, E. (2005). On the timing of CEO stock option awards. *Management Science* 51 (5): 802-812.

Lins, K., Servaes, H. (1999). International evidence on the value of corporate diversification. *Journal of Finance* 54 (6): 2215-2239.

Lins, K. V., Servaes, H. (2002). Is corporate diversification beneficial in emerging markets? *Financial Management* 31 (2): 5-31.

Malmendier, U., Tate, G. (2008). Who makes acquisitions? CEO overconfidence and the market's reaction. *Journal of Financial Economics* 89 (1): 20-43.

Malmendier, U., Tate, G. (2009). Superstar CEOs. *The Quarterly Journal of Economics* 124 (4): 1593-1638.

McConnell, J. J., Servaes, H. (1990). Additional evidence on equity ownership and corporate value. *Journal of Financial Economics* 27 (2): 595-612.

Moeller, S. B., Schlingemann, F. P., Stulz, R. M. (2005). Wealth destruction on a massive scale? A study of acquiring-firm returns in the recent merger wave. *Journal of Finance* 60 (2): 757-782.

Morck, R., Shleifer, A., Vishny, R. W. (1988). Management ownership and market valuation: An empirical analysis. *Journal of Financial Economics* 20: 293-316.

Morck, R. K., Stangeland, D. A., Yeung, B. (2000). Inherited wealth, corporate control and economic growth: The Canadian case. In *Concentrated corporate ownership*Chicago, IL: University Chicago Press.

Rijsenbilt, A., Commandeur, H. (2013). Narcissus enters the courtroom: CEO narcissism and fraud. *Journal of Business Ethics* 117 (2): 413-429.

Roll, R. (1986). The hubris hypothesis of corporate takeovers. *The Journal of Business* 59 (2): 197-216.

Salas, J. M. (2010). Entrenchment, governance, and the stock price reaction to sudden executive deaths. *Journal of Banking & Finance* 34 (3): 656-666.

Scharfstein, D. S., Stein, J. C. (2000). The dark side of internal capital markets: Divisional rent-seeking and inefficient investment. *Journal of Finance* 55 (6): 2537-2564.

Shleifer, A., Vishny, R. W. (1997). A survey of corporate governance. *Journal of Finance* 52 (2): 737-783.

Stein, J. C. (1997). Internal capital markets and the competition for corporate resources. *Journal of Finance* 52 (1): 111-133.

Thomas, A. S., Litschert, R. J., Ramaswamy, K. (1991). The performance impact of strategy – manager coalignment: An empirical examination. *Strategic Management Journal* 12 (7): 509-522.

Tosi, H. L., Werner, S., Katz, J. P., Gomez-Mejia, L. R. (2000). How much does performance matter? A meta-analysis of CEOpay studies. *Journal of Management* 26 (2): 301-339.

Villalonga, B., Amit, R. (2006). How do family ownership, control and management affect firm value? *Journal of Financial Economics* 80 (2): 385-417.

Wei, C., Yermack, D. (2011). Investor reactions to CEOs' inside debt incentives. *Review of Financial Studies* 24 (11): 3813-3840.

Westman, H. (2011). The impact of management and board ownership on profitability in banks with different strategies. *Journal of Banking & Finance* 35 (12): 3300-3318.

Yermack, D. (1997). Good timing: CEO stock option awards and company news announcements. *Journal of Finance* 52 (2): 449-476.

4 La gouvernance et le conseil d'administration

« Le conseil d'administration est une des manières les plus distinguées de perdre son temps. [...]

« Toute séance du conseil d'administration comporte deux opérations importantes, et deux seulement : la signature du registre de présence et la fixation de la date de la prochaine séance. [...]

« Qui se plaint de l'inactivité des administrateurs, a tort. Un conseil qui agit sème le désordre.
Pour qu'une affaire soit prospère, il faut que le conseil ne fasse rien.
Mais cela ne suffit pas toujours.

« Le conseil est la façade de la Maison; mais tandis que pour les façades de boutiques,
la mode veut qu'il y ait peu de décoration et beaucoup de lumière, on préfère le plus souvent
qu'un conseil comporte peu de lumières et beaucoup de décorations. »

Auguste Detoeuf (1926)

Introduction

La première décennie des années 2000 s'est caractérisée par de nombreux scandales financiers qui ont montré les défaillances dans le système de gouvernance, et plus particulièrement dans le fonctionnement du conseil d'administration. Les fraudes au sein des entreprises *Enron* ou *Worldcom* ont eu lieu notamment en raison du manque de surveillance de la part des administrateurs et des nombreux conflits d'intérêts qui n'ont fait l'objet d'aucun contrôle.

Les critiques formulées contre le conseil d'administration ne sont pas récentes. Il y a déjà plus de 50 ans, les administrateurs n'étaient pas perçus comme particulièrement utiles à la vie de l'entreprise : « *Comme le chœur des vieillards dans la tragédie antique, ils assistent muets aux actes décisifs; ils ne se mettent en mouvement que pour louer ou gémir, après l'événement qui donne raison ou tort aux protagonistes. La fiction d'une absente présence est commode au théâtre où tout est fiction* » (Bloch-Lainé 1963).

Il aura fallu plusieurs années durant lesquelles l'image du conseil d'administration s'est nettement dégradée avant que les législateurs décident de modifier son mode de fonctionnement. Il s'agit en effet du pilier central de la gouvernance, à la fois en charge du contrôle et de la définition des orientations stratégiques de l'entreprise. Les exigences des investisseurs se sont également affirmées en matière de transparence et de lutte contre les conflits d'intérêts.

Dans cette perspective, certaines qualités des administrateurs sont devenues des éléments majeurs pour apprécier la qualité de la gouvernance d'une entreprise : ils doivent être indépendants, compétents et actifs. De nouveaux organes sont également apparus au sein des conseils : comité d'audit, comité de nomination et comité de rémunération.

L'objectif de ce chapitre est de présenter l'ensemble des problématiques relatives au conseil d'administration, à son mode de fonctionnement et à ses membres. Il s'agit également de montrer que ses rôles, pouvoirs et responsabilités en font l'acteur principal dans la recherche d'une gouvernance de qualité.

Le conseil d'administration

Cette section aborde les différentes facettes du conseil d'administration : ses fonctions, ses membres et sa structure.

Rôle et fonctionnement du conseil d'administration

Définition des rôles du conseil d'administration

Au cours des années, le périmètre d'action du conseil d'administration a connu de nombreuses modifications. Tout d'abord, la fonction de surveillance de la direction lui a été attribuée :

- « Directors serve as a source of advice and counsel, serve as some sort of discipline, and act in crisis situations » (Mace 1971).
- Le conseil d'administration est l'organe de surveillance et de contrôle des activités de l'entreprise (Fama et Jensen 1983).

Tableau 4.1 Rôles du conseil d'administration

	Théorie actionnariale	Théorie partenariale	Théorie cognitive
Mission du conseil	Préserver les intérêts des actionnaires	Préserver et équilibrer les intérêts des différentes parties prenantes	Aider à la construction de la vision, faciliter l'innovation et l'apprentissage organisationnel
Fonction	Disciplinaire	Disciplinaire	Apporter des compétences et des relations

Dans le contexte canadien, et plus précisément dans le jugement BCE[37], la Cour suprême du Canada note que les administrateurs, lorsqu'ils s'acquittent de leurs obligations envers la société, devraient s'intéresser aux intérêts à long terme de l'entreprise et que ces obligations varient selon la situation. Les administrateurs peuvent baser leurs décisions sur les intérêts des actionnaires, des créanciers, des salariés, des consommateurs, des gouvernements et de l'environnement.

Cette préoccupation des administrateurs rejoint l'approche française selon laquelle l'intérêt social dirige les décisions du conseil d'administration[38]. Au contraire de ces analyses juridiques, le système américain repose sur l'intérêt des actionnaires, ces derniers ayant priorité sur ceux des autres parties.

Le conseil d'administration face aux risques de l'entreprise

La gestion d'une entreprise inclut, par définition, la gestion de son risque. Dans ce contexte, le conseil d'administration doit veiller à ce que le risque soit correctement géré et que l'entreprise fasse preuve d'une transparence réelle avec ses actionnaires. Ces derniers prennent en effet leurs décisions d'investissement en fonction d'une relation entre la rentabilité et le risque. S'ils ne connaissent pas ou peu le risque de l'entreprise, leurs décisions peuvent être erronées.

Afin d'assurer une bonne gestion et communication du risque, le conseil d'administration dispose d'un outil de diagnostic : la cartographie des risques. Cette dernière doit être utilisée comme un outil de pilotage et de compte rendu permettant d'identifier et d'apprécier les principaux risques.

Les administrateurs peuvent chercher à protéger leur réputation comme experts en surveillance, le marché du travail des administrateurs sanctionnant ceux associés à des désastres financiers ou à de faibles performances (Fama 1980; Fama et Jensen 1983; Morck et al. 1989; Yermack 2004). De plus, en matière de responsabilité juridique, les administrateurs qui manquent d'attention peuvent être sanctionnés par les juges (Eichenseher et Shields 1985; Healy et Lys 1986). Enfin, les administrateurs étant censés représenter les actionnaires, ils doivent empêcher ces derniers d'être victimes d'une information financière défectueuse ou frauduleuse (Francis et Wilson 1988).

[37] https://scc-csc.lexum.com/scc-csc/scc-csc/fr/item/6238/index.do

[38] « *L'intérêt social ne se confond pas nécessairement avec l'intérêt des associés, qu'ils soient majoritaires ou minoritaires; la société a un intérêt propre qui transcende celui des associés* » (Cozian et al. 2002).

Le cas du président du conseil d'administration

Rôles du président

La structure du conseil d'administration est essentiellement composée du dirigeant, du président du conseil d'administration et des administrateurs. Il est possible de décider de fusionner les fonctions de dirigeant et de président du conseil d'administration ou non. Afin de comprendre s'il est utile ou non de séparer les fonctions, il est important de comprendre les rôles de chacun des acteurs :

Tableau 4.2 Fonctions du président et du directeur

Président du conseil d'administration	Directeur général ou chef de la direction

• Choisi parmi les membres du conseil, révocable;
• Organise et dirige les travaux du conseil;
• Rend compte à l'assemblée des actionnaires;
• Veille au bon fonctionnement des organes de la société;
• S'assure que les administrateurs ont les moyens de remplir leur mission.
	• Représente la société dans ses rapports avec les tiers;
	• Investi des pouvoirs les plus étendus pour agir en toute circonstance au nom de la société;
	• Ses décisions sont limitées :
	  o Par les statuts;
	  o Par le conseil d'administration.

> *« Quatre-vingt-cinq pourcent des 100 plus grandes entreprises canadiennes cotées en bourse se sont donné un président du conseil distinct du PDG, mais dans 38 % des cas ce président du conseil ne se qualifiait pas comme indépendant (cabinet Stern Stewart & Co., 2012)*[39]*. »*

Est-il nécessaire de séparer les fonctions?

> *« In my experience,* ***few directors in modern times have seen their interests*** *as separate from those of the CEO, who effectively appointed them and, presumably, could remove them from future slates of directors submitted to shareholders*[40]*. »*

De nombreux travaux ont démontré que la séparation des fonctions de président du conseil et de directeur général est une nécessité pour assurer la bonne gouvernance des conseils d'administration. Dans la mesure où la fonction du conseil d'administration est de nommer, de rémunérer et de révoquer le dirigeant, la présence de ce dernier à la présidence du conseil est de nature à entraver le bon fonctionnement du conseil (Simon 1995). De plus, la séparation de ces fonctions autorise une évaluation objective par le conseil d'administration de la performance du dirigeant et de son équipe (Morck et al. 1989; Low et al. 1990). En effet, d'un point de vue comptable, cette dissociation permet de distinguer celui qui contrôle les états financiers, le conseil d'administration et donc son président, de celui qui les rédige, le directeur. Gul et Leung (2004) confirment l'intérêt d'une telle dissociation en montrant que la qualité de l'information comptable s'accroît lorsque les fonctions sont séparées.

Le choix de l'ancien dirigeant comme président n'est pas sans conséquence sur la vie de l'entreprise. Aux États-Unis, il est en effet mis en évidence que les dirigeants d'entreprise ayant pour président un ancien dirigeant ont des salaires plus élevés que les autres. Pourtant, la même étude met en évidence que l'annonce de la nomination de l'ancien dirigeant au poste de président entraîne une hausse du cours de l'action (Andres et al. 2014).

[39] « *RIM, Air Transat et les autres* », Yvan Allaire, les affaires, 28/02/2012 http://www.lesaffaires.com/blogues/yvan-allaire/rim-air-transat-et-les-autres--/541569
[40] Discours d'Alan Greenspan à l'université *Stern School of Business*, 26 mars 2002.

Les qualités du conseil d'administration et des administrateurs

Différentes facettes méritent d'être étudiées lors de l'évaluation d'un conseil d'administration :

- **L'indépendance des administrateurs** : Elle doit être évaluée par rapport aux dirigeants, mais également par rapport aux actionnaires, aux créanciers, etc.
- **L'expertise** doit être évaluée individuellement : L'expertise d'un administrateur peut être comptable, financière, industrielle, sectorielle, etc.
- **La taille du conseil d'administration** : Existe-t-il une taille optimale du conseil d'administration?
- **L'activité du conseil d'administration** : Est-ce que le nombre de réunions du conseil est une donnée importante pour l'entreprise?

Indépendance

Depuis le début des années 2000, une priorité pour de nombreux législateurs ou régulateurs est d'augmenter la proportion d'administrateurs indépendants au sein du conseil. En effet, en raison de leur statut d'indépendants par rapport à la direction, il est supposé que ces administrateurs sont plus incités à contrôler de manière approfondie les dirigeants afin de protéger les intérêts des actionnaires.

Dans cette perspective, l'**administrateur indépendant** a deux rôles particuliers par rapport aux autres administrateurs : il vérifie les éventuels conflits d'intérêts et il contrôle la qualité de l'information transmise aux actionnaires.

Définition de l'administrateur indépendant

L'administrateur indépendant est au cœur de la gouvernance d'entreprise, car il est l'acteur majeur en matière de contrôle de la direction en place. Au cours des 40 dernières années, depuis la définition de Jensen et Meckling (1976), les caractéristiques de l'administrateur indépendant ont évolué avec le temps. D'une simple typologie basée sur l'opposition entre administrateurs internes et administrateurs externes, le modèle a évolué pour résoudre le problème des administrateurs affiliés.

Tableau 4.3 **Typologie des administrateurs**

<table>
<tr><th>Ancienne typologie</th><th colspan="2">Nouvelle typologie</th></tr>
<tr><td rowspan="2">Administrateurs externes
Outsiders</td><td>Administrateur indépendant
Independent director</td><td>Administrateur non lié directement ou indirectement aux dirigeants et aux principaux actionnaires.</td></tr>
<tr><td>Administrateur affilié
Grey director
Affiliated director</td><td>Administrateur qui a un lien commercial existant ou potentiel avec l'entreprise (p. ex. : créancier, avocat, consultant).</td></tr>
<tr><td>Administrateurs internes
Insiders</td><td>Administrateur interne
Insider</td><td>Administrateur ayant un contrat de travail ou un mandat avec l'entreprise, ses filiales ou ses principaux actionnaires.

Administrateur ayant un lien personnel direct ou indirect avec les dirigeants (p. ex. : liens familiaux).</td></tr>
</table>

Bien que ces définitions soient particulièrement précises, selon Warren Buffet : « Over the span of 40 years, I have been on 19 public company boards (excluding Berkshire's) and have interacted with perhaps 250 directors. **Most of them were "independent" as defined by today's rules**. But the great majority of these directors **lacked at least one of the three qualities** I value (**business savvy**, **interested**, **shareholder-oriented**). As a result, their contribution to shareholder well-being was minimal at best and, too often, negative. These people, decent and intelligent though they were, simply did not know enough about the business and/or care enough about shareholders to question foolish acquisitions or egregious compensation[41]. »

Pourquoi réglementer les conseils d'administration?

Trois courants théoriques s'opposent concernant l'intérêt d'une réglementation de la composition du conseil d'administration. Selon le premier, qualifié de maquillage (***window-dressing view***) et développé par des sceptiques face à la gouvernance (Romano 2005), définir des seuils d'indépendance n'améliore en rien la situation de l'entreprise. En effet, les dirigeants choisissent leurs administrateurs en fonction d'intérêts personnels, tout en veillant à respecter les règles existantes. Par exemple, l'administrateur recruté peut être un ami du dirigeant tout en étant indépendant selon les règles légales. Concrètement, l'exemple classique est celui de *Disney* : Michael Eisner, dirigeant de l'entreprise, a recruté comme administrateur indépendant le directeur de l'école où vont ses enfants.

La seconde théorie est basée sur l'enracinement (***entrenchment view***). Selon cette théorie, les administrateurs interviennent essentiellement pour conforter les dirigeants dans leur prise de décision, et ils ne seraient pas du tout efficaces en termes de surveillance ou de conseil (Mace 1971; Jensen 1993; Bebchuk et Friedman 2004). Hermalin et Weisbach (1998) montrent que le degré d'indépendance diminue lorsque le pouvoir managérial est fort. Par exemple, la proportion d'administrateurs indépendants diminue lorsque le mandat de la direction se prolonge. C'est dans cette perspective qu'il est indispensable que la réglementation vienne corriger cet enracinement.

Enfin, le troisième courant théorique suppose qu'il est possible d'accroître la valeur de l'entreprise à l'aide d'un conseil d'administration indépendant (***optimization view***). Selon cette théorie, il est utile d'arbitrer en permanence entre un conseil indépendant ou non pour pouvoir créer de la valeur. Nombreux sont les travaux vérifiant que la composition du conseil peut être source de création de valeur, tout comme une réduction des charges ou une gestion optimale des stocks (Raheja 2005; Adams et Ferreira 2007; Harris et Raviv 2008).

Impacts des administrateurs indépendants

De très nombreuses études ont porté sur le rôle de l'administrateur indépendant dans la vie de l'entreprise. En effet, il a été démontré à de nombreuses reprises que l'indépendance du conseil n'avait aucun impact sur la performance (Bhagat et Black 2002; Hermalin 2005). Le choix d'augmenter la proportion d'administrateurs indépendants serait alors uniquement un moyen de faire paraître sa gouvernance plus belle qu'elle ne l'est. L'expression « gouvernance de charlatan » (*quack corporate governance*) est utilisée pour qualifier cette situation (Romano 2005).

D'un point de vue théorique, l'efficacité des administrateurs indépendants est limitée par les moindres qualités et quantités d'informations qu'ils possèdent par rapport aux administrateurs liés à la direction. Il s'agit d'un problème lié aux conflits d'agence[42].

L'acquisition d'information représente un coût pour les administrateurs indépendants, coût qui dépend de l'environnement de l'entreprise. Dans le cas d'une entreprise appartenant à un secteur complexe, un

[41] *« Letter to shareholders », in Berkshire Hathaway Annual Report*, 2002.

[42] Pour approfondir la théorie d'agence, voir le chapitre 2.

administrateur non impliqué dans la gestion de l'entreprise peut avoir des difficultés à apprécier tous les risques existants, même s'il dispose du droit de poser toutes les questions. De plus, dans un secteur nouveau, lorsque seules une ou deux entreprises sont présentes, il est difficile de trouver un administrateur indépendant ayant un certain degré d'expertise. Enfin, le transfert d'informations auprès des administrateurs indépendants peut représenter un coût important, que cela soit en temps ou en coût financier (Maug 1997).

Duchin et al. (2010) réalisent une étude intéressante sur l'impact de l'indépendance des administrateurs sur la performance de l'entreprise :

- Dans un secteur complexe en termes d'information, une hausse de 10 % de la proportion d'administrateurs indépendants est liée à une diminution de 1,7 % de la rentabilité de l'actif et une baisse de 15,8 % du Q de Tobin[43]. Cette relation est liée à la difficulté pour les administrateurs indépendants de comprendre l'activité. Dans ce cas, il est difficile de surveiller les décisions managériales ou de proposer des conseils;
- Au contraire, dans un secteur simple en termes d'information, une hausse de 10 % de la proportion d'administrateurs indépendants est liée à une hausse de 1,3 % de la rentabilité de l'action et à une hausse de 8,1 % du Q de Tobin. Le coût d'acquisition de l'information étant faible pour l'administrateur, il peut aisément surveiller les décisions managériales et proposer des conseils efficaces.

Knyazeva et al. (2013) montrent que l'indépendance du conseil d'administration a un impact positif sur :

- La valeur de l'entreprise;
- Sa performance opérationnelle;
- La rotation des dirigeants;
- La rémunération des dirigeants à base d'actions.

Le lien positif entre l'indépendance du conseil et la valeur de l'entreprise est confirmé dans le cadre d'une étude internationale réalisée dans 22 pays (Dahya et al. 2009). La relation est particulièrement forte dans les pays offrant un cadre légal de protection des actionnaires de mauvaise qualité et lorsqu'il y a un actionnaire contrôlant. En d'autres termes, à défaut de pouvoir être protégés par la loi, les actionnaires se protègent à l'aide d'administrateurs indépendants. Cette protection est constatée dans le fait que les entreprises à conseil indépendant réalisent plus d'augmentation de capital, les actionnaires acceptant d'investir en raison d'une plus grande confiance.

Parallèlement, il est constaté que les transactions entre parties liées, transactions qui peuvent permettre à l'actionnaire contrôlant d'extraire de la richesse de l'entreprise, sont moins courantes lorsque le conseil d'administration est indépendant.

Il doit être noté que le contexte de l'entreprise doit être pris en compte lors de l'évaluation de la gouvernance (Linck et al. 2008). Il est logique que le conseil d'administration soit moindrement indépendant lorsque l'entreprise investit beaucoup dans la recherche et le développement ou a d'importantes opportunités d'investissement. Dans ces cas, la qualité principale est l'expertise dans le secteur d'activité et elle est privilégiée par rapport à l'indépendance. Parallèlement, les entreprises de grande taille disposent souvent d'un conseil plus indépendant.

---

[43] Le Q de Tobin est égal au rapport entre la valeur de marché de l'entreprise et sa valeur comptable. Il s'agit d'un indicateur de performance, car il indique la valeur de marché obtenue à partir d'actifs comptabilisés au coût.

Figure 4.1 De l'indépendance du conseil à la rémunération des dirigeants

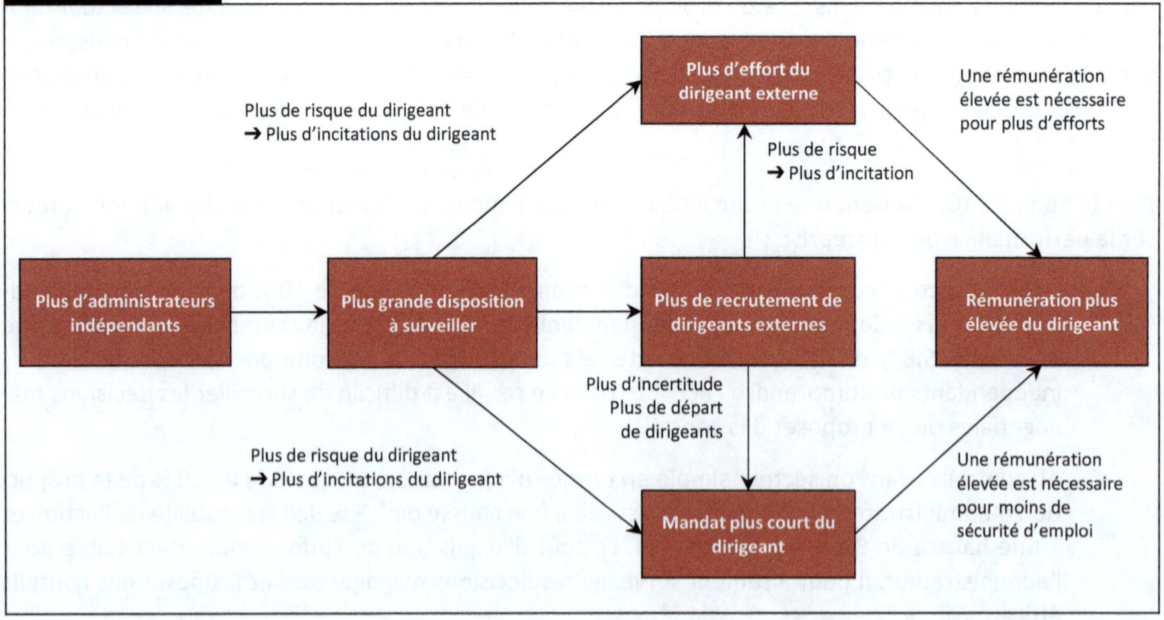

Source : Adams et al. (2010)

L'administrateur indépendant dans le cadre légal et réglementaire

La réglementation canadienne est très précise en matière d'indépendance. Le règlement 52-110 de l'Autorité des marchés financiers sur le comité d'audit[44] (section 1.4 Indépendance) fournit une définition précise du membre du comité d'audit, c'est-à-dire de l'administrateur, indépendant.

1. Un membre du comité d'audit est indépendant s'il n'a pas de relation importante, directe ou indirecte, avec l'émetteur.

2. Pour l'application du paragraphe 1, une relation importante s'entend d'une relation dont le conseil d'administration pourrait raisonnablement s'attendre à ce qu'elle nuise à l'indépendance du jugement d'un membre du comité.

3. Malgré le paragraphe 2, les personnes physiques suivantes sont considérées comme ayant une relation importante avec un émetteur :

    a) une personne physique qui est ou a été au cours des 3 dernières années membre de la haute direction ou salarié de l'émetteur;

    b) une personne physique dont un membre de la famille immédiate est ou a été au cours des 3 dernières années membre de la haute direction de l'émetteur;

    c) une personne physique qui, à l'égard de la société qui est l'auditeur interne ou externe de l'émetteur, remplit l'une des conditions suivantes :

        i. elle est un associé;

        ii. elle est un salarié;

        iii. elle a été un associé ou un salarié au cours des 3 dernières années et a participé personnellement à l'audit de l'émetteur durant cette période;

[44] Disponible sur le site de l'Autorité des marchés financiers (disponible sur https://www.lautorite.qc.ca/).

d) une personne physique dont le conjoint, son enfant mineur ou l'enfant mineur de son conjoint, ou encore son enfant ou l'enfant de son conjoint qui partage sa résidence, qu'il soit mineur ou non qui, à l'égard de la société qui est l'auditeur interne ou externe de l'émetteur, remplit l'une des conditions suivantes :

i. il est un associé;

ii. il est un salarié qui participe aux activités d'audit, de certification ou de conformité fiscale, mais non de planification fiscale;

iii. il a été un associé ou un salarié au cours des 3 dernières années et a participé personnellement à l'audit de l'émetteur durant cette période;

e) une personne physique qui est ou a été, ou dont un membre de la famille immédiate est ou a été, membre de la haute direction d'une entité au cours des 3 dernières années, si l'un des membres de la haute direction actuels de l'émetteur fait partie ou a fait partie durant cette période du comité de rémunération de l'entité;

f) une personne physique qui a reçu, ou dont un membre de la famille immédiate de celui-ci agissant à titre de membre de la haute direction de l'émetteur a reçu plus de 75 000 $ par an comme rémunération directe de l'émetteur sur une période de 12 mois au cours des 3 dernières années.

[...].

5. Pour l'application des sous-paragraphes c et d du paragraphe 3, un associé ne comprend pas un associé à revenu fixe n'ayant pas d'autres droits dans la société qui est l'auditeur interne ou externe que celui de recevoir des montants fixes à titre de rémunération, y compris des rémunérations différées, pour des services antérieurs auprès de cette société, si la rémunération n'est subordonnée d'aucune façon à la continuation des services.

6. Pour l'application du sous-paragraphe f du paragraphe 3, la rémunération directe ne comprend pas les éléments suivants :

a) la rémunération gagnée à titre de membre du conseil d'administration de l'émetteur ou d'un comité du conseil d'administration;

b) la réception de montants fixes à titre de rémunération dans le cadre d'un plan de retraite, y compris les rémunérations différées, pour des services antérieurs auprès de l'émetteur, si la rémunération n'est subordonnée d'aucune façon à la continuation des services.

7. Malgré le paragraphe 3, une personne n'est pas considérée comme ayant une relation importante avec un émetteur uniquement pour les motifs suivants :

a) elle ou un membre de la famille immédiate de celle-ci a rempli antérieurement les fonctions de chef de la direction par intérim;

b) elle ou un membre de la famille immédiate de celle-ci remplit ou a rempli antérieurement à temps partiel les fonctions de président ou de vice-président du conseil d'administration ou d'un comité du conseil d'administration.

8. Pour l'application du présent article, l'émetteur comprend ses filiales et sa société mère.

Face à la définition relativement stricte de l'indépendance proposée par l'Autorité des marchés financiers, la définition de la Cour du Delaware aux États-Unis est intéressante : « a **flexible, fact-based approach to the determination of directorial independence** ».

> « *This contextual approach is a strength of our law, as even the best minds have yet to devise across-the-board definitions that capture all the circumstances in which the independence of directors may be questioned. By taking into account all circumstances, the Delaware approach*

undoubtedly results in some level of indeterminacy, but with the compensating benefit that independence determinations are tailored to the precise situation at issue. » (2003; in re Oracle Corp. Derivative Litigation)

Selon l'Institut sur la gouvernance des organisations privées et publiques (IGOPP)[45], « *l'indépendance des administrateurs, déjà encouragée et imposée par les bourses et commissions des valeurs mobilières, a par la suite force de loi, d'une façon ou d'une autre, grâce à des statuts du genre Sarbanes-Oxley. La proportion d'administrateurs indépendants au sein des conseils d'administration des entreprises cotées en bourse au Canada et aux États-Unis dépasse maintenant 70 %* ».

Le cas des administrateurs aux multiples mandats

Un administrateur peut participer à plusieurs conseils d'administration au cours de la même année. Ce cumul de mandats est souvent perçu comme la reconnaissance de l'administrateur par les entreprises, car plusieurs souhaitent faire appel à ses compétences. Une autre qualité attribuée à cette catégorie d'administrateurs est la disponibilité d'un carnet d'adresses volumineux. Ses nombreux contacts pourraient permettre d'accroître l'efficacité des décisions de gestion, telle que la mise en relation avec de nouveaux investisseurs au capital ou l'accès à des décideurs politiques.

Un exemple d'administrateur disposant de nombreux mandats est Paul Guy Desmarais Jr.[46] :

- 11 mandats d'administrateur dans des sociétés cotées en bourse;
- 14 mandats d'administrateur dans des sociétés à capital fermé.

Figure 4.2 Cumul des mandats d'administrateurs de Paul Guy Desmarais Jr.[47]

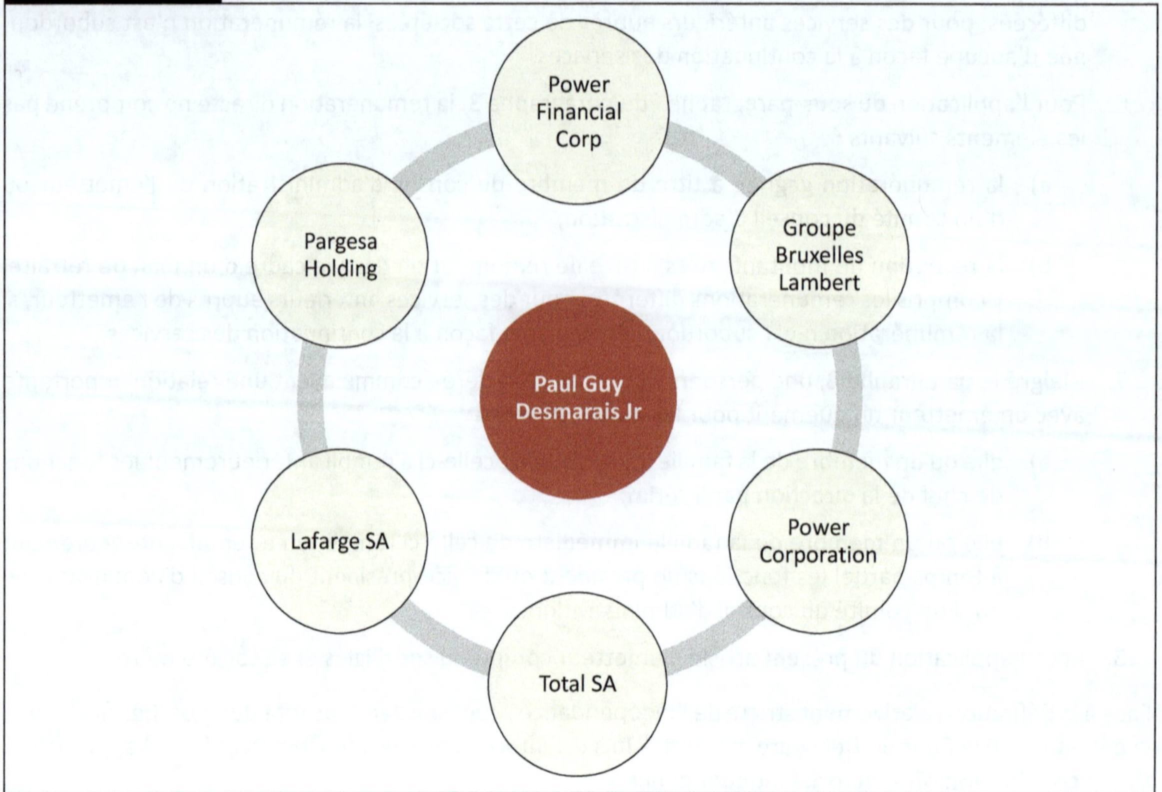

[45] *L'indépendance des administrateurs : un enjeu de légitimité*, Institut sur la gouvernance des organisations privées et publiques (IGOPP).

[46] Source : base de données Boardex

[47] Source : rapports annuels

Un tel administrateur présente des qualités, mais peut représenter également un danger pour l'entreprise. Le risque est que l'administrateur ne s'investisse plus assez dans chacune des entreprises. Il est alors essentiel de vérifier, avant de faire appel à un nouvel administrateur ou lors de l'évaluation de la gouvernance d'une entreprise, que chacun des administrateurs disposent du temps nécessaire pour assurer ses fonctions, c'est-à-dire qu'il ne dispose pas de plusieurs mandats simultanément.

D'un point de vue empirique, il a été démontré que les entreprises dont les administrateurs indépendants cumulent plus de trois mandats sont associées à une faible gouvernance. Ces entreprises présentent une moindre performance et les dirigeants sont moins souvent révoqués en cas de mauvaise performance (Fich et Shivdasani 2006).

Le cas des administrateurs croisés

L'indépendance d'un administrateur peut être remise en cause par la mise en place d'un système d'administrateurs croisés. Ce système repose sur un modèle simple : M. A appartient au conseil de l'entreprise dirigée par Mme B, et Mme B est administrateur de l'entreprise dirigée par M. A.

Un exemple d'administrateurs croisés est présenté dans la figure 4.3 : les dirigeants de *Power Corporation* sont administrateurs du *Groupe Bruxelles Lambert*, groupe dont les dirigeants sont administrateurs de *Power Corporation*. Ce système se joue même à trois acteurs avec le *Groupe Pargesa*, dont le dirigeant, Arnaud Vial, était vice-président finance de *Power Corporation Financière*.

Figure 4.3 **Réseau d'administrateurs croisés du groupe *Power Corporation***

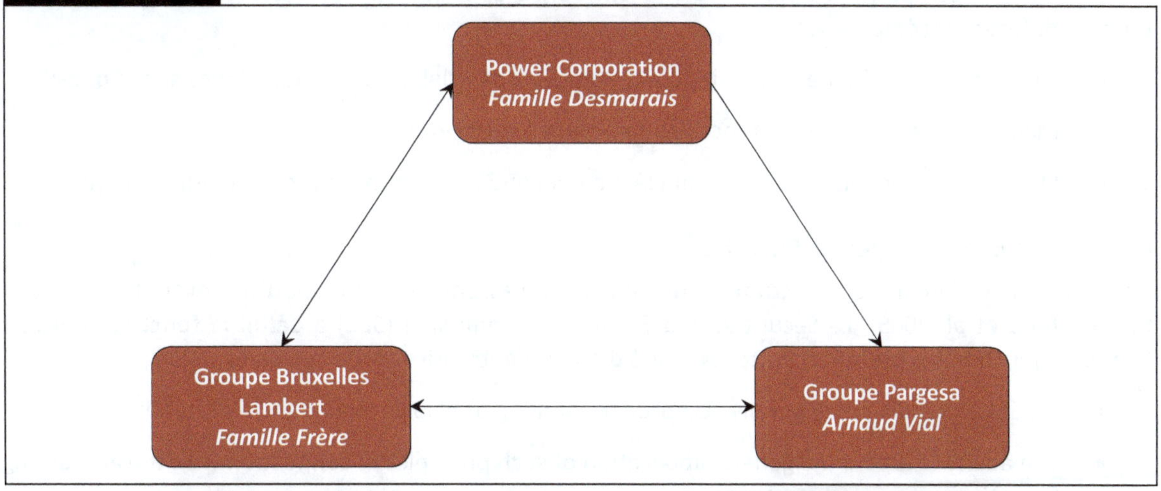

Source : Rapports annuels 2014

L'entrecroisement des administrateurs représente un danger évident : les deux administrateurs peuvent s'entendre pour ne pas se remettre en cause mutuellement. Il a ainsi été démontré que les entreprises liées par des administrateurs croisés versent des rémunérations plus élevées à leurs dirigeants (Hallock 1997). De même, les entreprises disposant d'administrateurs croisés sont moins performantes, car les administrateurs jouent moins leurs rôles de surveillants et de conseillers (Devos et al. 2009).

Compétence et expertise

La compétence comme qualité indispensable de l'administrateur

L'efficacité d'un conseil repose sur les compétences nécessaires pour comprendre l'activité, identifier les risques et l'appréciation des décisions stratégiques. Il est indispensable que le conseil d'administration soit construit à partir des compétences de chacun de ses membres.

Les compétences peuvent être évaluées de plusieurs façons :

- **La formation** : La formation intègre toutes les compétences qu'un individu a acquises au cours de sa formation universitaire et professionnelle. Il peut s'agir d'une expertise particulière dans un domaine précis, comme un doctorat en médecine ou un diplôme d'ingénieur, qui est utile pour exercer efficacement la fonction d'administrateur. Cela peut également être un diplôme en administration, comme un MBA, qui fournit des compétences plus spécifiques à la gestion de l'entreprise.
- **L'expérience sectorielle** : Afin de pouvoir exercer ses différentes fonctions correctement, le conseil d'administration doit comprendre des individus ayant une expérience dans le secteur où l'entreprise exerce. Il est en effet indispensable que le conseil connaisse en détail le fonctionnement du secteur et sache évaluer les risques qui lui sont spécifiques afin d'exercer ses fonctions de surveillant et de conseil stratégique.
- **L'expérience managériale** : Afin de pouvoir surveiller efficacement la direction, il est important que le conseil connaisse le métier de dirigeant. Un conseil composé uniquement d'administrateurs n'ayant exercé aucune fonction de gestion ne saurait évaluer le travail et apprécier la performance d'une équipe dirigeante.

Ces trois compétences ne se trouvent que rarement chez un seul individu. L'élément important est que le conseil, d'un point de vue collégial, dispose d'un niveau élevé de chacune de ces compétences.

Par exemple, la composition optimale d'une entreprise appartenant au secteur nucléaire doit comprendre différentes compétences :

- Le secteur nucléaire nécessite des compétences industrielles et technologiques spécifiques;
- Mais également des compétences en finance, en relations industrielles;
- Et en matière politique (l'activité nucléaire implique des relations avec le monde politique).

Le cas particulier de l'expertise financière

L'expertise financière des administrateurs est une qualité essentielle dont doit disposer tout administrateur (Defond et al. 2005). La Securities and Exchange Commission (SEC) a **défini la fonction d'expert financier** qui doit être présent dans tout comité d'audit d'entreprise cotée aux États-Unis[48] :

- An understanding of generally accepted accounting principles and financial statements;
- The ability to assess the general application of such principles in connection with the accounting for estimates, accruals and reserves;
- Experience preparing, auditing, analyzing or evaluating financial statements that present a breadth and level of complexity of accounting issues that are generally comparable to the breadth and complexity of issues that can reasonably be expected to be raised by the registrant's financial statements, or experience actively supervising one or more persons engaged in such activities;
- An understanding of internal controls and procedures for financial reporting; and
- An understanding of audit committee functions.

Au Canada, les administrateurs doivent être « compétents » et non « experts » en finance. L'extrait suivant du règlement 52-110 sur le comité d'audit définit le concept de compétence financière.

[48] Disclosure Required by Sections 406 and 407 of the Sarbanes-Oxley Act of 2002 (http://www.sec.gov/rules/final/33-8177.htm).

« Compétences financières »

Pour l'application du présent règlement, une personne physique possède des compétences financières si elle a la capacité de lire et de comprendre un jeu d'états financiers qui présentent des questions comptables d'une ampleur et d'un degré de complexité comparables, dans l'ensemble, à celles dont on peut raisonnablement croire qu'elles seront soulevées lors de la lecture des états financiers de l'émetteur. »

Taille

Un conseil d'administration doit se poser la question du **nombre d'administrateurs** qui le compose. Cette question nécessite de savoir s'il existe un nombre optimal ou au moins une fourchette, avec un nombre minimal et maximal, à respecter. Pour déterminer ce nombre, la simple logique permet d'avoir une première réponse : quelle est l'estimation du temps d'une réunion?

Imaginons une réunion du conseil durant laquelle chaque administrateur intervient pendant 20 minutes (temps très court pour traiter l'ordre du jour) :

- En présence de huit administrateurs, la réunion dure 160 minutes, soit 2 h 40;
- En présence de 15 administrateurs, la réunion dure 300 minutes, soit 5 h 00;
- En présence de 22 administrateurs, la réunion dure 440 minutes, soit 7 h 20.

Tenir une réunion de plus de sept heures en gardant l'attention maximale de chacun des participants est inimaginable. Dans ce cas, la simple estimation de la durée réaliste d'une réunion permet de fournir un plafond. La réponse à la question a trouvé un écho dans la littérature académique. Jensen (1993) a démontré qu'un nombre d'administrateurs supérieur à huit représente un risque élevé d'enracinement du dirigeant.

Différentes études sur le nombre d'administrateurs siégeant au conseil proposent des conclusions contradictoires :

- Un nombre élevé d'administrateurs présente l'avantage de pouvoir offrir plus de compétences en matière de conseil et de surveillance (Bushman et al. 2004);
- Un nombre élevé d'administrateurs est associé à une faible performance de l'entreprise (Eisenberg et al. 1998);
- La faible performance entraîne un changement de dirigeants d'autant plus probable que le nombre d'administrateurs est faible (Yermack 1996).

Activité

L'activité d'un conseil d'administration réside dans le **nombre de réunions organisées annuellement**. Sont prises en compte les réunions du conseil et des comités spécialisés. Il s'agit d'une approche indirecte de l'activité, car il est impossible d'évaluer l'activité réelle, c'est-à-dire le contenu des réunions, qui est par définition confidentiel. La fréquence des réunions démontrent donc les efforts des administrateurs et leur niveau de participation dans la vie de l'entreprise (décisions stratégiques, contrôle des états financiers intermédiaires, etc.).

Dans cette perspective, les résultats des études convergent : l'activité du conseil d'administration et des comités spécialisés, c'est-à-dire le nombre de réunions, a un impact positif sur la valeur de l'entreprise (Brick et Chidambaran 2010). Le rôle du nombre de réunions a été confirmé dans le cas particulier des sociétés en difficulté. À la suite d'une mauvaise performance, des réunions du conseil plus fréquentes sont associées à une meilleure performance opérationnelle (Vafeas 1999).

Toutes ces différentes études ont donc montré qu'une augmentation du nombre de réunions est un processus destinée à se diriger vers une meilleure gouvernance.

Une question nait de ces conclusions : existe-t-il un nombre optimal de réunion?

Il est impossible de déterminer un nombre minimal ou maximal de réunions annuelles. Il est toutefois raisonnable de penser qu'un nombre trop faible de réunions risque d'amener le conseil à ne pas traiter les sujets importants. Au contraire, un nombre trop élevé risque de démotiver les administrateurs en raison du travail trop important que cela nécessite. Dans ces conditions, il est possible de supposer qu'une réunion trimestrielle représente un minimum et que plus de 12 réunions annuelles est probablement excessif.

Afin d'évaluer la pertinence du nombre de réunions, il est nécessaire de prendre en compte le contexte de l'entreprise. Dans le cas d'un plan de relève ou lors de la révocation des dirigeants, il est logique que le nombre de réunions du comité de nomination augmente significativement. De même, en présence de risques financiers en hausse, le comité d'audit doit se réunir plus souvent.

La rémunération des administrateurs

La problématique relative à la rémunération des administrateurs est similaire à celle des dirigeants. Lors de sa définition, il est essentiel que la politique de rémunération soit alignée sur celle des actionnaires dont ils sont les représentants.

Le mode de rémunération des administrateurs diffère significativement sur le plan international. Alors que les entreprises canadiennes et américaines peuvent attribuer des actions ou des titres représentatifs d'actions, cela est interdit en France. Seule l'attribution de jetons de présence, c'est-à-dire d'un montant fixe en fonction de la participation ou non aux réunions du conseil, est autorisée.

Selon une étude de l'Institut sur la gouvernance d'organisations privées et publiques (IGOPP)[49], sur la période 2001-2010, les honoraires annuels moyens perçus par les administrateurs de sociétés cotées canadiennes ont augmenté de 465 %, passant de 17 044 $ à 79 000 $. Toutefois, les différences entre les sociétés sont majeures. Parmi les 10 sociétés offrant les honoraires les plus élevés à leurs administrateurs en 2010, sept appartenaient au secteur des ressources naturelles (énergie et mines).

Selon l'IGOPP, 10 principes devraient régir la rémunération des administrateurs :

1. La priorité d'un conseil en matière de gouvernance est de maintenir et accroître sa légitimité et sa crédibilité au moyen de pratiques et processus rigoureux (processus de nomination des administrateurs indépendant et arrimé sur une grille de compétences, évaluation périodique et rigoureuse de la contribution par le président du conseil et par les pairs, etc.);
2. La rémunération des administrateurs ne doit pas reposer sur l'atteinte d'objectifs ou de buts à court terme, ce qui exclut le recours aux options et l'octroi annuel de blocs d'unités de rendement, d'unités d'actions différées, d'actions restreintes ou d'actions dont l'acquisition repose sur l'atteinte d'objectifs à moyen (trois ans) ou à long (cinq ans) terme;
3. La rémunération d'un administrateur doit être suffisamment élevée pour attirer des candidats crédibles, intègres et détenant les compétences spécifiques correspondant aux objectifs de la société. Toutefois, son niveau et sa forme ne sont et ne devraient pas être les facteurs déterminants de la décision de joindre un conseil ou non;

---

[49] *Rémunération des administrateurs et gouvernance : enjeux et défis*, Institut sur la gouvernance d'organisations privées et publiques (IGOPP)
http://igopp.org/wp-co ntent/uploads/2014/05/IGOPP_Rapport_administrateurs_FR_WEB-1.pdf

4. La rémunération des administrateurs doit être élaborée et appliquée de manière transparente et établie sur des critères objectifs;
5. Les administrateurs doivent détenir un investissement significatif à long terme dans les actions de l'entreprise;
6. En ce qui a trait à l'ampleur (quantum) de la rémunération à offrir, un socle de départ serait d'évaluer l'engagement nécessaire de la part d'un administrateur ainsi que l'expertise requise afin qu'il puisse s'acquitter de ses fonctions, compte tenu de la complexité de l'entreprise;
7. La responsabilité du conseil étant collective et devant être assumée de manière continue, la rémunération des administrateurs devrait être uniforme entre les individus, exception faite de la rétribution de tâches spécifiques assumées par certains (présidence de comité, participation à un comité);
8. Le processus de détermination de la rémunération des administrateurs doit être ancré dans la vision et la stratégie organisationnelle et doit être cohérent avec la philosophie de gouvernance émanant du conseil;
9. Le processus de détermination de la rémunération des administrateurs doit se démarquer de celui prévalant pour les dirigeants, leurs rôles, responsabilités et impératifs institutionnels étant différents;
10. La rémunération des administrateurs doit refléter de manière rationnelle les risques spécifiques qu'ils encourent.

Peu d'études existent sur les déterminants de la rémunération des administrateurs, et celles qui sont disponibles portent essentiellement sur les entreprises américaines. La plus importante d'entre elles a été réalisée sur une période récente (2006-2009) et a montré que la majorité des entreprises utilisent la rémunération à base d'actions (Nguyen 2014). Seules 28 % des 200 plus grandes sociétés et 57 % des petites entreprises utilisent des primes à la présence[50]. De plus, il a été mis en évidence que rémunérer les administrateurs en fonction de leur participation au conseil ou aux comités spécialisés est associé à une activité plus grande (plus de réunions, plus de comités spécialisés). Parallèlement, une rémunération à base d'actions est liée à une plus grande activité de surveillance, mais à une moindre activité de conseil aux dirigeants.

L'administrateur au cœur d'un réseau

Les administrateurs participant à différents conseils ont moins de temps à consacrer à chacun. De nombreuses études montrent que les entreprises ayant une majorité d'administrateurs détenant plus de trois mandats ont une mauvaise gouvernance (Fich et Shivdasani 2006).

Tout administrateur est au cœur d'un noyau de contacts plus ou moins développés. Ces connexions avec d'autres individus représentent une donnée importante lors de l'analyse de la gouvernance d'une entreprise. Un administrateur ne peut en effet être réduit à ses caractéristiques personnelles ou à ses qualités professionnelles. Son expertise repose également sur ses relations (professionnelles ou personnelles) ainsi que sur son expérience sur d'autres conseils.

Les réseaux auxquels appartient un administrateur sont les mêmes que pour tous les individus : les réseaux professionnels et amicaux.

[50] *Board pay normalizes as economy recovers*, National Association of Corporate Directors (https://www.nacdonline.org/Resources/Article.cfm?ItemNumber=6663).

Les réseaux professionnels

L'impact économique des réseaux professionnels est majeur. Il a été mis en évidence que l'existence d'une relation entre deux administrateurs a des conséquences sur la réalisation des fusions et acquisitions (Cai et Sevilir 2012). Deux types de connexions peuvent exister entre deux administrateurs lors d'une opération de rapprochement :

- Un administrateur siège à la fois aux conseils d'administration de l'acquéreur et de la cible (connexion au 1er degré);
- Un administrateur de l'acquéreur et un administrateur de la cible siègent ensemble au conseil d'administration d'une autre société (connexion au 2e degré).

Dans le marché américain des fusions et acquisitions, les acquéreurs ont un rendement plus élevé en cas de transaction avec une connexion au premier degré. Ce rendement est encore plus élevé en cas de connexion au second degré (Cai et Sevilir 2012). L'étude conclut qu'en présence d'une connexion au premier degré, la prime payée lors de l'acquisition est plus faible, et que dans le cas d'une connexion au second degré, la création de valeur dont bénéficie l'acquéreur est plus élevée.

Les réseaux amicaux

La question des réseaux amicaux est relativement récente en matière de gouvernance. Il était auparavant difficile de connaître les liens personnels pouvant exister entre les dirigeants et les administrateurs. Or, avec le développement des sites internet proposant des biographies de dirigeants et de bases de données intégrant des informations personnelles[51], il est aisé de prendre en compte ces nouveaux éléments. Différentes études ont été réalisées pour démontrer le **rôle prépondérant des liens amicaux**. L'essentiel des travaux montrent que l'hypothèse selon laquelle l'indépendance au sein des conseils d'administration est en forte hausse est mise à mal par l'existence de liens amicaux.

Hwang et Kim (2009) notent que, dans les 100 plus grandes entreprises américaines, 87 % des administrateurs sont classés contractuellement[52] comme indépendants mais, une fois pris en compte les liens sociaux, seuls 62 % des administrateurs sont réellement indépendants. Le concept de liens sociaux entre le dirigeant et les administrateurs est ici évalué à l'aide de différentes mesures : diplômés de la même université, service militaire effectué simultanément, même origine géographique ou encore début de carrière dans le même secteur. L'étude montre que les entreprises dont le conseil est indépendant contractuellement et socialement versent une rémunération significativement plus faible aux dirigeants et ont une pratique de révocation de ces derniers plus courante que celles dont le conseil est indépendant contractuellement uniquement.

Toutefois, d'un point de vue économique, l'existence de liens sociaux n'est pas toujours défavorable à l'entreprise. Il a ainsi été démontré, sur le marché américain, que la présence de liens personnels entre les administrateurs et dirigeants d'entreprises et de banques permet d'obtenir un taux de financement bancaire plus faible (Engelberg et al. 2012). Cette diminution du taux bancaire atteint huit points de base pour les entreprises ayant une bonne cote de crédit (A et plus) et 20 points de base pour les entreprises plus risquées (BBB-B).

---

[51] Par exemple : La base de données *Boardex* est constituée des informations personnelles de tous les administrateurs de grandes sociétés, qu'il s'agisse de l'âge, de l'expérience, des diplômes, de l'appartenance à des réseaux professionnels et à des partis politiques.

[52] L'indépendance contractuelle fait référence aux critères légaux et règlementaires de l'indépendance et non aux relations personnelles.

Du conseil d'administration aux comités spécialisés

Le conseil d'administration peut instituer, en son sein, différents comités spécialisés qui se chargent de questions précises qui exigent du temps et une expertise particulière. Ces comités s'occupent donc de questions précises et font un rapport de leurs recommandations au conseil. Il ne s'agit pas d'organes décisionnels, seul le conseil pouvant prendre des décisions, mais leur rôle n'est pas pour autant insignifiant.

Lors de l'évaluation de la gouvernance d'un conseil d'administration, il est nécessaire de veiller à ce que chaque comité soit en charge des questions qui devraient être les siennes (p. ex. : le comité d'audit doit être l'organe de contrôle des états financiers et le garant de l'indépendance des auditeurs). Une erreur courante est de ne pas voir qu'un comité spécialisé n'est pas en charge d'une question majeure (p. ex. : la question de l'audit interne est enlevée des prérogatives du comité d'audit).

Dans cette section, trois comités spécialisés feront l'objet d'une analyse détaillée. D'autres comités spécialisés existent, tels que le comité stratégique ou le comité sur les engagements à long terme, mais ces derniers ne relèvent pas de la gouvernance d'entreprise.

Comité d'audit

Rôle et fonctionnement du comité d'audit

Aussi appelé comité des comptes, ce comité a été créé afin d'aider le conseil d'administration à mener sa revue des comptes, à assurer sa compréhension et à éviter les éventuelles dérives. Sa fonction est triple :

- **Examen des états financiers annuels et intérimaires de l'entreprise** : Le comité d'audit s'assure de la pertinence, de la fiabilité et du caractère informatif des états financiers. Il vérifie que les procédures internes de collecte et de contrôle des informations garantissent celles-ci. Enfin, le comité d'audit s'assure de la pertinence, de la fiabilité et du caractère informatif des états financiers. Il vérifie que les procédures internes de collecte et de contrôle des informations garantissent celles-ci;
- **Déterminer le choix des auditeurs et veiller au respect des règles garantissant leur indépendance** : Le comité pilote la sélection des auditeurs et soumet au conseil d'administration le résultat de cette sélection. Il se fait communiquer les honoraires d'audit et veille à l'indépendance des auditeurs;
- **Établir un dialogue avec les organes de contrôle du groupe**, notamment les auditeurs internes.

Afin que ces fonctions soient remplies de manière efficace, le comité d'audit doit être indépendant. De plus, ce comité doit auditionner de manière régulière les auditeurs, les responsables de l'audit interne et le directeur financier.

Caractéristiques du comité d'audit : indépendance, taille, activité, expertise

Les qualités du comité d'audit sont approfondies grâce[53] :

- Aux compétences comptables et financières des membres du comité;
- À la mobilisation du comité, si nécessaire entre les séances du conseil;
- À un dialogue permanent avec les acteurs impliqués dans l'élaboration et la revue des comptes;
- À l'analyse des opérations exceptionnelles sous l'angle des risques financiers;
- À l'examen des risques et engagements hors bilan significatifs.

---

[53] Extrait du *Vade-mecum de l'administrateur*, Institut Français des administrateurs, Gualino Éditeur, 2004.

Afin d'accroître l'efficacité du comité d'audit, la stratégie optimale est de constituer un triangle de compétences entre l'audit interne, les auditeurs externes et le comité des comptes[54] :

- Le comité d'audit doit s'appuyer sur l'audit interne pour identifier les risques et s'assurer de la qualité des procédures de contrôle interne. Il doit également identifier les interrogations des auditeurs et voir si elles coïncident avec les siennes;
- Les auditeurs externes bénéficient alors de l'implication du comité d'audit dans leur sélection, et leur renouvellement, en amont de la décision du conseil et du vote de l'assemblée générale, est un gage d'indépendance à l'égard de la direction générale. Le comité d'audit est l'interlocuteur auquel ils peuvent présenter leur vision des problèmes et des domaines méritant une surveillance accrue. La qualité de cet interlocuteur est d'autant plus élevée qu'il est composé d'administrateurs indépendants;
- Afin d'éviter qu'il rencontre des difficultés dans ses investigations, l'audit interne doit construire une relation de confiance avec le comité d'audit.

Expertise des membres du comité d'audit

La présence d'administrateurs ayant une expertise légale (maîtrise ou doctorat en droit) ou une expertise comptable ou financière a un impact positif sur la qualité des états financiers publiés[55] (notion approfondie dans la séance sur la gestion de résultat) (Krishnan et al. 2011).

Figure 4.4 **Description du comité d'audit**

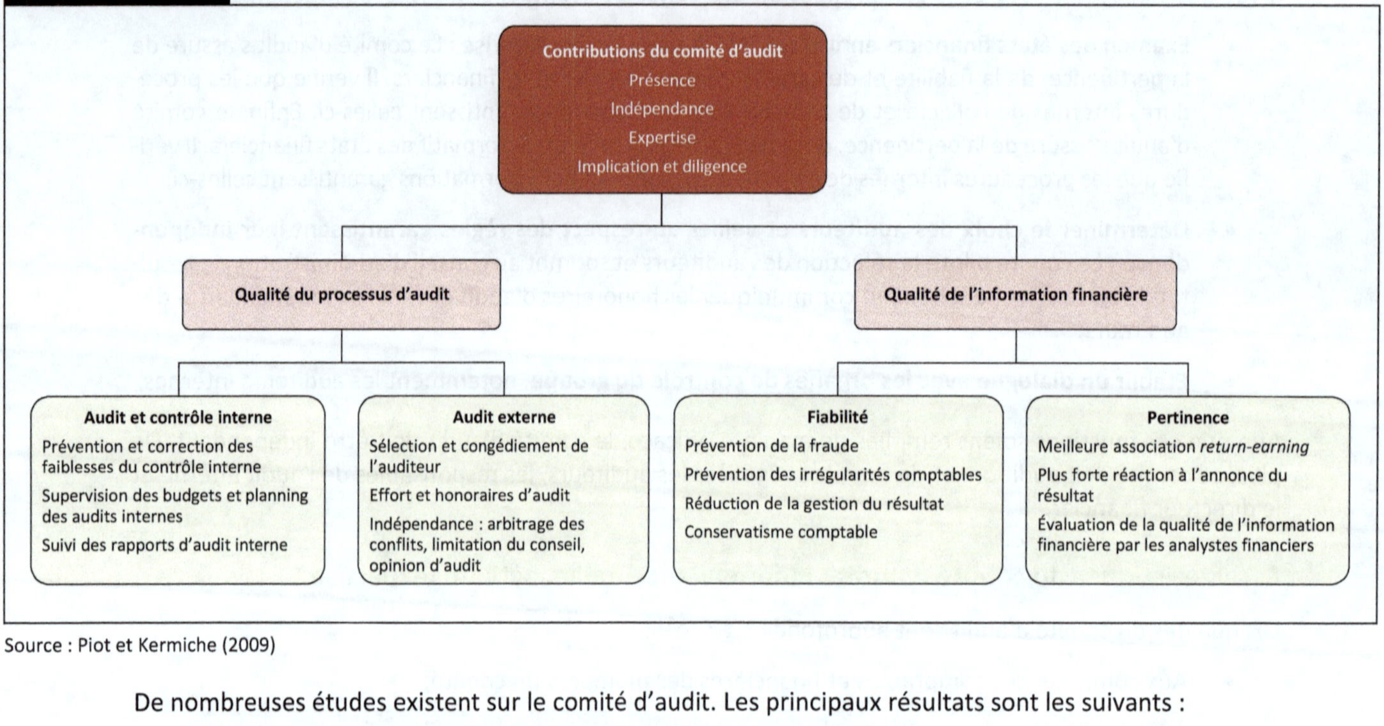

Source : Piot et Kermiche (2009)

De nombreuses études existent sur le comité d'audit. Les principaux résultats sont les suivants :

- Un comité d'audit doit être à 100 % indépendant pour que la relation avec les auditeurs soit efficace, c'est-à-dire que l'émission de réserves et le changement d'auditeurs soient plus probables (Bronson et al. 2009);

---

[54] Extrait du *Vade-mecum de l'administrateur*, Institut Français des administrateurs, Gualino Éditeur, 2004.

[55] Le concept de qualité des états financiers est approfondi dans les chapitres consacrés à la qualité de l'information comptable et financière (ICF).

- Une rémunération des membres du comité d'audit avec des *stock-options* augmente la probabilité de déclaration des manques en matière d'audit interne (Cullinan et al. 2010);
- Un comité d'audit indépendant augmente la probabilité de choisir un auditeur qui est un spécialiste sectoriel (Abbott et Parker 2000).

Comité de nomination

Rôle et fonctionnement du comité de nomination

Aussi appelé comité de sélection, sa tâche est de définir le processus de recrutement des nouveaux dirigeants et des nouveaux administrateurs.

Nomination des dirigeants

La fonction principale du comité de nomination est d'élaborer un processus concernant la succession du dirigeant. Il est nécessaire d'envisager cette succession comme pouvant être normale, c'est-à-dire à la fin du mandat prévu, mais également comme pouvant être soudaine, à la suite d'une crise brutale ou d'une démission surprise du dirigeant.

Dans cette perspective, le processus doit être formalisé le plus tôt possible. Il faut définir les rôles et responsabilités du dirigeant en place, les besoins de l'entreprise et les rôles et responsabilités du prochain dirigeant. Ce travail, qui est bien entendu le résultat d'une réflexion approfondie, doit être exposé et validé par le conseil d'administration pour lui donner une légitimité.

Une fois cette première étape faite, il est utile de prévoir une stratégie de communication envers les salariés et à l'égard des actionnaires. Il est en effet préférable que, en situation de transition et notamment en cas de crise brutale, l'énergie du conseil soit concentrée sur le choix du candidat et non sur les méthodes de communication.

Nomination des administrateurs

Concernant la nomination des administrateurs, le comité de nomination doit avant tout identifier les besoins du conseil et les profils de candidats les plus adaptés dans les domaines suivants : expérience managériale ou en tant qu'administrateur, expertise sectorielle, indépendance et disponibilité.

La procédure devant être mise en place par un comité de sélection est relativement simple : une fois les besoins définis et le profil adéquat dressé par rapport à ceux-ci, le comité peut prendre contact avec le candidat. S'il juge que la discussion a été intéressante, le comité peut aborder la question du candidat et de sa cooptation au conseil d'administration. En cas d'accord, les actionnaires devront approuver le choix en assemblée générale.

Le comité de nomination doit également se poser la question du renouvellement des administrateurs. En effet, en cas de changements majeurs de l'entreprise et de ses besoins, les administrateurs en place peuvent ne plus être les plus intéressants pour le conseil.

La nomination d'un dirigeant dans le conseil d'administration d'une autre entreprise est sanctionnée par une baisse du cours de l'action, car les investisseurs y voient un risque d'aléa moral, c'est-à-dire l'utilisation du temps qui aurait dû être consacré à la gestion de l'entreprise au profit d'une autre entreprise (Rosenstein et Wyatt 1994).

Caractéristiques du comité de nomination

Il doit déterminer les qualités nécessaires pour diriger l'entreprise ainsi que la méthode pour désigner les nouveaux directeurs (recrutement interne ou externe, managérial ou familial).

Afin d'être efficace, il doit être composé en majorité d'administrateurs indépendants. Cela le protège en effet d'éventuelles influences de la direction en place. Toutefois, il est parfois utile que le comité entende l'opinion du président du conseil d'administration, surtout lorsque celui-ci n'est pas directeur général de l'entreprise. Il s'agit d'un point de vue intéressant, car il est la personne centrale du conseil, qui s'assure que les réunions se déroulent correctement et que les réponses sont apportées aux questions majeures. Lorsque le président du conseil est également directeur général, son opinion risque d'être biaisée, et donc le comité doit moins prendre en compte son avis.

Dans ce comité, l'indépendance ne doit pas être perçue simplement comme une absence de lien économique ou personnel. Il existe en effet un leadership du dirigeant dans le processus de nomination. Bebchuk et Friedman (2004) montrent qu'un comité de nomination est peu incité à nommer un dirigeant d'une autre entreprise à un poste d'administrateur sans l'approbation du dirigeant en place.

En matière d'expertise, il est important de veiller à ce que les membres aient une expérience en matière de recrutement ou aient déjà vécu une expérience de transition de dirigeant.

Comité de rémunération

Rôle et fonctionnement du comité de rémunération

La tâche du comité de rémunération est de définir et de valider la politique de rémunération du dirigeant ou de l'équipe dirigeante. Il doit se conformer aux éléments suivants :

- La rémunération doit être liée à la performance de l'entreprise et à l'augmentation de la valeur afin que les intérêts des actionnaires soient respectés;
- La politique de rémunération doit être transparente à l'égard des actionnaires, que ce soient les critères de détermination de la rémunération des dirigeants, les modes de calcul et les montants versés;
- La politique de rémunération doit être suffisamment incitative pour attirer les meilleurs dirigeants pour l'entreprise.

  « [the compensation committee] is the only board committee where you sit on the opposite side of the table from management... Compensation is a zero-sum game. We want to attract good management and reward fairly, but shareholders are never happy with compensation. We want to be fair and arrive at a Pareto optimal solution where all are a bit uncomfortable. We want to get good performance and have good shareholder returns » (Hermanson et al. 2012).

Afin que tous ces éléments soient vérifiés, le comité doit définir formellement une politique qui est le fruit d'une réflexion qui peut être menée avec un consultant externe spécialisé. Dans cette perspective, il est utile que le comité puisse disposer d'un budget qui lui est propre.

Caractéristiques du comité de rémunération

Le comité doit être composé d'administrateurs indépendants de la direction, car sa première fonction est d'établir la politique de rémunération des dirigeants. Le comité ne doit pas être composé non plus d'administrateurs croisés. L'exemple suivant permet de définir les administrateurs croisés :

- Le dirigeant de l'entreprise A est administrateur de l'entreprise B;
- Le dirigeant de l'entreprise B est administrateur de l'entreprise A.

Les dirigeants de l'entreprise A et de l'entreprise B sont des administrateurs croisés. En matière de rémunération, le danger est que ces administrateurs acceptent réciproquement des rémunérations élevées.

Afin d'évaluer la qualité d'un comité de rémunération, une grille basée sur six critères a été développée (Sun et al. 2009) :

- La proportion d'administrateurs nommés au comité de rémunération depuis le début du mandat du dirigeant : ces administrateurs présentent un risque plus élevé d'avoir des relations amicales avec le dirigeant (Daily et al. 1998);
- La proportion d'administrateurs avec une expérience de plus de 10 ans au sein du conseil d'administration : une longue expérience au sein du conseil est synonyme d'une plus grande efficacité en matière de contrôle (Vafeas 2003);
- La proportion d'administrateurs dirigeants d'une autre entreprise : la participation de dirigeants d'autres entreprises au sein du comité de rémunération augmente la probabilité que ce dernier accorde une rémunération plus élevée (Daily et al. 1998);
- La part du capital détenue par les membres du comité de rémunération : les intérêts des actionnaires sont mieux représentés au sein du comité de rémunération lorsque ses membres sont également actionnaires (Shivdasani et Yermack 1999);
- La proportion d'administrateurs ayant au moins trois autres mandats d'administrateurs : les administrateurs disposant de plusieurs mandats présentent un risque d'être trop occupés pour être efficaces, risque qui se traduit par une rémunération des dirigeants plus élevée (Core et al. 1999);
- Le nombre d'administrateurs au sein du comité de rémunération : la qualité d'un comité de rémunération est d'autant plus élevée que le nombre de membres est élevé (Sun et al. 2009).

Les auteurs de cette grille d'évaluation ont montré que la relation entre la rémunération à base de *stock-options* et la performance de l'entreprise est d'autant plus forte que le comité de rémunération a une gouvernance de qualité.

Conclusion

Les différentes fonctions du conseil d'administration, qui sont de surveiller et de conseiller les dirigeants, en font l'organe central de la gouvernance d'entreprise. Il est en charge de la protection des actionnaires et des autres parties prenantes en s'assurant que les décisions managériales assurent la pérennité de l'entreprise. Sa structure est devenue un élément majeur dans son évaluation. Par exemple, la séparation des fonctions de président du conseil d'administration et de directeur général fait l'objet d'un débat intense, ses partisans y voyant le signe d'une séparation des fonctions de gestion et de contrôle, alors que ses contradicteurs y voient une perte d'efficacité.

L'évaluation d'un conseil d'administration doit reposer sur les quatre facettes de ce dernier : l'indépendance, la taille, l'activité et l'expertise. De même, la structure du conseil, que cela soit la création de comités spécialisés ou la séparation des fonctions du président du conseil et du directeur général, doit être une dimension essentielle de l'évaluation de la gouvernance de l'entreprise. Une attention particulière doit être portée sur le comité d'audit, le comité de nomination et le comité de rémunération. Ces comités, nés avec l'intérêt porté à la gouvernance après le scandale d'*Enron*, notamment, permettent au conseil d'être plus efficace.

Annexe 1
Extraits des rapports professionnels relatifs au fonctionnement des conseils d'administration

Rapport Dey (1999) – Canada

- Un conseil d'administration doit être composé d'au moins 2/3 d'administrateurs indépendants;
- Les fonctions de président du conseil et de chef de la direction doivent être séparées;
- Le comité de vérification doit être composé uniquement d'administrateurs indépendants;
- Le comité de rémunération devrait être composé uniquement d'administrateurs indépendants;
- Le conseil d'administration et les administrateurs devraient être évalués individuellement et de manière formelle annuellement.

Rapport Saucier (2001) – Canada

- Écriture d'une charte sur les responsabilités du conseil d'administration (notamment les points suivants : choix, nomination et évaluation du chef de la direction; planification de la relève de la haute direction; processus de planification stratégique; évaluation de la contribution du conseil et des administrateurs individuellement; évaluation des risques économiques et des systèmes de gestion des risques);
- Séparation des fonctions de président du conseil et du chef de la direction;
- Rémunération des administrateurs par des programmes d'options (montant devant être approuvé par les actionnaires annuellement);
- Renforcement du rôle du comité de vérification : il doit être composé à 100 % d'administrateurs indépendants qui doivent disposer d'une expertise en comptabilité ou en finance;
- Communication d'informations détaillées sur la gestion du risque.

Le Rapport Saucier recommande que les chartes des comités de vérification exigent que le comité étudie les états financiers annuels et trimestriels ainsi que les documents connexes comme le rapport et les **communiqués de presse**.

Rapport Bouton (2002) – France

- Le règlement intérieur du conseil d'administration doit préciser :
  - Les cas d'approbation préalable du conseil d'administration, dont il arrête les principes qui pourraient être d'ailleurs différents selon les branches concernées de l'entreprise;
  - Le principe selon lequel toute opération significative se situant hors de la stratégie annoncée devrait faire l'objet d'une approbation préalable du conseil d'administration;
  - Les règles selon lesquelles le conseil d'administration est informé de la situation financière, de la situation de trésorerie ainsi que des engagements de la société.
- La condition majeure de la nomination d'un administrateur est sa compétence;
- Une communication permanente aux administrateurs de toutes les informations pertinentes;
- Le conseil d'administration doit être indépendant au seuil de 33 %;
- Le comité des comptes doit être indépendant au seuil de 66 % et ne doit comprendre aucun dirigeant.

Examen du cadre de gouvernance des sociétés d'État du Canada – 2005

- Définition du premier dirigeant comme seul représentant de la direction au sein du conseil d'administration;
- Écriture d'une charte sur les responsabilités du conseil d'administration et de ses comités;
- Renforcement du rôle du comité de vérification : il doit être composé de trois membres indépendants qui doivent disposer de connaissances dans le domaine financier. Les vérificateurs internes et externes doivent relever du comité de vérification;
- Définition des critères de sélection des présidents et des profils des conseils d'administration rendus publics par le gouvernement;
- Création d'un site internet central ayant pour fonction de solliciter des candidatures pour les postes d'administrateur et de président.

Annexe 2
La situation au Canada et au Québec

Le rapport « *Pratiques et tendances des conseils d'administration au Québec* », de L'Institut sur la gouvernance d'organisations privées et publiques (IGOPP) et Spencer Stuart, fournit des informations intéressantes sur la gouvernance au Canada et au Québec. L'étude est réalisée à partir des 50 plus grandes entreprises québécoises.

Tableau 4.4 **Pourcentage des conseils d'administration majoritairement indépendants au Québec en 2013**

	Pourcentage
Québec	94 %
Entreprises ayant un chiffre d'affaires supérieur à 5 milliards $	100 %
Entreprises ayant un chiffre d'affaires compris entre 1 et 5 milliards $	91 %
Entreprises ayant un chiffre d'affaires inférieur à 1 milliard $	93 %

Tableau 4.5 **Pourcentage des conseils d'administration ayant une séparation des fonctions de président du conseil et de directeur général au Québec**

	Pourcentage
Québec en 2013	82 %
Entreprises ayant un chiffre d'affaires supérieur à 5 milliards $	29 %
Entreprises ayant un chiffre d'affaires compris entre 1 et 5 milliards $	41 %
Entreprises ayant un chiffre d'affaires inférieur à 1 milliard $	29 %

Tableau 4.6 Taille des conseils d'administration en 2013

	Nombre d'administrateurs			
	Inférieur à 6	Entre 7 et 10	Entre 11 et 14	Plus de 15
Québec	2 %	56 %	38 %	4 %
Entreprises ayant un chiffre d'affaires supérieur à 5 milliards $	0 %	21 %	64 %	14 %
Entreprises ayant un chiffre d'affaires compris entre 1 et 5 milliards $	0 %	64 %	36 %	0 %
Entreprises ayant un chiffre d'affaires inférieur à 1 milliard $	7 %	79 %	14 %	0 %

Tableau 4.7 Profil des nouveaux administrateurs en 2013

	Québec	Canada
Expérience dans l'industrie	37 %	44 %
Expérience de chef de la direction	26 %	35 %
Expérience financière	39 %	40 %
Administrateurs non résidents du Canada	39 %	42 %
Femmes administratrices	40 %	43 %
Première fois administrateur d'une entreprise cotée en bourse	42 %	36 %
Expérience en tant que membre d'une haute direction (sauf chef de la direction)	72 %	30 %

Tableau 4.8 Honoraires médians des administrateurs en 2013

	Honoraires
Canada	140 000 $
Québec	74 762 $
Entreprises ayant un chiffre d'affaires supérieur à 5 milliards $	120 000 $
Entreprises ayant un chiffre d'affaires compris entre 1 et 5 milliards $	65 000 $
Entreprises ayant un chiffre d'affaires inférieur à 1 milliard $	33 000 $
Canada	140 000 $

Le professionnel s'interroge

Évaluation de la gouvernance d'un conseil d'administration

L'évaluation des conseils d'administration est devenue une activité courante, car nécessaire, qui se développe significativement.

Trois évaluations devraient être systématiquement mises en place :

- L'évaluation du conseil d'administration;
- Les évaluations individuelles des administrateurs;
- Les évaluations des comités.

Avant toute évaluation, il est nécessaire d'expliquer à chacun des administrateurs :

- L'objet de l'évaluation;
- La façon dont les données seront utilisées après l'évaluation (destruction nécessaire);
- La façon dont le processus global d'autoévaluation est censée se dérouler;
- Deux techniques d'évaluation :
    - Analyse quantitative : via un questionnaire adressé à tous les administrateurs;
    - Analyse qualitative : via des entrevues directes avec les administrateurs.

Qui peut procéder à une évaluation du conseil?

- Le président du conseil;
- Le directeur général;
- Mais aussi les administrateurs;
- Le président du comité de nomination (afin de combler les déficits).

Quel est le plan de travail pour réaliser l'évaluation de la gouvernance d'un conseil d'administration?

- Le leadership au sein du conseil (indépendance, compétence, expérience, comportements entre le président et les administrateurs);
- Le fonctionnement du conseil (fréquence et durée des réunions, circulation de l'information, soutien fourni au conseil et aux comités);
- La qualité de la relation entre le chef de la direction et le conseil d'administration;
- La qualité de la reddition de comptes.

Exemples de questions :

- Est-ce que le conseil a un rôle de contrôleur des décisions managériales? Par exemple, existe-t-il un plafond [en $] dans les décisions d'investissement nécessitant, pour son franchissement, l'accord du conseil?
- Quels sont le nombre et la durée des réunions (conseil d'administration, comités spécialisés)?

- Quels sont les ordres du jour des réunions (conseil d'administration, comités spécialisés)?
- Quel est le temps consacré :
  - au contrôle des états financiers?
  - aux décisions stratégiques?
- Quelle est la proportion d'administrateurs indépendants (conseil d'administration, comités spécialisés)?
- Quelle est la taille du conseil d'administration? Est-elle suffisante? Est-ce que cette taille a augmenté ou diminué au cours de l'exercice?

Comment est déterminée la **rémunération des dirigeants**?

- Qui est chargé de sa détermination : le comité de rémunération ou le conseil d'administration?
- Dans tous les cas, il faut poser la question individuellement à chaque administrateur pour connaître son opinion sur l'efficacité du président du conseil ou du président du comité.
- La question de la légitimité des membres du comité de rémunération se pose également : il faut demander aux autres administrateurs ce qu'ils pensent du fonctionnement du comité et de ses membres.

Le processus de succession du dirigeant :

- Est-ce qu'un processus concernant le remplacement du dirigeant est préparé?
- Est-ce que les qualités nécessaires pour diriger l'entreprise de manière efficace ont été définies?
- Existe-t-il un comité spécialisé en charge de mettre en place le processus de choix du nouveau dirigeant?

Questions à choix multiples

1. Quelle fonction n'appartient pas aux missions du conseil d'administration?

a) Désigner les dirigeants et contrôler l'exécution de leurs missions respectives.

b) Déterminer les orientations stratégiques de l'activité de l'entreprise.

c) Veiller à la qualité de l'information délivrée aux actionnaires.

d) Organiser les relations entre l'entreprise et ses principaux fournisseurs.

e) Aucune réponse ne convient.

2. Parmi les affirmations suivantes, quelle facette n'a pas d'intérêt pour l'analyste?

a) L'indépendance des administrateurs.

b) L'expertise des administrateurs.

c) La taille du conseil d'administration.

d) L'ancienneté des administrateurs.

e) Aucune réponse ne convient.

3. Parmi les affirmations suivantes, laquelle est fausse?

a) L'administrateur indépendant est un administrateur non lié directement ou indirectement aux dirigeants et aux principaux actionnaires.

b) L'administrateur affilié est un administrateur qui a un lien commercial existant ou potentiel avec l'entreprise.

c) L'administrateur indépendant doit être présent au sein du conseil d'administration depuis moins de sept ans.

d) L'administrateur interne est un administrateur ayant un contrat de travail ou un mandat avec l'entreprise, ses filiales ou ses principaux actionnaires.

e) Aucune réponse ne convient.

4. Parmi les affirmations suivantes, laquelle est correcte?

a) La taille du conseil d'administration n'a aucune influence sur la qualité de la gouvernance.

b) Un nombre élevé d'administrateurs indique que les compétences et expertises présentes au conseil sont nombreuses.

c) Un nombre élevé d'administrateurs a pour effet de rendre les réunions du conseil difficilement efficaces en raison du peu de temps alloué à chacun des administrateurs.

d) Le conseil d'administration doit être composé uniquement d'administrateurs indépendants.

e) Aucune réponse ne convient.

5. Quelle expérience n'est pas indispensable pour un conseil d'administration efficace au sein d'une entreprise spécialisée dans l'informatique de gestion?

a) L'expertise politique.

b) L'expertise issue d'une formation adéquate.

c) L'expertise sectorielle.

d) L'expertise managériale.

e) Aucune réponse ne convient.

6. Quelle situation doit être privilégiée en matière de séparation des fonctions de présidence et de direction générale?

a) Les fonctions de président et de directeur doivent être fusionnées afin de permettre une plus grande efficacité et une meilleure réactivité.

b) Les fonctions de président et de directeur de l'entreprise doivent être séparées, car cela permet les fonctions de contrôle et de direction.

c) Les fonctions de président et de directeur de l'entreprise ne doivent pas être séparées en raison des importants coûts administratifs.

d) Les fonctions de président et de directeur ne peuvent pas être assurées par une seule personne au sein des sociétés cotées en bourse.

e) Aucune réponse ne convient.

7. Parmi les affirmations suivantes, laquelle est fausse?

a) Le comité d'audit a une triple fonction : examiner les états financiers annuels de l'entreprise, déterminer le choix des auditeurs et veiller au respect des règles garantissant leur indépendance, établir un dialogue avec les organes de contrôle du groupe, notamment les auditeurs internes.

b) Le comité de nomination a pour fonction de définir le processus de recrutement des nouveaux dirigeants et des nouveaux administrateurs.

c) Le comité de rémunération a pour fonction de définir et de valider la politique de rémunération de l'équipe dirigeante.

d) Tous les comités spécialisés doivent comprendre au moins un expert dans les domaines comptable ou financier.

e) Aucune réponse ne convient.

8. Parmi les affirmations suivantes, laquelle est fausse?

a) Les réunions du conseil d'administration doivent être hebdomadaires, car toutes les questions relatives à la gestion opérationnelle de l'entreprise doivent être abordées.

b) Afin d'accorder un temps nécessaire à la préparation de chaque réunion aux administrateurs, il est préférable de ne pas organiser de réunions trop fréquentes.

c) Il n'est pas nécessaire d'établir un ordre du jour pour les réunions du conseil d'administration, car toutes les questions relatives au fonctionnement de l'entreprise doivent être abordées.

d) En raison de sa connaissance approfondie de l'entreprise, l'ordre du jour doit être défini par la personne en charge de la direction de l'entreprise.

e) Aucune réponse ne convient.

9. Parmi les affirmations suivantes, laquelle est correcte?

a) Les administrateurs doivent être choisis en fonction de leurs qualités personnelles et non en fonction des réseaux auxquels ils appartiennent.

b) Les administrateurs doivent être choisis en fonction de leurs qualités personnelles et des réseaux auxquels ils appartiennent.

c) Les administrateurs doivent être choisis essentiellement en fonction des réseaux auxquels ils appartiennent et non en fonction de leurs qualités personnelles.

d) Les administrateurs doivent être choisis uniquement en fonction de leur expérience et non en fonction d'autres éléments.

e) Aucune réponse ne convient.

10. Parmi les affirmations suivantes, laquelle est fausse?

a) Les comités spécialisés sont inutiles en raison du temps de travail supplémentaire qu'ils imposent aux administrateurs.

b) Les comités spécialisés permettent de traiter de manière approfondie des questions précises qui ne nécessitent pas une implication globale du conseil d'administration.

c) Les comités spécialisés doivent présenter les conclusions de leur analyse au conseil d'administration sans prendre de décision préalable.

d) Les comités spécialisés doivent être composés uniquement d'administrateurs.

e) Aucune réponse ne convient.

Réponses

1. d 6. b

2. e 7. d

3. c 8. a

4. c 9. b

5. a 10. a

Bibliographie

Abbott, L. J., Parker, S. (2000). Auditor selection and audit committee characteristics. *Auditing: A Journal of Practice & Theory* 19 (2): 47-66.

Adams, R. B., Ferreira, D. (2007). A theory of friendly boards. *The Journal of Finance* 62 (1): 217-250.

Adams, R. B., Hermalin, B. E., Weisbach, M. S. (2010). The role of boards of directors in corporate governance: A conceptual framework and survey. *Journal of Economic Literature* 48 (1): 58-107.

Andres, C., Fernau, E., Theissen, E. (2014). Should i stay or should i go? Former CEOs as monitors. *Journal of Corporate Finance* 28: 26-47.

Bebchuk, L. A., Friedman, J. (2004). *Pay without performance – the unfulfilled promise of executive compensation.* Cambridge, MA: Harvard University Press.

Bhagat, S., Black, B. (2002). The non-correlation between board indpendence and long-term firm performance. *Journal of Corporation Law* 27 (2): 231.

Bloch-Lainé, F. (1963). *Pour une réforme de l'entreprise.* Paris : Editions du Seuil.

Brick, I. E., Chidambaran, N. K. (2010). Board meetings, committee structure, and firm value. *Journal of Corporate Finance* 16 (4): 533-553.

Bronson, S. N., Carcello, J. V., Hollingsworth, C. W., Neal, T. L. (2009). Are fully independent audit committees really necessary? *Journal of Accounting and Public Policy* 28 (4): 265-280.

Bushman, R., Chen, Q., Engel, E., Smith, A. (2004). Financial accounting information, organizational complexity and corporate governance system. *Journal of Accounting and Economics* 37: 167-201.

Cai, Y., Sevilir, M. (2012). Board connections and M&A transactions. *Journal of Financial Economics* 103 (2): 327-349.

Core, J. E., Holthausen, R. W., Larcker, D. F. (1999). Corporate governance, chief executive officer compensation, and firm performance. *Journal of Financial Economics* 51 (3): 371-406.

Cozian, M., Deboissy, F., Viandier, A. (2002). *Droit des sociétés.* Litec.

Cullinan, C. P., Hui, D., Wei, J. (2010). Is compensating audit committee members with stock options associated with the likelihood of internal control weaknesses? *International Journal of Auditing* 14 (3): 256-273.

Dahya, J., Dimitrov, O., McConnell, J. J. (2009). Does board independence matter in companies with a controlling shareholder? *Journal of Applied Corporate Finance* 21 (1): 67-78.

Daily, C. M., Johnson, J. L., Ellstrand, A. E., Dalton, D. R. (1998). Compensation committee composition as a determinant of CEO compensation. *Academy of Management Journal* 41 (2): 209-220.

Defond, M. L., Hann, R. N., Hu, X. (2005). Does the market value financial expertise on audit committees of boards of directors? *Journal of Accounting Research* 43 (2): 153-193.

Devos, E., Prevost, A., Puthenpurackal, J. (2009). Are interlocked directors effective monitors? *Financial Management* 38 (4): 861-887.

Duchin, R., Matsusaka, J. G., Ozbas, O. (2010). When are outside directors effective? *Journal of Financial Economics* 96 (2): 195-214.

Eichenseher, J. W., Shields, D. (1985). Corporate director liability and monitoring preferences. *Journal of Accounting and Public Policy* 4 (1): 13-31.

Eisenberg, T., Sundgren, S., Wells, M. T. (1998). Larger board size and decreasing firm value in small firms. *Journal of Financial Economics* 48 (1): 35-54.

Engelberg, J., Gao, P., Parsons, C. A. (2012). Friends with money. *Journal of Financial Economics* 103 (1): 169-188.

Fama, E. F. (1980). Agency problems and the theory of the firm. *Journal of Political Economy* 88 (2): 288-307.

Fama, E. F., Jensen, M. C. (1983). Separation of ownership and control. *Journal of Law & Economics* 26 (2): 301-325.

Fich, E. M., Shivdasani, A. (2006). Are busy boards effective monitors? *Journal of Finance* 61 (2): 689-724.

Francis, J. R., Wilson, E. R. (1988). Auditor changes: A joint test of theories relating to agency costs and auditor differentiation. *Accounting Review* 63 (4): 663-682.

Gul, F. A., Leung, S. (2004). Board leadership, outside directors' expertise and voluntary corporate disclosures. *Journal of Accounting and Public Policy* 23 (5): 351-379.

Hallock, K. F. (1997). Reciprocally interlocking boards of directors and executive compensation. *Journal of Financial and Quantitative Analysis* 32 (3): 331-344.

Harris, M., Raviv, A. (2008). A theory of board control and size. *Review of Financial Studies* 21 (4): 1797-1832.

Healy, P., Lys, T. (1986). Auditor changes following big eight mergers with non-big eight audit firms. *Journal of Accounting and Public Policy* 5 (4): 251-265.

Hermalin, B. E. (2005). Trends in corporate governance. *Journal of Finance* 60 (5): 2351-2384.

Hermalin, B. E., Weisbach, M. S. (1998). Endogenously chosen boards of directors and their monitoring of the CEO. *American Economic Review* 88 (1): 96-118.

Hermanson, D. R., Tompkins, J. G., Veliyath, R., Ye, Z. (2012). The compensation committee process. *Contemporary Accounting Research/Recherche Comptable Contemporaine* 29 (3): 666-709.

Hwang, B.-H., Kim, S. (2009). It pays to have friends. *Journal of Financial Economics* 93 (1): 138-158.

Jensen, M. C. (1993). The modern industrial revolution, exit, and the failure of internal control systems. *Journal of Finance* 47 (3): 831-880.

Jensen, M. C., Meckling, W. H. (1976). Theory of the firm: Managerial behavior, agency costs and ownership structure. *Journal of Financial Economics* 3 (4): 305-360.

Knyazeva, A., Knyazeva, D., Masulis, R. W. (2013). The supply of corporate directors and board independence. *The Review of Financial Studies* 26 (6): 1561-1605.

Krishnan, J., Yuan, W., Wanli, Z. (2011). Legal expertise on corporate audit committees and financial reporting quality. *Accounting Review* 86 (6): 2099-2130.

Linck, J. S., Netter, J. M., Yang, T. (2008). The determinants of board structure. *Journal of Financial Economics* 87 (2): 308-328.

Low, L. C., Jan, P., Oh, H. C. (1990). The determination of audit fees: An analysis in the Singapore context. *Journal of Business Finance & Accounting* 17 (2): 285-295.

Mace, M. L. (1971). *Directors: Myths and reality.* Boston: Harvard Business School Press.

Maug, E. (1997). Boards of directors and capital structure: Alternative forms of corporate restructuring. *Journal of Corporate Finance* 3 (2): 113-139.

Morck, R., Shleifer, A., Vishny, R. W. (1989). Alternative mechanisms for corporate control. *American Economic Review* 79 (4): 842-852.

Nguyen, N. Q. (2014). On the compensation and activity of corporate boards. *Journal of Corporate Finance* 29 (0): 1-19.

Piot, C., Kermiche, L. (2009). À quoi servent les comités d'audit? Un regard sur la recherche empirique/on the usefulness of audit committees? A review of empirical research. *Comptabilité – Contrôle – Audit* : 9-54.

Raheja, C. G. (2005). Determinants of board size and composition: A theory of corporate boards. *Journal of Financial and Quantitative Analysis* 40 (2): 283-306.

Romano, R. (2005). The sarbanes-oxley act and the making of quack corporate governance. *Yale Law Journal* 114 (7): 1521-1611.

Rosenstein, S., Wyatt, J. G. (1994). Shareholder wealth effects when an officer of one corporation joins the board of directors of another. *Managerial and Decision Economics* 15 (4): 317-327.

Shivdasani, A., Yermack, D. (1999). CEOinvolvement in the selection of new board members: An empirical analysis. *Journal of Finance* 54 (5): 1829-1853.

Simon, D. T. (1995). The market for audit services in South Africa. *International Journal of Accounting* 30: 356-365.

Sun, J., Cahan, S. F., Emanuel, D. (2009). Compensation committee governance quality, chief executive officer stock option grants, and future firm performance. *Journal of Banking & Finance* 33 (8): 1507-1519.

Vafeas, N. (1999). Board meeting frequency and firm performance. *Journal of Financial Economics* 53 (1): 113-142.

Vafeas, N. (2003). Length of board tenure and outside director independence. *Journal of Business Finance & Accounting* 30 (7/8): 1043-1064.

Yermack, D. (1996). Higher market valuation of companies with a small board of directors. *Journal of Financial Economics* 40 (2): 185-211.

Yermack, D. (2004). Remuneration, retention, and reputation incentives for outside directors. *Journal of Finance* 59 (5): 2281-2308.

5 La gouvernance et les auditeurs

« Il y a trois sortes d'êtres au langage mystérieux : les plus aisés à comprendre sont les fous, puis viennent les polytechniciens et enfin les comptables. »

Auguste Detoeuf, *Propos de O.L. Barenton confiseur*, Éd. d'Organisation, 1937

Introduction

L'objectif du présent chapitre est de présenter le rôle de l'auditeur, et plus particulièrement des auditeurs externes ou comptables (CPA), en matière de gouvernance[56]. Ils jouent en effet un rôle majeur dans l'établissement d'une relation de confiance entre les dirigeants, les administrateurs et les actionnaires.

En certifiant les états financiers, c'est-à-dire en certifiant leur qualité en tant que représentation de la situation financière et de la performance de l'entreprise, les auditeurs permettent aux personnes extérieures d'avoir confiance dans les documents comptables. De plus, leur intervention ne se limite pas qu'aux seuls nombres comptables, ils sont également présents pour apprécier les risques de l'entreprise et apporter des réponses aux questions des administrateurs.

Selon Watts et Zimmerman (1986), le rôle principal de l'audit externe est de réduire les coûts d'agence. Ces coûts proviendraient de l'asymétrie d'information existant entre les dirigeants et les actionnaires et des conflits d'intérêts pouvant exister au sein de l'entreprise.

Au cours de ce chapitre seront abordés les différents rôles de l'auditeur, ses caractéristiques et ses honoraires. Il s'agit de comprendre les définitions et concepts associés à ces différents éléments ainsi que les applications pratiques, par exemple les déterminants et les conséquences du montant des honoraires perçus.

Rôles de l'auditeur

Qualité de l'audit

La fonction première de l'audit est de réduire l'asymétrie d'information entre les dirigeants, les actionnaires et les autres parties prenantes. En ayant pour fonction de garantir l'image fidèle des états financiers, l'auditeur constitue un acteur majeur qui fournit un cadre favorable à la confiance.

La **qualité de l'audit** est définie comme « *la probabilité jointe que l'auditeur va (a) découvrir une défaillance dans le système d'information comptable du client, et (b) mentionner cette défaillance* » (DeAngelo 1981b). La qualité de l'audit est donc fondée sur deux facteurs : la compétence, c'est-à-dire l'ensemble des techniques et technologies mises en œuvre, et l'indépendance, qui est la capacité de l'auditeur de révéler les anomalies constatées. Ces deux facteurs sont complémentaires et l'un ne peut exister sans l'autre (Lee et Stone 1995).

Il existe une importante asymétrie d'information entre les auditeurs et les utilisateurs des états financiers concernant ces deux facteurs. La compétence et l'indépendance sont en effet des attributs difficiles à évaluer.

La **compétence** peut être définie comme « *un état d'expertise suffisant pour atteindre des objectifs d'audit explicites* » (Lee et Stone 1995). Cette compétence se traduit, sur le plan opérationnel, par les exigences de l'ordre professionnel comptable en matière de formation initiale et continue. L'accès à la profession est ainsi soumis à la réussite d'un examen professionnel et à la réalisation d'un stage. Une fois inscrit sur la liste des professionnels comptables, l'auditeur est soumis à une obligation de formation tout au long de sa carrière. La compétence est donc assurée par l'ordre professionnel.

Concernant **l'indépendance**, la taille du cabinet peut être utilisée pour l'évaluer indirectement (DeAngelo 1981b). En effet, un cabinet d'audit offrant des prestations à un grand nombre d'entreprises clientes

[56] Pour le lecteur désireux d'approfondir l'aspect opérationnel des missions d'audit et de certification, nous recommandons la lecture de (Smieliauskas et al. 2013).

a plus à perdre en acceptant certaines compromissions qu'un cabinet de petite taille, n'ayant que quelques clients et pour lequel la perte de l'un d'entre eux pourrait se traduire par une faillite probable. Dans le cas d'*Enron*, l'un des moyens utilisés par les dirigeants pour disposer d'un auditeur complaisant a été de situer le siège social de l'entreprise à Houston, ville dans laquelle elle représentait l'un des principaux clients du bureau local du cabinet *Andersen*. Dans ce contexte, le risque de dépendance de ce dernier envers son principal client est plus important que dans un plus grand bureau comme celui de New York.

La mesure de l'indépendance de l'auditeur à l'aide de la taille de l'auditeur peut être complétée par le ratio des honoraires payés par chacun des clients sur les honoraires totaux perçus par un cabinet comptable. En effet, c'est le poids de chacun des clients qui importe (Iyer et Rama 2004).

Les nombreux scandales financiers qui sont survenus depuis 2002 ont entraîné les différentes parties prenantes de l'entreprise à porter une attention particulière au processus d'audit. Cette mission a souvent été confiée au comité d'audit, notamment en raison de son accès privilégié à l'information et de la place centrale qu'il occupe en matière de gouvernance.

La qualité de l'audit n'étant pas directement observable, le processus d'audit est considéré comme complexe par les tiers et le rapport d'audit, devenu particulièrement standardisé dans son contenu et sa forme, n'offre que peu de possibilités de différenciation entre les entreprises.

Indépendance de l'auditeur

Un auditeur doit être indépendant dans les faits (indépendance réelle) et en apparence (indépendance perçue). Alors que le premier point exige une objectivité dans la mission d'audit, le second nécessite que l'auditeur soit perçu comme objectif. Dans cette perspective, « être » indépendant correspond au comportement effectif et à la capacité réelle de l'auditeur à résister aux pressions des dirigeants afin d'exprimer son opinion, alors que « paraître » indépendant est l'ensemble des moyens mis en œuvre pour renforcer l'indépendance des auditeurs et la perception que peuvent avoir les parties prenantes de la gouvernance de l'entreprise (Prat dit Hauret 2003b).

Étant donné que l'état d'esprit de l'auditeur est inobservable, l'autorité boursière américaine insiste sur l'apparence d'indépendance : « *An auditor is not independent if a reasonable investor, with knowledge of all relevant facts and circumstances, would conclude that the auditor is not capable of exercising objective and impartial judgment*[57]. »

Bien que l'évaluation de l'indépendance soit intéressante pour assurer une bonne gouvernance, elle peut être difficile à mesurer. En effet, le lien économique existant entre l'auditeur et l'audité crée une relation de type client-fournisseur qui peut entraîner une perte d'impartialité et d'objectivité (Wines 1994; Francis 2006). Il a ainsi été démontré que les entreprises dont les états financiers annuels ont été certifiés sans réserves ont versé des honoraires plus élevés que les entreprises dont les comptes ont été certifiés avec des réserves (Wines 1994). De même, la forte concurrence des cabinets permet aux dirigeants d'influencer les auditeurs compte tenu du pouvoir qu'ils détiennent de renouveler ou de ne pas renouveler leur mandat.

Ce renouvellement pose la question de la durée du mandat de l'auditeur. Selon Deis et Giroux (1992), l'augmentation de la durée du mandat influence négativement la qualité de son opinion et le niveau d'in-

[57] Revision of the Commission's Auditor Independence Requirements, *Securities and Exchange Commission*. Disponible sur le site suivant : https://www.sec.gov/rules/final/33-7919.htm

dépendance perçu. Au fur et à mesure de l'allongement de la durée de la relation entre le client et l'auditeur, ce dernier deviendrait de plus en plus complaisant et mettrait en œuvre des techniques de révision de moins en moins innovantes (Prat dit Hauret 2003b).

La principale innovation récente visant à protéger l'indépendance de l'auditeur est le comité d'audit[58]. Le rôle de ce comité est de veiller à ce que l'exercice de la mission de l'auditeur se fasse dans des conditions protégeant son indépendance, à la fois en matière d'honoraires et de la pratique professionnelle.

Le manque d'indépendance des auditeurs : le cas des honoraires de conseil

Les honoraires de conseil versés aux auditeurs posent la question de l'indépendance des auditeurs pour deux raisons :

- Les honoraires de conseil peuvent remettre en cause la qualité du travail fourni par un auditeur, car un client peut biaiser la conclusion du rapport d'audit, voire inciter à ne pas dénoncer des pratiques douteuses;
- L'auditeur se retrouve à certifier les conseils qu'il a lui-même fournis. Il s'agit d'un conflit d'intérêts potentiel majeur.

La littérature scientifique suggère que les incitations des auditeurs à compromettre leur indépendance sont liées à l'importance des honoraires de leurs clients. Simunic (1984) montre que, lorsque le même auditeur fournit des services en matière d'audit externe et de conseil, celui-ci se place dans une situation peu propice à son indépendance. Brandon et al. (2004) confirment cette hypothèse en étudiant les conséquences relatives à l'importance des honoraires de conseil sur l'indépendance des auditeurs perçue par le marché obligataire. Les résultats indiquent que le montant des honoraires de conseil est négativement associé à la notation des obligations, un ratio élevé d'honoraires de conseil par rapport aux honoraires d'audit est associé à une mauvaise notation financière. Parallèlement, Wines (1994) met en évidence le fait que les sociétés dont les comptes ont été certifiés sans réserves par les auditeurs versent des honoraires de conseil plus élevés que les autres. Ce dernier résultat confirmerait alors une dépendance de l'auditeur qui aurait une influence sur le processus de certification des comptes.

Selon Bazerman et al. (1997), un auditeur est indépendant s'il est capable de porter des jugements objectifs, libres et affranchis de toute influence exercée par ses interlocuteurs. Or, ces mêmes auteurs indiquent que, par définition, l'indépendance ne peut être parfaite en présence d'une relation commerciale. Prat dit Hauret (2003a) indique que la réalisation de missions de conseil peut avoir un impact significatif sur l'indépendance perçue des auditeurs. Ce facteur est inclus, par l'auteur, dans un système de 13 facteurs influençant l'indépendance (p. ex. : compétence, réputation de l'auditeur, etc.). Dans ce cadre, de nombreuses études empiriques existantes montrent le rôle significatif des honoraires de conseil dans l'altération de la relation entre auditeur et client (DeAngelo 1981a ; Beck et al. 1988a, 1988b; Magee et Tseng 1990).

Krishnan et al. (2005) et Higgs et Skantz (2006) étudient l'hypothèse d'une remise en cause de l'apparence d'indépendance par les honoraires de conseil, ces derniers pouvant être perçus par les investisseurs comme défavorables. Ces auteurs mettent en évidence une relation négative entre la proportion des honoraires de conseil dans les honoraires totaux et la réaction des investisseurs à la publication des comptes trimestriels. La conclusion de ces études est que les investisseurs considèrent différemment les comptes des sociétés conseillées par les auditeurs.

[58] Pour plus de détails sur le comité d'audit, voir le chapitre sur le conseil d'administration.

Concernant les travaux sur l'indépendance perçue, Raghunandan (2003) propose une étude des votes des actionnaires lors du renouvellement des mandats des auditeurs. Une analyse des votes des actionnaires de 172 sociétés du Fortune 1000 montrent que la part des actionnaires ne votant pas pour le renouvellement des auditeurs est positivement associée avec le niveau des honoraires de conseil. Ce résultat confirme le point de vue de la SEC sur la nécessité de fournir cette information. Li-Lin et al. (2009) confirment l'existence de cette relation à partir d'un échantillon d'entreprises américaines en 2004-2005.

Une approche alternative concernant les honoraires de conseil existe (Abdel-Khalik 1990). Selon lui, la réalisation de missions de conseil par les auditeurs, en leur permettant d'améliorer la connaissance de la société, améliore la qualité de l'audit.

Face aux résultats divergents proposés par la littérature scientifique, les autorités de régulation des marchés financiers ont décidé d'introduire l'obligation de publication des honoraires versés. Il s'agit ainsi de permettre aux investisseurs de décider, en toute connaissance de cause, la politique en matière d'honoraires d'audit et de conseil.

Caractéristiques des auditeurs

Le choix d'un auditeur

Le choix d'un auditeur est un processus impliquant les différents organes de gouvernance que sont les actionnaires, les administrateurs et les membres du comité d'audit.

La taille du cabinet

La première qualité d'un auditeur est sa **taille**, c'est-à-dire s'il est un ***big 4*** ou non[59]. DeAngelo (1981b) avance en effet que la taille du cabinet d'audit est pertinente pour évaluer la qualité de l'audit car, étant donné qu'aucun client ne dispose d'un poids suffisant pour influencer les conclusions des auditeurs, les cabinets de grande taille sont moins soumis au risque de dépendance. Dopuch et al. (2001) concluent leur article en indiquant que les cabinets de grande taille fournissent des services de meilleure qualité, car ils

[59] Depuis 2002, les *big 4* sont les cabinets suivants : *Deloitte Touche Tohmatsu, Ernst & Young, KPMG* et *PricewaterhouseCoopers*. Le nombre de *big* a changé dans le temps :

- Avant 1989 (*big 8*) : *Arthur Andersen, Arthur Young & Company, Ernst & Whinney, Deloitte Haskins & Sells, Touche Ross Bailey & Smart, Price Waterhouse, Coopers & Lybrand* et *Peat Marwick.*
- En 1989, les cabinets *Ernst & Whinney* et *Arthur Young* fusionnent pour former *Ernst & Young,* et *Deloitte, Haskins & Sells* et *Touche Ross* pour former *Deloitte Touche Tohmatsu.* Après ces fusions, les grands cabinets sont les *big 6.*
- En 1998, *Price Waterhouse* et *Coopers & Lybrand* fusionnent pour former *PricewaterhouseCoopers.* Le marché est donc encore plus concentré avec les *big.*
- Enfin, en 2002, le scandale financier d'*Enron* a entraîné le démantèlement du cabinet *Arthur Andersen.*

L'origine de ces cabinets est ancienne et remonte au XXe siècle (Veron et al. 2004) :

- William Deloitte crée son cabinet à Londres en 1845 et effectue le premier audit indépendant en examinant les comptes de la compagne ferroviaire *Great Western Railway.* En 1989, *Deloitte Haskins & Sells* fusionne avec *Touche Ross,* créée en 1899 à Londres également, et un cabinet fondé à Tokyo par l'amiral Nobuzo Tohmatsu, pour former *Deloitte Touche Tohmatsu.*
- Samuel Price a fondé son cabinet à Londres en 1849 et, lors de son départ à la retraite, a passé la direction à son associé Edward Waterhouse. En 1998, *Price Waterhouse* a fusionné avec *Coopers & Lybrand,* elle-même le résultat d'un rapprochement, en 1957, des cabinets créés en 1854 à Londres par William Cooper et en 1898 à Philadelphie par William Lybrand.
- Les comptables qui ont donné les trois premières initiales de *KPMG* sont Piet Klynveld, William Peat et James Marwick. Ils ont respectivement fondé leurs cabinets à Amsterdam en 1917, à Londres en 1867 et à Glasgow en 1887. Peat et Marwick ont fusionné en 1911. Le G final vient de Reinhard Goerdeler qui présidait le cabinet allemand *Deusche Treuhandgesellschaft* au moment du rapprochement avec *Klynveld.* La fusion entre Peat Marwick et Klynveld a eu lieu en 1986-1987.
- Les frères Alwin et Théodore Ernst se sont associés en 1903 à Cleveland. Leur cabinet a fusionné en 1989 avec celui créé à Chicago en 1894 par Arthur Young, immigré écossais, et a ainsi donné naissance à *Ernst & Young.*
- Enfin, Arthur Andersen a créé son cabinet à Chicago en 1913, en association avec Clarence Delaney. Tous deux travaillaient auparavant dans le cabinet *Price Waterhouse.* Arthur Andersen était un pionnier dans le métier du conseil.

ont plus à perdre en matière de réputation. De plus, selon les mêmes auteurs, les b*ig* 4, du fait des économies d'échelle dont ils bénéficient, peuvent proposer plus de formations à leurs collaborateurs et des méthodes de travail plus rigoureuses. Plus récemment, le choix d'un big 4 repose essentiellement sur la taille de l'entreprise et non sur la performance ou le taux d'endettement (Lawrence et al. 2011).

Il est par conséquent logique d'apprécier la taille de l'auditeur comme une conséquence de la taille de l'entreprise : une entreprise de grande taille doit avoir un auditeur semblable. Il est difficilement imaginable d'avoir une entreprise réalisant plusieurs dizaines de millions de dollars dans plusieurs pays avec un auditeur de petite taille. L'auditeur doit être capable de réaliser sa mission dans chacun des pays et donc disposer de suffisamment de ressources humaines et matérielles pour faire correctement son travail. Seuls les principaux réseaux sont capables d'effectuer de telles missions.

Expertise sectorielle

La seconde qualité déterminant le choix de l'auditeur est son **expertise sectorielle**. Il s'agit d'une caractéristique indépendante de la taille du cabinet. Il existe en effet des cabinets de moindre taille qui disposent d'une expertise plus grande sur les marchés locaux et/ou sur des industries spécifiques (Louis 2005). De nombreuses études ont montré que les connaissances des auditeurs dans certains secteurs augmentent la qualité de l'audit, améliorant la précision dans la détection d'erreurs (Solomon et al. 1999) et influençant l'allocation des heures d'audit (Francis et al. 2005; Nagy 2014).

L'ensemble de ces travaux convergent vers la même conclusion : l'avantage concurrentiel que peuvent avoir les petits cabinets est l'expertise locale ou industrielle. Il s'agit d'un atout majeur pour faire concurrence aux réseaux internationaux d'auditeurs. Il est important, lors de l'analyse de la décision du choix d'un auditeur, de ne pas conclure que l'audit est par définition de qualité car il est assuré par un big 4. Cette conclusion hâtive pourrait entraîner l'analyste à se tromper : un auditeur indépendant n'est efficace que s'il est compétent. L'expertise dans un marché local ou dans un secteur d'activité est une mesure pertinente de la compétence.

Les conséquences du choix d'un big 4

Choisir un auditeur pourrait être un processus peu important à étudier si le choix était sans conséquence économique. Or, les conséquences sont multiples et significatives. Les investisseurs accordent en effet une plus grande confiance aux entreprises certifiées par un grand cabinet, et cela se reflète dans le coût du capital :

- Le choix d'un *big 4* permet de réduire le coût d'un financement par dette : le taux d'intérêt diminue avec le temps et cet effet profite particulièrement aux sociétés disposant d'un court historique (Pittman et Fortin 2004);
- La prime de risque exigée par les investisseurs est plus faible pour les entreprises ayant choisi un *big 4* que pour les autres (Boone et al. 2010);
- Le choix d'un *big 4* a une influence sur le coût des capitaux propres aux États-Unis, mais cette conclusion n'est pas vérifiée dans les autres pays de leur échantillon (Canada, Australie, Grande-Bretagne) (Khurana et Raman 2004).

L'auditeur face au risque de litige judiciaire

Une caractéristique essentielle de l'auditeur est sa capacité à faire face à d'éventuels litiges judiciaires. Depuis près de 15 ans, et notamment depuis le scandale financier d'*Enron*, une pratique courante de la part des investisseurs est la recherche du *deep pocket*. Il s'agit de procédures judiciaires lancées après une erreur ou une fraude dans une entreprise, et qui consistent à chercher la « poche la plus profonde », c'est-à-dire la partie prenante impliquée dans l'opération qui dispose des ressources financières les plus élevées. Dans le cas d'une demande de dommages et intérêts, il est en effet préférable de se tourner vers l'acteur économique ayant la plus grande capacité de payer.

Or, lors de fraudes ou de faillites, il est inutile pour les actionnaires de poursuivre l'entreprise qui dispose souvent de très peu, voire d'aucune ressources. Il est alors plus intéressant pour eux de poursuivre l'auditeur qui peut faire face financièrement, via leurs assurances, aux demandes de dommages et intérêts. La réussite d'une telle procédure nécessite bien entendu que les investisseurs aient subi une perte financière significative et que les auditeurs aient fait preuve d'une négligence professionnelle.

L'anticipation de ces poursuites se traduit par des honoraires plus élevés lorsque le risque de poursuite est plus élevé. Ce risque peut être évalué par le statut de l'entreprise, une société cotée en bourse est plus risquée en raison du plus grand nombre d'actionnaires. Ainsi, les cabinets d'audit anglo-saxons facturent des honoraires plus élevés, en moyenne de 20 %, pour leurs clients dès qu'ils accèdent aux marchés financiers américains en raison des risques judiciaires (Seetharaman et al. 2002).

L'autre conséquence du risque de litige judiciaire est un changement de comportement des auditeurs. Ces derniers gèrent leurs portefeuilles de clients afin d'éviter d'avoir des clients pour lesquels le risque de poursuite est élevé (Krishnan et Krishnan 1997). Ces clients présentent en effet des caractéristiques similaires : à partir des données d'une entreprise d'assurances, une étude a mis en évidence que ce sont les entreprises de grande taille et ayant eu une forte croissance au cours de la période récente qui sont les clients les plus risqués pour les auditeurs, car ce sont elles qui ont entraîné le plus de procès (Casterella et al. 2010).

Face à la forte hausse du nombre de recours judiciaires, les auditeurs disposent d'un moyen pour se protéger. Selon Kaplan et Williams (2013), l'émission de réserves dans le rapport d'audit est une mesure pertinente pour réduire le risque judiciaire d'une poursuite de la part des actionnaires et le montant du règlement de l'auditeur.

Honoraires des auditeurs

Cadre théorique

Les honoraires d'audit comme mesure du besoin d'audit

Deux champs de recherche se sont développés concernant la relation entre les honoraires d'audit et la gouvernance :

- **La perspective fondée sur la demande d'audit**

  Les sociétés disposant de mécanismes de gouvernance de qualité demandent une assurance supplémentaire de la part de leurs auditeurs pour préserver leur réputation et éviter un éventuel litige, ce qui entraîne des honoraires d'audit plus élevés.

  La perspective fondée sur la demande d'audit suggère une relation positive entre les mécanismes de gouvernance et les honoraires d'audit (Carcello et al. 2002; Abbott et al. 2003; Goodwin-Stewart et Kent 2006). Les sociétés disposant de mécanismes de gouvernance de qualité demandent une assurance supplémentaire de la part de leurs auditeurs pour préserver leur réputation et éviter un éventuel litige, ce qui entraîne des honoraires d'audit plus élevés (Carcello et al. 2002; Abbott et al. 2003). Lifschutz et al. (2010), sur la base d'un échantillon de sociétés cotées en Israël, montrent une relation positive entre la qualité de la gouvernance et les honoraires d'audit, confirmant ainsi l'approche par la demande d'audit;

- **L'approche par les risques d'audit**

  Les auditeurs augmentent leurs efforts d'audit lorsque les clients présentent une faible gouvernance et donc lorsque le risque de manipulation comptable est élevé. Cette augmentation de l'effort se traduit par des honoraires plus élevés.

  L'approche par les risques suppose que les auditeurs perçoivent la gouvernance comme un mécanisme de contrôle interne qui influence la nature et la profondeur de l'audit (Tsui et al. 2001; Muniandy 2007). Dans ce cas, les firmes disposant d'une gouvernance de qualité présentent un risque plus faible pour l'auditeur et donc entraînent des honoraires plus faibles.

Honoraires versés aux auditeurs

La ventilation des honoraires versés aux auditeurs

Au Canada, selon le règlement 52-110 sur le comité d'audit, les entreprises cotées en bourse doivent donner, sous la rubrique « honoraires d'audit », le total des honoraires facturés au cours de chacun des deux derniers exercices par l'auditeur externe.

Les honoraires doivent être ventilés entre les sections suivantes :

- « *Honoraires pour services liés à l'audit* » : total des honoraires facturés au cours de chacun des deux derniers exercices pour les services de certification et les services connexes rendus par l'auditeur externe de l'émetteur qui sont raisonnablement liés à l'exécution de l'audit ou de l'examen des états financiers de l'émetteur. Il est nécessaire d'indiquer la nature des services correspondant aux honoraires donnés sous cette catégorie;

- « *Honoraires pour services fiscaux* » : total des honoraires facturés au cours de chacun des deux derniers exercices pour les services professionnels rendus par l'auditeur externe en matière de conformité fiscale, de conseils fiscaux et de planification fiscale. Il est nécessaire d'indiquer la nature des services correspondant aux honoraires donnés sous cette catégorie;

- « *Autres honoraires* » : total des honoraires facturés au cours des deux derniers exercices pour les produits et services fournis par l'auditeur externe de l'émetteur, autres que les services décrits aux deux points précédents. Il est nécessaire d'indiquer la nature des services correspondant aux honoraires donnés sous cette catégorie.

Aux États-Unis, les changements réglementaires se sont déroulés en deux étapes. Tout d'abord, en 1978, la SEC a adopté l'*Accounting Series Release* (ASR) n° 250 qui oblige les sociétés à publier les honoraires de conseil fournis par un auditeur. La logique était alors qu'une meilleure information des investisseurs entraînerait la réaction adéquate des sociétés (p. ex. : abandon ou limitation des honoraires). Le régulateur demandait également de quelles manières le conseil d'administration ou le comité d'audit avaient approuvé les honoraires. Or, l'ASR n° 250 a néanmoins été en grande partie annulé en 1981 à la suite des nombreuses critiques de la profession comptable (Scheiner et Kiger, 1982; Scheiner, 1984; Glezen et Millar, 1985). La seconde étape s'est déroulée en novembre 2000, lorsque la SEC (Securities and Exchange Commission) a publié le « *Final Rule S7-13-00, Revision of the Commission's Auditor Independence Requirements* ». Ce règlement oblige les sociétés à publier dans leurs rapports annuels, à partir du 5 février 2001, les informations utiles aux investisseurs pour évaluer le risque de remise en cause de l'indépendance des auditeurs, dont notamment les honoraires d'audit et de conseil[60]. La typologie retenue est la suivante : « *audit fees* », « *financial information systems design and implementation fees* » et « *all other fees* ». À la suite de la Loi *Sarbanes-Oxley*, la SEC a modifié ses exigences. Les honoraires liés aux « *financial information system* » ne doivent plus être obligatoirement publiés. Par contre, les « *all other fees* » doivent être décomposés en « *audit related fees* », « *tax fees* » et « *other fees* ».

Principaux déterminants des honoraires d'audit

La question des déterminants des honoraires d'audit est apparue de manière significative dans la littérature scientifique depuis l'article fondateur de Simunic (1980). Hay et al. (2006) ont publié une analyse sur les déterminants des honoraires d'audit à partir de 147 études empiriques réalisées entre 1980 et 2003. Ils relèvent alors 186 variables indépendantes, classées en 18 catégories, ayant été intégrées dans des modèles expliquant le montant des honoraires versés aux auditeurs. Tout d'abord, les auteurs montrent que les principaux déterminants des honoraires d'audit sont liés aux caractéristiques de l'entreprise suivantes :

- **Taille de l'entreprise** : Le déterminant principal des honoraires d'audit est la taille de l'entreprise auditée, que cela soit en termes d'actif comptable ou de chiffre d'affaires;
- **Complexité** : Les honoraires d'audit sont logiquement expliqués par la complexité de l'entreprise. Cette dernière peut être mesurée de nombreuses façons : le nombre de filiales, le nombre de filiales étrangères, la proportion d'actifs étrangers, le nombre de secteurs d'activité ou le nombre de sites géographiques de l'entreprise;
- **Risque d'audit** : Le risque d'audit explique également les honoraires d'audit, ces derniers étant plus élevés lorsque le travail de l'auditeur est plus difficile. Ce risque d'audit peut être mesuré par la part de l'actif consacrée aux stocks et aux créances clients;
- **Rentabilité** : En situation de faible performance, c'est-à-dire en cas de résultat net négatif ou de faible rentabilité de l'actif, les honoraires d'audit sont plus élevés;
- **Taux d'endettement** : Ce taux représente une mesure de la solvabilité de l'entreprise dont la mauvaise évaluation peut exposer l'auditeur à d'importantes pertes. L'analyse de la solvabilité est régulièrement complétée par celle de la liquidité (ratio du passif courant hors stocks sur l'actif courant);
- **Structure de l'actionnariat** : Les honoraires d'audit sont significativement plus élevés lorsque l'entreprise est cotée en bourse;
- **Contrôle interne** : Le système de contrôle interne, en facilitant le travail des auditeurs, peut avoir deux impacts contraires sur les honoraires d'audit. Un large investissement peut entraîner une diminution des honoraires d'audit, car les auditeurs ont un moindre effort à fournir pour obtenir des données de qualité. Au contraire, un large investissement peut être associé à des honoraires d'audit élevés dans le cas où les dirigeants souhaitent avoir un système de contrôle des risques et des informations financières de qualité élevée.

---

[60] Extrait de *Final Rule S7-13-00, Revision of the Commission's Auditor Independence Requirements* : « *The disclosure related to nonaudit services fees received by auditors would give investors insight into the relationship between a company and its auditor [...] and will be useful to investors in evaluating auditors' independence.* »

Les honoraires sont également liés aux caractéristiques de l'auditeur et du contrat le liant avec l'entreprise :

- **Qualité de l'auditeur** : Cette qualité est traditionnellement évaluée en fonction de l'appartenance de l'auditeur aux big 4. Toutes choses égales par ailleurs, les honoraires facturés par les big 4 sont significativement élevés;

- **Durée du mandat** : Lors de la rotation d'un auditeur, il est courant que l'auditeur qui souhaite obtenir le mandat propose une facture d'honoraires plus faible pour attirer des nouveaux clients. Cet escompte porte le nom de « *low-balling* »;

- **Délai de signature du rapport d'audit** : Ce délai, mesuré comme le nombre de jours écoulés entre la date de clôture et la date de signature du rapport d'audit, est positivement associé aux honoraires d'audit. La raison principale réside dans la complexité de l'entreprise. Lorsque celle-ci est élevée, cela demande un effort plus grand et un délai plus long pour préparer le rapport d'audit;

- **Date de clôture des états financiers** : Étant donné qu'une proportion élevée d'entreprises clôture ses états financiers le 31 décembre, les trois premiers mois de l'année calendaire représentent une période intense pour les cabinets d'audit. Surnommée « *busy season* », elle implique que les montants facturés sont élevés.

Honoraires d'audit et gouvernance

Depuis le scandale d'*Enron* en 2002 et la disparition du cabinet d'audit *Andersen*, la relation entre les honoraires versés aux auditeurs et la gouvernance du client a été traitée à de nombreuses reprises dans la littérature. En effet, si un excès d'honoraires de conseil peut remettre en cause l'indépendance de l'auditeur, l'insuffisance ou également l'excès d'honoraires d'audit peut créer un cadre défavorable à un travail de qualité.

Par exemple, Bedard et Johnstone (2004) mettent en évidence l'existence d'une relation négative entre les honoraires d'audit et la qualité de la gouvernance de l'audité. Ils démontrent que les auditeurs augmentent leurs efforts, et par conséquent les honoraires d'audit, lorsque les clients présentent une faible gouvernance et donc lorsque le risque de manipulation comptable est élevé. Ils suggèrent que les auditeurs évaluent préalablement la situation de leurs clients en matière de gouvernance et de gestion des résultats avant de déterminer les honoraires et la planification de l'audit.

Afin de comprendre la relation avec la gouvernance, il est utile de rappeler la définition de l'audit : c'est un mécanisme de surveillance permettant la réduction des conflits et des coûts d'agence. Par conséquent, la fonction des auditeurs étant de minimiser les risques d'erreurs et de fraudes, il est logique que leur rémunération soit proportionnelle à ceux-ci. Carcello et al. (2002) démontrent que la relation entre le conseil d'administration et les auditeurs peut être formelle ou informelle :

- Formelle, car elle est le fruit de nombreuses étapes : choix des auditeurs par le conseil et les dirigeants, ratification du choix par les actionnaires et négociation des honoraires;

- Informelle dans le sens où des conseils d'administration indépendants affichent leurs exigences aux auditeurs et ceux-ci fournissent alors des services de qualité pour les satisfaire et protéger leurs intérêts.

Honoraires d'audit et conseil d'administration

Carcello et al. (2002) mettent en évidence un impact positif de la proportion d'administrateurs indépendants sur les honoraires versés. Au contraire, Tsui et al. (2002) montrent qu'un conseil d'administration indépendant est plus efficace en matière de contrôle du processus de publication d'informations financières, ce qui diminue le risque et donc les honoraires d'audit. Ces différents résultats démontrent l'existence de deux hypothèses opposées que sont la complémentarité et la substituabilité. Étant donné que nous supposons la première comme celle applicable au marché français, l'indépendance du conseil d'administration devrait avoir un impact positif sur les honoraires d'audit.

Honoraires d'audit et comité d'audit

La question de l'influence de l'existence d'un comité d'audit sur les honoraires d'audit a souvent été traitée, mais aucun consensus n'a émergé de la littérature. Alors que Collier et Gregory (1996) et Goodwin-Stewart et Kent (2006) mettent en évidence le fait que les honoraires d'audit sont plus importants en présence d'un comité d'audit, Goddard et Masters (2000) ne démontrent aucune relation. De plus, les nombreuses caractéristiques du comité d'audit peuvent avoir des conséquences différentes (Beasley et al. 2000; Carcello et Neal 2000; DeZoort et Salterio 2001; Abbott et al. 2004). Ainsi, Abbot et al. (2003) montrent une relation positive entre l'indépendance du comité d'audit, son expertise et les honoraires d'audit. Bronson et al. (2009) confirment cette conclusion en mettant en évidence le fait que le comité d'audit doit être indépendant à 100 % pour être un mécanisme de gouvernance efficace.

Honoraires d'audit et actionnaires

La répartition du capital et le vote des actionnaires ont une influence sur les honoraires d'audit. Cette relation est logique, car ce sont les actionnaires qui valident la nomination des auditeurs. Ainsi, les honoraires d'audit versés aux auditeurs dont le choix a été validé par un vote des actionnaires sont plus élevés que ceux versés aux autres auditeurs (Dao et al. 2012).

Dans le contexte canadien, qui offre aux entreprises la possibilité d'émettre des actions à droits de vote multiples, il a été noté que les honoraires d'audit sont particulièrement élevés lorsqu'il existe une séparation entre les droits de vote et les droits financiers (Khalil et al. 2008).

Honoraires d'audit et qualité de l'information financière

De nombreux travaux ont montré un lien positif entre la qualité de la gouvernance et la qualité des résultats (Ball et al. 2000; Guenther et Young 2000). Un contexte légal peu protecteur des actionnaires minoritaires ou peu exigeant en matière de gouvernance est la cause d'une faible qualité des résultats publiés. Dans ce contexte, la valeur d'un audit légal est liée à sa capacité de réduire les états financiers biaisés ou erronés (Becker et al. 1998). Il est donc essentiel, lors de l'étude du coût de l'audit, d'en analyser également les conséquences sur deux mesures de la qualité des états financiers : la gestion du résultat et le conservatisme.

Les dirigeants disposent une certaine discrétion sur les décisions comptables et peuvent l'utiliser pour gérer leur résultat comptable. Cette gestion peut alors leur permettre de fournir une information biaisée et donc amener les investisseurs à percevoir la société de manière erronée (Dechow 1994; Dechow et Dichev 2002). Dans ce contexte, la qualité de l'audit peut se mesurer par son efficacité pour détecter et réduire les pratiques, volontaires ou involontaires, pouvant amener les utilisateurs des états financiers à faire des erreurs d'interprétation. Toutefois, les travaux sur la relation entre les honoraires d'audit et la qualité des états financiers, souvent mesurée par le niveau de gestion de résultat, n'ont donné lieu à aucun consensus. Alors que certains auteurs aboutissent à une relation positive (Frankel et al. 2002), d'autres démontrent une relation négative (Gul et al. 2003) ou une absence de relation (Ashbaugh et al. 2003). Larcker et Richardson (2004) suggèrent que ces différences de résultats peuvent être liées à des approches économétriques différentes ou à des variables manquantes.

Plus récemment, Caramanis et Lennox (2008) ont mis en évidence, à partir d'une base de données horaires pour les sociétés cotées en Grèce, que plus le nombre d'heures d'audit est faible, plus la gestion de résultat est élevée et plus les sociétés gèrent leurs bénéfices pour afficher un résultat net positif, alors qu'il devrait être négatif. À partir d'un échantillon de sociétés du même pays, Leventis et Dimitropoulos (2010) ont examiné empiriquement l'effet de l'indépendance de l'auditeur et de la gestion de résultat sur les honoraires versés aux auditeurs. Les résultats obtenus indiquent qu'il existe une relation positive entre la gestion de résultat et les honoraires.

En matière de fusion et acquisition, il a été mis en évidence que la présence d'auditeurs communs chez l'acquéreur et la cible diminue l'incertitude entourant l'information financière publiée par cette dernière (Cai et al. 2015). Ainsi, les opérations dans lesquelles les firmes ont un auditeur commun ont un rendement de l'action le jour de l'annonce significativement plus élevé que les autres.

Existe-t-il une prime versée aux big 4?

L'ensemble de ces travaux sur la qualité de l'audit des big 4 a également abouti à la conclusion suivante : il existe une prime d'honoraires que les big 4 peuvent facturer en raison des nombreux avantages qu'ils fournissent (Chan et al. 1993; Craswell et al. 1995; DeFond et al. 2000; Jong-Hag et al. 2008).

Lawrence et al. (2011) qualifient cette situation de « *big 4 superiority* », situation qui a pour principale conséquence de disqualifier la qualité du travail des plus petits auditeurs. Cette dévalorisation de l'image de ces derniers entraîne un biais de sélection de la part des comités d'audit en faveur des big 4. Les auteurs remettent en cause la supériorité des big 4 en se fondant sur quatre raisons :

- Les grands et petits cabinets sont soumis au même cadre légal et réglementaire, et la pratique de l'audit est soumise aux mêmes normes d'exercice professionnel;
- Les auditeurs non-*big 4* ont une meilleure connaissance du marché local et de meilleures relations avec leurs clients (Louis 2005);
- la difficulté que rencontrent les auditeurs non-*big 4* pour disposer de faibles primes d'assurance peut les inciter à un effort d'audit plus élevé que les big 4;
- les auditeurs changent fréquemment d'employeurs, passant des big 4 à des plus petits cabinets avant de revenir vers les big 4. Il est alors logique de penser que la qualité du travail effectué par un auditeur donné ne change pas à chaque fois qu'il change de cabinet.

Les auteurs démontrent empiriquement que l'éventuelle supériorité des big 4 en matière de qualité d'audit n'est pas vérifiée en mettant en évidence l'absence de relation entre la qualité des big 4, le coût du capital de l'entreprise et la précision des prévisions des analystes financiers.

Conclusion

Les auditeurs représentent des acteurs majeurs, car ils participent à la construction du lien de confiance entre les dirigeants, les administrateurs et les actionnaires. En certifiant les états financiers et en évaluant les risques au sein de l'entreprise, ils permettent de réduire l'asymétrie d'information entre les différentes parties prenantes.

Dans le cadre de l'évaluation de la gouvernance d'une entreprise, il est indispensable d'apprécier les qualités de l'auditeur et le lien qui le relie avec l'entreprise. Son indépendance, qu'elle soit perçue ou réelle, doit être évaluée, de même que ses ressources humaines et financières suffisantes. Une analyse décomposée en plusieurs parties permet de ne pas tomber dans le piège de mal juger un cabinet de taille moyenne et de systématiquement penser que les big 4 sont de meilleurs auditeurs.

Le professionnel s'interroge

Caractéristiques de l'auditeur

- Est-ce que l'auditeur est un big 4?
- Est-ce que la nature de l'auditeur (big 4 ou non) est logique par rapport à la taille de l'entreprise?
- Est-ce que l'auditeur est un expert dans le marché local ou le secteur d'activité de l'entreprise?

Relation entre l'auditeur et le comité d'audit

- Quel est le processus d'évaluation de l'auditeur par le comité d'audit?
- Quel est le résultat des évaluations réalisées au cours des dernières années?
- Comment s'est déroulé le choix de l'auditeur au cours des dernières années?

Durée du mandat de l'auditeur

- Quelle est la durée du mandat de l'auditeur?
- En cas de changement récent, quelle en est la cause?

Honoraires de l'auditeur

- Quelle est l'évolution des honoraires au cours des trois dernières années?
- En cas de variation significative, quelle en est la cause?
- Est-ce que la hausse (baisse) des honoraires provient d'une hausse (baisse) du risque de l'activité?
- Est-ce que cela provient d'une hausse (baisse) du risque lié à l'entité (baisse de la qualité de l'information comptable ou du système d'information)?
- Quelle est la proportion des honoraires de conseil par rapport aux honoraires d'audit?
- Est-ce que cette proportion remet en cause l'indépendance des auditeurs?

Auditeur et litige judiciaire

- Est-ce que le cabinet d'audit a déjà fait l'objet d'une poursuite judiciaire?
- Si oui, quelle en était la cause?
- Quel a été le résultat de la procédure?
- Est-ce que l'auditeur, à titre personnel, a déjà fait l'objet d'une poursuite judiciaire?
- Si oui, quelle en était la cause?
- Quel a été le résultat de la procédure?

Questions à choix multiples

1. Parmi les objectifs suivants, lequel est spécifique aux auditeurs?

a) Offrir un cadre de confiance optimal aux actionnaires et aux administrateurs en matière d'information financière.

b) Fournir des conseils stratégiques à l'équipe de direction en matière d'information financière.

c) Établir un système de comptabilité de gestion optimal par rapport aux activités de l'entreprise.

d) Déterminer la politique de communication financière en rédigeant les différents rapports financiers et communiqués de presse.

e) Aucune réponse ne convient.

2. Quelle caractéristique n'entre pas dans le processus de choix de l'auditeur?

a) La réputation de l'auditeur.

b) L'expertise sectorielle de l'auditeur.

c) Le réseau personnel de l'auditeur.

d) La taille du cabinet.

e) Aucune réponse ne convient.

3. Parmi les affirmations suivantes, laquelle est fausse?

a) L'indépendance réelle est relative à l'objectivité de l'auditeur dans son travail.

b) L'indépendance perçue est fondée sur l'ensemble des moyens mis en œuvre pour renforcer l'indépendance de l'auditeur.

c) Les deux facettes de l'indépendance, réelle et perçue, sont facilement observables.

d) Les honoraires de conseil représentent une cause potentielle de remise en cause de l'indépendance.

e) Aucune réponse ne convient.

4. Quelle section n'est pas obligatoirement publiée par les entreprises?

a) Honoraires pour services liés à l'audit.

b) Autres honoraires.

c) Honoraires pour services fiscaux.

d) Honoraires de conseil versés aux non-auditeurs.

e) Aucune réponse ne convient.

5. Quelle variable n'est pas déterminante pour les honoraires d'audit versés?

a) L'expérience du directeur financier en tant qu'auditeur.

b) La complexité de l'entreprise.

c) La rentabilité de l'entreprise.

d) La taille de l'entreprise.

e) Aucune réponse ne convient.

6. Quelle relation entre la gouvernance d'entreprise et les honoraires n'est pas vérifiée?

a) L'appartenance du cabinet d'audit aux *big 4* a un impact sur les honoraires d'audit.

b) L'indépendance du conseil d'administration a un impact sur les honoraires d'audit.

c) Le diplôme du dirigeant de l'entreprise a un impact sur les honoraires d'audit.

d) La présence d'un comité d'audit a un impact sur les honoraires d'audit.

e) Aucune réponse ne convient.

7. Quelle mesure n'est pas pertinente pour apprécier le risque de perte d'indépendance de l'auditeur?

a) Le rapport entre les honoraires de conseil et les honoraires totaux (audit et conseil).

b) Le rapport entre les honoraires versés par un client et les honoraires totaux perçus par un cabinet.

c) La variation significative du montant des honoraires de conseil par rapport à l'exercice comptable précédent.

d) Le rapport entre les honoraires de conseil et le chiffre d'affaires.

e) Aucune réponse ne convient.

8. Parmi les situations suivantes, laquelle n'est pas source de conflit d'intérêt?

a) L'auditeur est en charge de la certification des comptes depuis une longue période.

b) Les honoraires de conseil versés aux auditeurs sont élevés.

c) Les honoraires d'audit versés par un client représentent une part importante du chiffre d'affaires du cabinet.

d) Le siège social de l'entreprise se situe dans la même ville que l'auditeur.

e) Aucune réponse ne convient.

9. Quel est le principal interlocuteur de l'auditeur dans un système de gouvernance?

a) Le conseil d'administration.

b) Les dirigeants.

c) Les actionnaires.

d) Les salariés.

e) Aucune réponse ne convient.

10. Quel est le principe du *deep pocket*?

a) La demande d'un nouveau financement auprès de créanciers disposant d'une large capacité financière.

b) La volonté de poursuivre judiciairement la partie prenante disposant de la plus large capacité financière pour des dommages et intérêts.

c) La distribution de dividendes exceptionnels auprès des investisseurs institutionnels.

d) La renégociation de la rémunération à base d'actions et d'options des dirigeants.

e) Aucune réponse ne convient.

Réponses

1. a	6. c
2. c	7. d
3. c	8. d
4. d	9. a
5. a	10. b

Bibliographie

Abbott, L. J., Parker, S., Peters, G. F. (2004). Audit committee characteristics and restatements. *Auditing: A Journal of Practice & Theory* 23 (1): 69-87.

Abbott, L. J., Parker, S., Peters, G. F., Raghunandan, K. (2003). The association between audit committee characteristics and audit fees. *Auditing: A Journal of Practice & Theory* 22 (2): 17-32.

Abdel-Khalik, A. R. (1990). The jointness of audit fees and demand for mas: A self-selection analysis. *Contemporary Accounting Research* 6 (2): 295-322.

Ashbaugh, H., LaFond, R., Mayhew, B. W. (2003). Do nonaudit services compromise auditor independence? Further evidence. *Accounting Review* 78 (3): 611-639.

Ball, R., Kothari, S. P., Robin, A. (2000). The effect of international institutional factors on properties of accounting earnings. *Journal of Accounting and Economics* 29 (1): 1-51.

Bazerman, M. H., Morgan, K. P., Loewenstein, G. F. (1997). The impossibility of auditor independence. *Sloan Management Review* 38 (4): 89-94.

Beasley, M. S., Carcello, J. V., Hermanson, D. R., Lapides, P. D. (2000). Fraudulent financial reporting: Consideration of industry traits and corporate governance mechanisms. *Accounting Horizons* 14 (4): 14-21.

Beck, P., Frecka, T., Solomon, I. (1988a). An empirical analysis of the relationship between mas involvement and auditor tenure: Implications for auditor independence. *Journal of Accounting Literature* 7: 65-84.

Beck, P., Frecka, T., Solomon, I. (1988b). A model of the market for mas and audit services: Knowledge spillovers and auditor-auditee bonding. *Journal of Accounting Literature* 7: 50-64.

Becker, C. L., Defond, M. L., Jiambalvo, J., Subramanyam, K. R. (1998). The effect of audit quality on earnings management. *Contemporary Accounting Research* 15 (1): 1-24.

Bedard, J. C., Johnstone, K. M. (2004). Earnings manipulation risk, corporate governance risk, and auditors' planning and pricing decisions. *Accounting Review* 79 (2): 277-304.

Boone, J. P., Khurana, I. K., Raman, K. K. (2010). Do the big 4 and the second-tier firms provide audits of similar quality? *Journal of Accounting and Public Policy* 29 (4): 330-352.

Brandon, D. M., Crabtree, A. D., Maher, J. J. (2004). Nonaudit fees, auditor independence, and bond ratings. *Auditing: A Journal of Practice & Theory* 23 (2): 89-103.

Bronson, S. N., Carcello, J. V., Hollingsworth, C. W., Neal, T. L. (2009). Are fully independent audit committees really necessary? *Journal of Accounting and Public Policy* 28 (4): 265-280.

Cai, Y., Kim, Y., Park, J. C., White, H. D. (2015). Common auditors in M&A transactions. *Journal of Accounting and Economics* 61 (1): 77-99

Caramanis, C., Lennox, C. (2008). Audit effort and earnings management. *Journal of Accounting and Economics* 45 (1): 116-138.

Carcello, J. V., Hermanson, D. R., Neal, T. L., Riley, R. A. (2002). Board characteristics and audit fees. *Contemporary Accounting Research* 19 (3): 365-384.

Carcello, J. V., Neal, T. L. (2000). Audit committee composition and auditor reporting. *Accounting Review* 75 (4): 453-467.

Casterella, J. R., Jensen, K. L., Knechel, W. R. (2010). Litigation risk and audit firm characteristics. *Auditing: A Journal of Practice & Theory* 29 (2): 71-82.

Chan, P., Ezzamel, M., Gwilliam, D. (1993). Determinants of audit fees for quoted UK companies. *Journal of Business Finance & Accounting* 20 (6): 765-786.

Collier, P., Gregory, A. (1996). Audit committee effectiveness and the audit fees. *European Accounting Review* 5 (2): 177-198.

Craswell, A. T., Francis, J. R., Taylor, S. L. (1995). Auditor brand name reputations and industry specializations. *Journal of Accounting and Economics* 20: 297-322.

Dao, M., Raghunandan, K., Rama, D. V. (2012). Shareholder voting on auditor selection, audit fees, and audit quality. *Accounting Review* 87 (1): 149-171.

DeAngelo, L. (1981a). Auditor independence, "low balling", and disclosure regulation. *Journal of Accounting and Economics* 3 (2): 113-127.

DeAngelo, L. E. (1981b). Auditor size and audit quality. *Journal of Accounting and Economics* 3 (3): 183-189.

Dechow, P. M. (1994). Accounting earnings and cash flows as measures of firm performance: The role of accounting accruals. *Journal of Accounting and Economics* 18 (1): 3-42.

Dechow, P. M., Dichev, I. (2002). The quality of accruals and earnings: The role of accrual estimation errors. *Accounting Review* 77 (4): 35-59.

DeFond, M. L., Francis, J. R., Wong, T. J. (2000). Auditor industry specialization and market segmentation: Evidence from hong-kong. *Auditing: A Journal of Practice & Theory* 19 (1): 49-66.

Deis, D. R., Giroux, G. (1992). Determinants of audit qualiry in the public sector. *Accounting Review* 67 (3): 462-479.

DeZoort, F. T., Salterio, S. (2001). The effects of corporate governance experience, financial-reporting and audit knowledge on audit committee members' judgments. *Auditing: A Journal of Practice & Theory* 20 (2): 31-47.

Dopuch, N., King, R. R., Schwartz, R. (2001). An experimental investigation of retention and rotation requirements. *Journal of Accounting Research* 39 (1): 93-117.

Francis, J. R. (2006). Are auditors compromised by nonaudit services? Assessing the evidence. *Contemporary Accounting Research/Recherche Comptable Contemporaine* 23 (3): 747-760.

Francis, J. R., Reichelt, K., Wang, D. (2005). The pricing of national and city-specific reputations for industry expertise in the US audit market. *Accounting Review* 81 (1): 113-136.

Frankel, R. M., Johnson, M. F., Nelson, K. K. (2002). The relation between auditors' fees for nonaudit services and earnings management. *Accounting Review* 77 (4): 71-105.

Goddard, A. R., Masters, C. (2000). Audit committees, cadbury code and audit fees: An empirical analysis of UK companies. *Managerial Auditing Journal* 15: 358-371.

Goodwin-Stewart, J., Kent, P. (2006). Relation between external audit fees, audit committee characteristics and internal audit. *Accounting and Finance* 46: 387-404.

Guenther, D. A., Young, D. (2000). The association between financial accounting measures and real economic activity: A multinational study. *Journal of Accounting and Economics* 29 (1): 53-72.

Gul, F. A., Chen, C. J. P., Tsui, J. S. L. (2003). Discretionary accounting accruals, managers' incentives, and audit fees. *Contemporary Accounting Research* 20 (3): 441-464.

Hay, D. C., Knechel, W. R., Wong, N. (2006). Audit fees: A meta-analysis of the effect of supply and demand attributes. *Contemporary Accounting Research* 23 (1): 141-191.

Higgs, J., Skantz, T. (2006). Audit and nonaudit fees and the market's reaction to earnings announcement. *Auditing: A Journal of Practice & Theory* 25 (1): 1-26.

Iyer, V. M., Rama, D. V. (2004). Clients' expectations on audit judgments: A note. *Behavioral Research in Accounting* 16: 63-74.

Jong-Hag, C., Jeong-Bon, K., Xiaohong, L., Simunic, D. A. (2008). Audit pricing, legal liability regimes, and big 4 premiums: Theory and cross-country evidence. *Contemporary Accounting Research* 25 (1): 55-99.

Kaplan, S. E., Williams, D. D. (2013). Do going concern audit reports protect auditors from litigation? A simultaneous equations approach. *Accounting Review* 88 (1): 199-232.

Khalil, S., Magnan, M. L., Cohen, J. R. (2008). Dual-class shares and audit pricing: Evidence from the canadian markets. *Auditing: A Journal of Practice & Theory* 27 (2): 199-216.

Khurana, I. K., Raman, K. K. (2004). Litigation risk and the financial reporting credibility of big 4 versus non-big 4 audits: Evidence from anglo-american countries. *Accounting Review* 79 (2): 473-495.

Krishnan, J., Krishnan, J. (1997). Litigation risk and auditor resignations. *Accounting Review* 72 (4): 539-560.

Krishnan, J., Sami, H., Zhang, Y. (2005). Does the provision of nonaudit services affect investor perceptions of auditor independence? *Auditing: A Journal of Practice & Theory* 24 (2): 111-135.

Larcker, D. F., Richardson, S. A. (2004). Fees paid to audit firms, accrual choices, and corporate governance. *Journal of Accounting Research* 42 (3): 625-658.

Lawrence, A., Minutti-Meza, M., Ping, Z. (2011). Can big 4 versus non-big 4 differences in audit-quality proxies be attributed to client characteristics? *Accounting Review* 86 (1): 259-286.

Lee, T., Stone, M. (1995). Competence and independence: The congenial twins of auditing? *Journal of Business Finance & Accounting* 22 (8): 1169-1177.

Leventis, S., Dimitropoulos, P. E. (2010). Audit pricing, quality of earnings and board independence: The case of the Athens stock exchange. *Advances in Accounting* 26 (2): 325-332.

Li-Lin, L., Raghunandan, K., Rama, D. (2009). Financial restatements and shareholder ratifications of the auditor. *Auditing: A Journal of Practice & Theory* 28 (1): 225-240.

Lifschutz, S., Jacobi, A., Feldshtein, S. (2010). Corporate governance characteristics and external audit fees: A study of large public companies in Israel. *International Journal of Business & Management* 5 (3): 109-116.

Louis, H. (2005). Acquirers' abnormal returns and the non-big 4 auditor clientele effect. *Journal of Accounting and Economics* 40 (1–3): 75-99.

Magee, R., Tseng, M. (1990). Audit pricing and independence. *Accounting Review* 65 (2): 315-336.

Muniandy, M. (2007). CEO duality, audit committee effectiveness and audit risks. *Managerial Auditing Journal* 22 (7): 716-728.

Nagy, A. L. (2014). Audit partner specialization and audit fees. *Managerial Auditing Journal* 29 (6): 513-526.

Nelson, M., Elliot, J., Tarpley, R. (2002). Evidence from auditors about managers' and auditors' earnings management decisions. *Accounting Review* 77 (4): 175-202.

Pittman, J. A., Fortin, S. (2004). Auditor choice and the cost of debt capital for newly public firms. *Journal of Accounting and Economics* 37 (1): 113-136.

Prat Dit Hauret, C. (2003a). L'indépendance du commissaire aux comptes : Une analyse empirique fondée sur trois composantes psychologique du comportement. *Comptabilité – Contrôle – Audit* 9 (2) : 31-58.

Prat dit Hauret, C. (2003b). L'indépendance perçue de l'auditeur. *Revue francaise de gestion* 147 (6) : 105-117.

Raghunandan, K. (2003). Nonaudit services and shareholder ratification of auditors. *Auditing: A Journal of Practice & Theory* 22 (1): 155-163.

Seetharaman, A., Gul, F. A., Lynn, S. G. (2002). Litigation risk and audit fees: Evidence from UK firms cross-listed on us markets. *Journal of Accounting and Economics* 33 (1): 91-115.

Simunic, D. A. (1980). The pricing of audit services: Theory and evidence. *Journal of Accounting Research* 18 (1): 161-190.

Simunic, D. A. (1984). Auditing, consulting, and auditor independence. *Journal of Accounting Research* 22 (2): 679-702.

Smieliauskas, W. J., Bewley, K., Laroche, D.-C., Gendron, D., Lauly, J.-P., Lesley, H. (2013). *Audit une approche internale.* Chenelière McGraw-Hill.

Solomon, I., Shields, M., Whittington, O. R. (1999). What do industry-specialist auditor know? *Journal of Accounting Research* 37 (1): 191-208.

Tsui, J., Jabbi, B., Gull, F. (2001). CEO domination, growth opportunity, and their impact on audit fees. *Journal of Accounting, Auditing and Finance* 16 (3): 189-203.

Veron, N., Autret, M., Galichon, A. (2004). *L'information financière en crise – comptabilité et capitalisme.* Odile Jacob.

Watts, R. L., Zimmerman, J. L. (1986). *Positive accounting theory.* Englewood Cliffs, NJ: Prentice Hall.

Wines, G. (1994). Auditor independence, audit qualifications and the provision of non-audit services: A note. *Accounting and Finance* 34 (1): 75-86.

6 Qualité de l'information financière
Définitions, déterminants et conséquences

« La première mesure de prévention contre les conflits d'intérêts réside dans la transparence. »

Schmidt (2004)

Introduction

L'information comptable et financière[61] (ICF) est définie par différentes normes, qu'elles soient internationales ou spécifiques aux entreprises à capital fermé, ainsi que par des règlements et des lois. Très réglementée, elle n'est pas pour autant de qualité pour ses utilisateurs, le concept de qualité pouvant être défini comme l'aptitude d'un ensemble de caractéristiques intrinsèques à satisfaire des exigences[62].

En effet, de nombreux travaux ont montré que l'ICF pouvait être manipulée. Le concept de manipulation ne doit pas ici être vu comme un acte frauduleux. Il s'agit d'opérations juridiquement autorisées, respectant les normes et s'inscrivant correctement dans le cadre légal et réglementaire. Certains ne jugent pas ces pratiques légitimes ou éthiques, mais ce n'est pas une raison suffisante pour qu'elles n'existent pas.

L'ICF peut être gérée comme toute autre communication, gestion qui remet en cause les concepts de transparence et d'image fidèle. Il pourrait alors être naïf de prendre des décisions d'investissement ou de penser pouvoir surveiller une direction d'une entreprise en se fiant uniquement sur les documents comptables et financiers. Toutefois, la gestion de l'information n'est pas en soi une mauvaise politique. Par exemple, elle permet de réduire le coût du financement de l'entreprise.

L'objectif de ce chapitre est de démystifier la qualité de l'information financière en démontrant que la gestion du résultat comptable est une réalité. Cette gestion est la conséquence logique de l'utilisation de l'asymétrie d'information par les dirigeants et du manque d'attention, parfois d'expertise, des utilisateurs des états financiers. Elle repose sur un cadre théorique précis, la théorie positive de la comptabilité, exposée dans un premier temps. Cette théorie permet d'expliquer les raisons de la gestion de la qualité de l'information financière[63], les différentes techniques existantes et les contextes dans lesquels cette gestion est plus courante.

Mythes et légendes sur l'information comptable et financière

Les mythes et légendes concernant l'ICF sont nombreux et peuvent aboutir à de mauvaises analyses. Deux erreurs sont régulièrement commises par les utilisateurs des états financiers lors de la lecture et de l'interprétation de ces derniers.

Une première erreur est de surestimer la qualité des états financiers en supposant que les normes comptables (*International Financial Reporting System* ou normes comptables pour les entreprises à capital fermé) sont rigoureuses, laissent une faible marge de manœuvre à celui qui produit les documents comptables et présentent une image fidèle. Au contraire, les normes offrent de nombreux leviers pouvant être activés par celui qui produit les documents comptables.

La seconde erreur est de penser que le concept de transparence régit la production des états financiers. Si la transparence existait, alors la lisibilité devrait être une qualité des documents comptables. Or, l'ensemble des études réalisées montrent que les rapports annuels oscillent entre une lisibilité difficile et très difficile.

Au cours de cette section, nous reprendrons trois expressions classiquement utilisées par les normalisateurs, émetteurs ou utilisateurs d'informations financières afin de vérifier si elles sont correctes ou non.

---

[61] L'expression « information comptable et financière » englobe toute l'information publiée par les entreprises. Il est erroné de faire une différence entre « information comptable » et « information financière ».

[62] Définition de la qualité selon la norme ISO 9000 section 3.1 « termes relatifs à la qualité ».

[63] Au cours de ce chapitre, la « qualité de l'information financière » englobe les différentes définitions existantes sur la qualité des résultats ou *earnings quality* (Dechow et al. 2010; DeFond 2010), la qualité comptable ou *accounting quality* (Barth et al. 2008; Casta et Stolowy 2012), la qualité de l'information comptable ou *quality of accounting information* (Boulton et al. 2011) et la qualité de l'information financière ou *financial reporting quality* (Davis-Friday 2010; Rahman et al. 2010).

« Les états financiers présentent une image fidèle de l'entreprise. »

La fidélité est un concept particulièrement flou en matière de comptabilité, comme dans les autres aspects de la vie des entreprises ou des individus. Selon le dictionnaire de la langue française[64], la fidélité est ce « *qui ne s'écarte pas de la vérité* ». La question est donc de savoir s'il existe une vérité comptable.

Sur le plan international, la solution à la problématique de la fidélité se trouve dans les normes comptables, et plus particulièrement dans la norme IAS 1 « Présentation des états financiers » :

- IAS 1.15 : « **Les états financiers doivent présenter une image fidèle** de la situation financière, de la performance financière et des flux de trésorerie de l'entité. La présentation d'une image fidèle nécessite une représentation fidèle des effets des transactions, autres événements et conditions selon les définitions et les critères de comptabilisation des actifs, des passifs, des produits et des charges exposés dans le Cadre [...] ».
- IAS 1.17 : « Dans quasiment toutes les circonstances, **l'entité présente une image fidèle par le seul fait de se conformer aux IFRS**. Une image fidèle impose aussi à l'entité :
    a) de choisir et d'appliquer des méthodes comptables selon IAS 8 Méthodes comptables, changements dans les estimations comptables et erreurs. IAS 8 établit une hiérarchie d'indications faisant autorité que la direction peut prendre en considération en l'absence de toute IFRS applicable spécifiquement à un élément;
    b) de présenter des informations, y compris les méthodes comptables, de manière à fournir une information pertinente, fiable, comparable et compréhensible;
    c) de fournir des informations supplémentaires lorsque le simple respect des dispositions particulières des IFRS ne permet pas aux utilisateurs de comprendre l'incidence de transactions particulières, d'autres événements ou conditions sur la situation financière de l'entité et sur sa performance financière [...] ».
- IAS 1.19 : « ***Dans les circonstances extrêmement rares où la direction estime que le respect d'une disposition d'une IFRS serait trompeur au point d'être contraire à l'objectif des états financiers décrit dans le Cadre, l'entité doit s'écarter de cette disposition*** *de la manière décrite au paragraphe 20, si le cadre réglementaire pertinent impose ou n'interdit pas un tel écart.*
- IAS 1.20 : **Lorsque l'entité s'écarte d'une disposition d'une IFRS** selon le paragraphe 19, elle doit indiquer :
    a) que la **direction estime que les états financiers donnent une image fidèle** de la situation financière de l'entité, de sa performance financière et de ses flux de trésorerie;
    b) qu'elle s'est conformée aux IFRS applicables, à l'exception d'une disposition particulière dont elle s'est écartée afin de parvenir à la présentation d'une image fidèle;
    c) le titre de l'IFRS dont l'entité s'est écartée, la nature de l'écart, y compris le traitement imposé par l'IFRS, la raison pour laquelle ce traitement serait trompeur en la circonstance, au point d'être contraire à l'objectif des états financiers défini dans le Cadre, et le traitement appliqué; et
    d) pour chaque période présentée, l'effet financier de l'écart sur chaque élément des états financiers qui aurait été présenté si la disposition avait été respectée. »

[64] *Le Grand Robert de la langue française.*

Selon les normes internationales, la fidélité des états financiers se définit donc comme la conformité aux règles comptables, c'est-à-dire qu'il y a une confusion des concepts de fidélité et de régularité. Le lecteur dispose donc d'états financiers fidèles dès lors que ceux-ci respectent l'ensemble des normes IFRS.

À l'échelle canadienne, le chapitre 1000 « Fondements conceptuels des états financiers » des normes comptables pour les entreprises à Capital Fermé (NCECF) fournit une définition de la fidélité :

- 18. a) : « *L'image que donnent les états financiers est fidèle* ***lorsque la présentation qu'on y trouve des opérations et des faits qui influent sur la marche de l'entité concorde avec les opérations et faits réels sous-jacents****. Ainsi, les opérations et les faits sont comptabilisés et présentés d'une manière qui exprime leur substance et non obligatoirement leur forme juridique ou autre.*

  La substance des opérations et des faits ne correspond pas toujours à ce qu'elle paraît être si l'on s'en tient à leur forme juridique ou autre. Pour déterminer la substance d'une opération ou d'un fait, il peut être nécessaire d'examiner un ensemble d'opérations et de faits connexes pris collectivement. ***La détermination de la substance d'une opération ou d'un fait est****, dans chaque cas d'espèce,* ***affaire de jugement professionnel.*** »

La définition de la fidélité selon les normes comptables pour les entreprises à capital fermé est plus précise, car elle fait le lien entre les opérations et faits présentés et les opérations et faits réels. Ce degré de précision est essentiel en matière de qualité de l'information financière car, même si la détermination de la substance d'une opération ou d'un fait est affaire de jugement professionnel, il peut, théoriquement, limiter les marges de manœuvre de celui qui produit l'information.

Toutefois, quel que soit le référentiel comptable, il est pertinent de dire que la fidélité des états financiers est un concept peu opérationnel, qui peut être difficilement mesuré ou vérifié. C'est par conséquent un mythe d'imaginer que les chiffres publiés dans les documents comptables représentent une « vérité » fondée sur une réalité économique. Bien que les documents comptables se fondent sur les coûts engagés, ils se basent également sur des estimations et des jugements professionnels. Or, aussi précis qu'ils puissent l'être, les deux derniers éléments introduisent une part de flou, une absence de frontière précise, qui empêchent de pouvoir qualifier les états financiers de fidèles.

« L'information comptable et financière ne peut pas être gérée. »

La gestion de l'information financière est le nom donné aux choix relatifs à la politique comptable et financière lors de la publication des informations financières (Le Maux 2014) :

- Ces choix sont effectués afin de produire les meilleurs résultats, en fonction du contexte, pour la société ou ses dirigeants : de nombreuses techniques de manipulations comptables sont disponibles pour les producteurs des états financiers;
- Il ne s'agit pas de manipulation comptable illégale : la gestion de l'information financière est réalisée dans le respect des normes comptables et du cadre légal;
- Il s'agit d'un comportement logique et compréhensible : les différentes théories comportementales indiquent qu'il est naturel pour tout individu de chercher à optimiser sa situation personnelle et financière (Jensen et Meckling 1994).

Cette gestion est rendue possible par l'existence d'une asymétrie d'information entre les utilisateurs des états financiers, principalement les actionnaires, et les dirigeants. Une théorie expliquant comment le détenteur d'une information privée communique lors d'une transaction a été développée par Akerlof (1970). Ce dernier a étudié les transactions de voitures d'occasion et plus précisément les ventes de véhicules en mauvais état, qui sont surnommés des « *lemons* ». Les vendeurs de *lemons* possèdent suffisamment d'information pour savoir que leurs voitures sont de mauvaise qualité et pourtant, ils fixent un prix de vente similaire à celui des voitures en bon état. S'ils fixaient un faible prix, les acheteurs interpréteraient le rabais comme une preuve de problèmes mécaniques probables.

En matière d'information financière, le principe est similaire. Lorsque la situation est mauvaise, il est difficilement concevable pour un dirigeant de reconnaître publiquement son incapacité à gérer correctement l'entreprise ou, au minimum, à être capable de faire face aux différents défis qu'il doit surmonter. Dans ce cas, la gestion de la qualité de l'ICF est plus aisée pour réussir à émettre un signal positif aux investisseurs.

Dans ce contexte, il a été montré que les dirigeants ont recours, dans le processus de communication financière dans laquelle s'inscrit la publication des documents comptables, à des indicateurs financiers non établis par les normes comptables (*non-GAAP earnings*). Doyle et al. (2013), à partir d'une étude portant sur l'ensemble des entreprises américaines en bourse entre 1988 et 2009[65] concluent sur trois points :

- Les dirigeants utilisent de manière opportuniste des indicateurs non comptables pour montrer leur capacité à franchir les prévisions des analystes financiers;
- Le principal retraitement utilisé pour calculer des indicateurs non comptables concerne la non-prise en compte de certaines charges;
- Les analystes financiers ne savent pas parfaitement corriger les exclusions faites par les dirigeants dans leurs analyses.

« Les documents comptables ont pour qualité d'être lisibles et donc facilement interprétés par leurs utilisateurs. »

Les dirigeants disposent d'un pouvoir discrétionnaire consistant à augmenter ou diminuer le coût d'extraction et d'interprétation des informations du rapport annuel[66]. L'hypothèse de révélation incomplète repose sur cette constatation (Bloomfield 2002). En émettant une information réelle, mais difficile à lire, les dirigeants peuvent minimiser ou ralentir l'incorporation de mauvaises nouvelles dans le cours des actions. Au contraire, en publiant des états financiers aisément interprétables, les dirigeants peuvent accélérer l'incorporation de bonnes nouvelles.

Les travaux tendant à vérifier l'hypothèse de révélation incomplète est basée sur l'approche linguistique. Les outils développés pour mesurer la lisibilité des documents ont été utilisés dans la recherche dans de nombreux domaines. Ainsi, la recherche juridique (Gémar 2011) ou pharmaceutique (Mathew et al. 2013; Wang et al. 2013) a intégré la lisibilité comme sujet de recherche afin de s'assurer que les principaux intéressés, c'est-à-dire les citoyens et les malades respectivement, comprennent le monde qui les entoure. Par exemple, la lisibilité des notices de médicaments a été jugée importante par les régulateurs.

Selon le dictionnaire de la langue française[67], la définition du mot « *lisible* » est la suivante :

1. *Qui est aisé à lire, à déchiffrer*
2. *Compréhensible à la lecture*
3. *Digne d'être lu*

---

[65] L'échantillon étudié comprend plus de 200 000 observations.

[66] Pour une revue de la littérature plus complète, voir Le Maux (2015).

[67] *Le Grand Robert de la langue française.*

L'approche linguistique des rapports annuels s'est fondée sur le fait qu'ils représentent la matérialisation du langage comptable et financier : « *Devenu la carte de visite de l'entreprise, ce document économique, juridique, comptable et institutionnel très complet informe l'ensemble des publics de l'entreprise et reflète son image institutionnelle* » (Rogers et Grant 1997).

Ce levier de la lisibilité dont disposent les dirigeants n'est pas directement lié aux documents comptables, tels qu'ils sont définis par les normes comptables nationales, ou aux normes d'informations financières internationales (p. ex. : état de la situation financière, état des résultats, tableau de flux de trésorerie). Il est lié à toute l'information fournie en parallèle de ces documents et dont les objectifs sont de les expliquer et de les compléter pour faciliter le travail des utilisateurs des états financiers. Il s'agit, par exemple, du rapport de gestion ou du rapport du président. Or, accentuer ou, au contraire, limiter la lisibilité de ces documents annexes est une décision qui incombe aux dirigeants.

En linguistique, selon Fernbach (1990), la lisibilité est l'aptitude d'un texte à être lu rapidement, compris aisément et bien mémorisé. Durant longtemps, l'étude de la lisibilité se rapportait à la présentation matérielle du texte en tant qu'imprimé : l'utilisation de caractères typographiques plus faciles à lire ou une meilleure disposition des lignes dans la page ou la qualité du papier (Laframboise 1978). C'est à partir des années 1920, mais surtout des années 1940, que la recherche a changé son axe d'étude (Boyer 1990).

Le tableau 6.1 présente une synthèse des résultats obtenus dans les études portant sur la lisibilité des rapports annuels au cours des 50 dernières années. La principale conclusion qui peut être formulée est que la lisibilité a toujours été faible et qu'elle ne s'est pas améliorée malgré les nombreux et coûteux efforts des législateurs et des autorités de normalisation.

Tableau 6.1 La lisibilité des rapports annuels

Étude	Échantillon	Résultats
Pashalian et Crissy (1950)	Rapports annuels de 26 sociétés cotées aux États-Unis en 1949	• La lisibilité des rapports annuels est difficile; • Aucune différence sectorielle n'apparaît.
Soper et Dolphin (1964)	Rapports annuels de l'année 1963 de 25 des 26 sociétés étudiées par Pashalian et Crissy (1950)	La lisibilité des rapports annuels s'est détériorée depuis 1949, en devenant très difficile, notamment en raison du caractère plus technique des informations publiées.
Smith et Smith (1971)	Rapports annuels de 49 des 50 plus grandes firmes du Fortune 500 en 1969	La lisibilité est entre difficile et très difficile.
Still (1972)	Rapports annuels de 50 sociétés cotées en Grande-Bretagne choisies au hasard	La lisibilité est entre difficile et très difficile.
Pound (1981)	Rapports d'audit de 120 sociétés australiennes en 1977	65 % des rapports sont d'une lisibilité très difficile et 21 %, difficile.

Étude	Échantillon	Résultats
Parker (1982)	Rapports annuels de 10 sociétés australiennes en 1980	Les documents étudiés peuvent être assimilés à des documents techniques ou scientifiques.
Lewis et al. (1986)	Rapports financiers destinés aux salariés de neuf sociétés australiennes entre 1977 et 1981	La difficulté des rapports en termes de lisibilité se situe entre élevée et très élevée.
Courtis (1987)	Rapports annuels de 46 sociétés cotées au Canada en 1982 et de 96 sociétés en 1983	Les rapports du président sont difficiles à lire dans plus de 90 % des cas et les notes aux états financiers dans plus de 99 % des cas.
Smith et Taffler (1992)	Rapports annuels de 33 sociétés britanniques en situation de détresse financière entre 1978 et 1985	Le rapport du président est évalué comme difficilement lisible.
Courtis (1995)	Rapports annuels de 32 sociétés cotées à Hong Kong entre 1986 et 1992	• La lisibilité est entre difficile et très difficile et ne s'est pas améliorée sur la période d'étude; • La lisibilité est plus aisée pour les firmes de grande taille ou rentables.
Clatworthy et Jones (2001)	Rapports annuels des 30 sociétés les plus rentables et des 30 sociétés les moins rentables en Grande-Bretagne en 1995 et 1996	Aucune différence en matière de lisibilité entre les échantillons des sociétés les plus rentables et les moins rentables.
Li (2008)	Rapports annuels de sociétés cotées aux États-Unis entre 1994 et 2004	• La lisibilité du rapport annuel et de ses composants (rapport de gestion et notes aux états financiers) s'est détériorée entre 1994 et 2004. • La longueur du rapport annuel s'accroît significativement sur la période étudiée.
Miller (2010)	Rapports annuels de sociétés cotées aux États-Unis entre 1994 et 2006	La réaction des investisseurs à la publication de nouvelles informations est moindre dans le cas des sociétés publiant des rapports annuels complexes.
Lehavy et al. (2011)	Rapports annuels de sociétés cotées aux États-Unis entre 1994 et 2006	Une faible lisibilité du rapport annuel est associée positivement avec la dispersion des prévisions des analystes financiers et négativement avec leur précision.

Le concept de révélation incomplète ne concerne pas que les événements qui se sont déroulés au cours de l'exercice clos, mais il peut également être étendu aux périodes futures (Li 2008). Ainsi, les dirigeants opportunistes sont incités à publier des états financiers peu lisibles lorsque leurs performances actuelles ne sont que temporaires et ne semblent pas devoir perdurer. De même, les dirigeants estimant que le futur devrait leur être favorable sont incités à rendre leur rapport annuel plus transparent pour inciter les investisseurs à ne pas regarder le présent, mais plutôt à envisager les performances à venir.

Cette section sur la lisibilité montre que la gestion de l'information financière ne se limite pas qu'aux seules valeurs comptables ou financières, la forme et le contenu du document dans lesquels ils sont rapportés sont importants. Un consensus peut être dégagé de toutes les études sur le sujet : le rapport annuel est un document relativement illisible et ce manque de lisibilité, comme l'information comptable, semble pouvoir être géré.

Cadre théorique et empirique de la gestion de l'information financière

Au cours de la section précédente, ont été mis en évidence les incitations et les risques d'erreurs pouvant exister en matière de gestion de l'ICF. Au cours de celle-ci seront exposés le cadre théorique, les objectifs et les contextes favorables à cette gestion.

La théorie positive de la comptabilité

Résumer la comptabilité à un ensemble de techniques d'écriture et de modes de présentation de l'information relative à une entreprise est une vision très réductrice. En effet, les choix sur lesquels reposent ces techniques et le mode de présentation font partie intégrante de l'information qui peut être extraite des états financiers.

La théorie positive de la comptabilité s'inscrit dans cette perspective et a pour vocation d'expliquer pourquoi une entreprise choisit une méthode de comptabilisation ou de présentation plutôt qu'une autre (Watts et Zimmerman 1986). Une telle théorie est très importante pour l'utilisateur des états financiers, car elle lui permet de mieux comprendre les décisions managériales en fonction de la stratégie définie par les dirigeants et du contexte économique dans lequel vit l'entreprise. Elle lui permet également de pouvoir prédire, avec une certaine probabilité, les comportements comptables en fonction des informations disponibles aujourd'hui.

Il doit être noté que cette analyse n'est pas contraire à l'hypothèse d'efficience des marchés selon laquelle le cours d'une action reflète l'information disponible (Fama et al. 1969; Fama 1970, 1976, 1991). Au contraire, elle vient confirmer cette hypothèse, car si le cours d'une action ne reflétait pas l'information disponible, alors il n'y aurait aucun intérêt à gérer la qualité de cette dernière. La théorie positive de la comptabilité repose sur la conclusion de l'étude, relativement ancienne mais toujours d'actualité, de Ball et Brown (1968), qui montrent que le cours d'une action varie lors de l'annonce d'un résultat plus élevé ou plus faible que prévu. La réaction du cours de l'action dépend donc de l'information publiée et non de la qualité de celle-ci. Il faut une certaine période pour que celle-ci soit perçue et interprétée par les investisseurs.

Selon les fondateurs de la théorie positive de la comptabilité, trois contextes sont très favorables aux manipulations comptables (Watts et Zimmerman 1986) :

- Toutes choses égales par ailleurs, **les dirigeants des entreprises disposant d'une rémunération variable** qui est fonction de la performance comptable sont plus susceptibles de choisir les procédures comptables qui reportent le résultat des périodes futures vers la période courante.

Lorsque les dirigeants disposent d'une part de leur rémunération basée sur la performance de l'entreprise, notamment lorsque celle-ci est mesurée par le résultat net, ils sont incités à choisir une politique comptable qui augmente le résultat de l'exercice comptable présent au détriment des exercices comptables futurs. Cette politique prend fin lors du départ du dirigeant, que ce départ soit prévu ou forcé. En effet, un dirigeant nouvellement nommé aura tendance à avoir recours au nettoyage des états financiers[68], ou *big bath accounting*, qui consiste à augmenter les charges et repousser les produits au cours de la première année. L'objectif est de pouvoir constater le profit la seconde année et, ainsi, de paraître comme un dirigeant performant.

- Toutes choses égales par ailleurs, **plus une firme a un ratio dette sur fonds propres élevé**, plus cette firme aura tendance à sélectionner des procédures comptables qui rapportent les profits des périodes futures vers la période actuelle.

Lorsque l'entreprise dispose d'un taux d'endettement élevé, il est important pour les dirigeants de veiller à ce que la notation de crédit soit stable. Étant donné que celle-ci repose sur la capacité de l'entreprise à payer ses intérêts et à rembourser la dette, les dirigeants auront tendance à constater dès que possible les bénéfices afin de rassurer les apporteurs de fonds et plus particulièrement les créanciers.

Ce choix d'une politique comptable accélérant la constatation des bénéfices est d'autant plus important que les contrats d'emprunt comportent des clauses de remboursement anticipé, ou *covenants*, qui peuvent amener l'entreprise à rembourser ses créanciers immédiatement en cas de mauvais ratios financiers.

- Toutes choses égales par ailleurs, **plus une firme est grande** et plus elle aura tendance à choisir des méthodes comptables qui diffèrent la sécrétion du résultat vers les périodes futures.

La taille de l'entreprise est utilisée comme une mesure des coûts politiques qu'elle subit. Plus l'entreprise est grande, plus elle sera surveillée, que cela soit par les journalistes, les analystes financiers, les investisseurs ou les autorités politiques. Ainsi, il a été démontré que les entreprises gèrent leur information financière lors d'enquêtes des autorités de lutte contre les pratiques anticoncurrentielles, en cas de litige judiciaire ou pour protéger leur réputation.

La figure 6.1 présente les hypothèses de la théorie positive de la comptabilité selon les principaux destinataires de la gestion de l'ICF.

- Les dirigeants sont à la fois les acteurs gérant l'ICF et les principaux bénéficiaires de cette gestion. Ils peuvent maximiser leurs rémunérations en définissant des mesures de performances qui leurs sont favorables;
- Contrairement aux dirigeants, les apporteurs de fonds sont les destinataires de la gestion de l'ICF. En effet, lors d'émissions d'actions, d'introductions en bourse ou de nouveaux endettements, l'entreprise doit être présentée sous ses plus beaux aspects. Il est tout à fait normal que les informations publiées soient formatées pour accroître les fonds obtenus au coût le plus faible. Ce second point est intéressant, car il montre que la gestion de l'information n'est pas systématiquement un mauvais signe et qu'elle peut au contraire être profitable à l'entreprise[69];
- La société civile est également un destinataire de l'information produite par l'entreprise. L'objectif est ici de s'assurer que la réputation de l'entreprise auprès de toutes les parties prenantes, qu'ils soient salariés, consommateurs ou juges, soit la meilleure possible.

[68] Cette technique est présentée dans la section sur la typologie des méthodes de gestion de l'information comptable et financière.

[69] « *Understanding earnings management may also reveal that not all earnings management is bad, so taking action to uproot the indesirable variety runs the risk of "throwing the baby out with the bath water"* » (Ronen et Yaari 2008).

Figure 6.1 Acteurs et motivations de la gestion de l'information financière

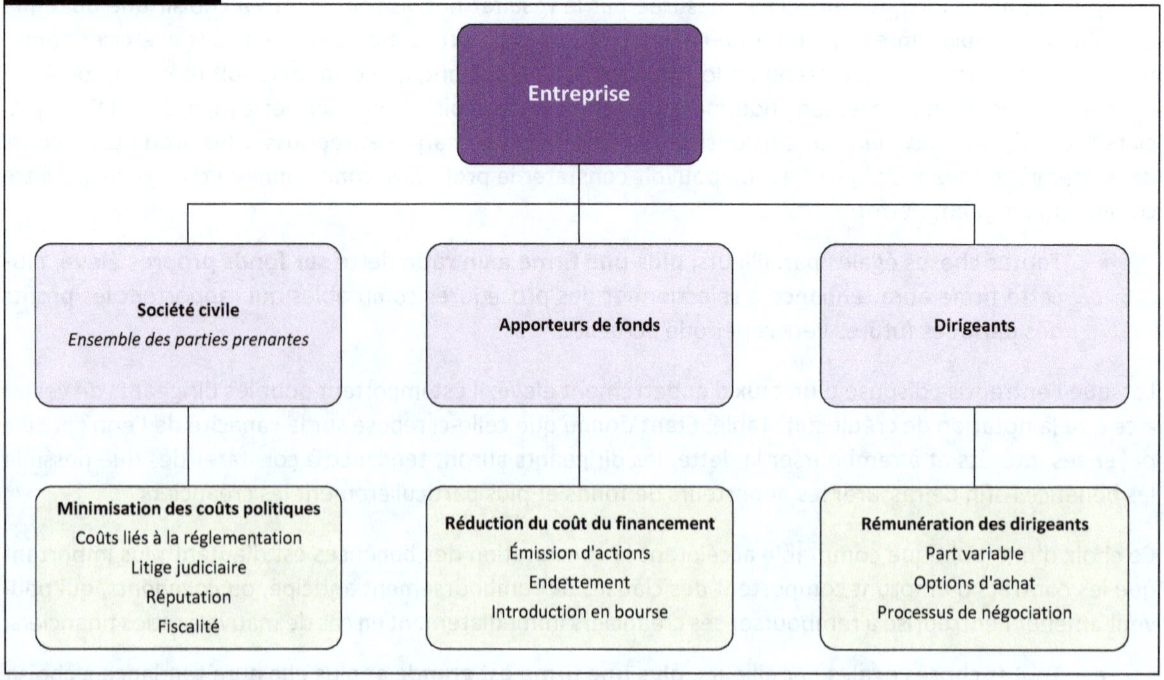

Source : Cormier et al. (1998)

Après avoir exposé le cadre théorique et défini les principaux acteurs, une typologie des gestions de l'ICF est présentée.

La gestion de l'information comptable et financière

Définitions

La gestion de l'ICF a donné lieu à une importante littérature, et de nombreuses définitions et une traduction française existent. Dans le cadre de cette section, la gestion de l'ICF est la traduction de « *earnings management* » (Schipper 1989; Degeorge et al. 1999; Ronen et Yaari 2008; Dechow et al. 2010; Beneish et al. 2012)[70]. Cette gestion englobe en effet différents types de techniques parmi lesquelles la gestion du résultat, aussi appelée « *earnings management* ». Le choix est ici fait de ne pas restreindre la simple gestion de l'ICF à la gestion du résultat.

Afin de justifier ce choix, différentes définitions de la gestion de l'ICF (*earnings management*) sont proposées :

- Elle constitue une intervention délibérée dans le processus de communication à l'externe de l'information financière dans le but d'obtenir des gains privés (Schipper 1989);
- Elle est une utilisation de la discrétion managériale destinée à influencer le résultat diffusé auprès des parties prenantes (Degeorge et al. 1999);
- Elle se déroule lorsque les dirigeants utilisent leur jugement dans le processus de communication financière et la définition de la structure des transactions pour altérer les rapports financiers afin d'induire en erreur certaines parties prenantes ou d'influencer les décisions économiques prises à partir des données comptables (Healy et Wahlen 1999).

---

[70] Au cours de ce chapitre, la gestion de l'ICF englobe également les différents concepts de lissage des résultats ou *income smoothing* (Ronen et Sadan 1981; Tucker et Zarowin 2006), de nettoyage des comptes ou *big bath accounting* (Walsh et al. 1991; Godfrey et al. 2003), d'habillage des comptes ou *window dressing* (Stickney 1975; Hillier et al. 2008) et de comptabilité créative ou *creative accounting* (Gowthorpe et Amat 2005; Jones 2011).

Ces différentes définitions insistent sur le caractère informatif des chiffres comptables, c'est-à-dire sur le potentiel des états financiers à convaincre les différentes parties prenantes de la bonne santé financière de l'entreprise. Ce point commun montre à quel point la qualité première de ces documents est, pour les parties situées à l'extérieur de l'entreprise, la transparence. Cette situation conforte le principe selon lequel le recours à la gestion de l'information peut amener les dirigeants à émettre un signal biaisé.

Typologie de la gestion de l'information comptable et financière

Choix de la présentation de l'information

Présenter l'information selon une forme particulière ne relève pas d'un choix au hasard. Il s'agit d'une composante de la politique de communication financière. Dans cette perspective, une méthode classique pour faire apparaître une performance différente de la performance réelle est le recours au *pro-forma*[71]. Il s'agit d'une présentation de l'information financière qui peut différer de celle réalisée selon les normes comptables. Logiquement, les deux sont publiées, car ce serait une fraude que de ne pas publier les états financiers construits selon les normes en vigueur.

Toutefois, les comptes *pro forma* offrent une certaine liberté aux dirigeants qui peuvent faire des choix comme traiter certaines charges comme non récurrentes et ainsi calculer un résultat net « retraité » qui est souvent plus élevé, voire positif, alors que le résultat net établi selon les normes est négatif. La liste des éléments les plus retraités sont les suivants (Bhattacharya et al. 2004) : la politique d'amortissements et de provisions, le coût de la politique de rémunérations basée sur le capital, le coût des fusions et acquisitions et les frais de recherche et développement (coût, politique d'enregistrement, etc.). Le tableau 6.2 indique la part des entreprises américaines réalisant des profits ou des pertes selon les normes comptables américaines (US GAAP) et selon les normes rédigées par elles-mêmes en 1998-2000. Le tableau indique la part des entreprises réalisant un bénéfice supérieur aux prévisions des analystes financiers en fonction des normes, US GAAP ou *pro forma*, utilisées par l'entreprise.

Tableau 6.2 **Pertes et profits selon les normes US GAAP ou *pro forma***

	US GAAP	*Pro forma*
% des entreprises réalisant un profit	52 %	66 %
% des entreprises réalisant des pertes	48 %	34 %

Source : Bhattacharya et al. (2004)

Tableau 6.3 **Pertes et profits selon les normes US GAAP ou *pro forma***

	US GAAP	*Pro forma*
Bénéfice par action supérieur aux prévisions des analystes	39 %	80 %
Bénéfice par action inférieur aux prévisions des analystes	61 %	20 %

Source : Bhattacharya et al. (2004)

Ces deux tableaux montrent que la présentation des états financiers *pro forma* est une technique de gestion de l'ICF qui permet d'afficher une meilleure performance financière. Il est par conséquent logique que le *pro forma* soit particulièrement utilisé lorsque la rémunération des administrateurs est basée sur des indicateurs de performance (Isidro et Marques 2013).

[71] Selon le *Dictionnaire de la comptabilité et de la gestion financière* (Ménard 2014) : « *Se dit de toute information, résultat ou autre donnée financière ou de tout état financier qui n'est pas expressément requis ou qui n'a pas été établi conformément au référentiel comptable applicable; se dit de toute information, résultat ou autre donnée financière ou de tout état financier qui traduit sur des données historiques les effets d'une opération ou d'un événement comme s'il s'était produit à une date antérieure à sa date de survenance réelle ou envisagée.* »

Le point intéressant concernant cette méthode est qu'elle est souhaitée par les analystes financiers et les investisseurs (Bradshaw et Sloan 2002; Christensen et al. 2014). Ceux-ci souhaitent en effet que les états financiers soient corrigés des éléments non récurrents, c'est-à-dire qui ne doivent pas se reproduire au cours des prochaines années, alors que les normes comptables ne définissent pas ce concept.

Lissage des résultats

Le **lissage du résultat**, ou *smoothing*, est la méthode de gestion de l'ICF la plus ancienne et la plus utilisée. Il s'agit d'une technique visant à réduire la volatilité du résultat. Deux possibilités s'offrent aux dirigeants pour lisser le résultat : lisser les activités réelles de l'entreprise, en réduisant les variations des investissements et des ventes, ou lisser à l'aide de choix comptables. Bien que cette dernière méthode de lissage puisse être qualifiée d'artificielle ou de cosmétique, elle permet d'assurer une exigence d'information de qualité par les investisseurs.

Le lissage permet également de rassurer les analystes financiers dans leur processus de prévision de résultat. D'importantes variations de ce dernier inquiéteraient le professionnel dont la charge est de fournir aux investisseurs des notes sur les perspectives de croissance et de rentabilité de l'entreprise.

Au cours d'une étude réalisée auprès de directeurs financiers aux États-Unis, Graham et al. (2005) ont constaté que 96,9 % des personnes interrogées préféraient un résultat net lissé dans le temps plutôt qu'un résultat volatile.

Tableau 6.4 Pourcentage de directeurs financiers d'accord avec les affirmations sur le lissage du résultat

Affirmation : Un résultat lissé est préféré, car il...	% d'accord
... est synonyme d'un risque peu élevé pour les investisseurs.	88,7 %
... rend les prévisions de bénéfices futurs des analystes et des investisseurs plus aisées.	79,7 %
... assure les clients et les fournisseurs que l'activité est stable.	66,2 %
... réduit le rendement exigé par les actionnaires.	57,1 %
... accroît la réputation en matière d'information financière transparente et fiable.	46,5 %
... permet de fournir des perspectives de croissance plus élevées.	46,3 %
... permet de conserver la même notation de crédit.	42,2 %
... clarifie la performance économique réelle.	24,3 %
... accroît les paiements de bonus.	15,6 %

Source : Graham et al. (2005)

La réalité du lissage de résultat est confirmée par les nombreuses études sur le sujet depuis près de 40 ans (Dascher et Malcom 1970; Ronen et Yaari 2008; Dechow et al. 2010). Les travaux ont montré que de multiples incitations existent pour que les dirigeants décident de lisser les résultats, telles que l'amélioration du cours de l'action à long terme (Goel et Thakor 2003), la réduction de la probabilité d'être révoqué (Fudenberg et Tirole 1995), la possibilité d'extraire des bénéfices privés (Leuz et al. 2003), l'obtention de prévisions plus optimistes des analystes financiers (McInnis 2010) ou la recherche d'une évaluation du risque de crédit par les agences de notation favorables (Jung et al. 2013).

Nettoyage des comptes

La **nomination d'un nouveau dirigeant** est un changement majeur au sein de l'entreprise. Cette période donne souvent lieu à des décisions en matière d'investissement, d'exploitation ou de gestion de l'ICF (Weisbach 1995). Par exemple, le nouveau dirigeant peut décider de procéder à des désinvestissements, c'est-à-dire à la cession des actifs peu performants. Il peut également restructurer l'entreprise en procédant à une rotation des personnes clés de la direction ou en changeant la stratégie de l'entreprise.

Or, d'un point de vue comptable, un consensus existe sur la gestion de l'ICF, qui a pour effet de réduire la performance la première année (Balsam 1998 ; Pfeiffer 1998). De nombreuses études ont montré que la restructuration comptable la plus courante est la dépréciation des actifs lors de la première année du dirigeant à la tête de l'entreprise (Strong et Meyer 1987; Elliott et Shaw 1988; Francis et al. 1996). Cette dépréciation porte essentiellement sur la valeur des actifs immobilisés, notamment l'écart d'acquisition (*goodwill*).

La dépréciation a l'avantage d'augmenter les charges au cours de la première année et de rendre le résultat net le plus faible possible. Cette technique est possible car, au cours de ce premier exercice, les actionnaires acceptent une faible performance, conséquence immédiate de la restructuration. Ensuite, au cours de l'exercice suivant, la performance est plus élevée et le dirigeant peut afficher la réussite de sa nouvelle stratégie. Cette performance peut également le placer dans une situation très favorable pour une renégociation salariale ou pour bénéficier d'un bonus important si ce dernier était prévu dans le contrat initial.

Gestion des seuils comptables

Deux seuils doivent être franchis pour que les analystes, les investisseurs et les médias apprécient la qualité de la gestion des dirigeants (Burgstahler et Dichev 1997) :

- Le **seuil du résultat nul** : Publier un résultat net faiblement positif est perçu de manière favorable, alors qu'un résultat négatif est perçu de manière très défavorable. En d'autres termes, afficher un résultat net de 10 000 $ ou un résultat net de -10 000 $ pour une entreprise réalisant 1 million de chiffre d'affaires sont deux signaux appréciés de manière très différente, alors que la différence entre les deux n'est que peu significative;

- Le **seuil du résultat de l'exercice précédent** : L'explication de l'importance de ce seuil est semblable à celle précédemment exposée. Il est préférable d'afficher un résultat net en croissance, même si ce n'est que de + 0,01 %, à la publication d'un résultat net inférieur à celui de l'année précédente.

L'explication de l'impact de ces seuils auprès des différentes parties prenantes trouve son origine dans la psychologie. Ils permettent aux utilisateurs des états financiers de se former une première image de la performance par une rapide lecture du résultat.

La figure 6.2 représente la distribution de la rentabilité de l'actif, c'est-à-dire du rapport entre le résultat net et l'actif comptable, pour les entreprises canadiennes au cours de la période 2000-2014. Il est intéressant de noter l'important écart entre le nombre d'entreprises ayant un rendement faiblement positif et celle ayant un rendement faiblement négatif. Cet important écart provient du fait que les dirigeants cherchent systématiquement à franchir le résultat net nul.

Figure 6.2 **Rentabilité de l'actif des entreprises canadiennes entre 2000 et 2014**

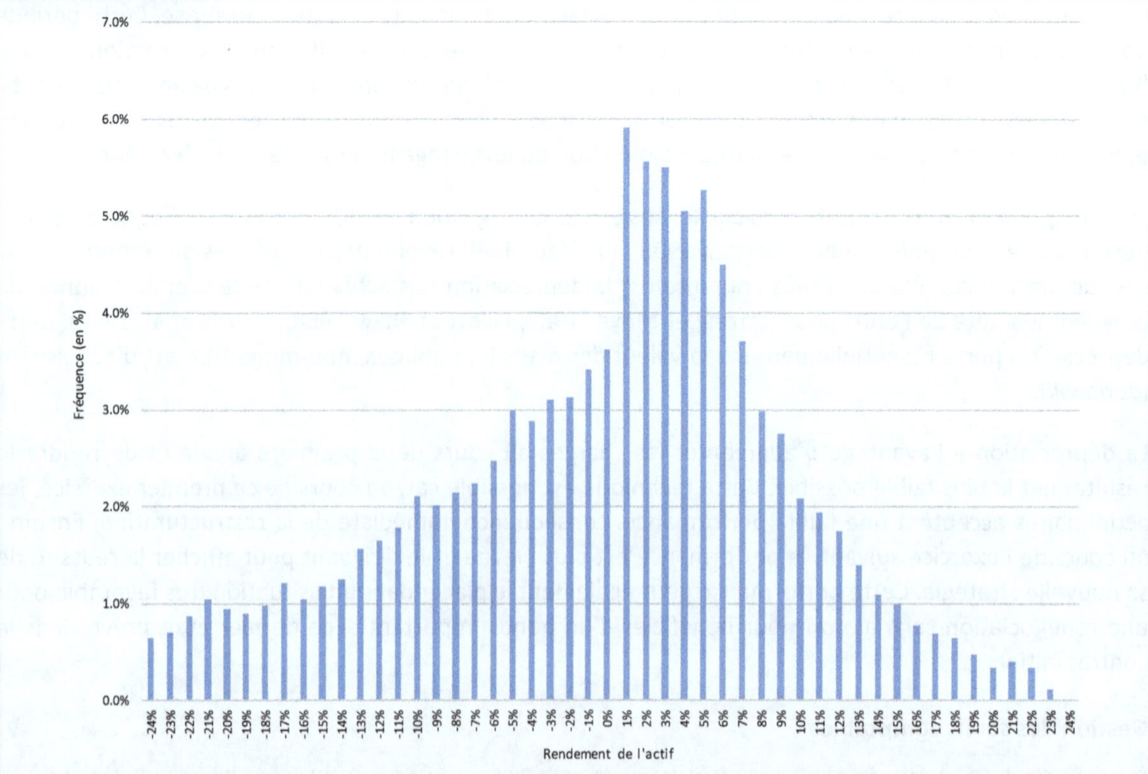

L'importance du franchissement de ces seuils de résultat net annuel est également démontrée pour les résultats nets trimestriels (Degeorge et al. 1999). Kerstein et Rai (2007) prouvent également que l'atteinte du seuil zéro est un objectif pour de nombreux dirigeants. Leur étude établit que les entreprises ayant, au début du quatrième trimestre, un résultat net faiblement négatif, gèrent leur ICF pour atteindre un résultat net annuel faiblement positif.

Un troisième seuil fait également l'objet d'une attention particulière : le **consensus des prévisions de résultat des analystes financiers** (*Analysts' consensus earnings forecasts*). Deux raisons expliquent l'intérêt que portent les investisseurs, et donc les dirigeants, à ce seuil.

Tout d'abord, l'ICF étant perçue comme transparente et les marchés financiers étant efficients, il est logique, pour les investisseurs, que les prévisions effectuées par les utilisateurs professionnels des états financiers soient réalistes. Par conséquent, si elles sont réalistes pour les investisseurs, il est important pour les entreprises de les atteindre.

La seconde raison repose sur le caractère prévisionnel des conclusions des analystes. Les prévisions représentent en effet une performance à atteindre. Ne pas franchir ce seuil est le signe que l'entreprise n'atteint pas la performance attendue par les professionnels du traitement de l'ICF.

D'un point de vue empirique, les entreprises qui franchissent souvent les prévisions des analystes font l'objet d'évaluations financières élevées (Barth et al. 1999; Myers et al. 2007). Au contraire, lorsqu'une entreprise n'atteint pas la prévision de bénéfice prévue, elle subit une forte baisse de sa valeur (Skinner et Sloan 2002).

Abarbanell et Lehavy (2003) et Burgstahler et Eames (2003) ont montré que les analystes financiers ne savent pas détecter ou n'anticipent pas la gestion de l'ICF permettant d'atteindre ou de franchir ces différents seuils. Libby et al. (2008) estiment que cette absence de détection est tout simplement due à l'ignorance des analystes financiers d'une telle gestion.

Contexte favorable à la gestion de l'information comptable et financière

La gestion de l'information comptable et financière par rapport à la gestion des opérations réelles

Tout d'abord, il est utile d'indiquer que la gestion de l'ICF est distincte de la gestion des produits et charges réels. Par exemple, modifier une méthode d'estimation comptable en vue d'augmenter le résultat net relève de la gestion de l'information. Au contraire, réduire les dépenses de frais de recherche et développement avec le même objectif est une diminution de charges réelles, car elle ne concerne pas que la seule information, il s'agit de la réduction d'une activité réelle de l'entreprise. Ainsi, l'étude de Dechow et Sloan (1991), qui met en évidence que les dirigeants réduisent significativement les frais de recherche et développement avant leur départ de l'entreprise afin de mettre en avant une excellente performance à la fin de leur mandat est la démonstration d'une gestion des charges réelles.

Les choix du mode de comptabilisation de certaines opérations économiques, qui peuvent avoir un impact très favorable sur les états financiers, peuvent également avoir des conséquences juridiques importantes. Il est donc nécessaire de connaître la limite de ces décisions comptables.

Le cas le plus connu est celui du « ***channel stuffing*** ». Il s'agit d'une pratique consistant à accroître de manière significative les ventes au cours du 4e trimestre de l'exercice comptable afin d'afficher le chiffre d'affaires le plus élevé possible à la fin de l'année.

L'entreprise *Bristol Myers* a été sanctionnée en 2004 par l'autorité boursière américaine (*Securities and Exchange Commission*) pour le recours abusif à cette technique[72]. Les caractéristiques des contrats signés par l'entreprise avec ses clients au cours du 4e trimestre avaient des clauses si particulières que les ventes réalisées n'auraient pas dû être constatées au cours de l'année :

- Un rabais de 2 % était consenti à toute commande supplémentaire effectuée au cours du dernier trimestre;
- L'entreprise garantissait un rendement sur investissement (*Return on Investment*) de 24 % sur toute commande supplémentaire.

Ainsi, tous les risques et avantages liés à la propriété ne sont pas transférés et les produits n'auraient pas dû être constatés. Les conséquences financières du *channel stuffing* ont été des hausses du chiffre d'affaires et du résultat d'exploitation significatives, comme le montre le tableau 6.5.

Tableau 6.5 Impact du *channel stuffing* sur les états financiers

Année	Chiffre d'affaires	Résultat d'exploitation
2000	+ 521 millions $ + 2,8 %	+ 389 millions $ + 6,9 %
2001	+ 1 284 millions $ + 6,6 %	+ 999 millions $ + 31,1 %

Dès lors qu'une décision a pour conséquence de franchir la frontière de la légalité, elle ne peut plus être classée parmi les décisions de gestion de l'ICF. Ces dernières respectent en effet le cadre légal et les normes comptables.

[72] La décision est disponible sur le site de l'autorité boursière américaine (*Securities and Exchange Commission*) : https://www.sec.gov/litigation/complaints/comp18820.pdf

Gérer dans un contexte judiciaire risqué

Dans un contexte judiciaire risqué, il peut sembler pertinent pour des dirigeants de choisir de gérer l'ICF publiée. En effet, afficher des profits ou des pertes peut augmenter la probabilité d'un recours judiciaire d'une partie prenante ou, au contraire, permettre d'éviter un procès ou, en cas de procès, une condamnation à une lourde sanction.

Le tableau 6.6 présente une liste d'études réalisées sur le comportement comptable durant des périodes d'enquêtes parlementaires, de procédures devant un tribunal ou de renégociations avec les créanciers.

Les conclusions montrent que la gestion de l'ICF est significative dans des contextes judiciaires risqués. Par exemple, les travaux de Cahan (1992) et Lim et Matolcsy (1999) mettent en évidence une volonté de publier une faible performance pour limiter la probabilité d'une sanction.

Tableau 6.6 **Synthèse des travaux sur la gestion de l'information comptable et financière dans un contexte judiciaire risqué**

Auteurs	Contexte	Résultats
Jha (2013)	Étude du comportement comptable des entreprises américaines ayant franchi les clauses de remboursement anticipé inscrites dans les clauses d'emprunt.	Au cours du dernier trimestre avant la violation de la clause, la gestion de l'ICF fait apparaître une performance élevée pour éviter la sanction. Au cours du premier trimestre après la violation de la clause, la gestion de l'ICF fait apparaître une performance faible pour pouvoir négocier plus facilement avec le créancier.
Jaggi et Picheng (2002)	Étude du comportement comptable des entreprises américaines ayant connu une restructuration financière ou une violation de clause de remboursement anticipé.	Lorsque l'entreprise est capable de négocier une restructuration de son passif avec ses créanciers, la gestion de l'ICF augmente la performance affichée pour obtenir une meilleure capacité de négociation. Lorsque l'entreprise ne peut négocier avant la violation de la clause de remboursement anticipé, la gestion de l'ICF diminue la performance pour forcer le créancier à négocier, en l'inquiétant notamment de la possible incapacité de remboursement.
Magnan et al. (1999)	Étude du comportement comptable des firmes canadiennes lorsqu'elles portent plainte devant un tribunal chargé du commerce international.	La gestion de l'ICF est moins importante pendant la période de l'enquête. Les entreprises recherchent une « saine gestion ».

Auteurs	Contexte	Résultats
Lim et Matolcsy (1999)	Étude du comportement comptable de firmes ayant fait l'objet d'une enquête pour augmentation des prix abusive.	Les firmes soumises à une enquête gèrent leur ICF pour diminuer leur performance l'année de l'enquête. Ce comportement a pour objectif de convaincre les juges qu'il n'y a pas d'augmentation de prix.
Key (1997)	Étude du comportement comptable des entreprises du secteur des médias durant l'enquête du sénat américain pour réguler l'industrie de la télévision.	La gestion de l'ICF a pour objectif de diminuer la performance de l'entreprise (la baisse est plus forte lorsque les revenus de la firme sont dépendants de la TV câblée).
Cahan (1992)	Étude du comportement comptable de 48 entreprises ayant fait l'objet d'une enquête pour monopole par l'agence *US Antitrust*.	Les entreprises tendent à gérer leur ICF pour diminuer leur performance après le début de l'enquête et à l'augmenter lorsque celle-ci est terminée (une enquête dure en moyenne cinq ans).
Jones (1991)	Étude du comportement de 43 firmes appartenant à un secteur pour lequel l'*International Trade Commission* (ITC) a mené une enquête en vue de sanctionner des entreprises non américaines pour concurrence déloyale, fraude ou *dumping*.	Les entreprises gèrent leur ICF pour diminuer leur performance l'année de l'enquête.

Gérer dans un contexte légal en mouvement

La gestion de l'ICF est courante lors des changements majeurs du cadre légal et réglementaire. Les différentes études présentées dans le tableau 6.7 indiquent que cette gestion est une méthode utile pour déclencher l'intervention du législateur ou du régulateur et obtenir des avantages économiques à long terme pour l'entreprise.

Il s'agit souvent d'une stratégie de communication destinée au grand public afin de le convaincre que les modifications du cadre légal et réglementaire n'ont pas été réalisées à leur profit, alors que les études démontrent le contraire.

Tableau 6.7 **Synthèse des travaux sur la gestion de l'information comptable et financière dans un contexte légal et réglementaire en mouvement**

Auteurs	Contexte	Résultats
Hughes et al. (2012)	Étude du comportement comptable des entreprises du secteur de l'électricité aux États-Unis qui tend à être dérégulé.	Lorsque le tarif de l'électricité faisait l'objet d'une régulation, la gestion de l'ICF était très faible. En cas de dérégulation, cette gestion devient significative. Une baisse du résultat précède et justifie une hausse du tarif.
Cho et Sachs (2012)	Étude du comportement comptable des entreprises du secteur routier aux États-Unis.	Au cours des premières années de la dérégulation, les entreprises ont géré leur ICF pour diminuer la performance affichée. L'objectif était de montrer au grand public que le changement légal ne leur a pas permis de profiter de la nouvelle situation, alors que c'était le contraire.
Byard et al. (2007)	Étude du comportement comptable des entreprises du secteur pétrolier aux États-Unis après les ouragans Katrina et Rita en 2005.	Les entreprises ont géré leur ICF pour diminuer leur performance affichée, alors que le cours du pétrole augmentait en raison des ouragans au Texas. L'objectif était de ne pas afficher de bénéfice élevé lorsque les médias montraient les dégâts causés à l'économie et à la population américaine.
Lin (2006)	Étude du comportement comptable des entreprises étrangères implantées en Chine dans le cadre de l'avantage fiscal accordé par le gouvernement chinois.	L'avantage fiscal, institué pour inciter les entreprises étrangères à s'installer en Chine, consiste à payer une faible taxe durant une période limitée avant de payer une taxe majorée ensuite. Les entreprises choisissent des procédures comptables qui accélèrent la constatation du résultat durant la phase d'impôt minoré au détriment du résultat généré durant la phase d'impôt majoré.
Gill-de-Albornoz et Illueca (2005)	Étude du comportement comptable des entreprises du secteur de l'électricité en Espagne lors d'une hausse des tarifs.	Lors d'une augmentation des tarifs par le gouvernement, les entreprises gèrent leur ICF de façon à indiquer une performance à la baisse afin de diminuer leur visibilité politique.
Monem (2003)	Étude du comportement comptable des firmes aurifères australiennes entre 1976 et 1990 (hausse du cours de l'or) lors d'une discussion parlementaire sur la taxation des bénéfices du secteur.	Les firmes gèrent l'ICF de leur performance afin de minimiser la probabilité d'une nouvelle législation fiscale.
Guenther (1994)	Étude du comportement comptable des entreprises américaines lors de la diminution du taux d'imposition de 46 % à 34 % aux États-Unis en 1986.	Les firmes gèrent l'ICF de leur performance l'année précédant la baisse du taux d'imposition afin de convaincre le législateur que la baisse est une bonne idée.

Gérer dans un contexte d'opérations de marché

Les **opérations de financement**, qu'il s'agisse des introductions en bourse ou des augmentations de capital, représentent un cadre très favorable à la gestion de l'ICF, car l'entreprise est dans une phase durant laquelle elle doit convaincre les investisseurs de participer aux projets.

Une **introduction en bourse** est une opération financière qui vise à émettre de nouvelles actions ou à céder des actions existantes afin d'obtenir la cotation de l'entreprise sur un marché boursier. Dans cette procédure, il est logique que l'ICF soit gérée afin de faire en sorte que l'entreprise semble en excellente santé financière, avec d'importantes perspectives de croissance, auprès des investisseurs et des analystes financiers. Différentes études ont mis en évidence une gestion de l'ICF lors des introductions en bourse (Teoh et al. 1998a; Teoh et al. 1998c; Morsfield et Tan 2006) et des augmentations de capital (DeAngelo 1986; Teoh et al. 1998b).

L'introduction en bourse est un cas particulier en matière d'asymétrie d'information : lorsqu'une entreprise décide de s'introduire en bourse, peu nombreux sont ceux disposant d'informations précises sur les prévisions de flux de trésorerie, les opportunités d'investissement ou les qualités des dirigeants. De plus, les données comptables historiques de l'entreprise souhaitant être cotée sont souvent courtes et peu utiles pour réaliser des prévisions.

De plus, même si le cadre légal et réglementaire des marchés financiers impose la divulgation d'informations, il est difficile de distinguer les entreprises de bonne et de mauvaise qualité. En effet, les entreprises performantes sont incitées à émettre des signaux indiquant que leurs projets sont créateurs de valeur et les autres sont incitées à copier les signaux des premières (Akerlof 1970).

Afin de corriger ces signaux biaisés, Leland et Pyle (1977) conseillent de compléter l'analyse financière avec l'information relative à la participation des actionnaires historiques. Dans le cas où les actionnaires historiques cèdent toutes leurs actions, il est logique de penser que l'entreprise est dans une mauvaise situation financière.

Concernant les **augmentations de capital**, la logique de la gestion de l'ICF est similaire. Afin de convaincre les investisseurs d'apporter leurs capitaux, les dirigeants sont incités à publier une performance qui soit la plus élevée possible (Ronen et Yaari 2008). Cette performance surévaluée est également prouvée par le fait que la performance est souvent mauvaise après la réussite de l'opération (Loughran et Ritter 1997).

Parallèlement aux opérations de financement, les phases de fusions et acquisitions représentent une période favorable à la gestion de l'ICF. Dans le cas d'une cession, il est intéressant pour le vendeur d'afficher une performance élevée afin de pouvoir négocier un prix élevé. À partir d'un échantillon d'entreprises qui ont été la cible d'une acquisition, Easterwood (1997) montre qu'une gestion de l'ICF est réalisée afin d'améliorer la rentabilité de l'entreprise et donc de négocier une hausse du prix de la transaction. Concernant l'acquéreur, la seule situation pouvant amener une telle gestion est le cas où le paiement s'effectue en actions. L'objectif est d'avoir un rapport entre le nombre d'actions de l'acquéreur et le nombre d'actions de la cible le plus intéressant, c'est-à-dire qui représente le coût le plus faible.

La gestion de l'ICF peut également consister en une détérioration des états financiers de l'entreprise. Dans le cas d'une opération de *Management Buy Out*[73] (*MBO*), les dirigeants ont tendance à diminuer la performance de l'entreprise afin de pouvoir réduire son prix d'acquisition (Perry et Williams 1994).

[73] Définition du *Management Buy Out* (Ménard 2014) : « *Opération par laquelle les cadres font l'acquisition de l'entreprise pour laquelle ils travaillent, le plus souvent par constitution d'une société mère qu'ils contrôlent, ainsi que par recours à des emprunts à long terme obtenus en se servant de la capacité d'emprunt de l'entreprise et dont le remboursement proviendra des flux de trésorerie dégagés par cette dernière.* »

Gérer la rémunération des dirigeants

Le lien entre la gestion de l'ICF et la **rémunération des dirigeants** est évident lorsque cette dernière est basée sur la performance comptable de l'entreprise. La première étude ayant examiné ce lien a montré l'existence d'un plancher et d'un plafond, en termes de performance, qui déterminent une « zone incitative » (Healy 1985). Lorsque la performance de l'entreprise est inférieure au plancher défini pour obtenir un bonus, il est intéressant pour le dirigeant de maximiser les charges, en choisissant notamment des procédures comptables permettant d'accélérer la constatation des charges futures. En effet, étant donné qu'il n'obtiendra aucun bonus au cours de l'exercice, il lui est préférable d'augmenter la probabilité d'en recevoir un au cours des années futures en les allégeant des charges transférées au cours de l'année présente.

Au contraire, au-dessus d'un certain plafond, les dirigeants ont intérêt à ne pas afficher une performance trop importante, car cela n'affecterait que peu la rémunération. Il leur est alors préférable de reporter une partie de leurs produits aux exercices comptables futurs pour augmenter la probabilité d'obtenir un bonus.

D'un point de vue empirique, les études démontrant une gestion de l'ICF à la hausse lors de l'attribution d'actions ou d'options d'achat sur actions sont nombreuses (Balsam 1998; Ronen et Yaari 2008). Goldman et Slezak (2006) mettent en évidence une gestion de l'ICF lorsque la rémunération est liée au cours de l'action. Toutefois, le conseil d'administration, et plus particulièrement les comités spécialisés en charge de la rémunération des dirigeants et de l'audit, peuvent avoir un rôle décisif.

La gestion de l'information comptable et financière sur le plan international

Dans une étude internationale portant sur 31 pays entre 1990 et 1999, il a été démontré que la gestion de l'ICF est moins courante dans les pays disposant de marchés financiers développés, d'une protection légale des investisseurs forte et d'une structure de l'actionnariat des entreprises dispersées[74] (Leuz et al. 2003). Parallèlement, la qualité de l'information financière est plus faible dans les entreprises à capital fermé que dans les entreprises cotées en bourse (Burghstahler et al. 2006).

Dans le cadre d'une analyse plus approfondie, il a été mis en évidence qu'un cadre juridique favorable aux actionnaires minoritaires est un frein à la gestion de l'ICF uniquement pour les entreprises auditées par un big 4 (Francis et Dechun 2008).

Le rapport entre le cadre légal et l'information financière est conforté par la mise en évidence d'une plus faible gestion de l'information dans les pays disposant d'un système fiscal rigoureux et efficace (Wysocki 2004).

Les freins à la gestion de l'information comptable et financière

La gouvernance de l'entreprise

La qualité de l'ICF est une dimension à laquelle les acteurs de la gouvernance portent une attention particulière. La relation logique est qu'une meilleure gouvernance est associée à une faible gestion de l'ICF. Il a ainsi été démontré qu'un conseil d'administration indépendant et un comité d'audit indépendant et efficace sont associés à une moindre gestion de l'ICF (Beasley 1996; Klein 2002; Abbott et al. 2004; Farber 2005; Vafeas 2005; Laux et Laux 2009).

[74] Dans cette perspective, la qualité de l'information financière publiée par les entreprises cotées aux États-Unis est meilleure que dans les autres pays (Lang et al. 2006).

Le comité d'audit est particulièrement important en matière de qualité de l'ICF, car c'est une de ses priorités de veiller à ce que les documents publiés soient informatifs. Dans cette perspective, il est nécessaire de s'assurer que l'indépendance et le nombre de réunions du comité ne sont pas que des qualités cosmétiques. Le cas du comité d'audit d'*Enron* est à ce titre pertinent. L'ordre du jour du comité d'audit d'*Enron*, le 12 janvier 2001, était le suivant (Allaire et Firsirotu 2005) :

1. Receive and discuss the auditors' report on their audit;
2. Discuss with the auditors Enron's internal controls, accounting procedures, and financial reporting;
3. Review the significant reserves included in Enron's 2000 financial statements;
4. Review all transactions with LMJ during 2000 as well as the special procedure for approval of such transactions;
5. Review the report on legal matters;
6. Review the 2000 financial statements and recommend to the Board that they be included in Enron's annual report and Form 10-K;
7. Review and approve the Audit and Compliance Committee charter;
8. Review the internal control audit plan for 2001;
9. Review the company's policies and practices for management's communications with analysts.

Cet ordre du jour particulièrement volumineux a été traité dans une réunion dont la durée a été de 1 h 35. Il est ici utile de rappeler que les dirigeants vont avouer que les états financiers étaient faux en novembre 2001. Dans le cas d'*Enron*, la cosmétique du comité d'audit et du conseil d'administration était parfaite, mais la réalité et l'efficacité inexistantes.

Les auditeurs

Parallèlement au conseil d'administration et au comité d'audit, les auditeurs ont un rôle majeur dans la détermination de la qualité de l'ICF. Deux caractéristiques relatives aux auditeurs prennent une importance particulière : leur qualité et les honoraires qu'ils perçoivent.

La qualité d'un auditeur est mesurée par l'appartenance du cabinet aux big 4[75]. Cette appartenance est associée pour différentes raisons à une moindre gestion de la qualité de l'ICF. La première est la nécessité pour le cabinet de préserver sa réputation (Francis et Wilson 1988). La seconde est le risque de litige judiciaire en cas de mécontentement des actionnaires face à une gestion agressive de l'ICF (Heninger 2001).

Concernant les honoraires d'audit, ils sont souvent perçus comme une ressource pour les auditeurs qui peuvent alors être plus consciencieux et sévères en matière de qualité de l'ICF. Toutefois, cette logique n'est pas confirmée dans les études qui n'aboutissent à aucun consensus. Alors que certains auteurs aboutissent à une relation négative (Frankel et al. 2002), d'autres démontrent une relation positive (Gul et al. 2003; Antle et al. 2006) ou une absence de relation (Ashbaugh et al. 2003). À partir de données plus précises, c'est-à-dire à partir d'une base de données sur les heures facturées par les auditeurs pour les sociétés cotées en Grèce, Caramanis et Lennox (2008) mettent en évidence qu'un nombre d'heures faible est associé à une importante gestion de l'ICF, notamment afin de dépasser le seuil d'un bénéfice nul lorsque celui-ci devrait être négatif.

[75] Pour plus de détails, voir le chapitre sur les auditeurs.

Conclusion

La qualité de l'information financière est un concept dont les contours sont flous. Certes, l'information comptable fait l'objet d'une importante réglementation, différents jeux de normes (IAS/IFRS, normes comptables des entreprises à capital fermé) l'encadrent et des ordres professionnels permettent de s'assurer que ces réglementations et normes sont respectées.

Toutefois, ce serait une erreur de penser que des documents comptables certifiés par des auditeurs fournissent par définition une information de qualité. Par exemple, la norme IAS 1 définit l'image fidèle des états financiers, mais ne définit pas le concept de qualité de l'information financière.

Afin d'évaluer la qualité de l'information financière, différents outils ont été développés dans la littérature scientifique. Malgré ceux-ci, aucun consensus ne se dégage, seules des mesures complémentaires ont été développées (lissage, *value relevance*, *accruals*, conservatisme).

Le professionnel s'interroge

Analyser la gouvernance de l'entreprise

- Quelle est la qualité de la gouvernance de l'entreprise?
    - Quelles sont les caractéristiques du conseil d'administration?
    - Quelles sont les caractéristiques du comité d'audit?
    - Quelles sont les caractéristiques de l'auditeur?

Analyser le contexte de l'entreprise

- Est-ce que le contexte judiciaire de l'entreprise est risqué?
- Est-ce que le contexte légal est stable?
- Est-ce que l'entreprise est impliquée dans une opération financière (introduction en bourse, opération d'acquisition, etc.)?
- Quelle est la qualité de la politique de rémunération des dirigeants?

Identifier les points critiques

- Est-ce que des changements inexpliqués des pratiques comptables ont eu lieu?
- Est-ce que des transactions inhabituelles ont eu un impact sur les principaux soldes comptables (chiffre d'affaires, résultat d'exploitation, résultat net)?
- Est-ce que l'évolution des niveaux de créances et de stocks est logique par rapport à l'activité de l'entreprise?
- Est-ce que les flux de trésorerie sont logiques par rapport au résultat net?
- Est-ce que l'entreprise est impliquée de manière significative dans des transactions entre parties liées?

Questions à choix multiples

1. Quelle conclusion n'est pas issue de la théorie positive de la comptabilité?

a) *Ceteris paribus*, les dirigeants des firmes où il existe un contrat d'intéressement sont plus susceptibles de choisir les procédures comptables qui reportent le résultat des périodes futures vers la période courante.

b) *Ceteris Paribus*, plus la politique de dividendes est faible, plus l'entreprise aura tendance à sélectionner des procédures comptables qui reportent les profits des périodes futures vers la période actuelle.

c) *Ceteris paribus*, plus une firme a un ratio dette sur fonds propres élevé, plus cette firme aura tendance à sélectionner des procédures comptables qui reportent les profits des périodes futures vers la période actuelle.

d) *Ceteris paribus*, plus une firme est grande et plus elle aura tendance à choisir des méthodes comptables qui diffèrent la sécrétion du résultat vers les périodes futures.

e) Aucune réponse ne convient.

2. Quelle décision n'a pas pour objectif de gérer l'information comptable et financière?

a) Gestion du résultat.

b) Lissage des résultats.

c) Nettoyage des comptes.

d) Choix des auditeurs.

e) Aucune réponse ne convient.

3. Quel seuil n'est pas majeur en matière de gestion de la qualité de l'information comptable et financière?

a) Le résultat net égal à zéro.

b) Les prévisions publiées par les dirigeants au cours de l'exercice précédent.

c) Le résultat de l'exercice précédent.

d) Les prévisions des analystes financiers.

e) Aucune réponse ne convient.

4. Quel contexte n'est pas favorable à une gestion de l'information comptable et financière?

a) Une introduction en bourse.

b) La violation d'une clause de remboursement anticipé.

c) L'obtention d'un brevet pharmaceutique.

d) Un changement de dirigeant.

e) Aucune réponse ne convient.

5. Parmi les affirmations suivantes, laquelle est correcte?

a) Les états financiers présentent une image fidèle des risques de l'entreprise.

b) L'information comptable et financière ne peut pas être gérée.

c) Les auditeurs ont pour mission de vérifier la régularité des états financiers.

d) Les documents comptables ont pour qualité d'être lisibles et donc facilement interprétés par leurs utilisateurs.

e) Aucune réponse ne convient.

6. Quel contexte n'est pas une raison de gestion de l'information comptable et financière?

a) La nomination du dirigeant à la tête d'un organisme à but non lucratif.

b) La renégociation de la rémunération du dirigeant.

c) La nomination d'un nouveau dirigeant après la révocation de l'ancien.

d) Le départ à la retraite du dirigeant.

e) Aucune réponse ne convient.

7. Parmi les acteurs de la gouvernance suivants, lequel ne représente pas un frein à la gestion de l'information comptable et financière?

a) Le conseil d'administration.

b) L'auditeur.

c) Le comité d'audit.

d) Le dirigeant.

e) Aucune réponse ne convient.

8. Quel événement n'est pas un contexte favorable à la gestion de l'information comptable et financière?

a) Une introduction en bourse.

b) Une constitution de filiale.

c) Une augmentation de capital.

d) Une cession d'entreprise.

e) Aucune réponse ne convient.

9. Parmi les contextes suivants, lequel n'est pas favorable à la gestion de l'information comptable et financière?

a) Un risque judiciaire élevé.

b) Un cadre légal et réglementaire en mouvement.

c) Un changement de dirigeant à la suite d'une révocation.

d) Une internationalisation de l'activité de l'entreprise.

e) Aucune réponse ne convient.

10. Parmi les affirmations suivantes, laquelle est fausse?

a) La gestion de l'information comptable et financière est illégale.

b) La gestion de l'information comptable et financière est interdite par les normes comptables.

c) La gestion de l'information comptable et financière est anticipée par les analystes financiers.

d) Les auditeurs ne doivent pas certifier les états financiers d'une entreprise qui gère son information comptable et financière.

e) Aucune réponse ne convient.

Réponses

1. b	6. a
2. d	7. d
3. b	8. b
4. c	9. d
5. c	10. c

Bibliographie

Abarbanell, J., Lehavy, R. (2003). Can stock recommendations predict earnings management and analysts' earnings forecast errors? *Journal of Accounting Research* 41 (1): 1-31.

Abbott, L. J., Parker, S., Peters, G. F. (2004). Audit committee characteristics and restatements. *Auditing: A Journal of Practice & Theory* 23 (1): 69-87.

Akerlof, G. A. (1970). The market for "lemons": Quality uncertainty and the market mechanism. *Quarterly Journal of Economics* 84 (3): 488-500.

Allaire, Y., Firsirotu, M. (2005). *Beyond monks and minow: From fiduciary to value creating governance.* Montreal: Forstrat-International-Press.

Antle, R., Gordon, E., Narayanamoorthy, G., Zhou, L. (2006). The joint determination of audit fees, non-audit fees, and abnormal accruals. *Review of Quantitative Finance & Accounting* 27 (3): 235-266.

Ashbaugh, H., LaFond, R., Mayhew, B. W. (2003). Do nonaudit services compromise auditor independence? Further evidence. *Accounting Review* 78 (3): 611-639.

Ball, R., Brown, P. (1968). An empirical evaluation of accounting income numbers. *Journal of Accounting Research* 6 (2): 159-178.

Balsam, S. (1998). Discretionary accounting choices and CEO compensation. *Contemporary Accounting Research* 15 (3): 229-252.

Barth, M. E., Elliott, J. A., Finn, M. W. (1999). Market rewards associated with patterns of increasing earnings. *Journal of Accounting Research* 37 (2): 387-413.

Barth, M. E., Landsman, W. R., Lang, M. H. (2008). International accounting standards and accounting quality. *Journal of Accounting Research* 46 (3): 467-498.

Beasley, M. S. (1996). An empirical analysis of the relation between the board of director composition and financial statement fraud. *Accounting Review* 71 (4): 443-465.

Beneish, M. D., Press, E., Vargus, M. E. (2012). Insider trading and earnings management in distressed firms. *Contemporary Accounting Research* 29 (1): 191-220.

Bhattacharya, N., Black, E. L., Christensen, T. E., Mergenthaler, R. D. (2004). Empirical evidence on recent trends in pro forma reporting. *Accounting Horizons* 18 (1): 27-43.

Bloomfield, R. J. (2002). The "incomplete revelation hypothesis" and financial reporting. *Accounting Horizons* 16 (3): 233-243.

Boulton, T. J., Smart, S. B., Zutter, C. J. (2011). Earnings quality and international ipo underpricing. *Accounting Review* 86 (2): 483-505.

Boyer, J.-Y. (1990). Influence de la structure textuelle et de la redondance sur la lisibilité. *Canadian Journal of Education / Revue canadienne de l'éducation* 15 (1) : 16-36.

Bradshaw, M. T., Sloan, R. G. (2002). Gaap versus the street: An empirical assessment of two alternative definitions of earnings. *Journal of Accounting Research* 40 (1): 41-66.

Burghstahler, D. C., Hail, L., Leuz, C. (2006). The importance of reporting incentives: Earnings management in European private and public firms. *Accounting Review* 81 (5): 983-1016.

Burgstahler, D., Dichev, I. (1997). Earnings management to avoid earnings decreases and losses. *Journal of Accounting and Economics* 24 (1): 99-126.

Burgstahler, D. C., Eames, M. J. (2003). Earnings management to avoid losses and earnings decreases: Are analysts fooled? *Contemporary Accounting Research* 20 (2): 253-294.

Byard, D., Hossain, M., Mitra, S. (2007). US oil companies' earnings management in response to hurricanes Katrina and Rita. *Journal of Accounting and Public Policy* 26 (6): 733-748.

Cahan, S. (1992). The effect of antitrust investigations on discretionary accruals: A refined test of the political-cost hypothesis. *Accounting Review* 67 (1): 77-96.

Caramanis, C., Lennox, C. (2008). Audit effort and earnings management. *Journal of Accounting and Economics* 45 (1): 116-138.

Casta, J.-F., Stolowy, H. (2012). De la qualité comptable : Mesure et enjeux. In *Comptabilité, société, politique : Mélanges en l'honneur du professeur bernard colasse* (Economica). Paris : 97-111.

Cho, S. Y., Sachs, K. D. (2012). Earnings management and deregulation: The case of motor carriers. *Journal of Accounting and Public Policy* 31 (5): 451-470.

Christensen, T. E., Drake, M. S., Thornock, J. R. (2014). Optimistic reporting and pessimistic investing: Do pro forma earnings disclosures attract short sellers? *Contemporary Accounting Research* 31 (1): 67-102.

Clatworthy, M. A., Jones, M. J. (2001). The effect of thematic structure on the variability of annual report readability. *Accounting, Auditing & Accountability Journal* 14 (3): 311-326.

Cormier, D., Magnan, M., Morard, B. (1998). La gestion stratégique des résultats : Le modèle anglo-saxon convient-il au contexte suisse? *Comptabilité – Contrôle – Audit* 4 (1) : 25-48.

Courtis, J. K. (1987). Fry, smog, lix and rix: Insinuations about corporate business communications. *Journal of Business Communication* 24 (2): 19-27.

Courtis, J. K. (1995). Readibility of annual reports: Western versus Asian evidence. *Accounting, Auditing, Accountability Journal* 8 (2): 4-17.

Dascher, P. E., Malcom, R. E. (1970). A note on income smoothing in the chemical industry. *Journal of Accounting Research* 8 (2): 253-259.

Davis-Friday, P. Y. (2010). Discussion of "financial reporting quality in international settings: A comparative study of the U.S.A., Japan, Thailand, France and Germany". *The International Journal of Accounting* 45 (1): 35-38.

DeAngelo, L. E. (1986). Accounting numbers as market valuation substitutes: A study of management buyouts of public stockholders. *Accounting Review* 61 (3): 400.

Dechow, P. M., Ge, W., Schrand, C. (2010). Understanding earnings quality: A review of the proxies, their determinants and their consequences. *Journal of Accounting and Economics* 50 (2-3): 344-401.

Dechow, P. M., Sloan, R. G. (1991). Executive incentives and the horizon problem: An empirical investigation. *Journal of Accounting and Economics* 14 (1): 51-89.

DeFond, M. L. (2010). Earnings quality research: Advances, challenges and future research. *Journal of Accounting and Economics* 50 (2-3): 402-409.

Degeorge, F., Patel, J., Zeckhauser, R. (1999). Earnings management to exceed thresholds. *Journal of Business* 72 (1): 1-33.

Doyle, J. T., Jennings, J. N., Soliman, M. T. (2013). Do managers define non-gaap earnings to meet or beat analyst forecasts? *Journal of Accounting and Economics* 56 (1): 40-56.

Easterwood, C. M. (1997). Takeovers and incentives for earnings management: An empirical analysis. *Journal of Applied Business Research* 14 (1): 29-47.

Elliott, J. A., Shaw, W. H. (1988). Write-offs as accounting procedures to manage perceptions. *Journal of Accounting Research* 26 (3): 91-119.

Fama, E. F. (1970). Efficient capital markets: A review of theory and empirical work. *Journal of Finance* 25 (2): 383-417.

Fama, E. F. (1976). Efficient capital markets: Reply. *Journal of Finance* 31 (1): 143-145.

Fama, E. F. (1991). Efficient capital markets: Ii. *Journal of Finance* 46 (5): 1575-1617.

Fama, E. F., Fisher, L., Jensen, M. C., Roll, R. (1969). The adjustment of stock prices to new information. *International Economic Review* 10 (1): 1-21.

Farber, D. B. (2005). Restoring trust after fraud: Does corporate governance matter? *Accounting Review* 80 (2): 539-561.

Fernbach, N. (1990). *La lisibilité dans la réaction juridique au québec.* Ottawa : Le Centre de promotion de la lisibilité, Centre Canadien d'information juridique.

Francis, J., Hanna, J. D., Vincent, L. (1996). Causes and effects of discretionary asset write-offs. *Journal of Accounting Research* 34 (3): 117-134.

Francis, J. R., Dechun, W. (2008). The joint effect of investor protection and Big 4 audits on earnings quality around the world. *Contemporary Accounting Research* 25 (1): 157-191.

Francis, J. R., Wilson, E. R. (1988). Auditor changes: A joint test of theories relating to agency costs and auditor differentiation. *Accounting Review* 63 (4): 663-682.

Frankel, R. M., Johnson, M. F., Nelson, K. K. (2002). The relation between auditors' fees for nonaudit services and earnings management. *Accounting Review* 77 (4): 71-105.

Fudenberg, D., Tirole, J. (1995). A theory of income and dividend smoothing based on incumbency rents. *Journal of Political Economy* 103 (1): 75-93.

Gémar, J.-C. (2011). Aux sources de la « jurilinguistique » : Texte juridique, langues et cultures. *Revue francaise de linguistique appliquée* XVI (1) : 9-16.

Gill-de-Albornoz, B., Illueca, M. (2005). Earnings management under price regulation: Empirical evidence from the Spanish electricity industry. *Energy Economics* 27 (2): 279-304.

Godfrey, J., Mather, P., Ramsay, A. (2003). Earnings and impression management in financial reports: The case of CEO changes. *Abacus* 39 (1): 95-123.

Goel, A. M., Thakor, A. V. (2003). Why do firms smooth earnings? *Journal of Business* 76 (1): 151-192.

Goldman, E., Slezak, S. L. (2006). An equilibrium model of incentive contracts in the presence of information manipulation. *Journal of Financial Economics* 80 (3): 603-626.

Gowthorpe, C., Amat, O. (2005). Creative accounting: Some ethical issues of macro- and micro-manipulation. *Journal of Business Ethics* 57 (1): 55-64.

Graham, J. R., Harvey, C. R., Rajgopal, S. (2005). The economic implications of corporate financial reporting. *Journal of Accounting and Economics* 40 (1–3): 3-73.

Guenther, D. A. (1994). Earnings management in response to corporate tax rate changes: Evidence from the 1986 tax reform act. *Accounting Review* 69 (1): 230-243.

Gul, F. A., Chen, C. J. P., Tsui, J. S. L. (2003). Discretionary accounting accruals, managers' incentives, and audit fees. *Contemporary Accounting Research* 20 (3): 441-464.

Healy, P. (1985). The effect of bonus schemes on accounting decisions. *Journal of Accounting and Economics* 7: 87-107.

Healy, P. M., Wahlen, J. M. (1999). A review of the earnings management literature and its implications for standard setting. *Accounting Horizons* 13 (4): 365-383.

Heninger, W. G. (2001). The association between auditor litigation and abnormal accruals. *Accounting Review* 76 (1): 111-126.

Hillier, D., Hodgson, A., Stevenson-Clarke, P., Lhaopadchan, S. (2008). Accounting window dressing and template regulation: A case study of the Australian credit union industry. *Journal of Business Ethics* 83 (3): 579-593.

Hughes II, K. E., Johnston, J. A., Omonuk, J. B., Dugan, M. T. (2012). Rate regulation of U.S. Electric utilities: Does it deter earnings management? *Advances in Accounting* 28 (1): 49-63.

Isidro, H., Marques, A. (2013). The effects of compensation and board quality on non-gaap disclosures in Europe. *International Journal of Accounting* 48 (3): 289-317.

Jaggi, B., Picheng, L. (2002). Earnings management response to debt covenant violations and debt restructuring. *Journal of Accounting, Auditing & Finance* 17 (4): 295-324.

Jensen, M. C., Meckling, W. H. (1994). The nature of man. *Journal of Applied Corporate Finance* 7 (2): 4-19.

Jha, A. (2013). Earnings management around debt-covenant violations – an empirical investigation using a large sample of quarterly data. *Journal of Accounting, Auditing & Finance* 28 (4): 369-396.

Jones, J. J. (1991). Earnings management during import relief investigations. *Journal of Accounting Research* 29 (2): 193-228.

Jones, M. (2011). *Creative accounting, fraud and international accounting standards.* John Wiley & Sons.

Jung, B., Soderstrom, N., Yang, Y. S. (2013). Earnings smoothing activities of firms to manage credit ratings* earnings smoothing activities of firms to manage credit ratings. *Contemporary Accounting Research* 30 (2): 645-676.

Kerstein, J., Rai, A. (2007). Intra-year shifts in the earnings distribution and their implications for earnings management. *Journal of Accounting and Economics* 44 (3): 399-419.

Key, K. G. (1997). Political cost incentives for earnings management in the cable television industry. *Journal of Accounting and Economics* 23 (3): 309-337.

Klein, A. (2002). Audit committee, board of director characteristics, and earnings management. *Journal of Accounting and Economics* 33 (3): 375-400.

Laframboise, Y. (1978). La lisibilité : Qu'est-ce que la lisibilité? Quels éléments rendent un texte lisible et un autre pas? *Québec francais* (32) : 27-29.

Lang, M., Smith Raedy, J., Wilson, W. (2006). Earnings management and cross listing: Are reconciled earnings comparable to us earnings? *Journal of Accounting and Economics* 42 (1–2): 255-283.

Laux, C., Laux, V. (2009). Board committees, CEO compensation, and earnings management. *Accounting Review* 84 (3): 869-891.

Le Maux, J. (2014). *Analyse financière.* Chenelière éducation.

Le Maux, J. (2015). La lisibilité de l'information financière. *Revue francaise de linguistique appliquée* 20 (2) : 99-113.

Lehavy, R., Feng, L., Merkley, K. (2011). The effect of annual report readability on analyst following and the properties of their earnings forecasts. *Accounting Review* 86 (3): 1087-1115.

Leland, H. E., Pyle, D. H. (1977). Informational asymmetries, financial structure, and financial intermediation. *Journal of Finance* 32 (2): 371-387.

Leuz, C., Nanda, D., Wysocki, P. D. (2003). Earnings management and investor protection: An international comparison. *Journal of Financial Economics* 69 (3): 505-527.

Lewis, N. R., Parker, L. D., Pound, G. D., Sutcliffe, P. (1986). Accounting report readability: The use of readability techniques. *Accounting & Business Research* 16 (63): 199-213.

Li, F. (2008). Annual report readability, current earnings, and earnings persistence. *Journal of Accounting and Economics* 45 (2-3): 221-247.

Libby, R., Hunton, J. E., Tan, H.-T., Seybert, N. (2008). Relationship incentives and the optimistic/pessimistic pattern in analysts' forecasts. *Journal of Accounting Research* 46 (1): 173-198.

Lim, S., Matolcsy, Z. (1999). Earnings management of firms subjected to product price controls. *Accounting & Finance* 39 (2): 131-150.

Lin, K. Z. (2006). The impact of tax holidays on earnings management: An empirical study of corporate reporting behavior in a developing-economy framework. *The International Journal of Accounting* 41 (2): 163-175.

Loughran, T., McDonald, B. (2014). Measuring readability in financial disclosures. *Journal of Finance* 69 (4): 1643-1671.

Loughran, T., Ritter, J. R. (1997). The operating performance of firms conducting seasoned equity offerings. *Journal of Finance* 52 (5): 1823-1850.

Magnan, M., Nadeau, C., Cormier, D. (1999). Earnings management during antidumping investigations: Analysis and implications. *Revue Canadienne des Sciences de l'Administration/Canadian Journal of Administrative Sciences* 16 (2) : 149-162.

Mathew, E. M., Rajiah, K., Sharma, K. K. (2013). Interpretation of consumer's perception on readability of consumer medical information leaflets on obesity and lipid lowering drugs with standard methods. *Journal of Pharmacy Research* 7 (7): 606-610.

McInnis, J. (2010). Earnings smoothness, average returns, and implied cost of equity capital. *Accounting Review* 85 (1): 315-341.

Ménard, L. (2014). *Dictionnaire de la comptabilité et de la gestion financière.* 3e : Comptables Professionnels Agréés Canada.

Miller, B. P. (2010). The effects of reporting complexity on small and large investor trading. *Accounting Review* 85 (6): 2107-2143.

Monem, R. M. (2003). Earnings management in response to the introduction of the Australian gold tax. *Contemporary Accounting Research* 20 (4): 747-774.

Morsfield, S. G., Tan, C. E. L. (2006). Do venture capitalists influence the decision to manage earnings in initial public offerings? *Accounting Review* 81 (5): 1119-1150.

Myers, J. N., Myers, L. A., Skinner, D. J. (2007). Earnings momentum and earnings management. 22 (2): 249-284.

Parker, L. D. (1982). Corporate annual reporting: A mass communication perspective. *Accounting & Business Research* 12 (48): 279-286.

Pashalian, S., Crissy, W. J. E. (1950). How readable are corporate annual reports? *Journal of Applied Psychology* 34 (4): 244-248.

Perry, S. E., Williams, T. H. (1994). Earnings management preceding management buyout offers. *Journal of Accounting and Economics* 18 (2): 157-179.

Pfeiffer, R. J. (1998). Market value and accounting implications of off-balance-sheet items. *Journal of Accounting and Public Policy* 17 (3): 185-207.

Pound, G. D. (1981). A note on audit report readability. *Accounting and Finance* May: 45-55.

Rahman, A., Yammeesri, J., Perera, H. (2010). Financial reporting quality in international settings: A comparative study of the USA, Japan, Thailand, France and Germany. *The International Journal of Accounting* 45 (1): 1-34.

Rogers, R. K., Grant, J. (1997). Content analysis of information cited in reports of sell-side financial analysts. *Journal of Financial Statement Analysis* 3 (1): 17-30.

Ronen, J., Sadan, S. (1981). *Smoothing income numbers: Objectives, means, and implications.* Reading, MA: Addison-Wesley.

Ronen, J., Yaari, V. (2008). *Earnings management – emerging insights in theory, practice, and research.* Springer.

Schipper, K. (1989). Commentary on earnings management. *Accounting Horizons* 3 (4): 91-102.

Schmidt, D. (2004). *Les conflits d'intérêts dans la société anonyme.* Joly.

Skinner, D., Sloan, R. G. (2002). Earnings surprises, growth expectations, and stock returns or don't let an earnings torpedo sink your portfolio. *Review of Accounting Studies* 7: 289-312.

Smith, J. E., Smith, N. P. (1971). Readability: A measure of the performance of the communication function of financial reporting. *Accounting Review* 46 (3): 552.

Smith, M., Taffler, R. (1992). Readability and understandibility: Different measures of the textual complexity of accounting narratives. *Accounting, Auditing, Accountability Journal* 5 (4): 84-98.

Soper, F. J., Dolphin, R. (1964). Readibility and corporate annual reports. *Accounting Review* 39 (2): 358.

Stickney, C. P. (1975). Window dressing the interim-earnings report: An empirical assessment for firms initially going public. *Journal of Business* 48 (1): 87-97.

Still, M. D. (1972). The readability of chairman's statements. *Accounting and Business Research* Winter: 36-39.

Strong, J. S., Meyer, J. R. (1987). Asset writedowns: Managerial incentives and security returns. *Journal of Finance* 42 (3): 643-661.

Teoh, S. H., Welch, I., Wong, T. J. (1998a). Earnings management and the long-run market performance of initial public offerings. *Journal of Finance* 53 (6): 1935-1974.

Teoh, S. H., Welch, I., Wong, T. J. (1998b). Earnings management and the underperformance of seasoned equity offerings. *Journal of Financial Economics* 50 (1): 63-99.

Teoh, S. H., Wong, T. J., Rao, G. R. (1998c). Are accruals during initial public offerings opportunistic? *Review of Accounting Studies* 3 (1-2): 175-208.

Tucker, J. W., Zarowin, P. A. (2006). Does income smoothing improve earnings informativeness? *Accounting Review* 81 (1): 251-270.

Vafeas, N. (2005). Audit committees, boards, and the quality of reported earnings. *Contemporary Accounting Research/Recherche Comptable Contemporaine* 22 (4): 1093-1122.

Walsh, P., Craig, R., Clarke, F. (1991). "Big bath accounting" using extraordinary items adjustments: Australian empirical evidence. *Journal of Business Finance & Accounting* 18 (2): 173-189.

Wang, L.-W., Miller, M. J., Schmitt, M. R., Wen, F. K. (2013). Assessing readability formula differences with written health information materials: Application, results, and recommendations. *Research in Social and Administrative Pharmacy* 9 (5): 503-516.

Watts, R. L., Zimmerman, J. L. (1986). *Positive accounting theory.* Englewood Cliffs, NJ: Prentice Hall.

Weisbach, M. S. (1995). CEO turnover and the firm's investment decisions. *Journal of Financial Economics* 37 (2): 159-188.

Wysocki, P. D. (2004). Discussion of ultimate ownership, income management, and legal and extra-legal institutions. *Journal of Accounting Research* 42 (2): 463-474.

7 Qualité de l'information financière

Méthodes d'évaluation de la qualité de l'information financière

« Dans un bilan, il n'y a que la date qui n'implique pas un jugement. »

Veron et al. (2004)

Introduction

Au cours du chapitre précédent, il a été démontré que l'information comptable et financière (ICF) est certes réglementée, mais ne peut être systématiquement synonyme de transparence. La qualité de l'information financière est donc une variable pouvant être gérée par la direction, et non une constante résultant des normes comptables ou d'information financière. Cette gestion possible, et probable, oblige les utilisateurs des états financiers à développer des méthodes permettant d'évaluer la qualité de l'information financière. Certains investisseurs utilisent une méthode indirecte comme mesure de la qualité de l'information financière en se fiant à la réputation de l'entreprise (Cao et al. 2012).

Toutefois, la réputation n'est pas un actif financier mesurable, et de nombreuses mesures de la qualité de l'ICF existent. Elles reposent sur un principe fondamental : le résultat net n'est pas un indicateur pur et parfait. Pourtant, les analystes, les investisseurs ou la presse financière continue à utiliser des ratios fondés sur ce solde comptable (ROE[76], ROA[77], marge nette[78]).

Selon le cadre conceptuel des normes d'information financière internationales, « ***L'objectif de l'information financière à usage général est de fournir****, au sujet de l'entité qui la présente (l'entité comptable),* ***des informations utiles aux investisseurs, aux prêteurs et aux autres créanciers actuels et potentiels aux fins de leur prise de décisions sur la fourniture de ressources à l'entité****. Ces décisions ont trait à l'achat, à la vente ou à la conservation de titres de capitaux propres ou de créance, et à la fourniture ou au règlement de prêts et d'autres formes de crédit* » (OB2).

Dans ce contexte, étant donné que l'information financière est essentielle dans la vie des entreprises et de ses parties prenantes, la question de l'analyse de sa qualité est une étape importante. Ce point est d'autant plus important depuis que le concept de juste valeur est devenu un élément fondamental en comptabilité.

Au cours du chapitre précédent, une étude des incitations à gérer la qualité de l'ICF a démontré que les dirigeants souhaitant atteindre une certaine performance ont recours aux différentes méthodes existantes. Au cours de ce chapitre seront étudiées toutes les méthodes permettant de mesurer la gestion de l'ICF.

Typologie des mesures

Il existe de nombreuses définitions ou typologies sur le thème des mesures de la qualité de l'ICF. La principale raison en est qu'il s'agit d'un concept à plusieurs facettes et qu'aucune méthode ne permet à elle seule d'évaluer en globalité cette qualité.

Tableau 7.1 Typologie des mesures de la qualité de l'information comptable et financière

Catégories	Mesures
Propriétés du résultat *Properties of earnings*	• Gestion du résultat • Persistance du résultat • Lissage du résultat • Conservatisme • Gestion des seuils comptables et financiers
Réaction des investisseurs *Investor responsiveness*	• *Earnings Response Cœfficient* (ERC)
Indicateurs externes d'inexactitudes *External indicators of earnings misstatements*	• Retraitements comptables • Non-respect des règles comptables • Contrôle interne défectueux

Source : Dechow et al. (2010)

[76] La rentabilité des capitaux propres, ou *Return on Equity* (ROE), est égale au rapport entre le résultat net et les capitaux propres.
[77] La rentabilité de l'actif, ou *Return on Assets* (ROA), est égale au rapport entre le résultat net et le total de l'actif.
[78] La marge nette est égale au rapport entre le résultat net et le chiffre d'affaires.

Parmi ces trois catégories de mesures de la qualité de l'ICF, deux respectent le cadre légal et réglementaire (propriétés du résultat et réaction des investisseurs), alors que la troisième en franchit les limites (indicateurs externes d'inexactitudes). Au cours de ce chapitre seront abordées les propriétés du résultat et la réaction des investisseurs[79]. Les opérations frauduleuses ou celles nécessitant des retraitements comptables seront abordées dans les chapitres suivants.

Gestion du résultat

La gestion du résultat, ou *earnings management*, est issue de l'utilisation volontaire des différentes options comptables disponibles pour accélérer ou au contraire retarder la constatation comptable des produits et résultats. Il ne s'agit pas de faire des manipulations frauduleuses, mais uniquement de bénéficier des avantages offerts par les normes comptables en matière de communication financière.

Exemple d'*accruals*

Avoir recours à la gestion du résultat nécessite de savoir utiliser les *accruals*. Les *accruals*[80] sont issus de l'apparition d'une différence entre la constatation d'un flux de trésorerie et d'une écriture comptable au journal. L'exemple suivant permet de comprendre l'origine des *accruals* :

Tableau 7.2 Les *accruals* par rapport au flux de trésorerie

Période	1	2	3
Événement	Paiement d'une avance par le client	Livraison de la marchandise	Paiement de la facture par le client
Flux de trésorerie	Entrée de trésorerie	Aucun	Entrée de trésorerie
Constatation comptable des produits	Aucune	Augmentation du chiffre d'affaires	Aucune
Accruals	Augmentation des « produits perçus d'avance »	• Réduction des « produits perçus d'avance » • Création d'une « créance client »	Réduction de la « créance client »

Source : Ronen et Yaari (2008)

[79] Les problématiques liées à l'atteinte ou au franchissement des seuils (résultat nul, résultat de l'année précédente et prévision des analystes) ont été étudiées au cours du chapitre précédent.

[80] Selon le *Dictionnaire de la comptabilité et de la gestion financière* (Ménard 2014), les *accruals* peuvent être définis comme :

- « *Produit à recevoir* : Élément d'actif auquel correspond un produit au titre de biens ou de services qui ont été vendus ou fournis, mais qui n'ont pas été encaissés, facturés ou n'ont pas encore fait l'objet d'un accord formalisé avec le client ou le débiteur. »
- « *Charges payées d'avance* : Élément de passif auquel correspond une charge au titre de biens ou de services qui ont été reçus, mais qui n'ont pas été payés, facturés ou n'ont pas encore fait l'objet d'un accord formalisé avec le fournisseur. »

Dans cet exemple, il est possible de constater qu'il existe un décalage entre la constatation comptable de l'opération et le flux de trésorerie perçu. À la fin de la période 3, le total des flux de trésorerie est bien égal au total du chiffre d'affaires, mais cela n'est pas le cas à la fin des périodes 1 et 2.

Les *accruals* peuvent être déterminées selon deux méthodes :

1. Approche par l'état de la situation financière (Jones 1991) :

$$\text{Accruals} = \Delta(\text{actif courant} - \text{trésorerie}) - \Delta(\text{passif courant} - \text{part à CT de la dette à LT}) - \text{Amortissement et dépréciation}$$

2. Approche par les flux de trésorerie :

$$\text{Accruals totaux} = \text{résultat net} - \text{flux de trésorerie}$$

Le choix de la méthode d'évaluation des *accruals* a suivi un ordre chronologique : l'approche par l'état de la situation financière a été très utilisée au cours des années 1990, alors que l'autre est plus utilisée actuellement. Il a en effet été démontré que le calcul à l'aide des flux de trésorerie aboutissait à moins d'erreurs (Hribar et Collins 2002).

Le tableau 7.3 présente une simple comparaison des résultats nets et des flux de trésorerie provenant des activités opérationnelles des entreprises canadiennes au cours de la période 1984-2011. Il peut y être noté que 6 % des entreprises affichent un résultat net positif alors que leur flux de trésorerie est négatif. À l'opposé, 12,4 % des entreprises affichent un résultat net négatif, tandis que leur flux de trésorerie est positif.

Tableau 7.3 **Comparaison entre le résultat net et le flux de trésorerie provenant des activités opérationnelles au Canada entre 1984 et 2011**

		Résultat net		
		Négatif	**Positif**	**Total**
Flux de trésorerie provenant des activités opérationnelles	**Négatif**	40,7 %	**6,0 %**	46,7 %
	Positif	**12,4 %**	40,9 %	53,3 %
	Total	53,1 %	46,9 %	100,0 %

Source : Le Maux (2014)

Certes, il ne s'agit ici que d'une simple comparaison du caractère positif ou négatif, mais l'élément important est que dans 18,4 % des cas, le signe du résultat net diffère de celui du flux de trésorerie provenant des activités opérationnelles.

Dans ces cas, l'utilisateur des états financiers doit immédiatement se poser la question suivante : pourquoi l'entreprise affiche-t-elle un résultat net positif, donc synonyme de performance, lors de l'utilisation des ratios classiques (rendement des capitaux propres, rendement de l'actif, marge nette), alors que le flux de trésorerie est négatif?

Typologie des *accruals*

Tous les *accruals* ne sont pas systématiquement le produit d'une gestion du résultat; il peut tout simplement s'agir du résultat de l'activité normale de l'entreprise. Accorder un délai de paiement à un client est une pratique courante. Toutefois, tous les *accruals* ne sont pas le résultat de l'activité normale de l'entreprise.

Les *accruals* peuvent être décomposés en :

- ***Accruals* normaux** : ces *accruals* capturent les ajustements et régularisations normaux pour l'entreprise (une augmentation des immobilisations corporelles se traduit par une hausse des amortissements, une augmentation du chiffre d'affaires se traduit par une hausse des créances clients).
- ***Accruals* anormaux** : Les *accruals* anormaux sont la partie des *accruals* totaux non expliqués par les caractéristiques « normales » de l'entreprise. Ils ne peuvent être calculés que par différence.

Les qualificatifs normaux et anormaux ont été remplacés au fur et à mesure du temps par les expressions :

- ***Accruals* discrétionnaires** : la part anormale des *accruals* qui est déterminée de manière discrétionnaire par la direction.
- ***Accruals* non discrétionnaires** : la part des *accruals* déterminée par l'évolution de la situation économique de l'entreprise.

Évaluation de la gestion du résultat

Une difficulté majeure en matière d'évaluation de la gestion de résultat est l'évaluation de la part des *accruals* discrétionnaires dans les *accruals* totaux. Ils ne sont pas directement observables par les utilisateurs des états financiers. De plus, en raison de cette difficulté, de très nombreux travaux[81] ont démontré que les investisseurs ne prenaient pas le temps d'effectuer ce travail de distinction.

Dans ce contexte, différents modèles d'évaluation des *accruals* discrétionnaires ont été développés dans la littérature scientifique, et les principaux sont présentés ci-dessous.

Modèle de Jones (1991)

Jones (1991) a réalisé une étude sur la gestion du résultat des entreprises américaines durant des enquêtes organisées par la Chambre de commerce internationale américaine (*U.S. International Trade Commission*). Cette chambre a pour objectif de protéger les producteurs américains contre les entreprises étrangères. Ces enquêtes peuvent aboutir à une hausse de la taxe à l'importation ou à une réduction du quota de produits importés. La chambre de commerce base notamment ses décisions sur le résultat comptable des entreprises américaines.

L'hypothèse de l'étude est que les entreprises gèrent leur résultat à la baisse afin d'obtenir une protection de la part de la chambre de commerce.

Afin de tester cette hypothèse, l'auteur suppose que les dirigeants préparent leurs états financiers la dernière année avant de faire la demande d'une enquête de la chambre de commerce. L'étude est décomposée en deux étapes.

[81] La liste de ces travaux est très longue et les principaux sont les suivants : Pfeiffer et al. (1998), Pfeiffer et Elgers (1999), Bradshaw et al. (2001), Defond et Park (2001), Burgstahler et al. (2002), Beneish et Vargus (2002), Fairfield et al. (2003), Desai et al. (2004), Ahmed et al. (2005), Richardson et al. (2006). Pour une liste plus détaillée, voir Ronen et Yaari (2008).

La première étape consiste à évaluer l'évolution des *accruals* et de ses déterminants au cours des années précédentes à l'enquête (période d'estimation) :

$$\frac{\text{Accruals totaux}_t}{\text{Actif comptable}_{t-1}} = \alpha \times \frac{1}{\text{Actif comptable}_{t-1}} + \beta_1 \times \frac{\Delta\ \text{Chiffre d'affaires}_t}{\text{Actif comptable}_{t-1}} + \beta_2 \times \frac{\text{Immobilisations corporelles}_t}{\text{Actif comptable}_{t-1}} + \varepsilon$$

Les *accruals* sont mesurés à partir de l'état de la situation financière. Les cœfficients α, β_1 et β_2 sont ensuite utilisés dans l'équation suivante :

$$\text{Accruals non discrétionnaires}_t = \alpha + \beta_1 \times \frac{\Delta\text{Chiffre d'affaires}}{\text{Actif comptable}_{t-1}} + \beta_2 \times \frac{\text{Immobilisations corporelles}_t}{\text{Actif comptable}_{t-1}} + \varepsilon$$

Le cœfficient β_1 est traditionnellement positif, car les *accruals* relatifs au fonds de roulement, c'est-à-dire la variation des créances clients et des stocks, croît en même temps que le chiffre d'affaires. Parallèlement, le cœfficient β_2 est négatif, car les *accruals* relatifs aux immobilisations corporelles diminuent au fur et à mesure des investissements, les charges d'amortissements augmentant. Les *accruals* discrétionnaires sont mesurés par le résidu de la régression.

Les résultats de cette étude démontrent que le résultat peut être géré afin d'émettre une ICF utile pour l'entreprise. Toutefois, le problème de cette étude est méthodologique. Utiliser des données historiques pour définir la part des *accruals* discrétionnaires suppose que les données passées n'ont pas été gérées en comparaison avec ceux de l'année. Or, la gestion du résultat peut exister depuis des années.

Dans ce cadre, Bartov et al. (2002) propose comme solution de ne pas utiliser les données comptables historiques, mais plutôt le comportement comptable des autres entreprises du même secteur au cours de l'année[82].

Modèle de Jones modifié (Dechow et Sloan 1995)

Le modèle de Jones (1991) constitue une première estimation de la gestion du résultat, très utilisé, mais qui a fait l'objet de différentes modifications. La principale version modifiée du modèle est celle de Dechow et Sloan (1995) qui porte le nom de « *Jones modifié* ».

L'hypothèse de cette version modifiée est que la croissance du chiffre d'affaires implique logiquement une hausse des créances clients. Il est donc nécessaire de corriger cette variation du fonds de roulement :

$$\text{Accruals non discrétionnaires}_t = \alpha + \beta_1 \times \frac{\Delta\text{Chiffre d'affaires} - \Delta\text{Créances clients}}{\text{Actif comptable}_{t-1}} + \beta_2 \times \frac{\text{Immobilisations corporelles}_t}{\text{Actif comptable}_{t-1}} + \varepsilon$$

D'un point de vue méthodologique, ce modèle de Jones modifié est similaire à celui de Jones (1991) en dehors de la prise en compte de la variation des créances clients.

Afin d'illustrer ce nouveau modèle, Ronen et Yaari (2008) proposent un exemple simple : supposons une entreprise qui réalise l'ensemble de ses ventes en fin d'année et dont les coûts sont fixes (10 % du chiffre d'affaires) en dehors de la provision pour créances douteuses. Quand l'entreprise ne gère pas son résultat, sa politique de crédit consiste à offrir aux clients de payer 20 % l'année suivante. Dans ce cadre, la

[82] Pour une présentation détaillée de la méthodologie, voir Park et Park (2004) et Xie et al. (2003).

provision pour créance douteuse est établie à 10 % des crédits accordés. Ainsi, à 100 $ de vente à crédit, le résultat augmente de 90 $ et les *accruals* (ici, le fonds de roulement) augmentent de 18 $.

$$\text{Augmentation des accruals} = (100\,\$ \times 20\,\% \times [1 - 10\,\%]) = 18\,\$$$

L'estimation des *accruals*, β_1, est 0,18.

Supposons deux situations :

- Dans la première, l'entreprise gère son résultat en accordant un crédit sur 100 % du montant dû par les clients. Une telle politique de crédit entraîne une hausse du nombre de clients intéressés, et le nouveau chiffre d'affaires est de 140 $. Sans une modification de la politique de crédit, le chiffre d'affaires aurait été de 110 $;
- Dans la seconde, les ventes augmentent également à 140 $ en raison d'un cycle économique favorable. L'entreprise souhaite alors gérer son résultat en supprimant la provision pour créances douteuses.

Tableau 7.4 Exemple de gestion du résultat

	Situation 1	Situation 2
Accruals	$140\,\$ \times 100\,\% \times (1 - 10\,\%) - 100\,\$ \times 18\,\%$ **+ 108 $**	$140\,\$ \times 20\,\% - 100\,\$ \times 18\,\%$ **+ 10 $**
Part des *accruals* non discrétionnaires	$(110\,\$ - 100\,\$) \times 18\,\%$ **+ 1,8 $**	$(110\,\$ - 100\,\$) \times 18\,\%$ **+ 7,2 $**
***Accruals* discrétionnaires**	$108\,\$ - 1{,}80\,\$$ **+ 106,2 $**	$10\,\$ - 7{,}2\,\$$ **+ 2,8 $**
***Accruals* discrétionnaires selon le modèle de Jones (1991)**	$108\,\$ - 40\,\$ \times 18\,\%$ **+ 100,8 $**	$10\,\$ - 40\,\$ \times 18\,\%$ **+ 2,8 $**
***Accruals* discrétionnaires selon le modèle de Jones modifié (Dechow et Sloan 1995)**	$108\,\$ - (18\,\% \times -80\,\$)$ **+ 122,4 $**	$10\,\$ - 32\,\$ \times 18\,\%$ **+ 4,24 $**

Modèle de Kothari et al. (2005)

Les modèles de Jones (1991) et de Dechow et Sloan (1995) se basent sur le principe que la gestion du résultat est liée au volume d'activité et d'actif de l'entreprise. Or, au cours du chapitre précédent, il a été montré que l'un des principaux incitatifs à la gestion de l'ICF est la mauvaise performance de l'entreprise.

Dans cette perspective, un nouveau modèle d'évaluation des *accruals* a été développé par Kothari et al. (2005). Son principal apport repose sur l'intégration du rendement des actifs[83] dans l'équation. En dehors

[83] Le rendement des actifs ou *Return on Assets* (ROA) est égal au rapport entre le résultat net et l'actif comptable.

de cette nouvelle variable[84], le modèle de Kothari et al. (2005) est similaire à celui de Jones modifié (Dechow et Sloan 1995) :

$$\text{Accruals non discrétionnaires}_t = \alpha + \beta_1 \times \frac{\Delta\text{chiffre d'affaires} - \Delta\text{Créances clients}}{\text{Actif comptable}_{t-1}} + \beta_2 \times \frac{\text{Immobilisations corporelles}_t}{\text{Actif comptable}_{t-1}} + \beta_3 \text{ROA}_{t-1} + \varepsilon$$

Ce nouveau modèle d'évaluation des *accruals* présente l'intérêt majeur d'arriver à des résultats plus précis.

Modèle de Dechow et Dichev (2002)

La première hypothèse sur laquelle repose ce modèle est que la gestion du résultat est plus aisée pour la partie à court terme des *accruals*, c'est-à-dire tous les éléments associés au fond de roulement. Au contraire, les *accruals* associés aux actifs non courants comme les immobilisations sont plus difficilement gérables.

D'un point de vue comptable, deux dates sont majeures en matière de flux de trésorerie : la date d'encaissement (ou de décaissement) du flux et la date de la constatation comptable de l'opération associée à ce flux. Dans ce contexte, les auteurs construisent un modèle sur les flux de trésorerie associés aux postes du fonds de roulement, flux de trésorerie qui proviennent d'opérations de l'exercice précédent, de l'exercice en cours ou qui sont différés à l'année suivante.

Tableau 7.5 Définitions des flux de trésorerie selon le modèle de Dechow et Dichev (2002)

Symboles	Nom
FT_t^{t-1}	Flux de trésorerie provenant de l'exploitation générés à partir d'opérations comptables constatées durant le précédent exercice.
FT_t^{t}	Flux de trésorerie provenant de l'exploitation générés à partir d'opérations comptables constatées durant l'exercice en cours.
FT_t^{t+1}	Flux de trésorerie provenant de l'exploitation générés à partir d'opérations comptables constatées durant le prochain exercice.

La régression basée sur ces variables est la suivante :

$$\text{Accruals totaux courants} = \alpha + \beta_1 FT_t^{t-1} + \beta_2 FT_t^{t} + \beta_3 FT_t^{t+1} + \varepsilon_t$$

Avec :

$$\text{Accruals totaux courants} = \Delta\,\text{Créances clients} + \Delta\,\text{Stocks} - \Delta\,\text{Dettes fournisseurs} - \Delta\,\text{Impôt à payer} - \Delta\,\text{Autres actifs nets}$$

[84] Les auteurs proposent différentes méthodes complémentaires d'échantillonnage, notamment le pairage entre entreprises du même secteur. Pour plus de détails, nous conseillons au lecteur de lire l'article original.

Toutes les variables de ces modèles sont divisées par l'actif comptable moyen (moyenne de l'actif comptable au début de l'exercice et à la fin de l'exercice).

Les principales conclusions de l'étude basée sur cette formule sont les suivantes :

- Plus le cycle d'exploitation est long, plus faible est la qualité de l'ICF : un long cycle d'exploitation indique plus d'incertitude, plus d'estimation et donc plus d'erreurs d'estimation, ce qui a pour effet de diminuer la qualité des *accruals*;
- Plus l'entreprise est petite, plus faible est la qualité de l'ICF : les grandes entreprises ont des activités plus stables et offrent des prévisions plus fiables, ce qui résulte en une probabilité faible d'erreur;
- Plus le chiffre d'affaires est volatile, plus faible est la qualité de l'ICF : la volatilité du chiffre d'affaires indique un environnement économique instable et une probabilité plus forte d'erreur dans les estimations;
- Plus les flux de trésorerie sont volatiles, plus faible est la qualité de l'ICF : une volatilité élevée des flux de trésorerie est une autre mesure de l'instabilité de l'environnement économique;
- Plus les *accruals* sont volatiles et de montants élevés, plus faible est la qualité de l'ICF : la gestion du résultat par *accruals* a pour conséquence de réduire la qualité de l'ICF;
- Plus le résultat de l'entreprise est volatile, plus faible est la qualité de l'ICF : étant donné qu'une volatilité élevée des flux de trésorerie et des *accruals* sont le signe d'une faible qualité de l'ICF, il est logique que la relation entre le résultat et la gestion du résultat soit similaire;
- Plus la fréquence de résultats négatifs est élevée, plus faible est la qualité de l'ICF : la publication d'un résultat négatif est le signe d'un choc sévère de la performance de l'environnement économique de l'entreprise.

Modèle de Francis et al. (2005)

Le dernier modèle de gestion du résultat est une synthèse des modèles exposés ci-dessus. Il repose en effet sur l'hypothèse que les flux de trésorerie sont essentiels pour mesurer la gestion du résultat, mais également sur l'hypothèse que les *accruals* peuvent également être évalués à l'aide des créances clients et des immobilisations corporelles. Par conséquent, tous les postes sont intégrés dans le modèle suivant :

$$\text{Accruals totaux courants}_t = \alpha + \beta_1 \text{FTE}_{t-1} + \beta_2 \text{FTE}_t + \beta_3 \text{FTE}_{t+1} + \beta_4 \text{Chiffre d'affaires}_t + \beta_4 \text{Immobilisations corporelles}_t + \varepsilon$$

Avec :

- Les *accruals* totaux courants calculés selon la formule suivante :

$$\text{Accruals totaux courants}_t = \Delta\,\text{Actif courant}_t - \Delta\,\text{Passif courant}_t - \Delta\,\text{Trésorerie}_t + \Delta\,\text{Dettes à court terme}_t$$

- FTE : Flux de trésorerie d'exploitation calculé selon la formule suivante :

$$\text{FTE}_t = \text{Résultat net avant éléments extraordinaires}_t - \text{Accruals totaux}_t$$

- Les *accruals* totaux calculés selon la formule suivante :

$$\text{Accruals totaux}_t = \Delta\,\text{Actif courant}_t - \Delta\,\text{Passif courant}_t - \Delta\,\text{Trésorerie}_t + \Delta\,\text{dettes à court terme}_t - \text{Amortissements et dépréciation}_t$$

D'un point de vue méthodologique (choix des entreprises de l'échantillon, calcul des cœfficients, etc.), le modèle de Francis et al. (2005) est similaire aux différents modèles présentés ci-dessus.

L'étude a permis de mettre en évidence le fait que les entreprises publiant une ICF de faible qualité disposent, par rapport aux autres entreprises, un coût de la dette et des capitaux propres plus élevé et des multiples de valorisation plus faibles.

Persistance du résultat

Persistance du résultat : le résultat net de l'exercice t+1 dépend du résultat net de l'exercice t.

Bien que la comptabilité soit fondée sur un **principe fondamental d'indépendance des exercices**, les utilisateurs des états financiers que sont les analystes financiers et les investisseurs ne souhaitent pas observer des résultats indépendants d'une année à l'autre.

La mesure empirique de la persistance est la suivante :

$$\frac{\text{Résultat net}_{t+1}}{\text{Actif comptable}_{t+1}} = \alpha + \beta \times \frac{\text{Résultat net}_{t}}{\text{Actif comptable}_{t}} + \varepsilon_t$$

Avec ε comme le résidu de la régression.

Afin d'interpréter les résultats de la régression, il est nécessaire de lire le cœfficient β. Un cœfficient β élevé indique une persistance du résultat élevée.

La persistance du résultat est un élément essentiel dans la rémunération des dirigeants : la rémunération est très sensible aux variations du résultat, surtout dans le cas des entreprises ayant un résultat net persistant (Baber et al. 2006). En cas de faible persistance, le comité de rémunération a tendance à fixer comme élément central du contrat avec le dirigeant les flux de trésorerie plutôt que le résultat net. Une gestion de la persistance est par conséquent un levier dont dispose le dirigeant pour définir les éléments de son contrat (Nwaeze et al. 2006).

Parallèlement, il a alors été démontré qu'une relation existait entre la persistance significative du résultat et une forte valorisation boursière de l'entreprise (Collins et Kothari 1989; Easton et Zmijewski 1989).

Des informations non financières peuvent permettre également d'anticiper la persistance du résultat. Li (2008) démontre que les entreprises qui ont des documents comptables lisibles[85] ont un résultat net persistant.

Ces différents travaux ont toutefois supposé que le résultat était un élément homogène. Or, la définition des *accruals* dans la section précédente a permis de noter que le résultat net est décomposé en deux parties : le flux de trésorerie et les *accruals*. Dans cette perspective, il est possible d'utiliser une extension de la formule précédente :

$$\frac{\text{Résultat net}_{t+1}}{\text{Actif comptable}_{t+1}} = \alpha + \beta_1 \times \frac{\text{Flux de trésorerie}_{t}}{\text{Actif comptable}_{t}} + \beta_2 \times \frac{\text{Accruals}_{t}}{\text{Actif comptable}_{t}} + \varepsilon_t$$

Afin d'interpréter les résultats de la régression, il est nécessaire de lire les cœfficients β_1 et β_2. Dans le cas où $\beta_2 < \beta_1$, il est possible de conclure que le flux de trésorerie est une composante plus importante que les *accruals*.

[85] Le concept de la lisibilité est approfondi dans le chapitre précédent.

Cette décomposition est intéressante, car il est possible de savoir si la persistance provient de la gestion des *accruals* ou des flux de trésorerie générés. Sloan (1996) met en évidence le fait que les entreprises ayant recours à une importante gestion des *accruals* sont significativement moins performantes. Ainsi, les entreprises ayant une faible gestion des *accruals* ont un rendement supérieur de 12 % aux autres entreprises.

La recherche de la persistance du résultat peut être la source de gestion des opérations réelles qui ne sont pas prises en compte par les analystes. Par exemple, les investisseurs et les analystes financiers ne se rendent pas compte que les entreprises peuvent maintenir la persistance en réduisant leurs frais de recherche et développement (Lev et Sougiannis 1996).

Lissage du résultat

Le lissage du résultat est une mesure permettant de gérer la qualité de l'ICF. Le principe consiste à limiter les variations du résultat d'une année à l'autre par rapport aux variations du flux de trésorerie provenant de l'exploitation. Cette volonté de réduire la volatilité du résultat permet d'émettre un signal aux investisseurs sur le faible niveau du risque de l'entreprise.

Deux mesures de lissage de résultat ont fait l'objet de nombreuses études[86].

- La première mesure est basée sur les variations du résultat net par rapport aux flux de trésorerie. La mesure capture le niveau de lissage auquel ont recours les dirigeants pour réduire les variations du résultat net (Land et Lang 2002; Leuz et al. 2003; Myers et al. 2007; Grant et al. 2009; Perotti et Wagenhofer 2014). En matière d'interprétation, un faible ratio indique un niveau de lissage élevé. Cette mesure doit être évaluée sur les cinq dernières années pour que ces résultats puissent être interprétés correctement.

$$\text{Mesure 1} = \frac{\sigma(\text{résultat net})}{\sigma(\text{FTE})}$$

Le flux de trésorerie provenant de l'exploitation (FTE) est calculé à partir de la formule suivante :

$$\text{FTE} = \text{Résultat net} - \text{Accruals}$$

Avec :

$$\text{Accruals} = (\Delta\text{Actif courant} - \Delta\text{Trésorerie}) - (\Delta\text{Passif courant} - \Delta\text{Dette financière à court terme}) - \text{Dépréciation}$$

- La seconde mesure est égale à la corrélation entre les variations des *accruals* et les flux de trésorerie provenant de l'exploitation (Land et Lang 2002; Bhattacharya et al. 2003; Leuz et al. 2003; Grant et al. 2009; Perotti et Wagenhofer 2014). Cette mesure doit être évaluée sur les cinq dernières années pour que ces résultats puissent être interprétés correctement.

$$\text{Mesure 2} = \rho(\Delta\text{Accruals}, \rho\text{FTE})$$

La simplicité de ces mesures de lissage du résultat en fait les principaux outils dans de nombreux articles.

[86] D'autres méthodes ont été développées, mais ont été moins utilisées. Pour plus d'information, voir Shuto et Iwasaki (2014).

Conservatisme

Au cours du chapitre précédent ont été abordés les différents seuils que l'entreprise doit atteindre ou franchir pour être perçue comme de qualité par les différentes parties prenantes. Ces seuils impliquent que la gestion de l'ICF n'est pas linéaire mais que, au contraire, le résultat connaît des sauts dans le temps.

Le conservatisme comptable s'inscrit dans ce cadre théorique[87]. Il repose sur le principe que les résultats incorporent plus rapidement les mauvaises nouvelles que les bonnes nouvelles. Étant considéré comme une qualité des états financiers, il a joué un rôle majeur dans la théorie et la pratique comptable (Basu 1997).

Le concept de bonne et mauvaise nouvelle renvoie respectivement aux gains probables et de pertes probables. Le conservatisme a longtemps été la tendance à publier, parmi les différentes alternatives possibles, la valeur la plus faible pour les actifs, la plus élevée pour les passifs et, parallèlement, à enregistrer les produits le plus tard possible et les pertes le plus tôt possible (Watts et Zimmerman 1986).

Quatre fonctions sont attribuées au conservatisme (Basu 1997; Watts 2003; Ball et Shivakumar 2005) :

- La première fonction est de freiner le biais d'excès d'optimisme des dirigeants en leur imposant de publier des valeurs comptables nettes de toute dépréciation. Le conservatisme oblige également les dirigeants à constater le plus rapidement possible les mauvaises nouvelles;
- La seconde fonction du conservatisme est de réduire le risque de litige judiciaire des auditeurs en leur évitant d'être accusés de surévaluer les actifs;
- La troisième fonction est d'être un réducteur de coûts politiques, car l'environnement politique et médiatique des entreprises préfère une approche conservatrice plutôt qu'agressive;
- Enfin, la quatrième fonction est fiscale, car en maximisant les charges et en limitant la constatation de produits, le résultat imposable diminue;
- Trois sources du conservatisme comptable ont été identifiées (Givoly et al. 2007) :
- L'incapacité de produire correctement la valeur actuelle nette positive des projets d'investissement et l'accroissement de la juste valeur des actifs dans les états financiers;
- La réduction de l'importance des actifs qui sont dans l'état de la situation financière;
- La constatation plus rapide des pertes relativement aux profits dans les états financiers.

En termes de qualité de l'ICF, le conservatisme pourrait avoir un impact sur les investisseurs. L'ICF publiée est en effet différente en fonction de la nature de la nouvelle. Or, selon la théorie de l'efficience des marchés, le cours d'une action intègre toute l'information, qu'elle soit bonne ou mauvaise. Par conséquent, pratique comptable et théorie financière s'opposent, et ce conflit a donné lieu à différentes mesures.

Afin d'évaluer le niveau du conservatisme comptable, deux modèles existent. Le premier, développé par Basu (1997), est basé sur le différentiel de rapidité de publication dans les résultats des bonnes et des mauvaises nouvelles. L'équation permettant de mesurer le conservatisme est la suivante :

$$\frac{X_{i,t}}{P_{i,t-1}} = \beta_0 + \beta_1 D_t + \beta_2 R_t + \beta_3 D_t \times R_t + \varepsilon_t$$

[87] La recherche sur le conservatisme a donné lieu à un nombre important de travaux sur les sujets suivants :
- L'évolution du conservatisme au cours des dernières années (Basu 1997; Givoly et Hayn 2000);
- Les différences entre les systèmes légaux sur le plan international (Ball et al. 2000; Gassen et al. 2006; Kwon et al. 2006; Ball et al. 2008; García Lara et al. 2009);
- Le lien entre gouvernance d'entreprise et le conservatisme comptable (García Lara et al. 2009);
- La différence entre les secteurs d'activité et entre les entreprises (Basu 1997; Ball et Shivakumar 2005; Kwon et al. 2006).

- X_t : résultat par action de l'exercice comptable *t*
- P_{t-1} : cours de l'action au début de l'exercice comptable *t*
- R_t : rendement de l'action durant les douze derniers mois commençant neuf mois avant la fin de l'exercice comptable *t*
- D_t : variable égale à 1 si le rendement de l'action (R_t) est négatif et 0 sinon
- ε_t : terme d'erreur

Le cœfficient β_2 mesure la rapidité de publication des bonnes nouvelles (rendement de l'action positif) et la somme des cœfficients β_2 et β_3 mesure la rapidité de publication des mauvaises nouvelles (rendement de l'action négatif). Le cœfficient de détermination de la régression R^2 mesure le niveau d'intensité de la relation entre le résultat de l'entreprise et les rendements boursiers : plus le cœfficient est élevé, plus l'intensité de la relation est forte.

Bien que ce modèle ait fait l'objet de très nombreuses critiques, notamment liées au fait que l'entreprise doit être cotée en bourse, il a permis de mettre en évidence de manière simple le recours significatif au conservatisme.

Afin de corriger le biais important du précédent modèle qui n'est applicable qu'aux seules entreprises cotées, Ball et Shivakumar (2005) ont réalisé une étude sur les entreprises en Grande-Bretagne qui, qu'elles soient cotées ou non, sont soumises aux mêmes normes comptables et lois fiscales et sont auditées selon les mêmes normes professionnelles. Ce cadre offre donc la possibilité de tester une nouvelle approche du conservatisme.

Le modèle de Ball et Shivakumar (2005) est aussi simple que celui de (Basu 1997), seul le remplacement du rendement boursier par le résultat net est nécessaire.

$$\Delta RN_t = \beta_0 + \beta_1 D\Delta RN_{t-1} + \beta_2 \Delta RN_{t-1} + \beta_3 D\Delta RN_{t-1} \times \Delta RN_{t-1} + \varepsilon_t$$

- ΔRN_t : variation du résultat net entre le résultat net de l'exercice (t) et le résultat net de l'exercice précédent (t-1) divisé par la valeur comptable de l'actif au début de l'exercice;
- ΔRN_{t-1} : variable égale à 1 si la variation du résultat net de l'exercice précédent (RN_{t-1}) est négative.

Les deux modèles confirment l'existence d'un conservatisme comptable significatif. Ce conservatisme est plus important dans les pays de common law et pour les entreprises auditées par un *big 4* (Dechow et al. 2010).

Réaction des investisseurs

L'analyse de la pertinence du résultat ou *value relevance* est essentielle en matière de qualité de l'ICF. En effet, si les investisseurs ne jugent pas l'ICF publiée par les entreprises comme pertinente, les autres sources d'information deviennent importantes et une réflexion des autorités de normalisation comptable est nécessaire.

Au cours des dernières années, différentes études ont montré que la pertinence du résultat, c'est-à-dire la qualité de l'ICF perçue par les investisseurs, avait diminué (Collins et al. 1997; Lev et Zarowin 1999; Srivastava 2014). Le niveau de pertinence est particulièrement faible dans les secteurs industriels impliquant un niveau élevé d'actifs incorporels (Collins et al. 1997). Cette relation provient de la sous-évaluation qu'impliquent les normes comptables. La création d'une marque ou le développement d'un projet de recherche à l'interne n'entraînant aucune comptabilisation d'actifs, les investisseurs doutent des états financiers tels qu'ils sont publiés.

Parallèlement, il a été démontré que la volatilité des résultats comptables augmentait à mesure que la gestion du résultat augmentait (Givoly et Hayn 2000; Dichev et Tang 2008). Cette volatilité peut paraître contraire au lissage de résultat qui est également une méthode de gestion de l'ICF.

$$R = \alpha + ERC \times \Delta X + \varepsilon$$

Avec :

- R : Rendement du cours de l'action
- ERC : *Earnings Response Cœfficient* ou cœfficient de réponse au résultat
- ΔX : *Earnings surprise* ou surprise en matière de résultat
- α : Constante
- ε : Erreur de la régression

La pertinence, ou *relevance*, des résultats publiés est déterminée par le cœfficient de détermination (R^2) de la régression.

La surprise en matière de résultat est la différence entre la performance de l'entreprise et le consensus de la prévision de résultat des analystes financiers. Cette différence est perçue comme le résultat d'une gestion de la qualité de l'ICF. En effet, si l'hypothèse de transparence des états financiers est admise, alors les prévisions des analystes devraient être égales au résultat de l'entreprise. Un écart entre les deux implique qu'une information concernant l'entreprise n'a pas été absorbée dans le processus de construction des prévisions des analystes financiers.

Le cœfficient ERC capture l'effet marginal d'un dollar sur le rendement de l'action. Théoriquement, le cœfficient doit être positif, car cela indique qu'un dollar de plus que prévu se traduit par un rendement plus élevé.

Toutefois, de nombreuses études ont montré que le cœfficient pouvait être négatif lorsque les investisseurs estiment que la surprise ne provient pas de la performance, mais d'une gestion de l'ICF (Baber et al. 2006).

De nombreuses études ont montré que la publication d'une information inattendue, qu'elle soit favorable ou non, a entraîné une réaction du cours de l'action. Cette réaction n'est pas sans impact, car il a été montré que les conseils d'achat ou de vente de la part des analystes financiers changent significativement en fonction du cœfficient de réponse du résultat (Yezegel 2015).

Conclusion

De nombreuses mesures existent pour évaluer la qualité de l'ICF. Trop souvent qualifiée de transparente, l'ICF est une variable qui peut être gérée par toute entreprise afin d'émettre des signaux qui lui sont favorables ou non auprès des différentes parties prenantes (actionnaires, créanciers, médias, etc.). L'utilisateur des états financiers doit donc toujours avoir à l'esprit que l'information qui lui est fournie n'est jamais brute et naïve.

Une fois le principe de la gestion de l'ICF admis, la question est de savoir si cette gestion peut être évaluée à l'aide d'instruments ne nécessitant pas d'informations privées provenant directement des dirigeants. La réponse est heureusement oui. Il est tout à fait possible de mesurer l'ampleur de la gestion de l'ICF afin d'en apprécier la qualité.

La logique sur laquelle doit se fonder tout utilisateur des états financiers est de savoir si la qualité est suffisante pour qu'il puisse réaliser une analyse financière classique[88].

Le professionnel s'interroge

- Quel est le niveau de gestion de résultat de l'entreprise?

  Une estimation du niveau de la gestion du résultat doit être réalisée à partir des différents modèles existants.
- Quel est le niveau de la persistance du résultat?
  - Est-ce que la persistance du résultat provient de la gestion du résultat ou des flux de trésorerie?
- Quel est le niveau de lissage du résultat de l'entreprise?
  - Quelle est la volatilité du résultat net par rapport aux flux de trésorerie?
- Quel est le niveau de conservatisme de l'entreprise?
  - Est-ce que le contexte de l'entreprise est propice à un litige judiciaire?
  - Est-ce que le risque en matière de réputation médiatique est élevé?
- Quelle est la réaction des investisseurs à la publication du résultat de l'entreprise?

Questions à choix multiples

1. Quelles sont les mesures utilisées pour évaluer la qualité de l'information financière?

a) Le conservatisme, la gestion du résultat et le lissage du résultat.

b) Le niveau des investissements, la rentabilité de l'actif et la gestion du résultat.

c) Le lissage du résultat, la rentabilité de l'actif et la gestion des seuils.

d) La gestion des seuils, le niveau des investissements et la gestion du résultat.

e) Aucune réponse ne convient.

2. Parmi les affirmations suivantes, laquelle n'est pas correcte?

a) Les *accruals* discrétionnaires représentent la part anormale des *accruals* qui est déterminée de manière discrétionnaire par la direction.

b) Les *accruals* non discrétionnaires représentent la part des *accruals* déterminée par l'évolution de la situation économique de l'entreprise.

c) La variation du chiffre d'affaires est une mesure essentielle en matière de gestion du résultat.

d) La variation des dettes est une mesure essentielle en matière de gestion du résultat.

e) Aucune réponse ne convient.

---

[88] Pour avoir plus d'informations sur la méthodologie à suivre pour réaliser une analyse financière, voir Le Maux (2014).

3. Parmi les affirmations suivantes, laquelle n'est pas correcte?

a) Le principe du lissage du résultat est de limiter les variations du résultat d'une année à l'autre.

b) Le lissage du résultat implique le lissage du dividende versé.

c) La diminution de la variance du résultat net permet d'émettre un signal aux investisseurs sur le faible niveau du risque de l'entreprise.

d) Le lissage du résultat a pour objectif de maintenir un résultat stable ou en croissance permanente.

e) Aucune réponse ne convient.

4. Parmi les affirmations suivantes, laquelle n'est pas correcte?

a) Le conservatisme créé une asymétrie informative : les pertes sont constatées tôt et les gains tard.

b) Le conservatisme comptable est la tendance à publier la valeur la plus faible pour les actifs et la valeur la plus élevée pour les passifs.

c) Le conservatisme comptable est la tendance à publier un niveau de flux de trésorerie lié aux activités d'exploitation le plus faible possible.

d) Le conservatisme comptable est la tendance à publier les revenus le plus tard possible et les charges le plus tôt possible.

e) Aucune réponse ne convient.

5. Parmi les affirmations suivantes, laquelle est correcte?

a) Il est impossible d'évaluer la qualité de l'ICF, car aucune mesure n'existe.

b) Il est possible d'évaluer la qualité de l'ICF uniquement à partir des informations privées des dirigeants.

c) Il est possible d'évaluer la qualité de l'ICF à l'aide de mesures spécifiques à la gestion du résultat, au lissage ou au conservatisme.

d) Il est impossible d'évaluer la qualité de l'ICF pour toute personne n'étant pas un analyste financier.

e) Aucune réponse ne convient.

6. Quelle mesure parmi les suivantes n'est pas spécifique aux propriétés du résultat?

a) Gestion du résultat.

b) Persistance du résultat.

c) Décomposition du résultat par secteur d'activité.

d) Lissage du résultat.

e) Aucune réponse ne convient.

7. Quel type d'*accruals* n'existe pas?

a) Les *accruals* non discrétionnaires.

b) Les *accruals* internationaux.

c) Les *accruals* totaux.

d) Les *accruals* discrétionnaires.

e) Aucune réponse ne convient.

8. Parmi les modèles suivants, lequel n'est pas spécifique à la gestion du résultat?

a) Modèle de Jones (1991).

b) Modèle de Jones modifié (Dechow et Sloan 1995).

c) Modèle de Kothari et al. (2005).

d) Modèle de Basu (1997).

e) Aucune réponse ne convient.

9. Parmi les affirmations suivantes, laquelle n'est pas correcte?

a) Le lissage du résultat implique le lissage du chiffre d'affaires.

b) Le lissage du résultat a pour objectif de faciliter la réalisation des prévisions.

c) Le lissage du résultat a pour objectif de limiter le risque de l'entreprise aux yeux des investisseurs.

d) Le lissage du résultat permet de justifier des dividendes stables.

e) Aucune réponse ne convient.

10. Parmi les affirmations suivantes, laquelle n'est pas correcte?

a) La première fonction est de freiner le biais d'excès d'optimisme des dirigeants en leur imposant de publier des valeurs comptables nettes de toute dépréciation. Le conservatisme oblige également les dirigeants à constater le plus rapidement possible les mauvaises nouvelles.

b) La seconde fonction du conservatisme est de réduire le risque de litige judiciaire des auditeurs en leur évitant d'être accusés de surévaluer les actifs.

c) La troisième fonction est d'être un réducteur de coûts politiques, car l'environnement politique et médiatique des entreprises préfère une approche conservatrice plutôt qu'agressive.

d) Enfin, la quatrième fonction est fiscale, car en maximisant les charges et en limitant la constatation de produits, le résultat imposable diminue.

e) Aucune réponse ne convient.

Réponses

1. a 6. c

2. d 7. b

3. b 8. d

4. c 9. a

5. c 10. e

Bibliographie

Ahmed, A. S., Nainar, S. M. K., Zhou, J. (2005). Do analysts' earnings forecasts fully reflect the information in accruals? *Canadian Journal of Administrative Sciences / Revue Canadienne des Sciences de l'Administration* 22 (4) : 329-342.

Baber, W. R., Chen, S., Kang, S.-H. (2006). Stock price reaction to evidence of earnings management: Implications for supplementary financial disclosure. *Review of Accounting Studies* 11 (1): 5-19.

Ball, R., Kothari, S. P., Robin, A. (2000). The effect of international institutional factors on properties of accounting earnings. *Journal of Accounting and Economics* 29 (1): 1-51.

Ball, R., Robin, A., Sadka, G. (2008). Is financial reporting shaped by equity markets or by debt markets? An international study of timeliness and conservatism. *Review of Accounting Studies* 13 (2-3): 168-205.

Ball, R., Shivakumar, L. (2005). Earnings quality in UK private firms: Comparative loss recognition timeliness. *Journal of Accounting and Economics* 39 (1): 83-128.

Bartov, E., Givoly, D., Hayn, C. (2002). The rewards to meeting or beating earnings expectations. *Journal of Accounting and Economics* 33 (2): 173-204.

Basu, S. (1997). The conservatism principle and the asymmetric timeliness of earnings. *Journal of Accounting and Economics* 24 (1): 3-37.

Beneish, M. D., Vargus, M. E. (2002). Insider trading, earnings quality, and accrual mispricing. *The Accounting Review* 77 (4): 755-791.

Bhattacharya, U., Daouk, H., Welker, M. (2003). The world price of earnings opacity. *Accounting Review* 78 (3): 641-678.

Bradshaw, M. T., Richardson, S. A., Sloan, R. G. (2001). Do analysts and auditors use information in accruals? *Journal of Accounting Research* 39 (1): 45-74.

Burgstahler, D., Jiambalvo, J., Shevlin, T. (2002). Do stock prices fully reflect the implications of special items for future earnings? *Journal of Accounting Research* 40 (3): 585-612.

Cao, Y., Myers, L. A., Omer, T. C. (2012). Does company reputation matter for financial reporting quality? Evidence from restatements. *Contemporary Accounting Research* 29 (3): 956-990.

Collins, D. W., Kothari, S. P. (1989). An analysis of intertemporal and cross-sectional determinants of earnings response cœfficients. *Journal of Accounting and Economics* 11 (2–3): 143-181.

Collins, D. W., Maydew, E. L., Weiss, I. S. (1997). Changes in the value-relevance of earnings and book values over the past forty years. *Journal of Accounting and Economics* 24 (1): 39-67.

Dechow, P. M., Dichev, I. (2002). The quality of accruals and earnings: The role of accrual estimation errors. *Accounting Review* 77 (4): 35-59.

Dechow, P. M., Ge, W., Schrand, C. (2010). Understanding earnings quality: A review of the proxies, their determinants and their consequences. *Journal of Accounting and Economics* 50 (2-3): 344-401.

Dechow, P. M., Sloan, R. G. (1995). Detecting earnings management. *Accounting Review* 70 (2): 193-225.

Defond, M. L., Park, C. W. (2001). The reversal of abnormal accruals and the market valuation of earnings surprises. *Accounting Review* 76 (3): 375.

Desai, H., Rajgopal, S., Venkatachalam, M. (2004). Value-glamour and accruals mispricing: One anomaly or two? *Accounting Review* 79 (2): 355-385.

Dichev, I. D., Tang, V. W. (2008). Matching and the changing properties of accounting earnings over the last 40 years. *The Accounting Review* 83 (6): 1425-1460.

Easton, P. D., Zmijewski, M. E. (1989). Cross-sectional variation in the stock market response to accounting earnings announcements. *Journal of Accounting and Economics* 11 (2–3): 117-141.

Fairfield, P. M., Whisenant, S., Yohn, T. L. (2003). The differential persistence of accruals and cash flows for future operating income versus future profitability. *Review of Accounting Studies* 8 (2-3): 221-243.

Francis, J., LaFond, R., Olsson, P., Schipper, K. (2005). The market pricing of accruals quality. *Journal of Accounting and Economics* 39 (2): 295-327.

García Lara, J., García Osma, B., Penalva, F. (2009). Accounting conservatism and corporate governance. *Review of Accounting Studies* 14 (1): 161-201.

Gassen, J., Fülbier, R. U., Sellhorn, T. (2006). International differences in conditional conservatism – the role of unconditional conservatism and income smoothing. *European Accounting Review* 15 (4): 527-564.

Givoly, D., Hayn, C. (2000). The changing time-series properties of earnings, cash flows and accruals: Has financial reporting become more conservative? *Journal of Accounting and Economics* 29 (3): 287-320.

Givoly, D., Hayn, C. K., Natarajan, A. (2007). Measuring reporting conservatism. *Accounting Review* 82 (1): 65-106.

Grant, J., Markarian, G., Parbonetti, A. (2009). CEO risk-related incentives and income smoothing. *Contemporary Accounting Research* 26 (4): 1029-1065.

Hribar, P., Collins, D. W. (2002). Errors in estimating accruals: Implications for empirical research. *Journal of Accounting Research* 40 (1): 105-134.

Jones, J. J. (1991). Earnings management during import relief investigations. *Journal of Accounting Research* 29 (2): 193-228.

Kothari, S. P., Leone, A., Wasley, C. E. (2005). Performance matched discretionary accrual measures. *Journal of Accounting and Economics* 39 (1): 163-197.

Kwon, S. S., Yin, Q. J., Han, J. (2006). The effect of differential accounting conservatism on the "overvaluation" of high-tech firms relative to low-tech firms. *Review of Quantitative Finance and Accounting* 27 (2): 143-173.

Land, J., Lang, M. H. (2002). Empirical evidence on the evolution of international earnings. *Accounting Review* 77 (4): 115.

Le Maux, J. (2014). *Analyse financière.* Chenelière éducation.

Leuz, C., Nanda, D., Wysocki, P. D. (2003). Earnings management and investor protection: An international comparison. *Journal of Financial Economics* 69 (3): 505-527.

Lev, B., Sougiannis, T. (1996). The capitalization, amortization, and value-relevance of r&d. *Journal of Accounting and Economics* 21 (1): 107-138.

Lev, B., Zarowin, P. (1999). The boundaries of financial reporting and how to extend them. *Journal of Accounting Research* 37 (2): 353-385.

Li, F. (2008). Annual report readability, current earnings, and earnings persistence. *Journal of Accounting and Economics* 45 (2-3): 221-247.

Ménard, L. (2014). *Dictionnaire de la comptabilité et de la gestion financière.* 3ème : Comptables Professionnels Agréés Canada.

Myers, J. N., Myers, L. A., Skinner, D. J. (2007). Earnings momentum and earnings management. 22 (2): 249-284.

Nwaeze, E. T., Yang, S. S. M., Yin, Q. J. (2006). Accounting information and CEO compensation: The role of cash flow from operations in the presence of earnings*. *Contemporary Accounting Research* 23 (1): 227-265.

Park, M. S., Park, T. (2004). Insider sales and earnings management. *Journal of Accounting and Public Policy* 23 (5): 381-411.

Perotti, P., Wagenhofer, A. (2014). Earnings quality measures and excess returns. *Journal of Business Finance & Accounting* 41 (5-6): 545-571.

Pfeiffer, R. J., Elgers, P. T. (1999). Controlling for lagged stock price responses in pricing regressions: An application to the pricing of cash flows and accruals. *Journal of Accounting Research* 37 (1): 239-247.

Pfeiffer, R. J., Elgers, P. T., Lo, M. H., Rees, L. L. (1998). Additional evidence on the incremental information content of cash flows and accruals: The impact of errors in measuring market expectations. *Accounting Review* 73 (3): 373.

Richardson, S. A., Sloan, R. G., Soliman, M. T., Tuna, I. (2006). The implications of accounting distortions and growth for accruals and profitability. *Accounting Review* 81 (3): 713-743.

Ronen, J., Yaari, V. (2008). *Earnings management – emerging insights in theory, practice, and research.* Springer.

Shuto, A., Iwasaki, T. (2014). Stable shareholdings, the decision horizon problem and earnings smoothing. *Journal of Business Finance & Accounting* 41 (9-10): 1212-1242.

Sloan, R. G. (1996). Do stock prices fully reflect information in accruals and cash flows about future earnings? *Accounting Review* 71 (3): 289-315.

Srivastava, A. (2014). Why have measures of earnings quality changed over time? *Journal of Accounting and Economics* 57 (2–3): 196-217.

Veron, N., Autret, M., Galichon, A. (2004). *L'information financière en crise – comptabilité et capitalisme.* Odile Jacob.

Watts, R. L. (2003). Conservatism in accounting part i: Explanations and implications. *Accounting Horizons* 17 (3): 207-221.

Watts, R. L., Zimmerman, J. L. (1986). *Positive accounting theory.* Englewood Cliffs, NJ: Prentice Hall.

Xie, B., Davidson Iii, W. N., DaDalt, P. J. (2003). Earnings management and corporate governance: The role of the board and the audit committee. *Journal of Corporate Finance* 9 (3): 295-316.

Yezegel, A. (2015). Why do analysts revise their stock recommendations after earnings announcements? *Journal of Accounting and Economics* 59 (2–3): 163-181.

8 Fraude comptable et financière
Définitions, déterminants et conséquences

« Un bien acquis par fraude ne profite jamais longtemps. »

Sophocle (401 av. J-C)

Introduction

La fraude est par essence liée à l'économie. Il n'existe aucun système économique ou aucune période de notre histoire qui n'est pas associé à des cas de fraudes spectaculaires. Déjà, dans la mythologie romaine, le dieu du commerce, Mercure, était également le dieu des voleurs[89].

Au cours des quinze dernières années, les cas de fraude ont été plus fréquents, ont fait preuve d'une plus grande originalité et ont surtout atteint des montants très importants. Le récent sondage *Global Economic Crime Survey* mené par *PwC* indique que 34 % des entreprises à l'échelle mondiale ont déclaré avoir été victimes d'un délit économique au cours de l'année précédente. Ce résultat confirme que la fraude est devenue un événement récurrent et non exceptionnel. En termes de valeur, l'*Association of Certified Fraud Examiners* (*ACFE*) fournit une estimation de la fraude égale à 6,3 milliards de dollars pour l'année 2015, c'est-à-dire en moyenne 5 % du chiffre d'affaires mondial.

La recherche scientifique a également porté un intérêt certain aux questions relatives à la fraude à partir des travaux fondateurs de Sutherland (1940) et Cressey (1950). Ces travaux ne se sont pas limitées aux seuls cas récents, puisque le premier cas étudié remonte à la *British East India Company* à la fin du 17e siècle (Robins 2007; Dorminey et al. 2012).

Selon l'*ACFE*, la fraude est « *l'utilisation par une personne de son activité professionnelle pour s'enrichir personnellement par le détournement volontaire des ressources ou des actifs de son employeur* ». La fraude apparaît alors comme un acte délibéré effectué dans le but d'obtenir malhonnêtement un avantage par la réduction de l'actif de la victime. Selon le rapport de l'*ACFE* (2014), 65 % des dirigeants perçoivent la fraude comme un risque significatif pour leur industrie, 35 % pensent que le détournement de biens et services est la catégorie de fraude la plus courante et 14 % pensent que les fraudes aux états financiers sont importantes.

La fraude ne doit pas être confondue avec la gestion de l'information comptable et financière. Alors que la première est illégale, la seconde ne l'est pas, même si certains ne la jugent pas légitime.

Pour le non-initié, Sutherland est au monde de la criminalité à col blanc ce que Freud est à la psychanalyse. En effet, c'est Sutherland (1940) qui a inventé l'expression « crime à col blanc ». Il a utilisé cette expression pour définir les actes criminels des sociétés et des individus agissant dans un cadre professionnel. Depuis, l'expression a été utilisée d'une façon plus large pour définir tous les crimes économiques et financiers, du service du courrier au conseil d'administration.

Donald R. Cressey fut l'un des plus brillants étudiants de Sutherland à l'Université de l'Indiana durant les années 1940. Alors que les recherches de Sutherland se concentraient surtout sur les actes criminels réalisés dans le monde des affaires, Cressey a choisi une autre direction. Faisant une thèse de doctorat en criminologie, il a décidé de porter son attention sur les escrocs. Dans le cadre de son travail doctoral, il obtint les permissions nécessaires pour se rendre dans des prisons et y interviewer plus de 200 criminels incarcérés. Ces nombreux entretiens lui ont permis de développer un modèle permettant de comprendre la logique des fraudeurs : le modèle du triangle de la fraude (Cressey 1950).

[89] L'introduction de ce chapitre s'appuie sur l'article de Le Maux et al. (2013).

Tableau 8.1 **Échantillon de fraudes constituant l'étude de l'ACFE**

Région	Nombre de cas	Pertes médianes
États-Unis	1038	120 000
Afrique sub-saharienne	285	143 000 $
Asie – Pacifique	221	245 000 $
Amérique latine et Caraïbes	112	174 000 $
Europe occidentale	110	263 000 $
Europe de l'Est et Asie centrale	98	200 000 $
Asie du Sud-Est	98	100 000 $
Canada	86	154 000 $
Moyen-Orient et Afrique du Nord	79	275 000 $

Source : Association of Certified Fraud Examiners (2016)

Figure 8.1 **Répartition des fraudes en fonction de la perte subie par la victime**

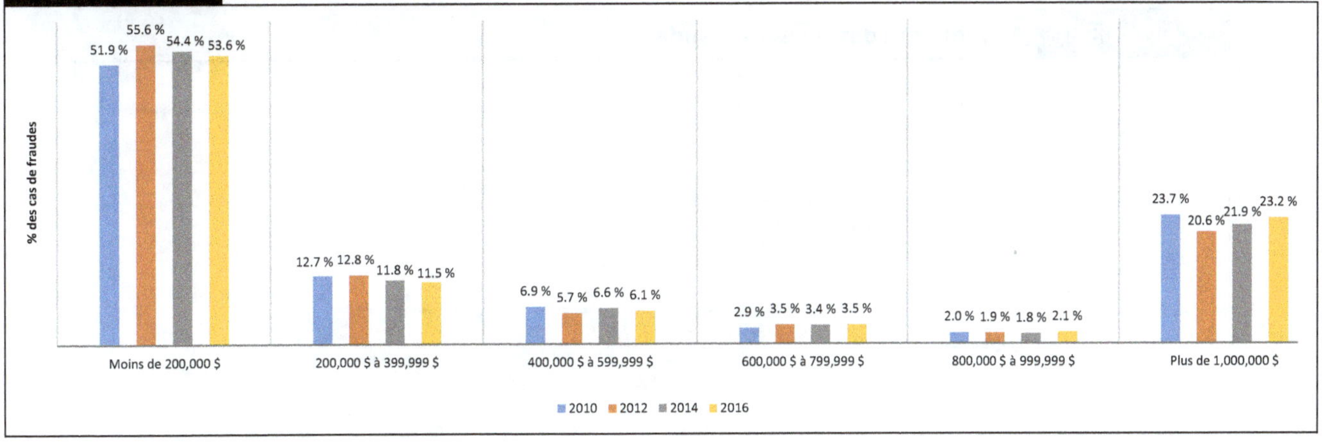

Source : Association of Certified Fraud Examiners (2016)

Figure 8.2 **Durée des fraudes**

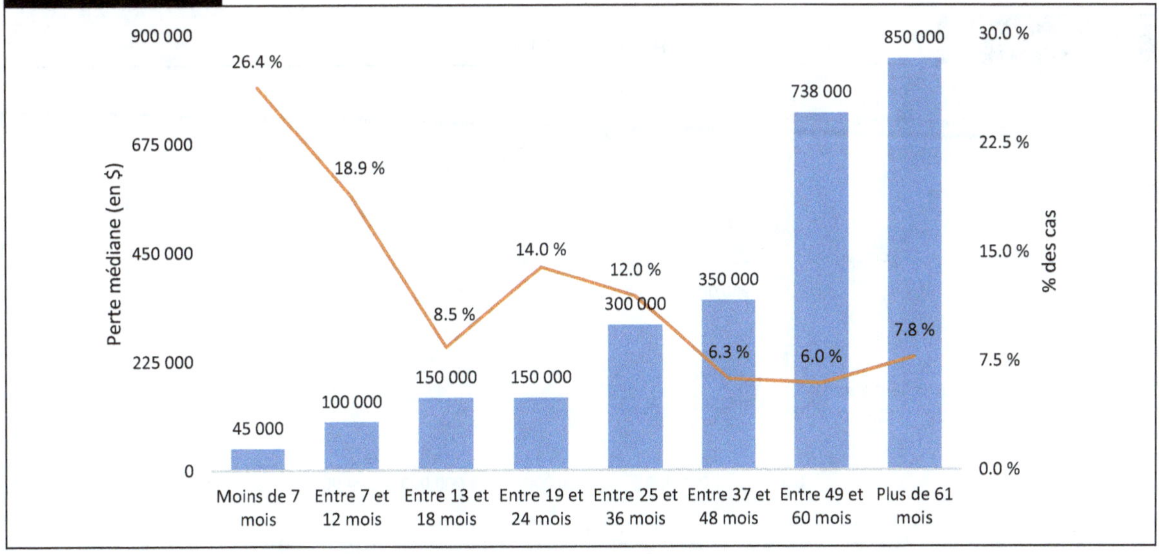

Source : Association of Certified Fraud Examiners (2016)

Typologie des fraudes

Selon la typologie de l'*ACFE*, les fraudes peuvent être décomposées en trois types :

- Le **détournement d'actifs**, qui peut être défini comme un acte de vol ou d'appropriation d'un actif au détriment de l'entreprise;
- La **fraude relative aux états financiers**, qui peut être définie comme une manipulation comptable non conforme délibérément (inexactitude ou omission intentionnelle) commise par les dirigeants, dans le but de tromper la perception des utilisateurs des états financiers (principalement les créanciers et les actionnaires);
- La **corruption**, qui peut être définie comme une utilisation abusive d'un pouvoir à des fins privées tel que l'enrichissement personnel ou d'un tiers en contrepartie d'un cadeau, d'argent ou d'autres avantages.

Les statistiques du rapport 2016 de l'*ACFE* montrent que la fraude la plus courante est le détournement d'actifs. Par contre, en ce qui a trait au montant médian, la fraude la plus coûteuse est celle relative aux états financiers.

Figure 8.3 Fréquence des types de fraude

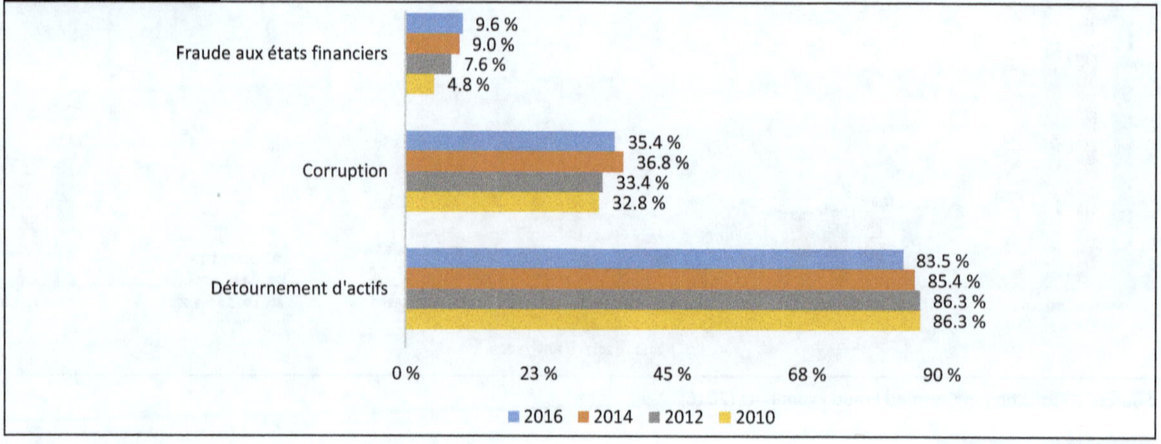

Source : Association of Certified Fraud Examiners (2016)

Figure 8.4 Pertes médianes par type de fraudes

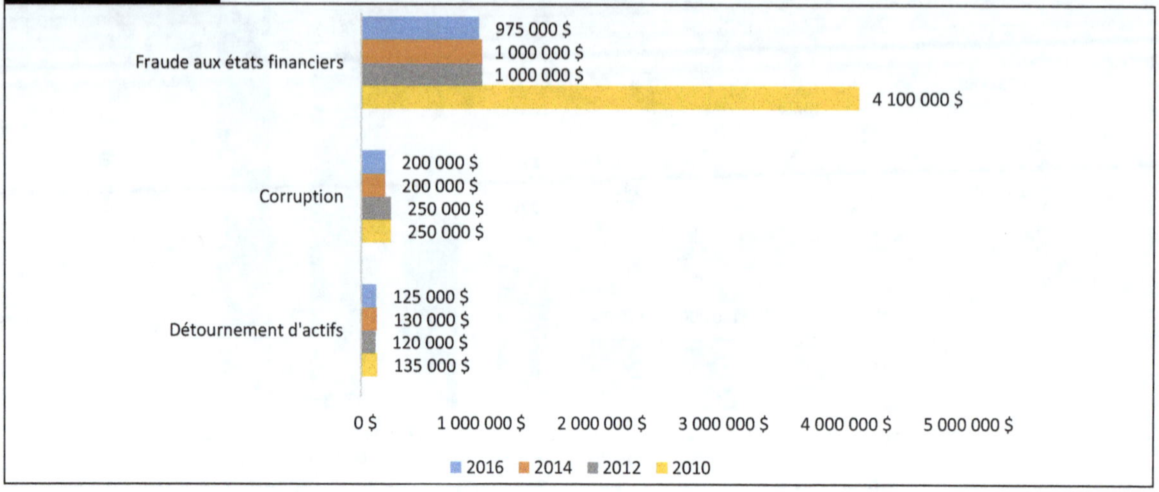

Source : Association of Certified Fraud Examiners (2016)

Le détournement d'actifs

Le détournement peut porter sur quatre types d'actifs : la trésorerie, les remboursements de dépenses, les stocks et les autres actifs.

Détournement de trésorerie

Le détournement de trésorerie peut se dérouler avant l'entrée de la trésorerie dans l'entreprise (détournement pré-opération ou *skimming*) ou une fois la trésorerie présente dans l'entreprise (vol ou *larceny*).

Le détournement pré-opération est le détournement de trésorerie d'une entreprise avant son entrée dans le système comptable. Cette fraude consiste à détourner le produit des ventes ou les créances clients avant qu'elles ne soient réglées. Elle est parfois qualifiée de détournement hors bilan (*off-book fraud*), car la victime ne voit pas de transactions apparaître dans sa comptabilité. Cette fraude peut être réalisée par les vendeurs directement. Par exemple, dans un magasin d'informatique, l'employé peut vendre une imprimante, la donner au client, recevoir l'argent, mais ne pas enregistrer l'opération dans le système comptable. Seul un écart d'une unité dans l'inventaire pourrait être constaté. Dans cette perspective, le vendeur n'a plus qu'à indiquer qu'une imprimante est cassée, qu'elle doit être jetée et qu'il faut déprécier l'inventaire d'une unité. Le détournement peut également être fait par toute personne en charge de la gestion des créances clients. Le principal intérêt de ce mode de détournement de trésorerie est l'absence d'écriture de flux de trésorerie.

Le vol est la soustraction frauduleuse de la trésorerie de l'entreprise. Il s'agit donc d'un détournement qui se déroule une fois la trésorerie comptabilisée. Il se déroule dans les activités impliquant des flux de trésorerie physiques. La technique la plus simple est de prendre l'argent dans la caisse. Il est également possible d'utiliser la technique de la transaction inversée. Cette dernière implique qu'un client retourne la marchandise et que le vendeur lui rend la trésorerie. En réalité, le client est fictif et le principal bénéficiaire est le vendeur. Cette technique permet d'annuler la vente dans le système comptable et le montant de la caisse devient égal au solde comptable de la trésorerie. Seul un écart existe avec l'inventaire. Enfin, il est possible pour le fraudeur d'altérer physiquement les factures pour masquer le vol.

Détournement en matière de remboursements de dépenses

Cette fraude se déroule lorsqu'un employé effectue une demande de remboursement d'une dépense à l'entreprise avec une intention malhonnête. Il peut s'agir de :

- **Remboursement de frais fictifs aux salariés**. Ces remboursements peuvent être ceux de frais de déplacement ou de restaurant qui n'ont pas été encourus dans un but professionnel;
- **Remboursement de retours fictifs de marchandises**. Cette fraude repose sur un retour fictif d'une marchandise par un client et sur un remboursement réel par l'entreprise;
- **L'utilisation abusive du chéquier de l'entreprise**. Dans ce cas, le salarié utilise le chéquier en falsifiant le destinataire ou la signature afin de verser à un complice ou à lui-même un montant frauduleusement;
- **La création d'employés fictifs**. Cette technique permet de verser un salaire à un employé qui n'existe pas et qui est en réalité perçu par le salarié qui a procédé à cette création;
- **L'utilisation d'une « *coquille vide* »**. Cette utilisation est faite par un salarié qui utilise une entreprise juridiquement réelle qui facture des services inexistants. Il s'agit essentiellement de services qui ne peuvent pas être vérifiés étant donné qu'ils ne sont pas matériels. Cette coquille peut également avoir pour fonction d'acheter des matières premières pour les revendre immédiatement à un prix supérieur à l'entreprise qui l'emploie;

De nombreux autres exemples de ce type de détournement peuvent être cités et sont quotidiennement créés au fur et à mesure que l'imagination des fraudeurs grandit.

Détournement de stocks et des autres actifs

Le vol de marchandises par les clients ne représente pas le risque majeur en termes de détournement des stocks. En effet, ce sont les employés ayant accès au stock qui peuvent représenter le risque majeur.

Selon la typologie de l'ACFE, il existe deux types de détournement de stocks et des autres actifs : le **vol** (*stolen*) et **l'utilisation abusive du bien** (*misused*). Si le vol est facilement compréhensible, l'utilisation abusive mérite d'être précisée. Il s'agit de l'utilisation des biens de l'entreprise (voiture de fonction, ordinateur, téléphone, etc.) à des fins personnelles et non au profit de l'entreprise. Le coût de l'utilisation abusive des biens de l'entreprise est difficile à déterminer pour deux raisons. D'une part, il est difficile de distinguer précisément ce qui est personnel et professionnel (p.ex. : est-ce qu'aller chercher ses enfants à l'école avec le véhicule de fonction est une utilisation abusive? Est-ce qu'utiliser l'ordinateur et l'imprimante du bureau pour imprimer des documents personnels est une utilisation abusive?).

La rationalisation de l'individu qui réalise ce type de détournement est simple, car il dira que cela ne représente qu'un coût minime pour l'entreprise, sans prendre en compte que c'est la multiplication de ces détournements qui est la cause du niveau important de pertes.

Une technique classique du détournement des autres actifs est la vente fictive. Dans ce cas, un complice de l'employé fraudeur acquiert le bien, mais l'employé n'enregistre pas la vente. Le complice ne paie pas le bien, car l'opération n'est pas enregistrée, mais il repart avec celui-ci.

Une seconde technique courante est la situation de commandes abusives. Dans ce cas, une commande de 100 manteaux est réalisée, mais lors de la livraison, il est indiqué une réception de seulement 90 manteaux. Cette technique permet aux fraudeurs de retirer 10 manteaux des éléments donnés.

Les fraudes relatives aux états financiers

Les **fraudes relatives aux états financiers** (ou fraudes managériales) sont les manipulations comptables non conformes délibérément (inexactitudes ou omissions intentionnelles) commises par les dirigeants, dans le but de tromper la perception des utilisateurs des états financiers (principalement les créanciers et les actionnaires). Afin d'être considérés comme frauduleux, ces actes doivent être volontaires.

De nombreuses raisons expliquent le recours à ce type de fraude. Il peut s'agir d'améliorer la santé financière de l'entreprise afin de répondre aux attentes suivantes :

- Éviter aux dirigeants d'être révoqués en raison d'une mauvaise performance;
- Obtenir une rémunération plus élevée pour les dirigeants;
- Inciter de nouveaux actionnaires à participer à une introduction en bourse ou à une augmentation de capital;
- Obtenir un prix de transaction élevé lors d'une opération de fusion et acquisition.

La fraude peut également consister à détériorer l'image de l'entreprise afin de réduire le montant des impôts payés ou de pouvoir acheter la part des actionnaires minoritaires d'une filiale.

Des incitations peuvent également être la raison d'une fraude relative aux états financiers : une baisse soudaine de la part de marché ou du chiffre d'affaires, une forte pression pour la réalisation d'un profit à court terme difficilement atteignable ou la date d'exercice prochaine des options d'achat d'actions des dirigeants.

Ce type de fraude n'est possible que si les mécanismes de surveillance ne sont pas efficaces : une mauvaise gouvernance de l'entreprise (absence de contrôle du conseil d'administration ou du comité d'audit, absence ou mauvaise qualité du contrôle interne), une mauvaise compréhension des transactions complexes, etc.

La fraude relative aux états financiers repose essentiellement sur la surévaluation des actifs et des produits et la sous-évaluation des dettes et charges. Elle provient de la direction de l'entreprise, car cette dernière est l'acteur en charge de la production des états financiers. Cette influence des dirigeants peut parfois durer très longtemps, jusqu'à ce qu'une tierce partie découvre la fraude ou qu'une personne la dénonce.

Selon la typologie de l'ACFE, les fraudes aux états financiers peuvent être classées en cinq catégories :

- Les produits comptables fictifs;
- La différence temporelle de constatation comptable (incluant les constatations comptables incorrectes);
- Une évaluation frauduleuse des actifs;
- La dissimulation de charges et de passifs;
- La publication d'informations inexactes.

Produits comptables fictifs

Les produits comptables fictifs sont constitués des ventes de biens et services comptabilisés, mais qui n'ont jamais existé réellement. Ces produits comptables peuvent provenir de commandes ou clients fantômes, mais également de clients existants. Par exemple, une facture peut avoir été préparée pour un client existant mais, comme elle n'a pas été envoyée, elle n'a donné lieu à aucune livraison de marchandise.

Le tableau 8.2 présente un jeu d'écritures comptables permettant de publier des revenus fictifs tout en évitant d'afficher un besoin ou une ressource en termes de trésorerie. Ce jeu permet d'augmenter la valeur de l'actif (+ 200 000 $ d'actif immobilisé) et des revenus (+ 200 000 $ de chiffre d'affaires).

Tableau 8.2 **Jeu d'écritures pour des produits comptables frauduleux**

Date	Poste	Débit	Crédit
01/12/2015	Actif immobilisé @ Trésorerie	200 000 $	200 000 $
01/12/2015	Créances clients @ Chiffre d'affaires	200 000 $	200 000 $
15/12/2015	Trésorerie @ Créances clients	200 000 $	200 000 $

La différence temporelle de constatation comptable

Selon le principe du rattachement des produits et des charges, les produits comptables doivent être comptabilisés au cours de la même année que les charges. Une fraude relative aux états financiers peut reposer sur l'abandon de ce principe en constatant les produits dans les exercices qui précèdent les charges.

Selon la norme IAS 18 *Produits des activités ordinaires* (alinéa 14) :

> *« Les produits des activités ordinaires provenant de la vente de biens doivent être comptabilisés lorsqu'il a été satisfait à l'ensemble des conditions suivantes :*
>
> *a) l'entité a transféré à l'acheteur les risques et avantages importants inhérents à la propriété des biens;*
>
> *b) l'entité ne continue à être impliquée ni dans la gestion, telle qu'elle incombe normalement au propriétaire, ni dans le contrôle effectif des biens cédés;*
>
> *c) le montant des produits des activités ordinaires peut être évalué de façon fiable;*
>
> *d) il est probable que les avantages économiques associés à la transaction iront à l'entité; et*
>
> *e) les coûts engagés ou à engager concernant la transaction peuvent être évalués de façon fiable. »*

Une comptabilisation d'un produit comptable lorsque l'entité n'a pas transféré les risques et avantages importants inhérents à la propriété des biens est une pratique frauduleuse. Ainsi, lorsqu'une vente n'est pas associée à un transfert de propriété, c'est-à-dire que l'acheteur a la possibilité de retourner la marchandise à tout moment, aucun revenu ne devrait être comptabilisé. Le fraudeur procédera à une constatation abusive en n'indiquant pas que la vente est sous condition.

Un cas courant en matière de fraude est la comptabilisation inappropriée des revenus générés par un contrat à long terme.

Évaluation frauduleuse des actifs

Une technique frauduleuse classique consiste à augmenter la valeur des actifs afin d'améliorer les ratios financiers, notamment de solvabilité et de liquidité. De plus, l'augmentation de la valeur des actifs est souvent la contrepartie nécessaire pour faire apparaître des revenus fictifs.

Afin de pouvoir comptabiliser un chiffre d'affaires fictif, il est nécessaire de créer des créances clients fictives. Ces créances fictives présentent l'intérêt d'augmenter l'actif courant et donc le ratio de liquidité de l'entreprise. D'un point de vue pratique, il est possible pour l'entreprise de justifier ces opérations fictives en fournissant à ses auditeurs des factures envoyées pour des services non effectués à des clients qui sont en réalité contrôlés, directement ou indirectement, par l'entreprise.

Les principales fraudes concernant les actifs comptables portent sur :

- **Les stocks** : les stocks peuvent être surévalués en raison d'un manque de dépréciation de leur valeur;
- **Les créances clients** : le montant des créances clients peut être surévalué en raison de la constatation d'un chiffre d'affaires fictif ou en raison d'un manque de dépréciation des créances douteuses;
- **L'écart d'acquisition**[90] : En cas de perte de valeur, il est nécessaire de déprécier l'écart d'acquisition. Un fraudeur peut décider de ne pas effectuer cette dépréciation afin de ne pas réduire le bénéfice;
- **Les actifs immobilisés** : une insuffisante dépréciation des actifs immobilisés peut aboutir à une surévaluation des actifs.

---

[90] Selon la norme IFRS 3 *Regroupements d'entreprises*, alinéa 32 :

« L'acquéreur doit comptabiliser le goodwill à la date d'acquisition, évalué comme étant l'excédent de (a) par rapport à (b) ci-dessous :

(a) le total de :

(i) la contrepartie transférée, évaluée selon la présente norme, qui impose généralement le recours à la juste valeur à la date d'acquisition (voir paragraphe 37),

(ii) le montant de toute participation ne donnant pas le contrôle dans l'entreprise acquise évalué selon la présente norme, et

(iii) dans un regroupement d'entreprises réalisé par étapes (voir paragraphes 41 et 42), la juste valeur à la date d'acquisition des titres de capitaux propres précédemment détenus par l'acquéreur dans l'entreprise acquise;

(b) le solde net des montants, à la date d'acquisition, des actifs identifiables acquis et des passifs repris, évalués selon la présente norme. »

Parallèlement, il est également possible de baser sa politique frauduleuse sur une mauvaise classification des actifs. L'objectif est alors d'augmenter l'actif courant afin d'améliorer les ratios de liquidité.

La dissimulation des charges et passifs

Sous-évaluer les charges et les passifs est un moyen de gérer frauduleusement l'ICF pour que l'entreprise apparaisse performante. La première méthode est l'omission de comptabilisation des charges et passifs. Dans le cas de la fraude de l'entreprise cotée américaine *Adelphia*, les dirigeants avaient réussi à masquer des passifs pour un montant de 2,3 milliards $.

Une autre méthode de dissimulation des charges est de constater à l'actif des coûts qui ne sont pas des immobilisations. La comptabilisation des frais de recherche et développement à l'actif au lieu de les classer dans les charges comptables entraîne une surévaluation de l'actif comptable.

La dissimulation d'informations frauduleuses

Les principales dissimulations d'informations frauduleuses portent sur les points suivants :

- **L'omission des passifs** : Les principaux cas d'omission des clauses de remboursement anticipé ou des engagements hors bilan;
- **Les événements postérieurs à la date de** clôture : Ces événements peuvent avoir un effet significatif sur la situation financière de l'entreprise et l'information biaisée peut tromper les actionnaires lors de l'assemblée annuelle;
- **Les fraudes des dirigeants** : La non-publication volontaire d'informations majeures de la part des dirigeants est la source de confusion pour les actionnaires et les différentes parties prenantes;
- **Les transactions entre parties liées** : Ces transactions concernent les relations contractuelles entre des entités ayant des liens de capital ou d'influence. Il est obligatoire d'indiquer la nature de ces relations dans les notes aux états financiers en détaillant tous les contrats concernés. L'objectif de cette publication est d'éviter que les transactions soient particulièrement avantageuses seulement pour une partie. La fraude courante est de ne pas publier ces informations;
- **Les changements comptables** : Il s'agit des changements de principes comptables, d'estimation et de périmètre. Lorsqu'un changement est effectué, il est obligatoire d'expliquer pourquoi il a eu lieu et quelles en sont les conséquences. Dans ce cadre, les fraudes les plus courantes consistent à ne pas fournir d'informations rétroactives pour masquer quels auraient été les effets au cours des dernières années.

La corruption

Selon l'*ACFE*, le concept de corruption englobe de nombreux mécanismes destinés à biaiser les décisions d'acteurs économiques :

- **La corruption** (*bribery*) est l'acte d'offrir, de donner, de recevoir ou de solliciter un bien de valeur pour influencer un officiel ou une décision d'affaires[91]. Il s'agit donc d'une transaction qui peut être illégale, selon le cadre légal, ou perçue comme illégitime. Cette corruption peut prendre deux formes :
    - La corruption officielle (*official bribery*) est l'acte de corruption d'un officier public afin de l'influencer à réaliser un acte officiel;

[91] Traduction de la définition de l'*ACFE* : « *Bribery may be defined as the offering, giving, receiving, or soliciting anything of value to influence an official act or business decision* ».

- La corruption commerciale (*commercial bribery*) est l'acte de corruption d'une personne privée afin d'obtenir un avantage à caractère commercial.

- **La rétrocommission** (*kickback scheme*) est une forme particulière de corruption qui consiste à verser une commission à la personne en charge de l'attribution d'un contrat à une entreprise. Par exemple, c'est la commission versée par une entreprise de construction à un fonctionnaire qui l'a choisie pour la construction d'un pont financé par le ministère;
- **La gratification illégale** (*illegal gratuities*) représente le bien de valeur attribué à une personne en récompense de la décision qu'elle vient de prendre. Il s'agit d'un acte proche de la corruption, la différence étant que la corruption est réalisée avant une prise de décision, alors que la gratification illégale a lieu après;
- L'extorsion économique (*economic extortion*) est l'acte d'obtention de la propriété d'un autre acteur économique à partir d'un consentement obtenu par la force physique ou la peur;
- La collusion (*collusion*) est une entente entre deux ou plusieurs individus afin de commettre un acte destiné à tromper ou à obtenir un avantage particulier. Ces collusions ont été courantes dans le secteur de la construction pour obtenir des contrats majeurs avec le gouvernement.

Ces différents actes de corruption peuvent être réalisés avec des éléments monétaires ou non monétaires (cadeaux, voyages, etc.). Ils peuvent également être basés sur des contrats avantageux, par exemple des prêts à taux réduits par rapport au taux du marché.

La situation actuelle

La typologie des fraudes proposée par l'ACFE présente trois catégories de fraude, chacune étant indépendantes. Ainsi, il est possible que plusieurs fraudes se déroulent simultanément. Selon la figure 8.5, le détournement d'actifs seul représente plus de la moitié des fraudes constatées et, associé à la corruption, cela représente près d'une fraude sur quatre.

Figure 8.5 **Types de déroulement des fraudes**

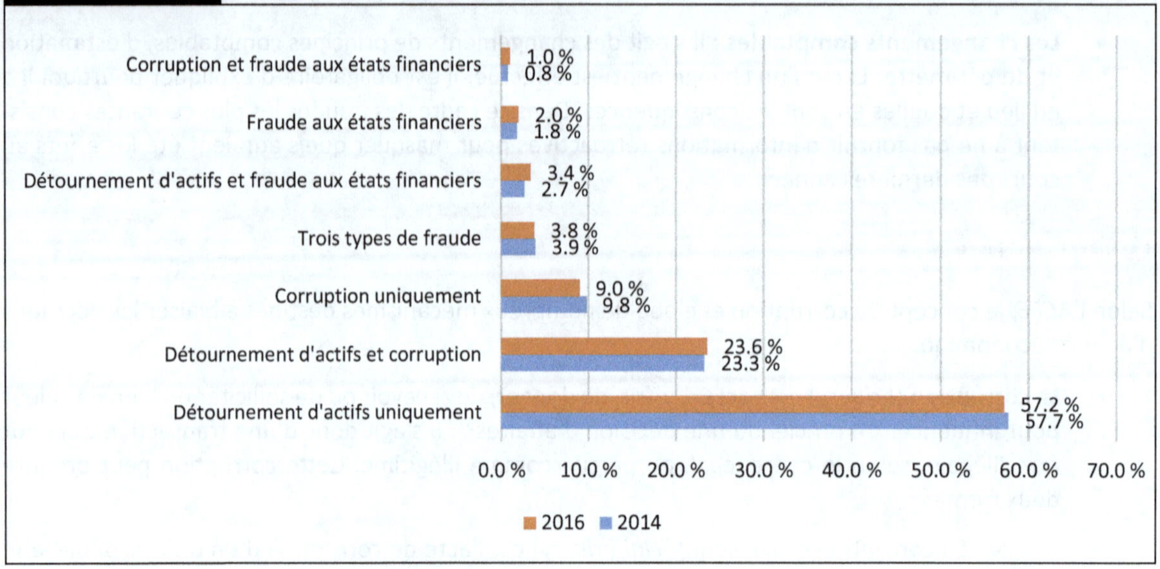

Source : Association of Certified Fraud Examiners (2016)

Déterminants de la fraude

Triangle de la fraude

Définitions et interprétation du triangle de la fraude

Cressey (1950) formule l'hypothèse que trois critères définissent le comportement des criminels en col blanc : ils connaissent une pression financière qu'ils ne peuvent partager ou faire subir à leur entourage, ils bénéficient d'une opportunité de réaliser une action frauduleuse du fait de leur connaissance approfondie de l'entreprise et ils arrivent à se convaincre que leurs actes ne sont pas criminels.

Le sentiment de faire face à une très forte **pression financière** crée la motivation de la fraude. La pression peut provenir de nombreuses sources (p. ex. : drogue, jeu, faillite, divorce, etc.). Le choix de l'acte illégal provient du fait que le fraudeur ne voit pas d'autre solution. D'un point de vue psychologique, un ego surdimensionné peut accentuer ce problème en freinant un individu dans sa volonté de partager ses problèmes.

Le second élément est la perception par le fraudeur d'une **opportunité** de réaliser l'acte illégal. Cette perception provient de deux éléments. Tout d'abord, sa connaissance générale de l'entreprise, c'est-à-dire celle de l'existence d'une faille dans le système de contrôle et du sentiment que son acte ne pourra pas être détecté. L'autre pilier de la perception est la compétence professionnelle du fraudeur. Détourner des biens stockés ou des fonds disponibles dans les caisses nécessite de savoir comment modifier la comptabilité pour que cela ne soit pas détecté. Un individu n'ayant aucune compétence ne détectera pas l'opportunité.

Enfin, la **rationalisation** supposée dans le modèle du triangle de la fraude est le processus par lequel le fraudeur réalise son acte tout en restant dans sa zone de confort moral. Cressey (1950) montre que l'individu n'a pas le sentiment de frauder lorsqu'il réalise son premier acte. L'exemple classique de cette rationalisation est le cas du vol par les employés qui estiment que leurs conditions de travail sont mauvaises et qu'il est normal de compenser ces dernières en s'appropriant les biens de l'entreprise. De même, un salarié peut rationaliser un acte de détournement d'actif en se justifiant de la manière suivante : « tous les dirigeants s'enrichissent sur le dos de l'entreprise, alors moi également ».

Les trois critères ont permis la construction d'un outil fondamental en matière de détection de toute fraude : **le triangle de la fraude**.

Figure 8.6 **Triangle de la fraude**

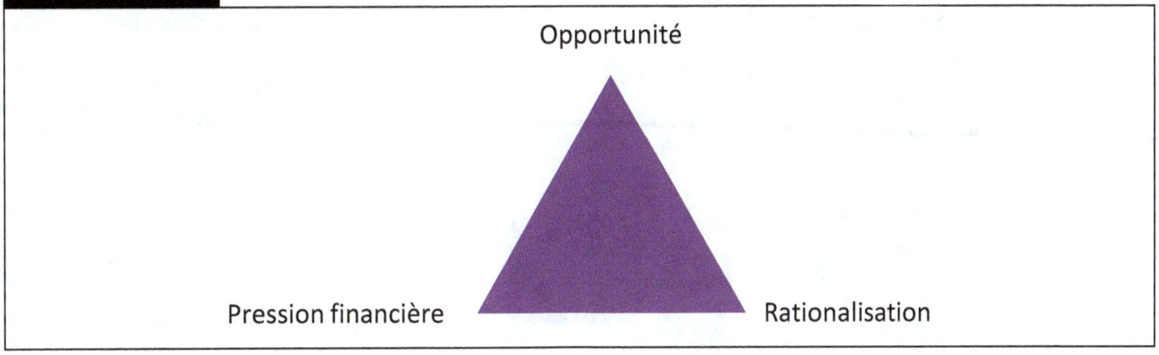

Source : Cressey (1950)

Depuis plus de 60 ans, la théorie développée par Cressey (1950) est utilisée dans les nombreuses études universitaires pour comprendre les déterminants de la fraude ou expliquer *a posteriori* les actes de fraudeurs. Toutefois, un nouveau modèle a récemment été développé pour comprendre non pas les acteurs de la fraude, mais les actes de ces derniers : le triangle de l'acte frauduleux (Kranacher et al. 2011; Dorminey et al. 2012).

Variation du triangle de la fraude : le triangle de l'acte frauduleux

Le modèle du triangle de l'acte frauduleux a été fondé à partir du triangle de Cressey (1950) avec pour objectif de s'intéresser non aux individus, mais aux processus de la fraude. Dans cette perspective, les trois facettes de l'acte frauduleux sont les suivantes (Kranacher et al. 2011; Dorminey et al. 2012) :

- **L'acte frauduleux** consiste à développer une méthodologie et à la mettre en pratique (p. ex. : détournement d'actifs, vol);
- **La dissimulation** représente l'acte ayant pour objectif de cacher la fraude (p. ex. : fausses écritures comptables, destruction de fichiers informatiques);
- **La conversion** est le processus de transformation des bénéfices mal acquis en des actifs utilisables par le fraudeur (p. ex. : blanchiment d'argent).

Figure 8.7 **Triangle de l'acte frauduleux**

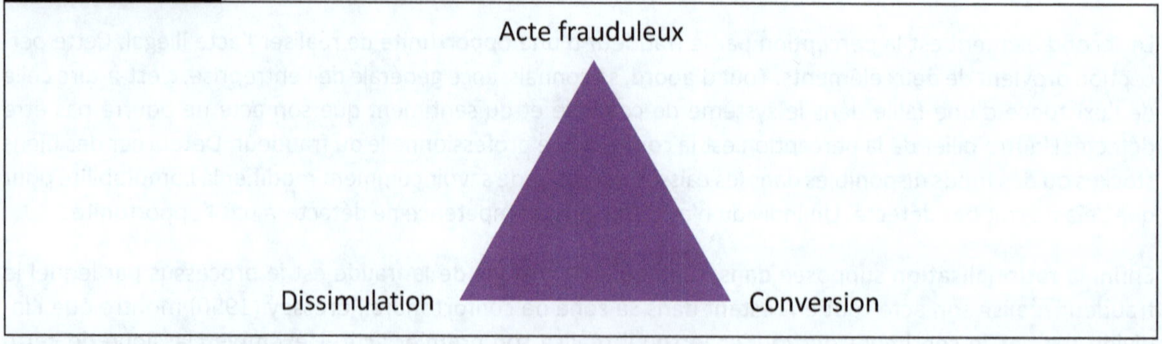

Source : Kranacher et al. (2011)

L'intérêt principal de ce modèle est qu'il permet de mieux appréhender les moyens pour lutter contre la fraude, alors que le modèle traditionnel du triangle de la fraude est d'identifier les fraudeurs.

En étudiant de manière plus précise les déterminants de l'acte frauduleux, il est possible de le prévenir en mettant en place des moyens de détection et de lutte contre ces actes.

Figure 8.8 **Facteurs explicatifs et conséquences de la fraude**

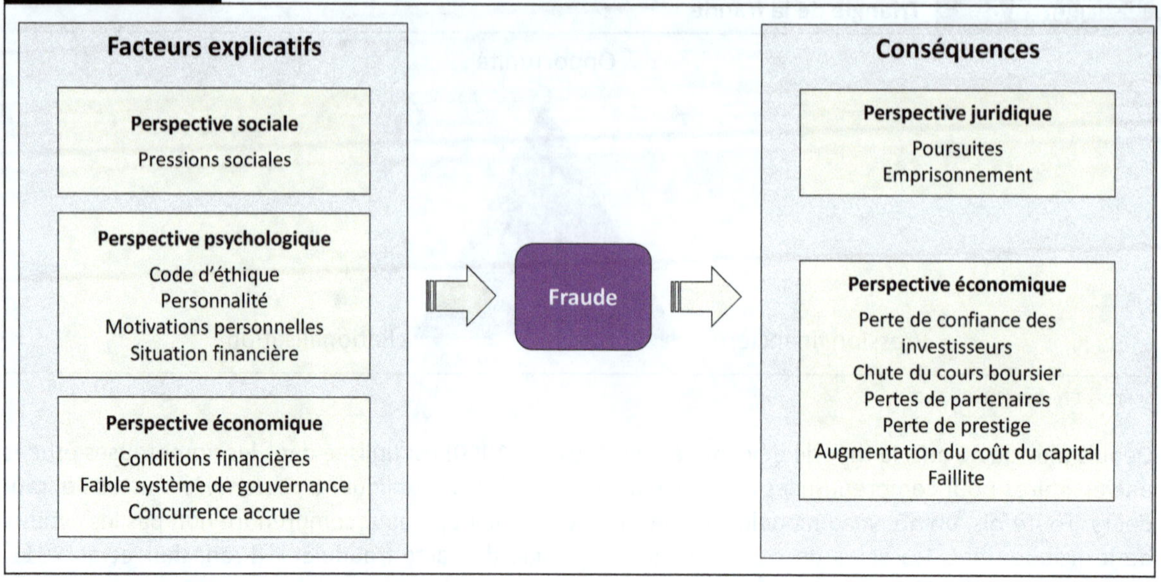

Source : Smaili (2006)

L'objectif de cette section est de présenter les déterminants de la fraude. Nous avons fait le choix de les analyser en portant notre attention sur les principaux acteurs de l'entreprise que sont le conseil d'administration, les dirigeants, les actionnaires et les auditeurs.

La fraude et les acteurs de la gouvernance

Le conseil d'administration

Le conseil d'administration joue un rôle déterminant dans la prévention des fraudes au sein de l'entreprise. Dans cette perspective, les premières études ont tout d'abord analysé la relation entre la composition du conseil d'administration et de son comité d'audit (pourcentage d'administrateurs indépendants, dualité de fonctions du président du conseil et du directeur général, nombre de réunions, pourcentage d'experts en finance ou en comptabilité, etc.) et la probabilité de détection de la fraude.

Les premiers travaux sur le sujet ont eu tendance à conclure à l'efficacité des administrateurs indépendants dans la lutte contre la fraude. Ainsi, Beasley (1996) trouve que la présence d'administrateurs indépendants dans le conseil d'administration diminue la probabilité de fraude relative aux états financiers. Toutefois, la taille du conseil et le nombre de conseils externes auxquels siègent les administrateurs augmentent cette probabilité. Dechow et al. (1996) confirment également que la présence d'administrateurs indépendants atténue le risque de fraude aux états financiers.

La recherche universitaire s'est également intéressée à la relation entre le cumul des fonctions de présidence du conseil et de direction générale et le risque de fraude. Dechow et al. (1996) font ressortir que dans la majorité des entreprises frauduleuses, le directeur général préside le conseil d'administration. En revanche, Erickson et al. (2006) montrent qu'il n'existe pas de différences significatives entre l'échantillon des entreprises accusées de fraude et l'échantillon de contrôle concernant le cumul de fonctions du président directeur général et de président du conseil d'administration.

Parallèlement, dans le cadre de l'étude de la composition du conseil d'administration, le rôle du comité d'audit a logiquement été analysé. Rendu obligatoire aux États-Unis par la Loi *Sarbanes Oxley* du 30 juillet 2002, le comité d'audit a notamment pour fonction de veiller à la qualité de l'information financière publiée et à celle du contrôle interne, ce qui affecte donc indirectement la probabilité d'occurrence d'une fraude. L'étude d'Abbott et Parker (2000) examine l'impact du comité d'audit sur la probabilité d'occurrence d'une fraude comptable, en basant leur étude sur le niveau d'indépendance et la fréquence de ses réunions. Les résultats montrent qu'un comité d'audit indépendant et se réunissant souvent réduit la probabilité de fraude. Ce résultat est confirmé par Ndofor et al. (2013) qui mettent en évidence le fait qu'un comité d'audit actif permet de limiter la fraude.

Nous citerons enfin deux études ayant eu pour objet d'analyser l'ensemble des mécanismes de gouvernance associés au conseil d'administration.

- Farber (2005) compare certains mécanismes de gouvernance entre un échantillon de firmes faisant l'objet de poursuite de la part de la SEC et un échantillon de contrôle avant et après la détection de la fraude. Les analyses comparatives suggèrent des différences significatives concernant le pourcentage des administrateurs indépendants dans le conseil une année avant la détection de la fraude. Les entreprises frauduleuses ont significativement moins d'administrateurs indépendants et d'actionnaires majoritaires. De plus, leurs comités d'audit se réunissent moins fréquemment et ils ont moins de membres disposant d'une expertise en finance.
- Contrairement à Farber (2005), en examinant un échantillon de firmes ayant commis des fraudes et un autre de contrôle, Beasley et al. (2010) montrent qu'il n'existe pas de différences significatives pour le pourcentage d'administrateurs indépendants dans le conseil d'administration. De même, leur étude montre qu'il n'existe pas de différence dans le pourcentage des membres indépendants dans les comités d'audit. Le résultat le plus surprenant est que les firmes frauduleuses ont davantage d'experts en finance et en comptabilité dans leur conseil d'administration.

Ces deux dernières études sont caractéristiques de l'état actuel de la recherche en matière de relation entre la gouvernance et la fraude : il n'existe à ce jour aucun consensus sur le rôle du conseil d'administration comme déterminant ou non de pratiques frauduleuses.

La présence d'experts en finance et en comptabilité au conseil d'administration augmente la probabilité d'une fraude comptable (Beasley et al. 2010).

La rémunération des dirigeants

Le dirigeant est au cœur du système de fraude comptable car, en disposant des pouvoirs les plus étendus, il peut être le principal acteur en devenant le fraudeur ou le gardien (*gatekeeper*).

La politique de rémunération des dirigeants est, selon la théorie de l'agence (Jensen et Meckling 1976; Fama et Jensen 1983), un mécanisme de gouvernance permettant d'atténuer les conflits d'agence et d'aligner les intérêts des dirigeants avec ceux des actionnaires. La politique de rémunération des dirigeants est un point essentiel, car il est à la fois un outil :

- d'incitation à une meilleure performance du dirigeant;
- d'extraction de richesse au profit du dirigeant.

Toutefois, la rémunération à base d'actions ou d'options d'achat d'actions peut être détournée de son objectif initial par les dirigeants et favoriser le risque de fraude financière au détriment des actionnaires (Johnson et al. 2009). En période de difficultés économiques, Savage (2009) souligne que le risque de fraude par les dirigeants est accru lorsque la rémunération incitative représente une part importante de la rémunération totale ou lorsqu'elle est axée sur le rendement à court terme.

La recherche empirique sur la relation entre la rémunération à base d'actions et la fraude n'aboutit pas à un consensus. L'étude d'Erickson et al. (2006) est la première à examiner la relation entre la politique de rémunération à base d'actions et la probabilité de fraude. Les auteurs mettent en évidence que la probabilité de fraude augmente proportionnellement avec les actions et les options détenues par le dirigeant. Harris et Bromiley (2007) confirment l'incitation associée à la rémunération à base d'options dans l'adoption de pratiques comptables frauduleuses. En effet, ils démontrent que la probabilité de réalisation de fraudes est d'autant plus élevée que la rémunération à base d'options représente une part importante de la rémunération des dirigeants. De même, Zhang et al. (2008) démontrent que le risque de fraude est très élevé lorsque les options attribuées sont en dehors de la monnaie[92]. Johnson et al. (2009) apportent une précision sur le mode de rémunération en montrant que l'octroi d'une rémunération aux dirigeants sous forme d'actions favorise le risque de fraude aux états financiers alors que l'octroi d'options d'achat d'actions ne l'affecte pas. Enfin, Ndofor et al. (2013) confirment que les attributions d'options aux dirigeants augmentent la probabilité de pratiques frauduleuses de la part de ces derniers.

La principale conclusion de l'ensemble de ces auteurs est que le choix d'un mode de rémunération à base d'options n'est pas un mécanisme permettant d'aligner les intérêts des dirigeants à ceux des actionnaires, mais plutôt une incitation aux pratiques frauduleuses. Rares sont les auteurs comme Armstrong et al. (2010) qui estiment que le mécanisme de rémunération à base d'actions ou d'options répond aux exigences des actionnaires et que les cas de fraudes ne restent que des exceptions.

---

[92] Une option d'achat d'actions est en dehors de la monnaie lorsque le cours de l'action est inférieur au prix d'exercice. Dans cette situation, la valeur intrinsèque de l'option est nulle, comme la valeur du patrimoine du dirigeant. Cette situation peut inciter les dirigeants à frauder afin que le cours de l'action devienne supérieur au prix d'exercice.

Les actionnaires

Étant les propriétaires de l'entreprise, les actionnaires sont incités à contrôler de manière efficace l'existence de pratiques frauduleuses qui pourraient avoir un impact sur leur richesse.

Deux conclusions opposées existent :

- La concentration de la propriété des dirigeants et la présence d'un actionnaire dominant-dirigeant accroît leur pouvoir décisionnel, limite le contrôle exercé par le conseil d'administration et favorise ainsi le risque de fraude (Dunn 2004);
- le pourcentage d'actions détenu par les actionnaires majoritaires est négativement associé à la probabilité de fraude aux états financiers (Farber 2005).

Les travaux portant sur la relation entre la fraude et les auditeurs ont examiné certaines caractéristiques de ces derniers et leur impact sur la probabilité de la fraude (indépendance du vérificateur externe, compétence, pourcentage des honoraires de consultation, changement d'auditeur).

Ainsi, Carcello et Nagy (2004) montrent que la probabilité de la fraude relative aux états financiers est faible lorsque l'ancienneté de l'auditeur augmente. Cependant, Casterella et al. (2004) montrent que les entreprises dont l'auditeur a été présent dans l'entreprise pour trois ans ou moins font face à moins de sanctions de la part de la SEC.

Parallèlement, Cormier et Lapointe-Antunes (2006) ont évalué l'efficacité de l'utilisation des facteurs de risque liés à la fraude et de l'expérience de l'auditeur dans la détection de la fraude au Canada. Les auteurs analysent la fraude corporative incluant la fraude aux états financiers et le détournement de fonds. En utilisant une approche par questionnaire auprès des auditeurs, les auteurs suggèrent que l'évaluation des facteurs de risque, l'expérience du vérificateur et l'utilisation des procédures analytiques de base (telles que la comparaison des résultats et l'analyse de certains indicateurs financiers) favorisent la détection de la fraude par les auditeurs.

Les auditeurs

La place des auditeurs dans le débat de la lutte contre la fraude est particulière. En effet, contrairement aux attentes de nombreuses parties prenantes, la mission première d'un auditeur n'est pas de détecter les fraudes, mais plutôt les anomalies significatives. Selon la norme canadienne d'audit NCA 240, « *l'auditeur n'est concerné que par les fraudes entraînant des anomalies significatives dans les états financiers. L'auditeur s'intéresse à deux catégories d'anomalies intentionnelles : celles résultant d'informations financières mensongères et celles résultant d'un détournement d'actifs* ». Or, le fraudeur peut souvent s'assurer que ses opérations illégales n'entraînent aucune anomalie significative, ce qui rend le travail pour l'auditeur plus difficile. Concernant la définition, il est intéressant de noter que la corruption, troisième type de fraude, ne fait pas partie du champ professionnel de l'auditeur.

Du point de vue de la lutte contre la fraude, l'importance accordée par les auditeurs peut paraître surprenante. Alors que l'auditeur est un acteur majeur en matière de gouvernance, il l'est moins en matière de lutte contre la fraude. C'est pour faire face à cette situation que d'autres professions spécialisées dans l'audit de fraude, comme les *Certified Fraud Examiners*, se sont développées.

Les travaux portant sur la relation entre la fraude et les auditeurs ont examiné certaines caractéristiques de ces derniers et leur impact sur la probabilité de la fraude (indépendance du vérificateur externe, compétence, pourcentage des honoraires de consultation, changement d'auditeur). Trompeter et al. (2013) proposent une revue de la littérature sur le sujet.

La première caractéristique importante de l'auditeur est sa taille. Lennox et Pittman (2010) mettent en évidence le fait que les entreprises ayant un auditeur appartenant aux *big 4* ont moins tendance à faire face à des fraudes financières. Leur étude suggère que le fait de choisir un cabinet de grande taille se traduit pour l'entreprise par une baisse significative de la probabilité d'une fraude.

La seconde qualité de l'auditeur est son ancienneté. Carcello et Nagy (2004) montrent que la probabilité de la fraude relative aux états financiers est faible lorsque l'ancienneté de l'auditeur augmente.

Parallèlement, Cormier et Lapointe-Antunes (2006) ont évalué l'efficacité de l'utilisation des facteurs de risque liés à la fraude et de l'expérience de l'auditeur dans la détection de la fraude au Canada. Les auteurs analysent la fraude corporative incluant la fraude aux états financiers et le détournement de fonds. En utilisant une approche par questionnaire auprès des auditeurs, les auteurs suggèrent que l'évaluation des facteurs de risque, l'expérience du vérificateur et l'utilisation des procédures analytiques de base (telles que la comparaison des résultats et l'analyse de certains indicateurs financiers) favorisent la détection de la fraude par les auditeurs.

Conclusion

La fraude est née en même temps que la gestion de l'entreprise. Elle a toujours été présente et nombreux sont ceux qui ont essayé de la comprendre. Une typologie existe et distingue les fraudes en fonction de leurs processus : la fraude aux états financiers, le détournement d'actifs et la corruption.

Les experts sur le sujet ont également souhaité comprendre pourquoi et dans quelles circonstances les fraudeurs décident de franchir la frontière de la légalité. C'est un criminologue qui a défini le schéma du triangle de la fraude, qui est une méthode relativement simple pour étudier le fraudeur. Ce dernier agit lorsque trois éléments existent : l'opportunité, la rationalisation et la pression financière. Lorsqu'un individu se trouve face à ces trois éléments simultanément, la probabilité qu'il pratique un acte frauduleux augmente significativement.

Il est essentiel de connaître la typologie et le triangle de la fraude pour pouvoir détecter et prévenir les actes frauduleux. Sans grille de lecture, il serait impossible pour les acteurs de la gouvernance de lutter contre ceux-ci.

Le professionnel s'interroge

Les questions relatives aux trois catégories de fraude sont dans la section relative aux indices de fraude du chapitre suivant.

Triangle de la fraude

- Est-ce qu'un employé connaît une pression financière significative?
- Est-ce que l'entreprise contrôle l'existence d'opportunité de fraude?
    - Est-ce que les tâches d'exécution des opérations, d'enregistrement comptable des opérations et de surveillance des actifs liés aux opérations sont séparées?
    - Est-ce que les employés en charge de chacune de ces fonctions disposent de l'expertise nécessaire?
    - Est-il possible qu'un employé exerce, même temporairement, deux de ces tâches?

Fraude et acteurs de la gouvernance

- Quelle est la qualité de la gouvernance de l'entreprise?
- Quelles sont les caractéristiques du conseil d'administration et des comités spécialisés (indépendance, expertise)?
- Quel est le niveau d'investissement du conseil d'administration dans le contrôle et la production des états financiers?
- Quelle est la mission du comité d'audit en matière de lutte contre la fraude?
- Quelle est la politique de rémunération des dirigeants (incitative ou non)?
- Est-ce que l'auditeur est un *big 4*?
- Quelle est l'ancienneté du mandat de l'auditeur?

Questions à choix multiples

1. Parmi les affirmations suivantes, laquelle est fausse?

a) La corruption est l'acte d'offrir, de donner, de recevoir ou de solliciter un bien de valeur pour influencer un officiel ou une décision d'affaires.

b) La rétrocommission est une forme particulière de corruption qui consiste à verser une commission à la personne en charge de l'attribution d'un contrat à une entreprise.

c) L'extorsion économique est l'acte d'obtention de la propriété d'un autre acteur économique à partir d'un consentement obtenu par la force physique ou la peur.

d) La gratification illégale est une entente entre deux ou plusieurs individus afin de commettre un acte destiné à tromper ou à obtenir un avantage particulier.

e) Aucune réponse ne convient.

2. Parmi les catégories suivantes, laquelle n'est pas l'une des cinq définissant les fraudes aux états financiers?

a) Les produits comptables fictifs.

b) La dissimulation de charges et de passifs.

c) La publication d'informations inexactes.

d) La constatation de provisions.

e) Aucune réponse ne convient.

3. Parmi les affirmations suivantes, laquelle est fausse?

a) Le détournement d'actifs ou de services est plus fréquent que la corruption.

b) Le détournement d'actifs ou de services est plus fréquent que la fraude aux états financiers.

c) La corruption est plus fréquente que la fraude aux états financiers.

d) La fraude relative aux états financiers est plus fréquente que la corruption.

e) Aucune réponse ne convient.

4. Parmi les affirmations suivantes, laquelle est vraie?

a) Le détournement d'actifs ou de services est plus coûteux que la corruption.

b) Le détournement d'actifs ou de services est plus coûteux que la fraude aux états financiers.

c) La corruption est plus coûteuse que la fraude aux états financiers.

d) La fraude relative aux états financiers est plus coûteuse que la corruption.

e) Aucune réponse ne convient.

5. Parmi les affirmations suivantes concernant le triangle de la fraude, laquelle est fausse?

a) Le sentiment de faire face à une très forte pression financière crée la motivation de la fraude.

b) L'opportunité identifiée par le fraudeur repose sur la perception de l'existence d'une faille dans le système de contrôle.

c) La rationalisation est le processus par lequel le fraudeur prévoit les caractéristiques techniques de son acte.

d) L'opportunité identifiée par le fraudeur repose sur le sentiment du fraudeur que son acte ne pourra pas être détecté.

e) Aucune réponse ne convient.

6. Parmi les affirmations suivantes concernant le triangle de l'acte frauduleux, laquelle est fausse?

a) Le triangle de l'acte frauduleux repose sur une expertise managériale du fraudeur.

b) L'acte frauduleux consiste à développer une méthodologie et à la mettre en pratique (p. ex. : détournement d'actifs, vol).

c) La dissimulation représente l'acte ayant pour objectif de cacher la fraude (p. ex. : fausses écritures comptables, destruction de fichiers informatiques).

d) La conversion est le processus de transformation des bénéfices mal acquis en des actifs utilisables par le fraudeur (p. ex. : blanchiment d'argent).

e) Aucune réponse ne convient.

7. Parmi les affirmations suivantes, laquelle est fausse?

a) Le conseil d'administration est un organe de gouvernance pouvant réduire la probabilité d'une fraude.

b) La mission principale des auditeurs est de détecter les fraudes.

c) La concentration de la propriété des dirigeants et la présence d'un actionnaire dominant-dirigeant accroît leur pouvoir décisionnel et favorise ainsi le risque de fraude.

d) Le pourcentage d'actions détenu par les actionnaires majoritaires est négativement associé à la probabilité de fraude aux états financiers.

e) Aucune réponse ne convient.

8. Quelle affirmation concernant la relation entre les fraudes et la rémunération des dirigeants est fausse?

a) La rémunération à base d'actions ou d'options d'achat d'actions peut favoriser le risque de fraude financière au détriment des actionnaires.

b) La rémunération à base d'actions ou d'options d'achat d'action ayant pour objectif d'inciter le dirigeant à atteindre une performance élevée, la probabilité d'observer une fraude est nulle.

c) Le risque de fraude par les dirigeants est accru lorsque la rémunération incitative représente une part importante de la rémunération totale.

d) Le risque de fraude par les dirigeants est accru lorsque la rémunération incitative est axée sur le rendement à court terme.

e) Aucune réponse ne convient.

9. Parmi les éléments suivants, lequel n'est pas un pilier du triangle de la fraude?

a) L'opportunité.

b) La rationalisation.

c) La pression financière.

d) L'information.

e) Aucune réponse ne convient.

10. Quelle technique est une dissimulation d'informations frauduleuses?

a) La constitution d'une provision pour litige.

b) L'omission des passifs.

c) La comptabilisation d'un profit.

d) La compensation des actifs et des passifs financiers.

e) Aucune réponse ne convient.

Réponses

1. d	6. a
2. d	7. b
3. b	8. b
4. d	9. d
5. c	10. b

Bibliographie

Abbott, L. J., Parker, S. (2000). Auditor selection and audit committee characteristics. *Auditing: A Journal of Practice & Theory* 19 (2): 47-66.

Armstrong, C. S., Jagolinzer, A. D., Larcker, D. F. (2010). Chief executive officer equity incentives and accounting irregularities. *Journal of Accounting Research* 48 (2): 225-271.

Association of Certified Fraud Examiners. (2014). *Report to the nations on occupational fraud and abuse.*

Association of Certified Fraud Examiners. (2016). *Report to the nations on occupational fraud and abuse.*

Beasley, M. S. (1996). An empirical analysis of the relation between the board of director composition and financial statement fraud. *Accounting Review* 71 (4): 443-465.

Beasley, M. S., Carcello, J. V., Hermanson, D., Neal, T. L. (2010). *Fraudulent financial reporting 1998-2007.* New York: Committee of Sponsoring Organization of the Treadway Commission (COSO).

Carcello, J. V., Nagy, A. L. (2004). Audit firm tenure and fraudulent financial reporting. *Auditing: A Journal of Practice & Theory* 23 (2): 55-69.

Casterella, J. R., Knechel, W. R., Walker, P. L. (2004) In *Working paper*University of Florida.

Cormier, D., Lapointe-Antunes, P. (2006). The auditor's assessment and detection of corporate fraud: Some Canadian evidence. *International Journal of Accounting, Auditing and Performance Evaluation* 3 (2): 133-165.

Cressey, D. R. (1950). The criminal violation of financial trust. *American Sociological Review* 15 (6): 738-743.

Dechow, P. M., Sloan, R. G., Sweeney, A. P. (1996). Causes and consequences of earnings manipulation: An analysis of firms subject to enforcement actions by the sec. *Contemporary Accounting Research* 13 (1): 1-36.

Dorminey, J., Fleming, A. S., Kranacher, M.-J., Riley Jr, R. A. (2012). The evolution of fraud theory. *Issues in Accounting Education* 27 (2): 555-579.

Dunn, P. (2004). The impact of insider power on fraudulent financial reporting. *Journal of Management* 30 (3): 397-412.

Erickson, M., Hanlon, M., Maydew, E. L. (2006). Is there a link between executive equity incentives and accounting fraud? *Journal of Accounting Research* 44 (1): 113-143.

Fama, E. F., Jensen, M. C. (1983). Separation of ownership and control. *Journal of Law & Economics* 26 (2): 301-325.

Farber, D. B. (2005). Restoring trust after fraud: Does corporate governance matter? *Accounting Review* 80 (2): 539-561.

Harris, J., Bromiley, P. (2007). Incentives to cheat: The influence of executive compensation and firm performance on financial misrepresentation. *Organization Science* 18 (3): 350-367.

Jensen, M. C., Meckling, W. H. (1976). Theory of the firm: Managerial behavior, agency costs and ownership structure. *Journal of Financial Economics* 3 (4): 305-360.

Johnson, S. A., Ryan, H. E., Tian, Y. S. (2009). Managerial incentives and corporate fraud: The sources of incentives matter*. *Review of Finance* 13 (1): 115-145.

Kranacher, M.-J., Riley Jr, R. A., Wells, J. T. (2011). *Forensic accounting and fraud examination.* New York, NY: John Wiley & Sons.

Le Maux, J., Smaili, N., Amar, W. B. (2013). De la fraude en gestion à la gestion de la fraude. *From fraud in management to fraud management* 39 (231): 73-85.

Lennox, C., Pittman, J. A. (2010). Big five audits and accounting fraud. *Contemporary Accounting Research* 27 (1): 209-247.

Ndofor, H. A., Wesley, C., Priem, R. L. (2013). Providing CEOs with opportunities to cheat: The effects of complexity-based information asymmetries on financial reporting fraud. *Journal of Management*.

Savage, M. (2009). *Le risque de fraude en période de difficultés économiques : Questions que les administrateurs devraient poser.* Institut Canadien des Comptables Agréés.

Smaili, N. (2006). *La gouvernance comme moyen de prévention et de détection des irrégularités comptables pouvant mener à la fraude.* Montréal : HEC Montréal.

Sutherland, E. H. (1940). White-collar criminality. *American Sociological Review* 5 (1): 1-12.

Trompeter, G. M., Carpenter, T. D., Desai, N., Jones, K. L., Riley Jr, R. A. (2013). A synthesis of fraud-related research. *Auditing: A Journal of Practice & Theory* 32: 287-321.

Zhang, X., Bartol, K. M., Smith, K. G., Pfarrer, M. D., Khanin, D. M. (2008). CEOs on the edge: Earnings manipulation and stock-based incentive misalignment. *Academy of Management Journal* 51 (2): 241-258.

9 Fraude comptable et financière

Détection et prévention

« Les secrets les mieux gardés sont ceux qui jamais n'ont été demandés. »

Jacques Prévert

Introduction

La typologie des fraudes et la liste des acteurs majeurs dans la lutte contre celles-ci ayant été présentées dans le chapitre précédent, l'objectif de ce nouveau chapitre est de mieux connaître les caractéristiques classiques des fraudeurs et de leurs victimes. Il existe en effet des qualités récurrentes chez les fraudeurs, qu'il s'agisse de caractéristiques physiques (âge, sexe), professionnelles (ancienneté, fonction) ou comportementales.

En effet, différents outils ont été développés afin de détecter le fraudeur potentiel. L'approche la plus efficace est l'analyse comportementale, qui consiste à associer à chaque intervenant des facteurs de risque. Les individus totalisant le plus de facteurs de risque méritent alors de faire l'objet d'une attention plus particulière. Les différentes études de l'*Association of Certified Fraud Examiners* (*ACFE*) ont mis en évidence qu'un changement de style de vie d'un salarié, comme l'achat d'une nouvelle maison ou d'une voiture, est un événement classique dans la vie d'un fraudeur. Il est par conséquent logique, lors d'une enquête en matière de fraude, de soupçonner en premier ceux qui ont connu une hausse de leur train de vie qui ne peut être expliquée logiquement par une hausse de leur salaire ou de leur patrimoine déclaré. Nous verrons que d'autres événements, comme l'isolement social d'un salarié, son refus de prendre des vacances ou des troubles familiaux, sont des indices comportementaux permettant de suspecter une éventuelle activité frauduleuse.

Parallèlement, une attention particulière sera portée à la prévention de la fraude. Nous étudierons les bonnes pratiques dans le domaine qui devraient être systématiquement adoptées. Par exemple, un programme de sensibilisation des employés en matière de détection de la fraude ou l'installation d'une ligne téléphonique permettant le lancement d'alerte sont des outils qui ont montré à de nombreuses reprises leur efficacité.

Comprendre les fraudes : les caractéristiques communes

Les raisons de la fraude

Comprendre le comportement humain, et plus particulièrement celui du fraudeur, permet de mieux anticiper et prévenir les comportements illégaux. Différentes théories comportementales fournissent des éléments utiles[93] :

- **La criminologie**. Elle suppose que tout être humain est doté d'une volonté libre qui lui permet de s'engager dans des comportements légaux ou illégaux. Le comportement criminel peut paraître plus attractif, car les gains obtenus sont perçus comme plus élevés que les pertes envisageables. Dans ce contexte, plus la réaction au crime est probable et sévère, plus la sanction peut agir sur le choix du comportement d'un individu;
- **La théorie des activités routinières**. Cette théorie repose sur un principe simple : la motivation de commettre un crime et la présence de criminels sont une constante. Il y aura toujours une partie de la population qui souhaite franchir la frontière légale;
- **La théorie biologique**. Selon celle-ci, les comportements humains sont déterminés par des caractéristiques physiques et biologiques. Dans ce contexte, les criminels sont nés tel quels et les lois ne peuvent pas limiter significativement les comportements illégaux;
- **Les théories psychologiques**. La fraude trouve son origine dans le développement psychologique des individus, c'est-à-dire dans leur histoire personnelle (enfance, jeunesse, etc.). Elle est également expliquée par le conditionnement éventuel des individus. Un individu entouré de fraudeurs a tendance à le devenir également.

[93] La typologie des théories comportementales est utilisée par l'*Association of Certified Fraud Examiners* (*ACFE*).

- **Les théories de structuration sociale.** Ces théories expliquent la fraude à partir de la structure sociale dans laquelle vit l'individu. Ainsi, la criminalité est fonction du niveau de socialisation et des interactions sociales des individus, et le comportement frauduleux trouve son origine dans l'appartenance de l'individu à une classe sociale donnée.

Toutes ces théories sont complémentaires lors du travail de détection d'une fraude. Certains auteurs mettent en avant l'une plus que les autres ou tentent de démontrer qu'il est préférable d'en choisir certaines, mais le professionnel doit toutes les avoir en tête pour être sûr de ne rien manquer.

Les secteurs victimes de la fraude

Un secteur est plus souvent victime de fraudes que les autres : le secteur bancaire et financier. Cette situation provient du fait qu'il est le secteur offrant le plus d'opportunités (détournements d'actifs, manipulation des états financiers, etc.). Certes, ce secteur est plus régulé et surveillé que les autres secteurs, mais cela ne suffit pas à décourager les fraudeurs.

Figure 9.1 Les secteurs les plus concernés par la fraude aux États-Unis

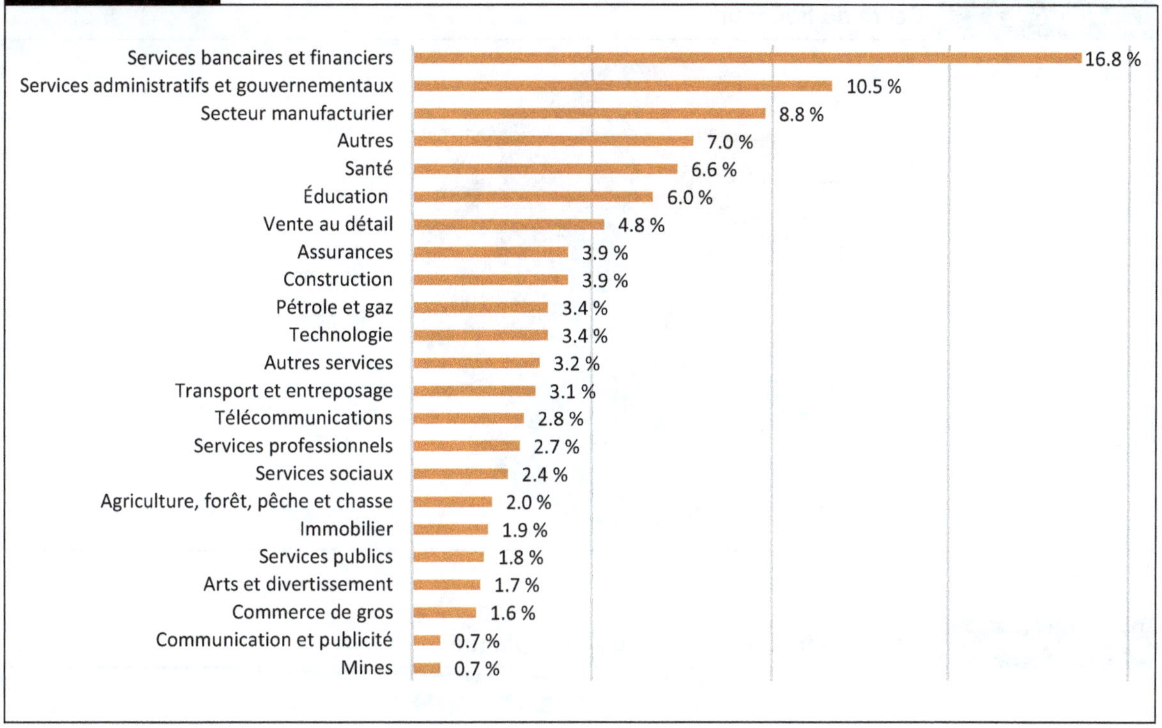

Source : Association of Certified Fraud Examiners (2016)

Le second secteur qui est le plus victime de fraudes est composé des services administratifs et gouvernementaux. Ce secteur est particulièrement affecté par les ententes frauduleuses entre des fonctionnaires et des fournisseurs de biens et services afin d'obtenir des prix élevés. Dans ces ententes, les fonctionnaires sont rémunérés de manière illégale. La commission d'enquête sur l'octroi et la gestion des contrats publics dans l'industrie de la construction créée en 2011, aussi appelée Commission Charbonneau, a mis en évidence de nombreux cas de corruption dans le secteur du bâtiment public au Québec.

Le fraudeur

Au cours des 20 dernières années, la criminologie, c'est-à-dire la science de la criminalité, a développé différentes grilles d'analyse dont l'une est consacrée au criminel, à son identité, à ses qualités et à ses défauts.

Sexe du fraudeur

L'étude réalisée par l'*ACFE* décompose la population des fraudeurs en fonction du sexe. La répartition est déséquilibrée, car les hommes représentent les deux tiers des fraudes, les femmes n'en représentant qu'un tiers. Cette statistique ne se traduit toutefois pas de la même façon dans les différentes zones géographiques. La parité est proche au Canada et aux États-Unis, alors qu'ailleurs les hommes représentent plus de neuf fraudeurs sur 10.

La décomposition à partir du genre masculin et féminin est utile, car les conséquences financières de la fraude ne sont pas similaires entre les deux genres. Les pertes médianes sont deux fois plus importantes lorsque le fraudeur est un homme (187 000 $ pour un homme contre 100 000 $ pour une femme).

Figure 9.2 **Genre du fraudeur**

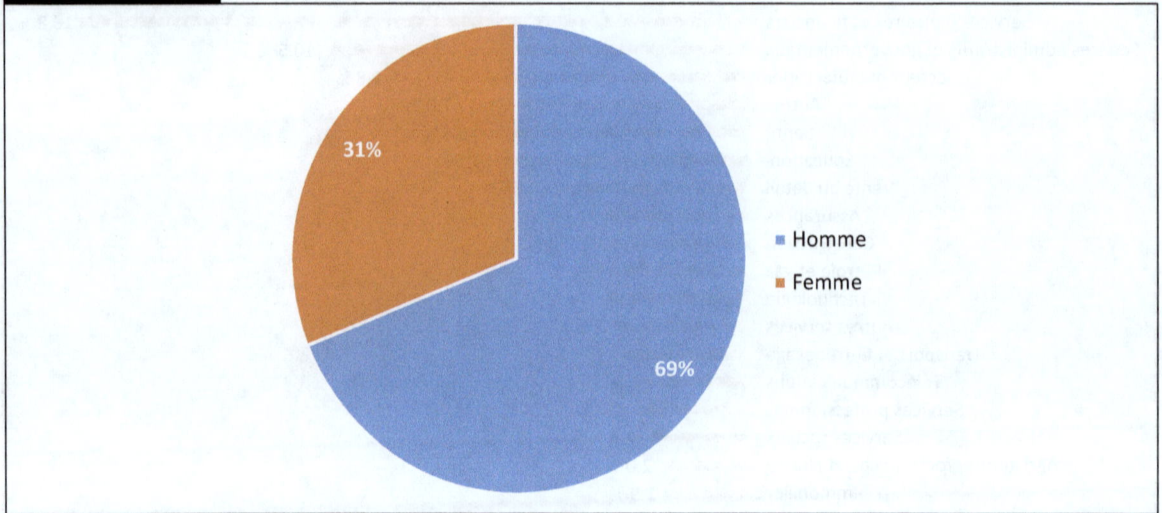

Source : Association of Certified Fraud Examiners (2016)

Figure 9.3 **Genre du fraudeur par zone géographique**

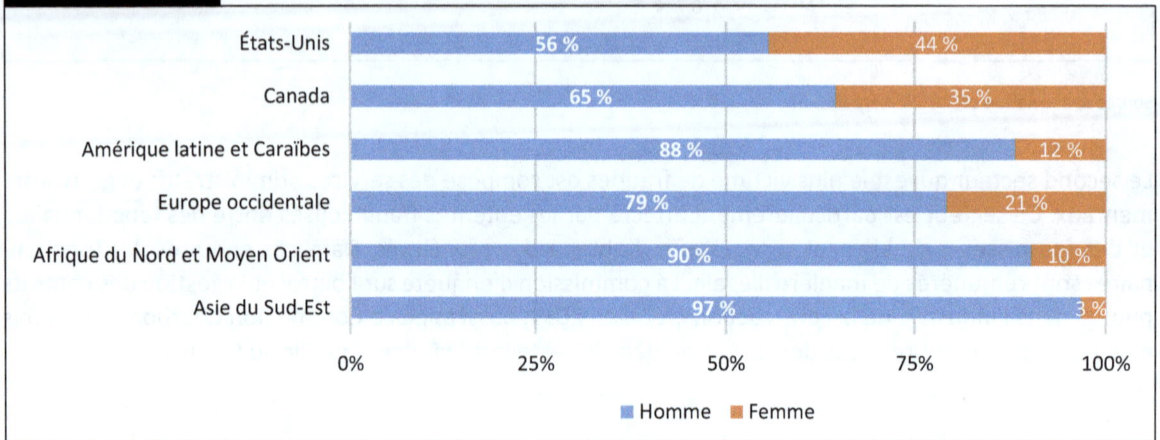

Source : Association of Certified Fraud Examiners (2016)

Figure 9.4 **Pertes médianes par genre du fraudeur**

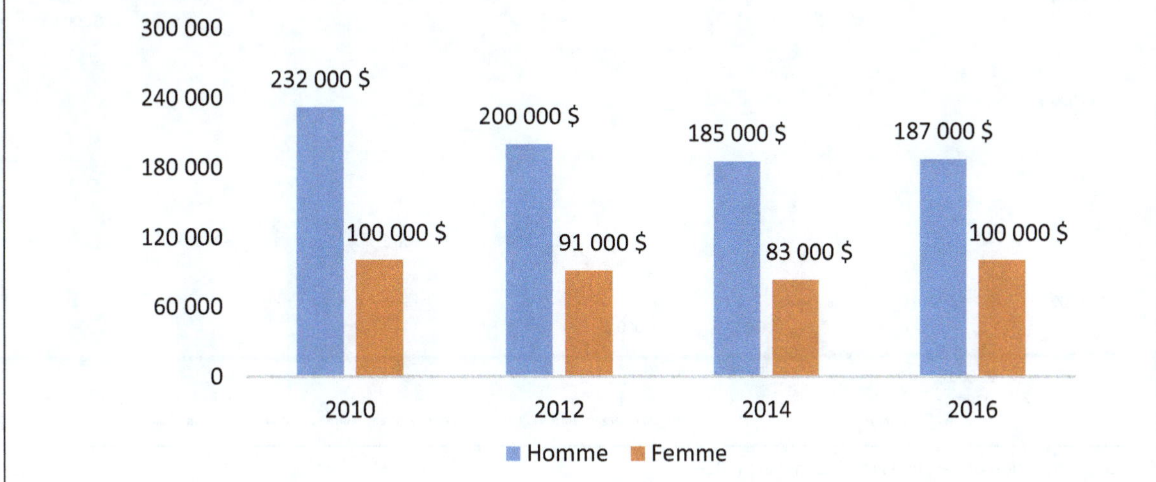

Source : Association of Certified Fraud Examiners (2016)

Âge du fraudeur

Les fraudeurs appartiennent en majorité à la même catégorie d'âge, selon le rapport annuel de l'*ACFE*, c'est-à-dire entre 31 et 45 ans. Toutefois, les conséquences négatives de la fraude pour l'entreprise s'accroissent avec l'âge du fraudeur. Alors que la perte médiane est inférieure lorsque le fraudeur a moins de 26 ans, elle atteint près de 630 000 $ pour les fraudeurs de plus de 60 ans.

Figure 9.5 **Âge du fraudeur (fréquence)**

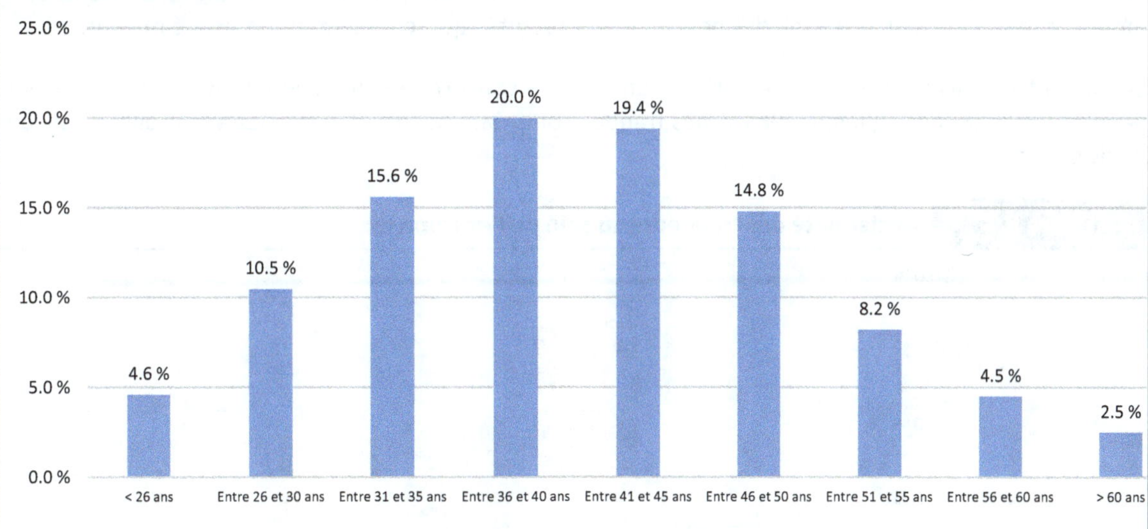

Source : Association of Certified Fraud Examiners (2016)

Figure 9.6 **Perte médiane en fonction de l'âge du fraudeur**

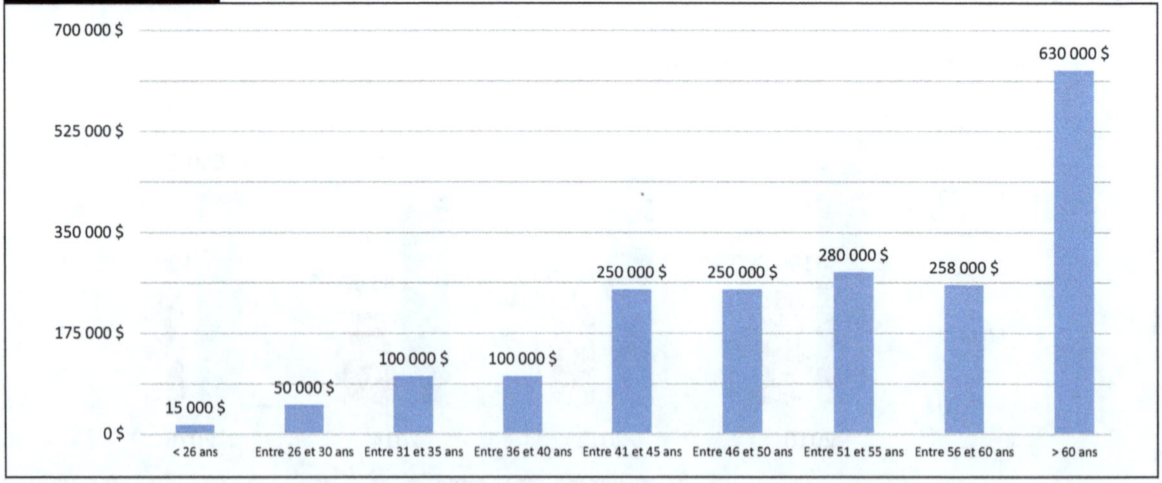

Source : Association of Certified Fraud Examiners (2016)

La relation entre l'âge et la fréquence des fraudes trouve en partie son origine dans les difficultés financières que connaissent les individus âgés entre 35 et 45 ans. Il s'agit en effet de l'âge où les problèmes de ce type sont le plus probables et où le taux d'endettement personnel est le plus élevé[94].

La relation entre le coût de la fraude et l'âge s'explique par la plus grande expertise du fraudeur. Il est nécessaire d'avoir une très bonne connaissance de l'activité, de ses risques et de l'entité pour réaliser une fraude d'un montant important.

Ancienneté du fraudeur

L'âge n'est pas la seule variable temporelle importante. L'ancienneté du fraudeur l'est également, car l'expérience au sein de l'entreprise est essentielle. L'étude de l'ACFE montre que l'intervalle le plus représenté dans la population des fraudeurs est entre un et cinq ans. Ce constat est intéressant, car il montre que ce ne sont pas les salariés nouvellement recrutés qui représentent un risque majeur.

Ce lien entre l'ancienneté et la réalisation d'une fraude concerne essentiellement les salariés présents depuis plus de six ans. Quelque 49,4 % des fraudes sont réalisées par des salariés ayant plus de six ans d'ancienneté.

Figure 9.7 **Ancienneté des fraudeurs au sein de l'entreprise**

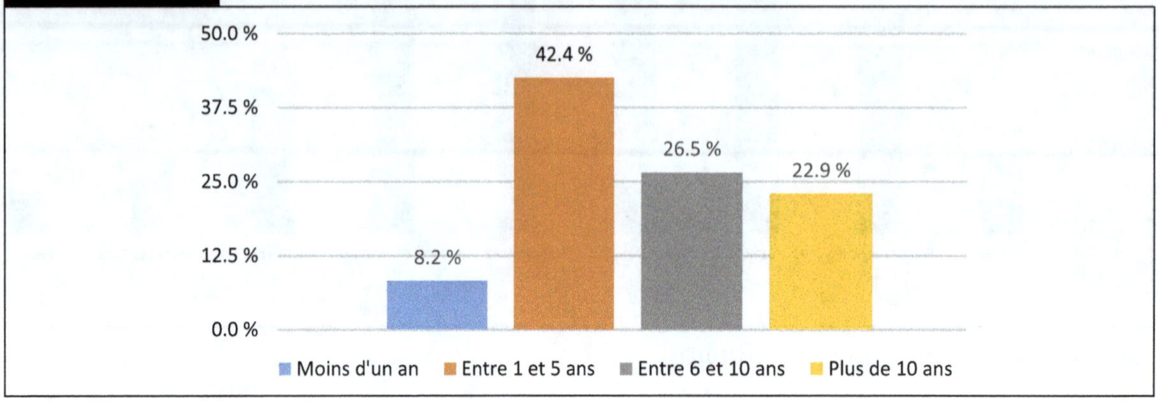

Source: Association of Certified Fraud Examiners (2016)

[94] Pour l'exemple du Canada, voir Uppal et LaRochelle-Côté (2015).

Différentes raisons peuvent justifier la relation entre l'expérience et la fraude :

- Une plus grande confiance est accordée aux salariés ayant une longue ancienneté, confiance qui implique souvent moins de contrôle et donc plus d'opportunités;
- Une longue ancienneté est synonyme d'une plus grande expertise de la part du salarié et donc plus d'opportunités de fraude;
- Le pic situé dans l'intervalle entre un et cinq ans d'ancienneté provient du sentiment de loyauté plus faible que peuvent ressentir les employés par rapport à ceux qui sont présents depuis plus de 10 ans.

Statut du fraudeur dans l'entreprise

La place du fraudeur dans l'organigramme de l'entreprise est une variable utile lors d'une enquête, car elle permet de connaître son pouvoir de gestion réel. Le rapport de l'*ACFE* montre que cette place a un impact majeur sur le montant de la fraude. Lorsque le dirigeant est aussi propriétaire, le montant de la fraude est significativement plus élevé. Ce constat est logique, car le fraudeur a les différentes casquettes de dirigeant et d'actionnaire, ce qui l'oblige à ne rendre des comptes qu'à lui-même.

Figure 9.8 Montant de la fraude en fonction de la place du fraudeur dans l'organigramme

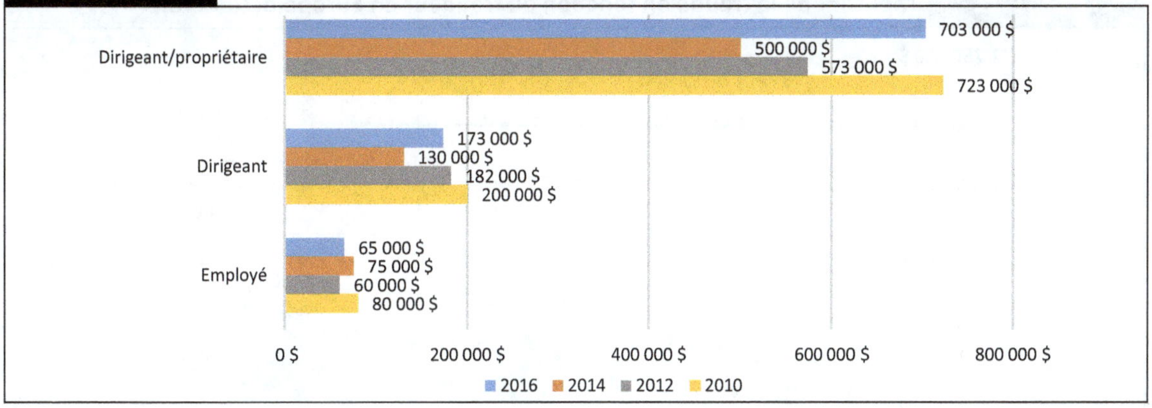

Source : Association of Certified Fraud Examiners (2016)

Le rapport met également en évidence que la place du fraudeur n'est pas la même dans tous les pays. Différents exemples sont présentés dans les quatre graphiques suivants :

Figure 9.9 Montant de la fraude en fonction du fraudeur au Canada

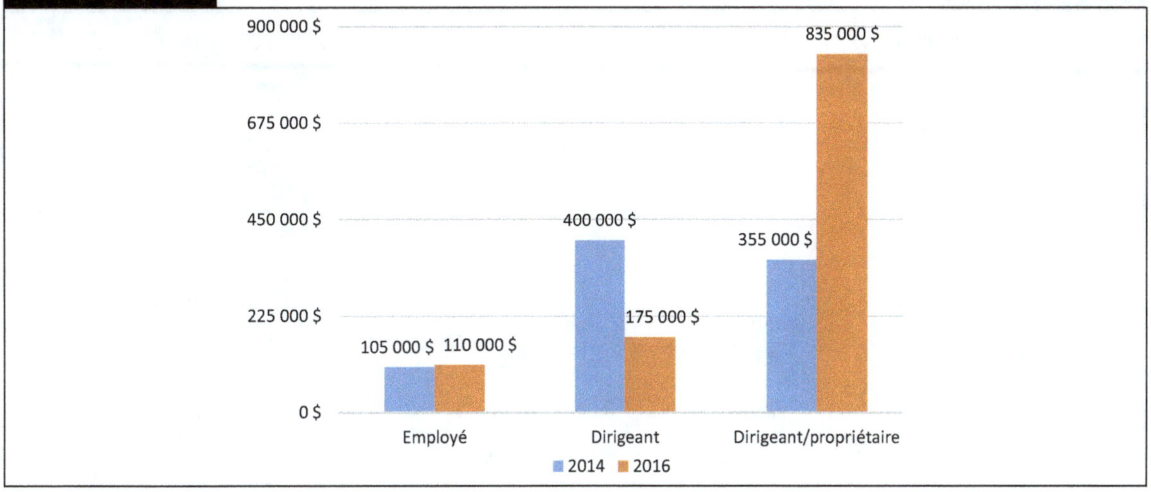

Source : Association of Certified Fraud Examiners (2016)

Figure 9.10 **Montant de la fraude en fonction du fraudeur aux États-Unis**

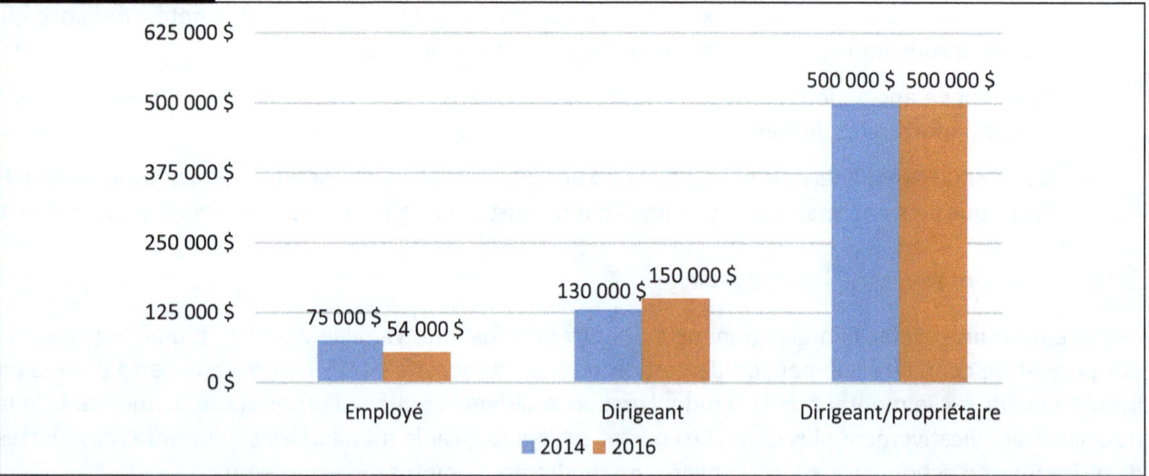

Source : Association of Certified Fraud Examiners (2016)

Figure 9.11 **Montant de la fraude en fonction du fraudeur en Europe occidentale**

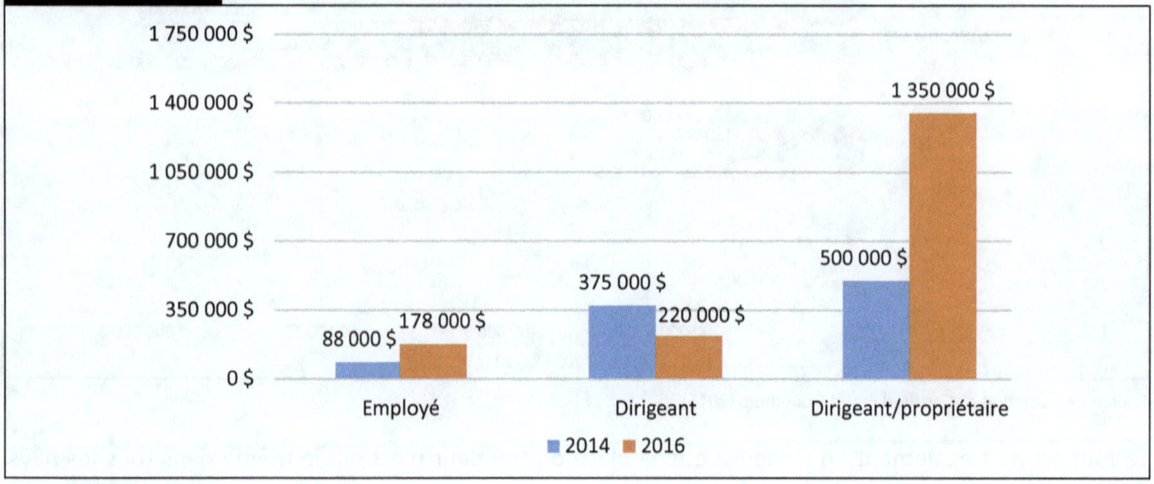

Source : Association of Certified Fraud Examiners (2016)

Figure 9.12 **Montant de la fraude en fonction du fraudeur en Asie**

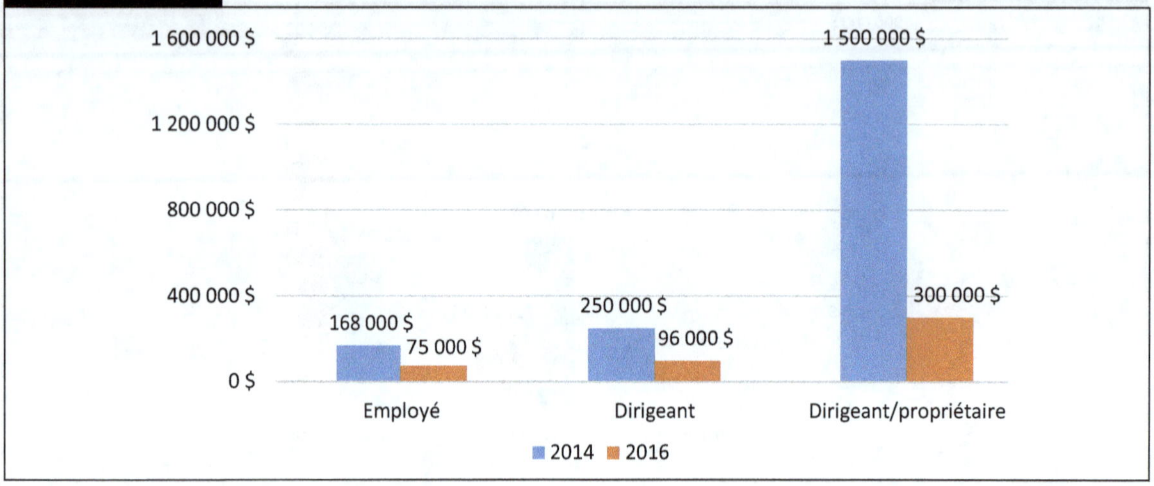

Source : Association of Certified Fraud Examiners (2016)

Le comportement du fraudeur

Parmi les indices comportementaux présentés dans le graphique suivant, au moins deux ont été constatés dans 92 % des cas de l'étude réalisée par l'ACFE. En 2016, dans 44 % des cas, les fraudeurs ont eu un train de vie supérieur à leurs revenus, alors que les difficultés financières concernaient 30 % des fraudeurs. Les autres principaux indices comportementaux sont : la proximité avec un client ou un fournisseur, l'absence de volonté de partager ses tâches, un comportement peu scrupuleux et un divorce récent.

Figure 9.13 **Indices comportementaux (% de cas)**

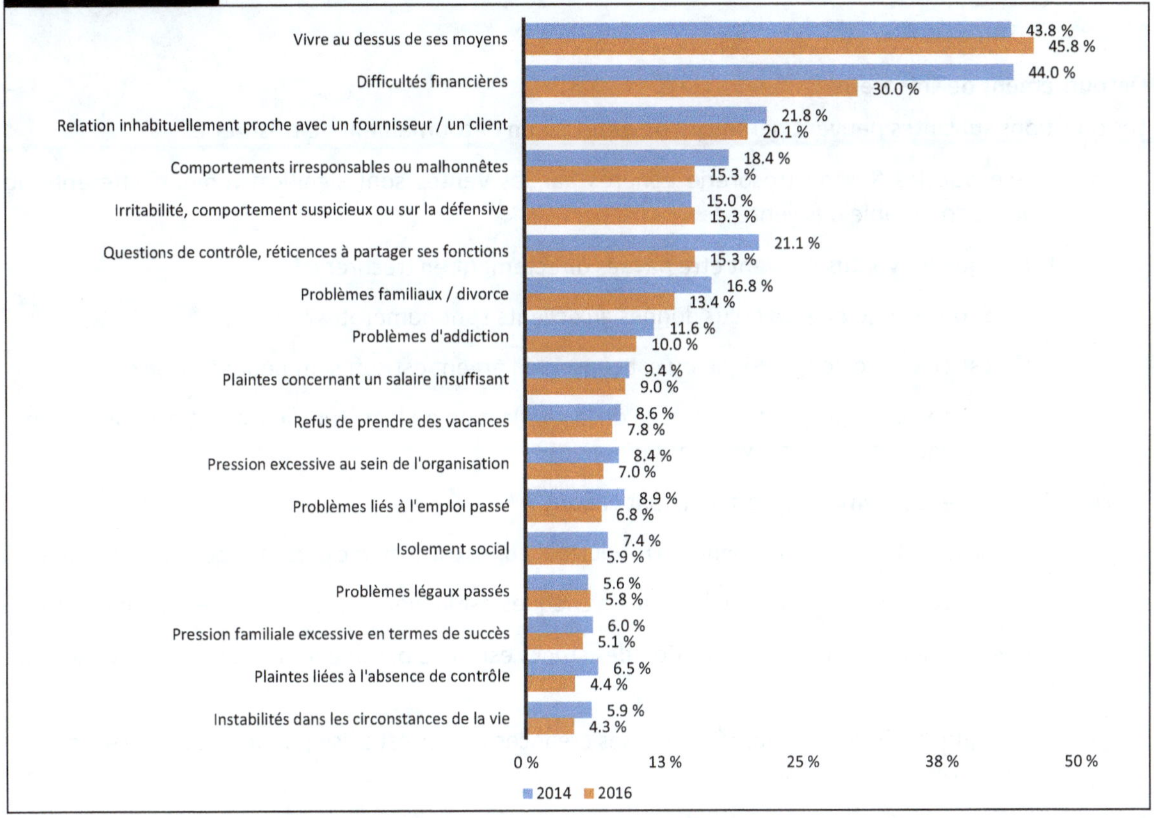

Source : Association of Certified Fraud Examiners (2016)

Connaître ces facteurs permet de détecter plus rapidement et plus efficacement les fraudes en analysant le comportement des fraudeurs potentiels. Par exemple, dans le cas d'une fraude concernant le détournement d'actifs, les enquêtes devraient commencer avec les personnes les plus proches de l'information utile. Dans le cas du vol d'une liste de clients, il est logique de commencer par les employés qui l'utilisent couramment. Dans cette perspective, il est utile de vérifier si l'un d'eux a un comportement suspect ou fait face à un facteur de risque présenté ci-dessus. Par exemple, un employé ayant un changement de style de vie majeur représente un individu méritant un intérêt particulier.

Dans le cadre d'une fraude en matière de rémunération abusive, il est logique de porter son attention au département des ressources humaines. Dans ce contexte, tout salarié du département ayant connu un brusque changement de mode de vie représente une personne à risque. Parallèlement, il est utile de vérifier le comportement de chaque salarié au sein du département. Un salarié faisant l'objet de plaintes récurrentes au sein de l'entreprise, se retrouvant isolé socialement ou ne prenant plus aucun jour de vacances représente une personne à risque méritant d'être surveillée.

Cette approche comportementale ne doit pas, bien entendu, se substituer aux procédures judiciaires en cas de comportement criminel ou, de manière générale, aux procédures d'audit interne et externe. Il s'agit ici simplement de rendre plus efficace le processus d'enquête lors d'une fraude.

Détecter les fraudes

Les indices d'une fraude

Les grilles d'indices (*red flags*) les plus couramment utilisées ont été développées par l'*Association of Certified Fraud Examiners* et sont spécifiques à chaque type de fraude : le détournement d'actifs, la corruption et la fraude relative aux états financiers. Les principaux éléments de ces grilles sont présentés ci-dessous, et nous invitons le lecteur qui souhaite approfondir ces éléments à consulter les manuels de l'association[95].

Le détournement d'actifs

Détournement de trésorerie

Les questions suivantes peuvent permettre de détecter un détournement de trésorerie :

- Est-ce que les flux de trésorerie générés par les ventes sont significativement différents du volume comptable des ventes?
- Est-ce que les ventes peuvent être payées directement en trésorerie?
  - Si oui, est-ce que les reçus donnés aux clients sont numérotés?
  - Est-ce que le lieu physique où est conservé l'argent est suffisamment sécurisé?
  - Est-ce que la personne en charge de la vérification de la trésorerie est distincte de celle qui est chargée de la recevoir physiquement?
- Est-ce que le paiement est effectué par chèque?
  - Si oui, est-ce que la personne qui reçoit les chèques est la même personne qui réalise les ventes?
  - Est-ce que la personne qui reçoit les chèques est la même que celle qui les comptabilise?
- Est-ce que la décision de dépréciation des stocks est prise par une autre personne que celle qui les vend?
- Est-ce que la décision de dépréciation des créances clients est prise par une autre personne que celle qui reçoit les paiements?

Détournement de remboursements de dépenses

Les questions suivantes peuvent permettre de détecter la présence d'un salarié fictif :

- Est-ce que les fonctions de paiement des salaires et de décompte du temps de travail sont indépendantes?
- Est-ce que la fonction comptable est indépendante de la fonction légale en charge de la signature des contrats de travail?

Détournement des stocks

Les questions suivantes peuvent permettre de détecter le détournement de stocks :

- Est-ce que les fonctions d'achat, de comptabilisation et de surveillance des stocks sont assurées par des personnes différentes?
- Est-ce que les méthodes de vérification des stocks et des escomptes accordés sont pertinentes?
- Est-ce que la méthode de constatation de l'obsolescence des stocks est logique? A-t-elle changé récemment?

---

95 Disponibles sur le site internet de l'*Association of Certified Fraud Examiners* (www.acfe.com).

La fraude relative aux états financiers

Soldes comptables fictifs ou dissimulés

Les indices permettant de détecter les opérations frauduleuses sont :

- Un montant inhabituel de créances clients : des créances clients qui ne sont pas ou peu payées sont le signe que le chiffre d'affaires est surévalué;
- Un taux de croissance du chiffre d'affaires élevé par rapport aux autres entreprises du même secteur d'activité;
- Un flux de trésorerie relatif à l'exploitation qui ne converge pas avec le résultat net : une différence entre le flux et le résultat net ne peut perdurer durant plusieurs années;
- Une augmentation du nombre d'opérations complexes, notamment lors de la clôture de l'exercice comptable;
- Une augmentation significative de la marge brute de l'entreprise par rapport à celle des autres entreprises du secteur;
- Une augmentation significative du délai de recouvrement des créances clients;
- Une diminution significative du délai de paiement des dettes fournisseurs;
- Une diminution significative du pourcentage de créances douteuses ou du taux d'obsolescence des stocks.

La publication d'informations frauduleuses

Les indices permettant de détecter la publication d'informations frauduleuses sont :

- Une communication financière produite par une personne ou un petit groupe d'individus sans véritable contrôle;
- Un conseil d'administration ou un comité spécialisé inefficace en matière d'information financière;
- Une communication financière qui ne respecte pas les standards;
- Une forte augmentation du chiffre d'affaires sans explication;
- Un nombre anormal d'opérations complexes au sein du groupe.

La corruption

Les indices permettant de détecter une éventuelle corruption sont, par exemple :

- Un employé ayant un taux élevé de succès dans l'obtention de contrats sur un marché ayant fait l'objet d'enquêtes de corruption;
- Un employé ayant un niveau de vie trop élevé par rapport à ses ressources financières;
- Un employé voyageant régulièrement pour le compte de clients étrangers et ne demandant aucun remboursement de frais à l'entreprise;
- Un employé s'excusant régulièrement auprès de l'entreprise de la mauvaise qualité des stocks reçus, des délais trop longs de réception des marchandises ou d'exécution des contrats ou encore des prix trop élevés facturés par une tierce partie;

- Un système basé sur le paiement de commissions en trésorerie;
- Des clients ayant de nombreux contacts commerciaux avec l'entreprise, mais ayant omis de lui fournir leurs coordonnées complètes (adresse, numéro de téléphone, etc.);
- Des systèmes de contrôle internes défaillants;
- Une absence de séparation des fonctions dans le département « achats »;
- Un niveau de complexité élevé dans le système comptable lié aux acquisitions;
- Une faible qualité de la documentation relative aux opérations d'acquisition.

Les modèles prédictifs

La littérature scientifique a développé différents modèles prédictifs de fraudes.

Modèles fondés sur les variables comptables

Les contextes favorables à la fraude

Trois études ont montré l'existence de contextes favorables au déroulement de fraudes :

- À partir de l'examen de 224 enquêtes de l'autorité boursière américaine entre 1982 et 1989, Feroz et al. (1991) montrent que les postes les plus concernés par les manipulations frauduleuses sont, dans 50 % des cas, les comptes clients et, dans 25 % des cas, les stocks;
- À partir d'un échantillon de 363 enquêtes de l'autorité boursière américaine concernant 49 sociétés frauduleuses et de 15 firmes frauduleuses ayant été détectées par les médias entre 1987 et 1993, Beneish (1997) montre que la probabilité d'une fraude est négativement liée au niveau des *accruals* discrétionnaires et à la performance boursière passée. Au contraire, le délai de paiement des clients est positivement lié à la probabilité de la fraude;
- Dechow et al. (2011) mettent en évidence une relation entre les éléments hors bilan et l'occurrence d'une fraude. Ils démontrent qu'un volume important de contrats de location simple est classique dans les sociétés frauduleuses. De plus, ces dernières s'engagent significativement plus dans des contrats de location simple lors des manipulations frauduleuses. L'objectif est alors de réduire le taux d'endettement.

Modèle de Green et Choi (1997)

À l'aide d'une méthodologie basée sur l'approche neuronale, Green et Choi (1997) développent un modèle basé sur cinq variables permettant de détecter une fraude :

- Créances douteuses / chiffre d'affaires;
- Créances douteuses / créances totales;
- Chiffre d'affaires / créances totales;
- Marge brute / chiffre d'affaires;
- Créances totales / actif comptable.

À partir d'un échantillon de 86 cas de fraudes aux états financiers aux États-Unis entre 1982 et 1990 comparé à 86 sociétés non frauduleuses, le taux de réussite du modèle prédictif est de 74 %.

Modèle de Summers et Sweeney (1998)

Summers et Sweeney (1998) proposent un modèle plus complet intégrant les six variables suivantes :

- Z-Score d'Altman[96];
- Rendement de l'actif;
- Taux de croissance du chiffre d'affaires sur trois ans;
- Ratio de créances sur stocks;
- Changement ou non d'auditeur;
- Transactions d'initiés (variation de la participation des *insiders*).

À partir d'un échantillon de 51 cas de fraudes aux états financiers aux États-Unis entre 1980 et 1987, le taux de réussite du modèle prédictif est de 72 %.

Modèle de Beneish (1999)

Beneish (1999), à partir d'un échantillon de 74 firmes américaines ayant manipulé leurs états financiers, a isolé cinq variables financières significatives dans la détection de fraudes aux états financiers :

- Taux de croissance du délai de paiement des clients;
- Taux de croissance de la marge brute;
- Taux de croissance du ratio entre les immobilisations corporelles et la valeur de l'actif total;
- Taux de croissance des ventes;
- Variation des *accruals* sur le chiffre d'affaires.

À partir d'un échantillon de 74 cas de fraudes aux états financiers aux États-Unis entre 1982 et 1992, le taux de réussite du modèle prédictif est de 76 %.

Modèle de Cecchini et al. (2010)

Cecchini et al. (2010) développent un modèle de détection de fraude basé sur une méthode statistique d'apprentissage lors de la classification d'une population en sous-population. Les cinq variables ayant le pouvoir prédictif le plus significatif sont :

- **Relation négative** avec la probabilité de fraude :
  - Ratio entre les dépenses administratives et commerciales et les investissements;
  - Ratio entre les ventes et les investissements.
- **Relation positive** avec la probabilité de fraude :
  - Ratio entre le chiffre d'affaires et la valeur comptable des actions préférentielles;
  - Ratio entre l'actif comptable et les investissements;
  - Ratio entre l'actif comptable et les investissements à court terme.

---

[96] Le Z-score d'Altman (1968) est une méthode d'évaluation, basée sur l'analyse financière, qui permet de prévoir la défaillance de toute entreprise. Pour plus de détails sur l'utilisation du score, voir Le Maux (2014).

Le rôle des variables non comptables

L'utilisation des variables comptables et financières présente un problème majeur : si l'entreprise a produit des états financiers frauduleux, les modèles peuvent aboutir à des conclusions erronées. Dans cette perspective, un courant de recherche plus récent s'est développé pour isoler des variables non comptables, mais dont la publication est obligatoire, qui permettent d'évaluer la probabilité d'une fraude.

Brazel et al. (2009) et Dechow et al. (2011) mettent en évidence qu'une mesure non comptable est particulièrement utile dans la détection de la fraude : la réduction du nombre d'employés. En effet, si l'hypothèse de complémentarité entre le montant de l'actif et le nombre d'employés est admise, une réduction du nombre de salariés associée à une augmentation de l'actif comptable montre que ce dernier est surévalué.

À partir d'un échantillon de 2190 enquêtes (*Accounting and Auditing Enforcement Releases, AAER*) réalisées par l'autorité boursière américaine aux États-Unis entre 1982 et 2005, Dechow et al. (2011) ont identifié 676 firmes qui ont publié des documents comptables frauduleux dans au moins un rapport financier trimestriel ou annuel. La principale variable non financière ayant un lien avec l'occurrence d'une fraude est la réduction du nombre d'employés. Cette variable est mesurée par la variation du rapport entre le nombre de salariés et la valeur comptable de l'actif entre l'année N-1 et l'année N. Cette conclusion confirme celle de Brazel et al. (2009) sur l'intérêt de la prise en compte des indicateurs non comptables dans la détection des fraudes comptables.

La place de l'auditeur dans les entreprises frauduleuses (Markelevich et Rosner 2013)

À partir d'un échantillon de 121 enquêtes (*Accounting and Auditing Enforcement Releases, AAER*) réalisées par l'autorité boursière américaine aux États-Unis entre 2000 et 2010, Markelevich et Rosner (2013) montrent que les entreprises frauduleuses ont pour caractéristiques de verser, en moyenne, des honoraires aux auditeurs élevés, que cela soit des honoraires de conseil ou d'audit.

Ce résultat est intéressant, car il démontre que les honoraires versés ont un lien avec la probabilité de fraude. Cette relation provient, selon les auteurs, du manque d'indépendance de l'auditeur face à une situation frauduleuse. Ils constatent plus précisément que ce sont surtout les activités de conseil qui sont rémunérées en situation de fraude comptable. L'auditeur facturerait donc des honoraires de conseil pour compenser le risque subi.

La loi de Benford

Frank Benford[97] a publié en 1938 un article scientifique intitulé « la loi des nombres anormaux » (Benford 1938). Il postule que les nombres publiés, quel que soit le champ d'étude (comptable, physique, démographique, géographique, etc.), ont un premier chiffre qui n'est pas aléatoire. En effet, plus le premier chiffre est élevé, plus sa probabilité d'occurrence est faible. Ainsi le chiffre 9 a une plus faible probabilité d'apparaître au début d'un nombre que le chiffre 1.

Selon cette loi, la fréquence théorique d'apparition du premier chiffre d'un nombre est vérifiable.

[97] Connue sous le nom de loi de Benford, cette loi statistique a en réalité été découverte en 1881 par l'astronome Simon Newcomb qui avait observé une détérioration des tables de logarithmes bien plus importante pour les pages des nombres commençant par 1 que pour les pages des nombres commençant par 9. Cinquante-sept ans plus tard, le physicien Frank Benford remarqua à son tour l'usure inégale des pages des tables de logarithmes, il crut être le premier à formuler cette loi qui, aujourd'hui, porte son nom.

Exemple de la probabilité d'occurrence du chiffre 2 :

Figure 9.14 Distribution de la loi de Benford

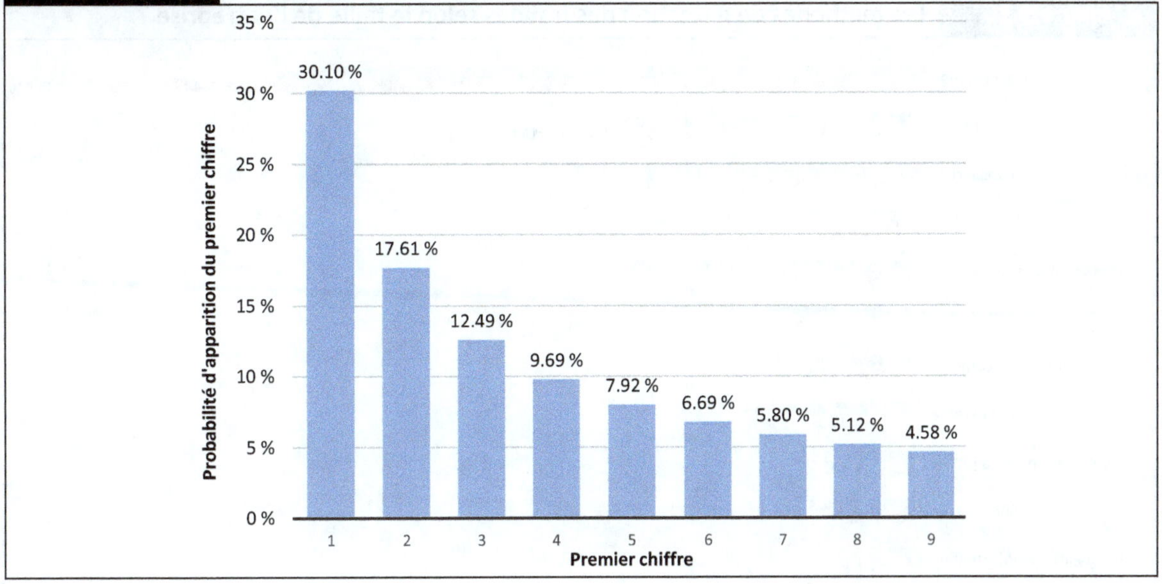

Cette loi statistique est utilisable dans l'étude des documents financiers pour détecter des fraudes éventuelles. Lorsque la distribution des soldes comptables diffère de cette loi, il est possible que cela provienne du fait qu'une personne a modifié volontairement les nombres. Par exemple, si les nombres commençant par 9 sont statistiquement plus présents que ceux commençant par 1, dès lors que la loi de Benford a été très souvent vérifiée, il est possible qu'un individu ait altéré les documents comptables.

Les soldes comptables les plus testés sont le chiffre d'affaires, les créances clients, les créances douteuses, les achats, les remboursements aux clients et les *accruals*. Par exemple, Hsieh et Lin (2013) ont démontré que la loi de Benford s'appliquait pour la détection de la fraude comptable dans le secteur de la marine aux États-Unis.

De la dénonciation au lancement d'alerte

Malgré les nombreux acteurs impliqués dans la lutte contre la fraude et les différents modèles prédictifs existants, la source d'information la plus efficace est la dénonciation ou le lancement d'alerte. Les figures 9.15 et 9.16 indique que ce n'est pas l'ensemble des outils et techniques développés par les auditeurs internes ou externes qui sont les plus utiles. Il existe en effet une méthode de détection plus efficace : la dénonciation.

Figure 9.15 Les méthodes de détection des fraudes

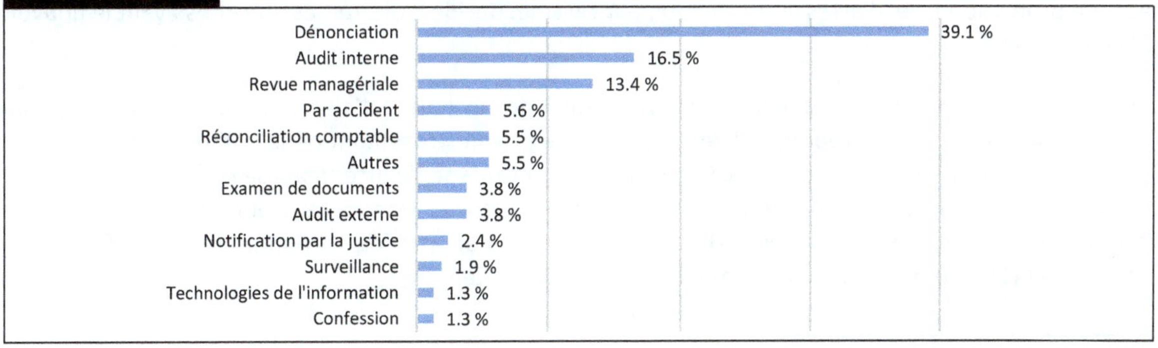

Source : Association of Certified Fraud Examiners (2016)

La figure 9.16 montre que le poids de la dénonciation est aussi significatif quel que soit l'effectif de l'entreprise.

Figure 9.16 **Les méthodes de détection des fraudes selon la taille de l'entreprise**

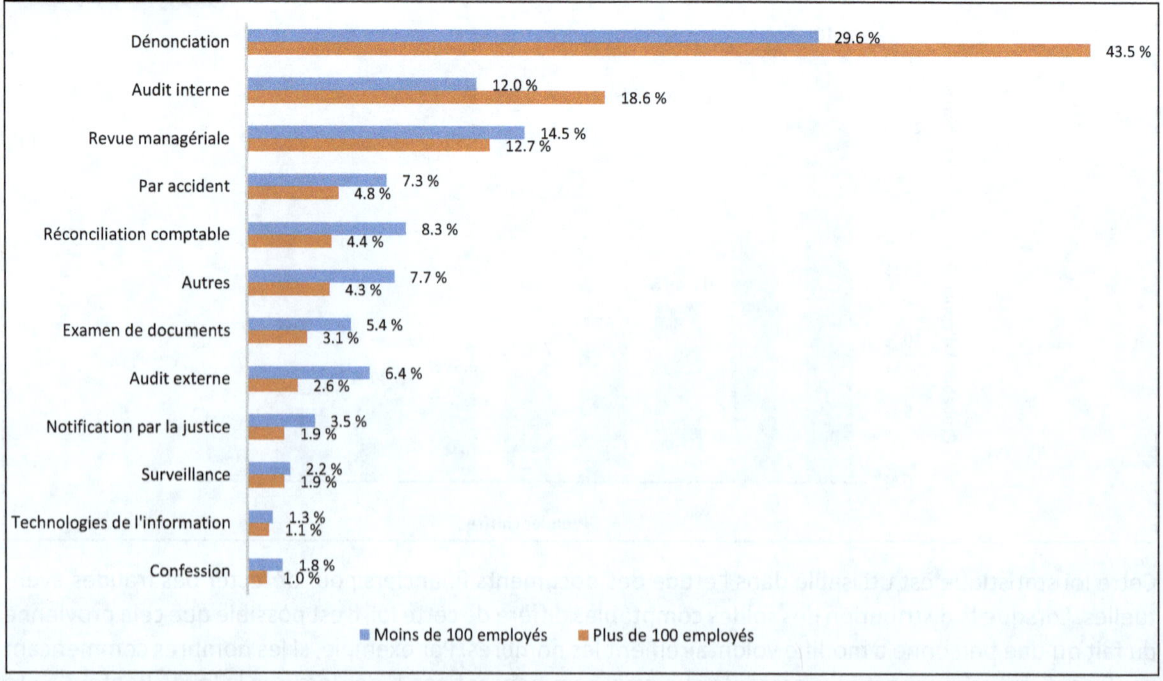

Source : Association of Certified Fraud Examiners (2016)

Le lancement d'alerte ou *whistleblowing*

Depuis près de 10 ans, le lancement d'alerte, ou *whistleblowing*, est devenu un axe de travail important pour toute personne s'intéressant à la gouvernance et à la lutte contre les fraudes. En effet, nombre de ces dernières ont pu être dévoilées par des salariés choqués par les pratiques de leurs employeurs. Il est utile de noter que c'est grâce au lancement d'alerte effectué par une employée, Sherron Watkins, que l'entreprise *Enron*, lieu de l'une des plus grandes fraudes de l'histoire économique, a pu être condamnée.

Le terme anglais *whistleblowing* signifie littéralement « lancer un coup de sifflet ». Il peut être traduit en langue française par la dénonciation, l'alerte éthique, l'alerte professionnelle, le signalement, le déclenchement d'alerte, l'alerte interne ou la divulgation. Le lancement d'alerte est donc la divulgation par des membres de l'organisation d'actes illégaux, immoraux ou illégitimes réalisés par ses employés à des personnes ou des organisations qui ont le pouvoir de corriger de tels actes. Selon *Transparency International* France, le déclenchement d'une alerte est un geste accompli par un individu qui est témoin, dans son activité professionnelle, d'actes illicites et qui, par civisme, décide d'alerter les autorités ayant le pouvoir d'y mettre fin[98].

Trois éléments sont nécessaires pour qu'une procédure de lancement d'alerte se mette en place : (1) un individu qui réalise un acte répréhensible, au sens large et non strictement pénal, (2) un lanceur d'alerte et (3) un récepteur de l'alerte lancée. Le processus de lancement d'alerte mobilise donc trois acteurs, et leurs interactions auront un impact majeur sur ses conséquences. Une fois au courant de l'acte malveillant, la direction a deux possibilités : (1) adopter une action appropriée ou non pour mettre fin à cette situation et (2) récompenser ou sanctionner le lanceur d'alerte.

[98] *La lettre de la Transparence* – octobre 2004 n°23 – disponible sur www.transparency-france.org

Selon un sondage mené par l'organisme *Ethics Resource Center*, les principales caractéristiques offrant un cadre favorable au lancement d'alerte sont les suivantes[99] :

- Le lanceur d'alerte doit penser qu'une action sera entreprise pour corriger l'acte répréhensible : 79 % des personnes interrogées;
- Il doit se sentir soutenu par la direction : 75 % des personnes interrogées;
- Il doit se sentir soutenu par ses collègues : 72 % des personnes interrogées;
- Il doit avoir la possibilité de dénoncer de manière anonyme : 63 % des personnes interrogées;
- Il doit penser que personne d'autre ne pourra le faire : 49 % des personnes interrogées.

L'une des caractéristiques du lanceur d'alerte est qu'il doit se sentir suffisamment en sécurité d'un point de vue financier. Ainsi, l'étude montre que le pourcentage de dénonciations est de 78 % pour les employés se sentant plus en sécurité financière par rapport à leur situation deux ans auparavant, alors qu'il n'est que de 57 % pour ceux qui se sentent moins en sécurité. Dans le même ordre d'idées, le pourcentage de dénonciation est de 76 % pour les employés ayant obtenu une hausse de salaire au cours des deux dernières années, alors qu'il n'est que de 55 % pour les employés ayant connu une baisse de salaire.

Au contraire, les lanceurs d'alerte peuvent parfois se sentir découragés. Les principaux freins au lancement d'alerte sont alors les suivants :

- Le lanceur d'alerte pense qu'aucune action ne sera entreprise pour corriger l'acte répréhensible : 59 %;
- Il a peur des représailles : 46 %;
- Il a peur de donner son nom : 39 %;
- Il pense que quelqu'un d'autre peut le faire : 24 %.

Définir le *whistleblowing* ou le lancement d'alerte nécessite avant tout de définir ce qu'est l'acte malveillant pouvant être dénoncé. Il est ici essentiel de ne pas avoir une approche simplement légale, c'est-à-dire ce qui est pénalement répréhensible, mais il faut également ouvrir l'approche aux actes perçus comme illégitimes ou jugés contraires à l'éthique de l'employé ou de l'organisation et qui ont des conséquences sur ceux-ci. En 2011, 45 % des employés aux États-Unis ont dit avoir observé des actes de mauvaise gestion au cours des 12 mois précédents. Près de deux tiers de ces observateurs ont rapporté ces actes[100].

Aux États-Unis, l'autorité boursière publie un rapport annuel depuis le *Dodd-Frank Act* afin de fournir des informations chiffrées sur les dénonciateurs[101]. Ce rapport indique que le nombre de dénonciations auprès de la *U.S. Securities Exchange Commission* est égal à 3 238 en 2013, 3 001 en 2012 et seulement 334 en 2011. Il s'agit d'une multiplication par 10 en deux ans. Les causes de dénonciation concernent les informations comptables publiées (17,2 % des cas), les informations trompeuses concernant de nouvelles entreprises (17,1 % des cas) et les manipulations boursières (16,2 % des cas).

Qui sont les lanceurs d'alertes?

Les employés sont la principale source de dénonciation des fraudes. Selon le rapport annuel de l'ACFE, la moitié des fraudes sont dénoncées par des employés. Leur bonne connaissance du fonctionnement et

[99] *Inside the mind of a whistleblower – A supplemental report of the 2011 National Business Ethics Survey*, Ethics Resource Center.

[100] *Inside the mind of a whistleblower – A supplemental report of the 2011 National Business Ethics Survey*, Ethics Resource Center.

[101] *2013 annual report to congress on the Dodd-Frank Whistleblower Program*, disponible sur le site internet de la *U.S. Securities Exchange Commission* (https://www.sec.gov/about/offices/owb/annual-report-2013.pdf).

des risques de l'entreprise en font des personnes fiables, mais surtout, en cas de problèmes, ils seront les premières victimes d'une éventuelle faillite de l'entreprise.

Figure 9.17 **Source de la dénonciation**

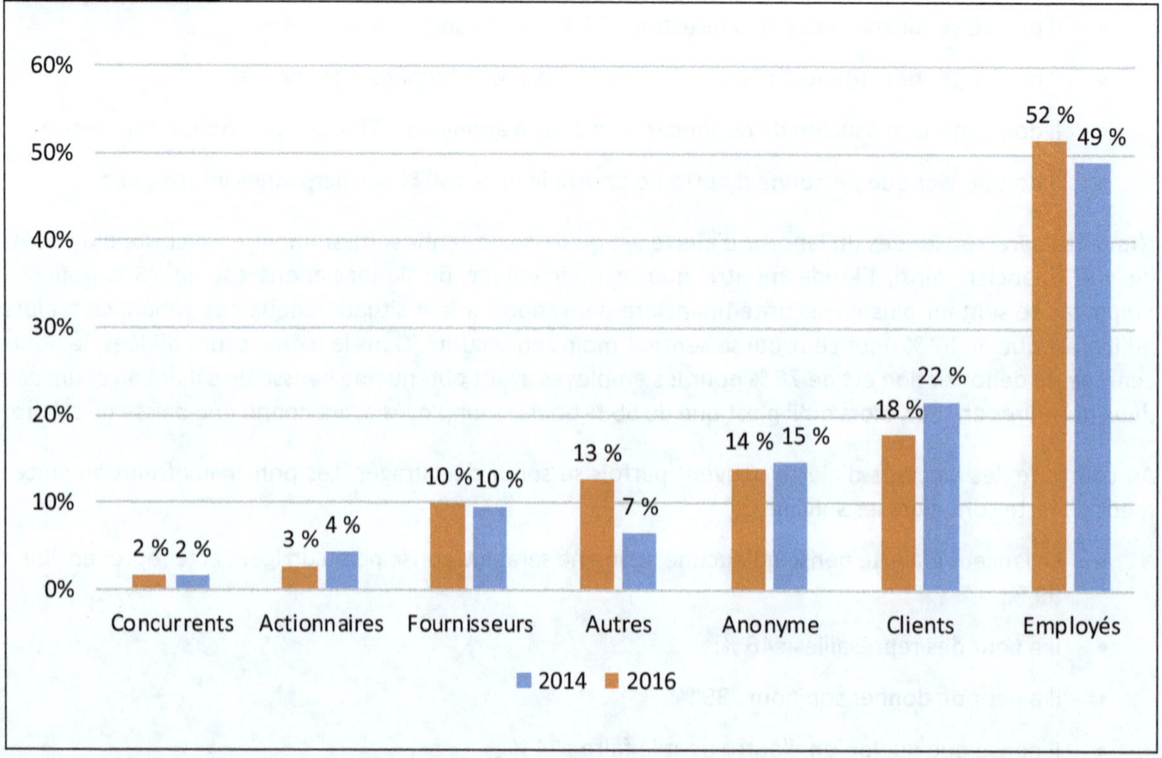

Source : Association of Certified Fraud Examiners (2016)

Un autre acteur joue un rôle majeur en matière de dénonciation : les médias. À partir d'un échantillon de 216 fraudes ayant eu pour victimes des entreprises américaines et ayant eu un impact supérieur à 750 millions de dollars entre 1996 et 2004, (Dyck et al. 2010) confirment la place prépondérante des salariés, mais ils mettent en évidence le fait que ce sont les médias qui dénoncent les fraudes les plus importantes.

Parallèlement, la vente à découvert[102] est devenue un mode de dénonciation courant, notamment pour les grandes entreprises cotées. La vente à découvert incite certains investisseurs influents à détecter des entreprises ayant des pratiques douteuses, pour ensuite décrier la situation publiquement.

[102] « Vente à découvert » (Ménard 2014) : « *Vente à un prix déterminé d'une marchandise, d'un titre ou d'un autre instrument financier que le vendeur ne possède pas au moment de la conclusion du marché, et qu'il doit donc emprunter en vue de remplir son obligation de livraison.* »

Figure 9.18 **Qui sont les dénonciateurs?**

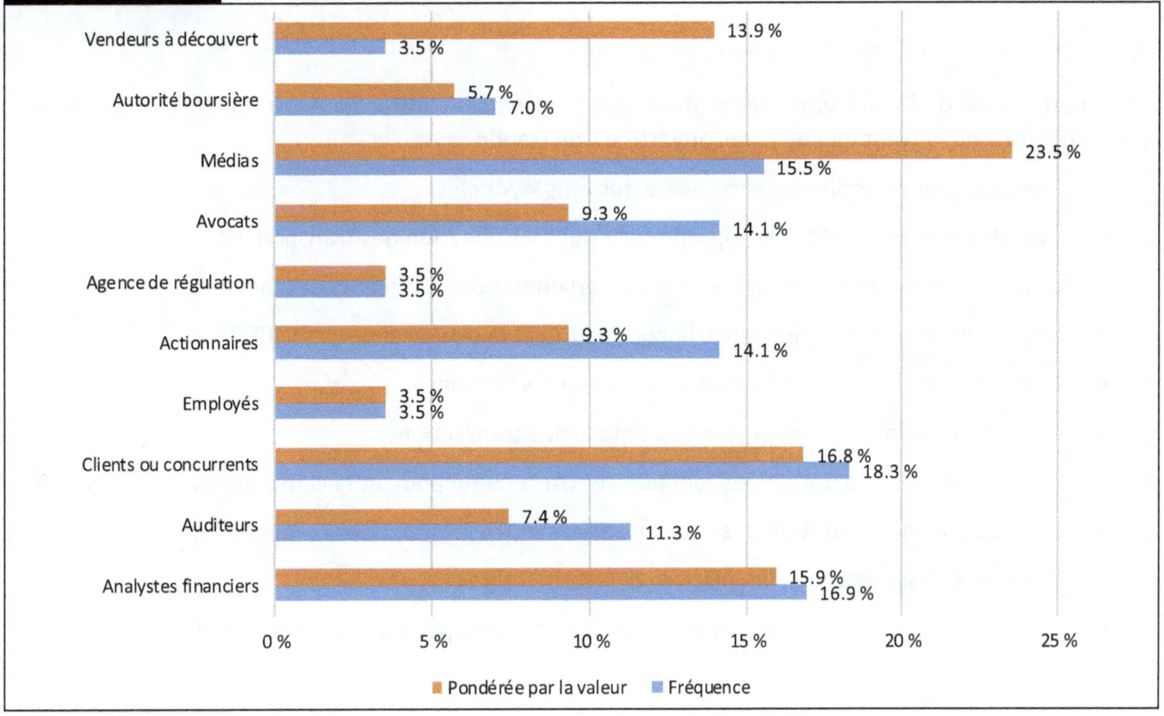

Source : Dyck et al. (2010)

Prévenir les fraudes

Malheureusement, la lutte contre la fraude prend la forme de processus normés et souvent routiniers. Or, cette routine est la source de nombreuses opportunités de fraude : une fois maîtrisées, un individu peut aisément contourner les règles afin de ne pas être pris en train de frauder. Il est important de noter que la routine est le principal danger en matière de fraude. Il est important de savoir mettre en place des contrôles et audits « surprises », c'est-à-dire inattendus, qui permettent de lutter efficacement contre la fraude.

Les principes de la prévention

- **Conformité** : Mettre en place des règles de conformité avec la loi, les normes réglementaires et les bonnes pratiques en matière de gouvernance est un mécanisme efficace pour détecter et prévenir les fraudes. Dans ce contexte, même si la loi ne l'impose pas, il est toujours pertinent d'effectuer une évaluation de la conformité. De plus, ce travail permet de déterminer les responsabilités de chacun.
- **Dissuasion** : La dissuasion consiste à déterminer les sanctions éventuelles pour tout individu ne respectant pas les règles définies par l'entreprise. Elle permet de mettre en garde les éventuels fraudeurs sur les conséquences de leurs actes.
- **L'efficacité du processus** : Déterminer une pénalité lourde est inutile si le processus de détection et de sanction de la fraude est inefficace. L'efficacité peut être mesurée par la probabilité d'aboutir à une sanction pour le fraudeur. Si ce dernier perçoit comme certain le fait de ne pas être détecté ou si, en cas de détection, il estime qu'il ne sera pas sanctionné, il ne se restreindra pas dans ses actes frauduleux.

À partir de ces principes fondamentaux, différentes techniques peuvent être mises en place afin de prévenir les actes frauduleux.

Bonnes pratiques en matière de prévention

Les contextes organisationnels à risque

Le rapport annuel de l'*Association of Certified Fraud Examiners* constate que 10 contextes organisationnels se retrouvent souvent lors de la découverte d'une fraude :

- Une trop grande confiance accordée à des employés clés;
- Une absence de procédures appropriées pour l'autorisation des transactions;
- Une divulgation insuffisante des intérêts personnels des dirigeants et employés;
- Une absence de séparation entre la commande et la surveillance des actifs;
- Une absence de contrôles indépendants de la performance;
- Une attention inadéquate portée aux détails des transactions;
- Une absence de séparation des fonctions entre la commande et la comptabilisation des actifs;
- Une absence de séparation des responsabilités entre les fonctions comptables;
- L'absence de lignes claires en matière d'autorité et de responsabilité;
- L'absence de contrôle systématique d'un département par les auditeurs internes.

Programme de prévention

Prévenir les fraudes nécessite d'informer tous les salariés qu'il s'agit d'une priorité au même titre que la performance et la gestion des risques. Il est donc utile de mettre en place un programme de prévention de la fraude qui peut prendre la forme de formations, de la création d'un site internet ou d'un imprimé ou de la signature d'un code d'éthique. Ce dernier peut ainsi être fourni lors de l'embauche de tout salarié afin de lui indiquer quelles sont les valeurs de l'entreprise en matière de lutte contre les actes frauduleux.

Le principal avantage d'un programme de prévention est qu'il nécessite l'intervention de tous les acteurs de la gouvernance, qu'il s'agisse de la direction, du comité d'audit ou du conseil d'administration.

Séparation des fonctions

La séparation des tâches au sein de l'entreprise est un moyen efficace de prévenir la fraude. Il s'agit de s'assurer que les fonctions de commande, de gestion des stocks, de gestion de la trésorerie et de comptabilisation soient assurées par des individus différents. Si une personne assure à la fois la comptabilité et la gestion de la trésorerie (encaissement ou décaissement), la probabilité qu'elle fraude augmente, car il lui sera facile de masquer son opération. De même, si les tâches de comptabilisation et de gestion des stocks sont assurées par un seul individu, le vol d'une marchandise est plus probable, car il lui sera aisé de masquer son acte.

Ce principe de séparation semble souvent évident et de nombreux dirigeants indiquent l'avoir mis en place dans l'entreprise. Cela peut être vrai initialement, mais la vie de l'entreprise peut remettre en cause l'organigramme idéal mis en place par la direction. Par exemple, il est possible que le départ à la retraite d'un salarié a eu pour conséquence une réattribution des tâches et le rôle de comptabiliser les chèques à la personne qui en assure la réception. La confiance faite à cette personne pour assurer plusieurs fonctions peut avoir été la raison de ce changement d'attribution, mais cela créé une opportunité de fraude.

Il est essentiel de s'assurer de la séparation des tâches de manière continue et non uniquement lors de la construction de l'organigramme.

Rotation obligatoire des postes

La rotation obligatoire des tâches est un processus pertinent dans la prévention des fraudes. Il est en effet difficile pour un fraudeur de cacher ses pratiques lorsqu'il doit laisser son poste temporairement, pendant des vacances, par exemple, ou définitivement lors d'un changement de poste avec un autre individu.

La caractéristique classique d'un fraudeur est son absence de prise de congés. En effet, le remplaçant temporaire pourrait détecter les manipulations frauduleuses. Il est donc essentiel de s'assurer qu'aucun des salariés ne reste à son poste de manière continue et à long terme.

Les lignes d'appel

Les lignes d'appel téléphoniques et les courriels représentent des mécanismes utiles pour favoriser la dénonciation d'actes frauduleux. La mise en place de ces outils est d'autant plus importante que la dénonciation est la principale source de détection des fraudes.

Figure 9.19 **Source de la dénonciation**

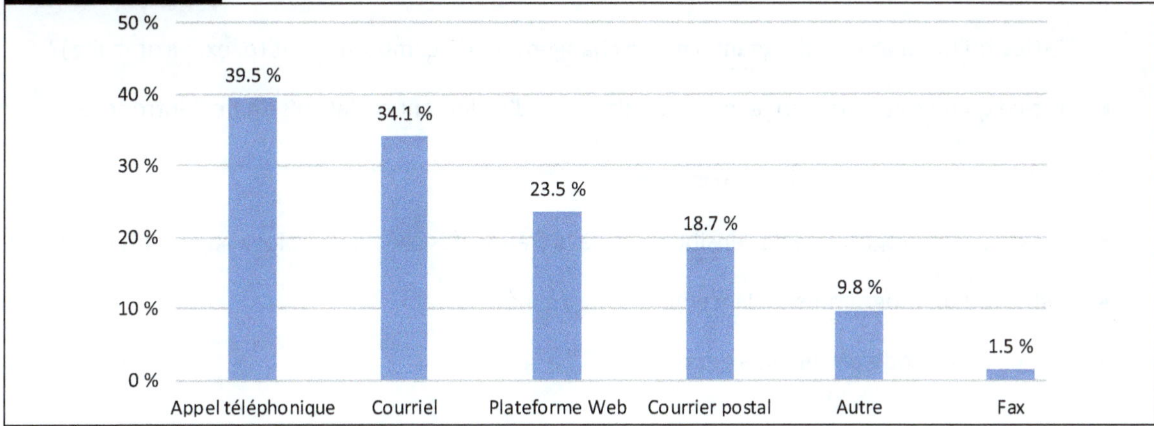

Source : Association of Certified Fraud Examiners (2016)

Dans cette perspective, lorsque l'entreprise a une réflexion sur cet outil, elle doit se poser la question de son mode de fonctionnement. Deux possibilités s'offrent à elle : l'anonymat ou non du dénonciateur.

Le principal avantage de l'anonymat est que le dénonciateur ne s'autocensure pas par peur d'éventuelles sanctions. Toutefois, l'anonymat n'est pas sans inconvénient, il est possible qu'il facilite la dénonciation d'actes frauduleux fictifs. Il est par conséquent nécessaire de savoir faire le tri entre les différentes informations fournies grâce à ces lignes d'appel.

Conclusion

Comprendre le processus de fraude est la première étape pour lutter contre celle-ci. Dans cette perspective, il est bien entendu important de connaître le cadre légal, mais il est également essentiel de connaître les qualités et objectifs des fraudeurs.

Le fraudeur présente des caractéristiques récurrentes, que cela soit en termes d'âge, d'ancienneté ou de fonction dans l'entreprise. Il peut également être défini à l'aide d'attitudes et de comportements. Ces derniers peuvent être observés au sein de l'entreprise, comme l'absence de prise de vacances, ou en dehors de celle-ci, comme le changement de train de vie ou la survenue d'un divorce.

La maîtrise de tous ces aspects concernant les actes frauduleux et les caractéristiques des fraudeurs permet de mettre en place un système efficace de détection et de prévention. Parmi les outils disponibles, le lancement d'alerte est celui qui connaît la plus forte croissance, au point tel que les différents législateurs nationaux définissent des cadres légaux le favorisant.

Le professionnel s'interroge

Risque sectoriel

- Quel est le secteur d'activité de l'entreprise?
- Est-ce que l'entreprise exerce son activité, ou une partie de son activité, dans un secteur à risque en matière de fraude?

Caractéristiques du fraudeur

- Est-ce qu'un salarié ou dirigeant a une façon de vivre qui est au-dessus de ses moyens financiers?
- Est-ce qu'un salarié ou dirigeant a connu des difficultés financières significatives?
- Est-ce qu'un salarié ou dirigeant a des contacts particuliers avec un fournisseur ou un client?
- Est-ce qu'un salarié ou dirigeant a eu un changement de comportement (p. ex. : irritabilité)?
- Est-ce qu'un salarié ou dirigeant est en situation d'isolement social au sein de l'entreprise?

Politique de lutte contre la fraude

- Est-ce qu'un programme de sensibilisation à la fraude destiné aux employés a été mis en place?
- Est-ce qu'un programme de lancement d'alerte a été instauré?
- Est-ce qu'un code d'éthique a été rédigé?

Questions à choix multiples

1. Parmi les affirmations suivantes, laquelle est fausse?

a) Dans la majorité des cas, le fraudeur a entre 25 et 45 ans.

b) Dans la majorité des cas, le fraudeur est un homme.

c) Dans la majorité des cas, le fraudeur a une ancienneté de plus de 15 ans.

d) Dans la majorité des cas, le fraudeur est un salarié.

e) Aucune réponse ne convient.

2. Parmi les comportements suivants, lequel est le plus courant?

a) Vivre au-dessus de ses moyens.

b) Faire face à des difficultés financières.

c) Faire face à des problèmes familiaux, comme un divorce.

d) Avoir tendance à ne pas vouloir partager ses responsabilités.

e) Aucune réponse ne convient.

3. Parmi les comportements suivants, lequel est le plus courant?

a) Refus de prendre des vacances.

b) Pression excessive au sein de l'organisation.

c) Isolement social.

d) Plaintes liées à l'absence de contrôle.

e) Aucune réponse ne convient.

4. Quel est le secteur le plus affecté par les opérations frauduleuses?

a) Le secteur gouvernemental.

b) Le secteur de la santé.

c) Le secteur bancaire et financier.

d) Le secteur des assurances.

e) Le secteur pétrolier.

5. Quel est le poste comptable le plus concerné par les manipulations frauduleuses?

a) Les créances clients.

b) Les stocks.

c) Les dettes financières.

d) Les immobilisations incorporelles.

e) Le chiffre d'affaires.

6. Parmi les outils suivants, lequel est le plus efficace en matière de détection de fraude?

a) L'audit interne.

b) L'audit externe.

c) Les enquêtes policières.

d) Les contrôles informatiques.

e) La découverte par accident.

7. Parmi les affirmations suivantes, laquelle est fausse?

a) Les modes de détection des fraudes diffèrent entre les principales régions du monde.

b) Les modes de détection des fraudes sont similaires dans les différentes régions du monde.

c) Les modes de détection des fraudes diffèrent en fonction de la taille de l'entreprise.

d) Il existe une profession spécifique pour les missions de détection de fraude.

e) Aucune réponse ne convient.

8. Parmi les affirmations suivantes, laquelle est fausse?

a) Le lancement d'alerte (*whistleblowing*) est devenu un axe de travail important pour toute personne s'intéressant à la gouvernance et à la lutte contre les fraudes.

b) Le lancement d'alerte (*whistleblowing*) est la divulgation par des membres de l'organisation d'actes illégaux, immoraux ou illégitimes réalisés par ses employés à des personnes ou des organisations qui ont le pouvoir de corriger de tels actes.

c) La tendance à dénoncer les actes frauduleux est stable dans le temps.

d) Les principaux lanceurs d'alerte sont les salariés.

e) Aucune réponse ne convient.

9. Parmi les processus suivants, lequel n'est pas utile en matière de prévention de lutte contre la fraude?

a) La mise en place d'un programme de prévention.

b) La séparation des fonctions.

c) La rotation obligatoire des fonctions.

d) L'audit externe par des cabinets d'audit internationaux.

e) Aucune réponse ne convient.

10. Quel est l'indicateur qui ne permet pas de détecter un détournement d'actif?

a) Un montant inhabituel de créances clients : des créances clients qui ne sont pas ou peu payés sont le signe que le chiffre d'affaires est surévalué.

b) Un taux de croissance du chiffre d'affaires élevé par rapport aux autres entreprises du même secteur d'activité.

c) Une communication financière inefficace qui ne respecte pas les standards d'éthique et de valeur.

d) Un flux de trésorerie relatif à l'exploitation qui ne converge pas avec le résultat net : une différence entre le flux et le résultat ne peut perdurer durant plusieurs années.

e) Aucune réponse ne convient.

Réponses

1. c	6. a
2. a	7. b
3. a	8. c
4. c	9. d
5. a	10. c

Bibliographie

Altman, E. (1968). Financial ratio discriminate analysis and the prediction of corporate bankruptcy. *Journal of Finance* 23 (4): 589-609.

Association of Certified Fraud Examiners. (2016). *Report to the nations on occupational fraud and abuse.*

Beneish, M. D. (1997). Detecting gaap violation: Implications for assessing earnings management among firms with extreme financial performance. *Journal of Accounting and Public Policy* 16 (3): 271-309.

Beneish, M. D. (1999). The detection of earnings manipulation. *Financial Analysts Journal* 55 (5): 24-36.

Benford, F. (1938). The law of anomalous numbers. *Proceedings of the American Philosophical Society* 78 (4): 551-572.

Cecchini, M., Aytug, H., Koehler, G. J., Pathak, P. (2010). Detecting management fraud in public companies. *Management Science* 56 (7): 1146-1160.

Dyck, A., Morse, A., Zingales, L. (2010). Who blows the whistle on corporate fraud? *Journal of Finance* 65 (6): 2213-2253.

Feroz, E. H., Kyungjoo, P., Pastena, V. S. (1991). The financial and market effects of the sec's accounting and auditing enforcement releases. *Journal of Accounting Research* 29 (3): 107-142.

Green, B. P., Choi, J. H. (1997). Assessing the risk of management fraud through neural network technology. *Auditing: A Journal of Practice & Theory* 16 (1): 14-28.

Hsieh, C. H., Lin, F. (2013). Applying digital analysis to detect fraud: An empirical analysis of us marine industry. *Applied Economics* 45 (1): 135-140.

Le Maux, J. (2014). *Analyse financière.* Chenelière éducation.

Markelevich, A., Rosner, R. L. (2013). Auditor fees and fraud firms. *Contemporary Accounting Research* 30 (4): 1590-1625.

Ménard, L. (2014). *Dictionnaire de la comptabilité et de la gestion financière.* 3e édition : Comptables Professionnels Agréés Canada.

Summers, S. L., Sweeney, J. T. (1998). Fraudulently misstated financial statements and insider trading: An empirical analysis. *Accounting Review* 73 (1): 131-146.

Uppal, S., LaRochelle-Côté, S. (2015). *Les variations du patrimoine selon la répartition du revenu, de 1999 à 2012.* Regards sur la société canadienne, Statistique Canada.

10 Cas Sinbad Ltée

Énoncé et corrigé

Cas Sinbad Ltée
Énoncé

Énoncé du cas

Sinbad Ltée est une entreprise du secteur de la cimenterie ayant connu un passé mouvementé. Après des années marquées par différentes prises de contrôle, tout d'abord américaines puis chinoises, *Sinbad Ltée* a de nouveau changé d'actionnaires en 2013. Le nouvel actionnaire contrôlant est un groupe d'investisseurs canadiens qui parie sur la reprise économique et l'annonce de nouveaux projets majeurs dans le secteur de la construction.

La prise de contrôle a immédiatement été suivie par le changement de la quasi-totalité des dirigeants, qui ont eu pour mission première de restructurer l'entreprise. Le directeur général, Hector Bouly, sélectionné par des consultants spécialisés dans le recrutement de dirigeants, a bénéficié d'une grande marge de manœuvre pour mettre en place la nouvelle stratégie.

En plus de la restructuration, Hector Bouly indique vouloir poursuivre la politique de recherche et développement qui doit permettre de produire un béton plus solide en période de grand froid et à un moindre coût. Les nombreux projets de relance économique basés sur le lancement de grands projets autoroutiers ouvrent la porte à de belles perspectives pour ce nouveau béton.

Enfin, le développement de l'entreprise doit passer, selon le nouveau directeur, par l'international. Il est en effet prévu de créer de nouvelles filiales au Brésil et au Mexique. Hector Bouly anticipe une forte croissance économique essentiellement liée à de nouveaux partenariats entre le gouvernement canadien et ceux de ces pays.

Le plan stratégique semblait très prometteur, mais à la fin de l'année 2015, contrairement aux prévisions, la reprise économique n'est pas arrivée et une nouvelle restructuration est nécessaire. Dans cette perspective, une augmentation de capital est prévue et différents investisseurs institutionnels sont contactés.

C'est dans ce cadre que vous, analyste spécialisé en gouvernance au sein du fonds d'investissement *Danglars*, êtes contacté par un des chargés d'investissement. Ce dernier vous fait part de l'intérêt que représente à ses yeux *Sinbad Ltée*. Toutefois, il est inquiet de la qualité de l'information financière publiée par l'entreprise. À ses yeux, la réduction des frais de recherche et développement représente une opération de gestion de résultat.

À partir de vos connaissances et de votre jugement professionnel, vous devez réaliser une analyse de *Sinbad Ltée* et rédiger un rapport comportant trois parties :

1. **Une analyse de la gouvernance de l'entreprise *Sinbad Ltée*.**
2. **Une évaluation de la qualité de l'information financière de *Sinbad Ltée*.** Dans cette section, il sera nécessaire d'estimer si le contexte est favorable à une gestion de la qualité de l'information financière. Il est ici utile d'indiquer les éléments financiers (notes et annexes aux états financiers, postes de l'état de la situation financière, de l'état des résultats ou du tableau de flux de trésorerie) pour lesquels une analyse approfondie mérite d'être faite.
3. **Une conclusion générale intégrant** vos conclusions sur les deux sections précédentes et **indiquant au chargé d'investissement si *Sinbad Ltée* est une entreprise présentant un niveau de risque faible ou élevé.**

États financiers de *Sinbad Ltée*

Tableau 10.1 **État de la situation financière (en milliers $)**

	2015	2014
Immobilisations incorporelles	9 000	9 000
Immobilisations corporelles	148 000	154 000
Immobilisations financières	12 000	12 000
Actif non courant	**163 000**	**175 000**
Comptes débiteurs	18 000	19 000
Stocks	48 300	54 000
Placements à court terme	2 000	3 000
Trésorerie et équivalents de trésorerie	1 000	2 000
Actif courant	**75 300**	**78 000**
Actif	**238 300**	**253 000**

	2015	2014
Capital social	2 000	2 000
Bénéfices non distribués	54 000	66 000
Résultat net	740	(12 000)
Total des capitaux propres	**56 740**	**56 000**
Dette à long terme	70 000	84 000
Passif non courant	**70 000**	**84 000**
Dette bancaire	81 000	82 000
Comptes créditeurs et charges à payer	18 560	22 000
Partie à court terme de la dette à long terme	12 000	9 000
Passif courant	**111 560**	**113 000**
Total	**238 300**	**253 000**

Tableau 10.2 **État des résultats (en milliers $)**

	2015	2014
Chiffre d'affaires	80 000	83 000
Coût des ventes	(42 000)	(40 000)
Marge brute	**38 000**	**43 000**
Frais d'administration	(4 000)	(2 000)
Amortissement	(12 000)	(24 000)
Frais de recherche et développement	(12 000)	(20 000)
Autres charges	(3 000)	(8 000)
Résultat d'exploitation	**7 000**	**(11 000)**
Charges financières	(6 000)	(6 000)
Résultat avant impôt	**1 000**	**(17 000)**
Impôt sur le résultat	(260)	5 000
Résultat net de l'exercice	**740**	**(12 000)**

Fonctionnement des organes de direction et du conseil d'administration

Présentation du dirigeant : Hector Bouly, MBA

Hector Bouly est devenu directeur de l'entreprise *Sinbad Ltée* en 2013. Il a auparavant été directeur financier d'une entreprise américaine, cotée à la bourse de New York durant 10 ans, spécialisée dans la production de logiciels destinés aux architectes. Plus récemment, il a dirigé plusieurs usines de production de matériaux de construction en Chine.

Il est administrateur indépendant de la *Banque Vaugirard* (membre du comité de rémunération), du groupe *Technologics inc.*, du *Musée des arts premiers* de Montréal et de l'entreprise *Cacao Plus*.

Il est titulaire d'un MBA de l'Université de New York et d'un diplôme de gestion des affaires internationales de l'Université de Tokyo.

Conseil d'administration

Rôle du conseil d'administration

Le conseil examine :

- Les orientations et accords stratégiques du groupe;
- Les opérations de croissance externe et interne du groupe susceptibles d'affecter significativement les résultats ou de modifier sensiblement la structure du bilan;
- Les états financiers annuels et entend le rapport du comité d'audit;
- Les conventions intervenues au sein du groupe, et après avis du comité d'audit, la pertinence des options comptables retenues;
- Et prend connaissance du rapport environnemental et social.

Tableau 10.3 Composition du conseil d'administration

Noms	Fonctions
Hector Bouly	Président du conseil d'administration et chef de la direction
Béatrice Busoni	Présidente, *Musée des arts premiers*, Montréal (Québec)
Louise Antunes	Directeur, *Cacao Plus*, Montréal (Québec)
Laurent Zeccour	Informaticien, Toronto (Ontario) [i]
Bertrand Bafa	Directeur général, *Banque Vaugirard*, Toronto (Ontario) [i]
Thomas Grégoire	Professeur d'université, Université Louvain-La-Neuve (Belgique) [i]
Laura Cohen	Avocat, Montréal (Québec)[i]
Aurore Margerie	Présidente du conseil et directrice général, *WoodBC* (Royaume-Uni)
Alain Gentin	Associé-gérant, *Banque Tazard* (États-Unis) [i]

Noms	Fonctions
Bernard Jacques	Architecte, Los Angeles (États-Unis)[i]
Jean-Marie Biron	Vice-président, *Meuble Ltée*, Québec (Québec)[a]
Paul Guichard	Ingénieur, Mexico (Mexique)[a]
Andrée Bernard	Comptable Professionnelle Agréée, Montréal (Québec)
Jasmine Binti	Architecte, New York (États-Unis)[a]
Maximilien Morel	Président du conseil et chef de la direction, *Morel Ltée*, Montréal (Québec)
Jana Poutin	Médecin, Toronto (Ontario)
Aurélien Gloire	Analyste financier, *Banque BMA*, Vancouver (Colombie-Britannique)[i]
Antoine Bertin	Représentant du personnel du groupe *Sinbad Ltée*, Montréal (Québec)

[i] : administrateur indépendant, [a] : membre du comité d'audit

Fonctionnement du conseil d'administration

Le conseil d'administration s'est réuni 10 fois au cours de l'exercice 2013, sept fois au cours de l'exercice 2014 et trois fois en 2015.

Comité spécialisé

Sur proposition de son président, le conseil d'administration a constitué un comité spécialisé : le comité d'audit. Celui-ci est chargé de surveiller les processus comptables, la communication de l'information financière du groupe et les audits réalisés par son auditeur externe. Il s'est réuni à sept reprises en 2013, quatre en 2014 et deux en 2015.

Rémunération des dirigeants

En raison du plan de restructuration de *Sinbad Ltée* et afin d'inciter la direction de l'entreprise à être performante, la rémunération d'Hector Bouly est uniquement basée sur une part variable calculée à partir de la rentabilité des capitaux propres. Seul un montant fixe a été attribué la première année afin de rémunérer sa prise de risque qui a tout de même consisté à prendre la direction d'un groupe devant être restructuré.

Tableau 10.4 **Rémunération d'Hector Bouly (en $)**

Rémunération	2015	2014
Part fixe	0 $	550 000 $
Part variable	2 400 000 $	0 $
Autres avantages	10 000 $	10 000 $
Total	**2 410 000 $**	**560 000 $**

Honoraires d'audit

Le cabinet d'audit de la Société, depuis la constitution de celle-ci, est Christiane & associés. Les honoraires que Christiane & associés a facturés à la Société pour l'exercice terminé le 31 décembre 2015 à l'égard de la Société et de ses filiales se sont élevés à environ 1,556 million de dollars.

Tableau 10.5 Honoraires des auditeurs (en milliers $)

Honoraires	2015	2014
Relatifs aux services d'audit	1 027	1 351
Relatifs aux services fiscaux	165	176
Autres	364	205
Total	**1 556**	**1 732**

Honoraires relatifs aux services d'audit : Ces honoraires se rapportent aux services professionnels fournis dans le cadre de l'audit et de l'examen des états financiers de la Société ou aux services fournis relativement à la production des documents devant être déposés en vertu des lois et des règlements et à la rédaction de lettres d'accord présumé à l'intention des organismes de réglementation des valeurs mobilières.

Honoraires pour services fiscaux : Ils comprennent les honoraires relatifs à l'assistance en planification fiscale, lors de restructurations et lors de prises de position fiscales, ainsi qu'à la révision des déclarations d'impôts et de taxes et aux opinions fiscales.

Autres honoraires : Ces honoraires sont relatifs aux services-conseils dans le cadre de projets, aux services de gestion des risques et aux services de conformité législative et réglementaire.

Cas Sinbad Ltée
Corrigé

Introduction

Sinbad Ltée est une entreprise du secteur de la cimenterie ayant connu un passé mouvementé. Après des années marquées par différentes prises de contrôle, tout d'abord américaines puis chinoises, *Sinbad Ltée* a de nouveau changé d'actionnaires en 2013. Le nouvel actionnaire contrôlant est un groupe d'investisseurs canadiens qui parie sur la reprise économique et l'annonce de nouveaux projets majeurs dans le secteur de la construction.

Le plan stratégique semblait très prometteur, mais à la fin de l'année 2015, contrairement aux prévisions, la reprise économique n'est pas arrivée et une nouvelle restructuration est nécessaire. Dans cette perspective, une augmentation de capital est prévue et différents investisseurs institutionnels sont contactés.

Gouvernance de l'entreprise *Sinbad Ltée*

Gouvernance de la direction

L'analyse de la direction de *Sinbad Ltée* est relativement rapide en raison de la présence d'un seul dirigeant dont l'expérience au sein de l'entreprise est courte.

Sélection du nouveau dirigeant

L'absence d'ancienneté n'est pas un défaut récurrent en matière de gouvernance. Il s'agit en effet d'une situation courante pour une entreprise en restructuration. Les deux éléments intéressants sont l'expertise en matière de direction et le mode de sélection du candidat. Ces deux points peuvent être considérés comme validés dès lors que le choix a été effectué par des consultants spécialisés et indépendants. À moins de leur retirer toute légitimité, il peut être admis que le processus de sélection est correct.

Rémunération du dirigeant

Il faut noter le changement radical de structure de rémunération entre 2014 et 2015. Alors qu'en 2014, la rémunération était essentiellement fixe, en 2015, la rémunération n'est plus que variable. La part fixe est égale à 0 % en 2015 (les ratios sont présentés dans le tableau 10.7).

Tableau 10.6 Structure de rémunération (en $)

	2015	2014
Part fixe	0 $	550 000 $
Part variable	2 400 000 $	0 $
Autres avantages	10 000 $	10 000 $
Total	**2 410 000 $**	**560 000 $**

Tableau 10.7 Structure de rémunération d'Hector Bouly (en %)

	2015	2014
Part fixe	0,0 %	98,2 %
Part variable	99,6 %	0,0 %
Autres avantages	0,4 %	1,8 %
Total	**100 %**	**100 %**

Trois éléments doivent inquiéter l'analyste :

1. La hausse de la rémunération entre 2014 et 2015 est de 330 %. Cette hausse significative est à mettre en perspective avec la difficulté de l'entreprise à générer du chiffre d'affaires malgré les plans de relance gouvernementaux;
2. Le dirigeant n'est plus rémunéré qu'avec une part variable en 2015. Aucune rémunération fixe n'est versée. Cette situation offre un cadre particulièrement incitatif au dirigeant pour manipuler les états financiers et obtenir un montant plus important;
3. La part variable est « *calculée à partir de la rentabilité des capitaux propres* ». Ainsi, seuls le résultat net et le montant des capitaux propres déterminent le montant versé. Aucun indicateur relatif aux différentes parties prenantes (salariés, clients, etc.) ou aux autres dimensions de l'entreprise (politique d'innovation, etc.).

En raison de ces trois éléments, il est possible de conclure que la politique de rémunération est contraire aux bonnes pratiques en matière de gouvernance.

Gouvernance du conseil d'administration et des comités spécialisés

Structure du conseil et des comités spécialisés

Sinbad Ltée est composé d'un conseil d'administration et d'un comité spécialisé, le comité d'audit. Cette structure est moins étoffée que ce qu'exigent les bonnes pratiques. Il n'y a pas en effet de comité de rémunération ou de comité de nomination.

Tableau 10.8 Structure du conseil d'administration et des comités spécialisés

Noms	Fonctions	Conseil d'administration	Comité d'audit	
		Indépendance	Membre	Indépendance
Hector Bouly	Président du conseil d'administration et chef de la direction			
Béatrice Busoni	Présidente, Musée des Arts Premiers, Montréal (Québec)			
Louise Antunes	Directeur, Cacao Plus, Montréal (Québec)			
Laurent Zeccour	Informaticien, Toronto (Ontario)	✓		

Noms	Fonctions	Conseil d'administration	Comité d'audit	
		Indépendance	Membre	Indépendance
Bertrand Bafa	Directeur général, Banque Vaugirard, Toronto (Ontario) i	✓		
Thomas Grégoire	Professeur d'Université, Université Louvain La Neuve (Belgique)i	✓		
Laura Cohen	Avocat, Montréal (Québec)	✓		
Aurore Margerie	Présidente du conseil et directeur général, WoodBC (Royaume-Uni)			
Alain Gentin	Associé-gérant, Banque Tazard (États-Unis)	✓		
Bernard Jacques	Architecte, Los Angeles (États-Unis)	✓		
Jean-Marie Biron	Vice-président, Meuble Ltée, Québec (Québec)		✓	
Paul Guichard	Ingénieur, Mexico (Mexique)		✓	
Andrée Bernard	Comptable Professionnel Agréé, Montréal (Québec)			
Jasmine Binti	Architecte, New-York (États-Unis		✓	
Maximilien Morel	Président du conseil et chef de la direction, Morel Ltée, Montréal (Québec)			
Jana Poutin	Médecin, Toronto (Ontario)			
Aurélien Gloire	Analyste financier, Banque BMA, Vancouver (Colombie Britannique)	✓		
Antoine Bertin	Représentant du personnel du groupe Sinbad Ltée, Montréal (Québec)			
	Taux d'indépendance	**39 %**		**0 %**

Indépendance des administrateurs

Le conseil d'administration n'est indépendant que minoritairement (sept administrateurs indépendants sur dix-huit, soit 39 % du conseil) et le comité d'audit ne comprend aucun membre indépendant. Ce sont deux points négatifs en matière de gouvernance d'entreprise qui ne permettent pas au conseil de remplir son rôle adéquatement. De nombreuses améliorations doivent être faites pour que l'entreprise réponde aux standards exigés actuellement.

Expertise des administrateurs

Le conseil d'administration est composé de nombreuses expertises dont l'architecture et l'informatique. De plus, les trois facettes de l'expertise (formation, managériale, sectorielle) sont vérifiées. Enfin, la présence d'administrateurs d'entreprises étrangères est un point positif pour une entreprise qui projette de se développer à l'international, notamment lorsqu'ils proviennent des pays présentant un intérêt pour le dirigeant.

Taille du conseil d'administration

Dix-huit membres est un nombre trop élevé pour un conseil d'administration efficace. Il faudrait le réduire d'au moins 30 %.

Séparation des fonctions de contrôle et de direction

Les fonctions de présidence et de direction sont actuellement fusionnées dans une seule et même personne. La personne assurant la direction de l'entreprise dirige également le fonctionnement du principal organe de contrôle de la direction. Il s'agit d'un point négatif en termes de gouvernance.

Fréquence des réunions

Alors que le conseil d'administration et le comité d'audit se réunissaient régulièrement en 2013, le nombre de réunions a été divisé par trois en deux ans. L'élément inquiétant de cette variation est qu'elle est peu logique pour une société en restructuration et prévoyant un développement international. Il serait plus logique que le conseil et le comité se réunisse plus souvent dans une telle situation.

Analyse du comité d'audit

Le seul comité spécialisé de *Sinbad Ltée* est le comité d'audit. Ce comité présente un taux d'indépendance nul, ce qui est une situation particulièrement risquée. Il est en effet difficile pour ses membres de poser des questions qui peuvent remettre en cause la politique de gestion du dirigeant ou mettre en évidence les risques financiers ou opérationnels.

Conclusion relative au conseil et aux comités spécialisés

La structure de gouvernance de *Sinbad Ltée* ne présente que des éléments négatifs en dehors de l'expertise de ses administrateurs. La taille, l'indépendance et le nombre de réunions ne répondent à aucune bonne pratique.

Gouvernance de la relation audité – auditeur

Choix de l'auditeur

Le cabinet d'audit *Christiane & associés* n'appartient pas aux réseaux internationaux majeurs. Or, le nouveau directeur de *Sinbad Ltée* a annoncé son souhait de se lancer dans de nouveaux marchés internationaux. En considérant cette nouvelle stratégie, il est essentiel que les acteurs en charge de l'évaluation des risques de l'entreprise dispose des ressources suffisantes.

Honoraires d'audit et de conseil

Les honoraires ont significativement variés au cours du dernier exercice. Les honoraires totaux ont diminué de 10,2 % et surtout, les honoraires relatifs aux services d'audit ont baissé de 24,0 %. Au contraire, les autres honoraires ont augmenté de 77,6 %.

Tableau 10.9 Évolution des honoraires

Honoraires	2015	2014	Croissance
Relatifs aux services d'audit	66,0 %	78,0 %	-24,0 %
Relatifs aux services fiscaux	10,6 %	10,2 %	-6,3 %
Autres	23,4 %	11,8 %	77,6 %
Total	**100,0 %**	**100,0 %**	**-10,2 %**

Conclusion de l'analyse de la gouvernance de *Sinbad Ltée*

L'entreprise présente de nombreux défauts majeurs qui permettent de conclure qu'elle est très risquée en matière de gouvernance : un conseil d'administration trop grand et minoritairement indépendant, un comité d'audit indépendant à 0 %, aucun autre comité spécialisé, un nombre faible de réunions, une absence de séparation des fonctions de présidence et de direction. Seule la présence d'une expertise diversifiée au sein du conseil est un signe positif au plan de la gouvernance.

Évaluation de la qualité de l'information comptable et financière

La gouvernance comme incitation à la gestion de l'information comptable et financière

La gouvernance de *Sinbad Ltée* étant de mauvaise qualité, de nombreuses opportunités s'offrent à la direction si elle souhaite gérer la qualité de l'information financière de l'entreprise qui pourrait ainsi être mauvaise. De plus, le mode de rémunération du dirigeant, basé uniquement sur le résultat net, est un incitatif important pour une gestion du résultat net.

Le risque lié à cette mauvaise gouvernance est accru en raison de la crise qu'affronte l'entreprise. De nombreux changements de dirigeants et d'actionnaires en peu de temps représentent en effet une phase difficile qui entraîne souvent une mauvaise qualité de l'information financière.

Enfin, il est utile de noter que la fenêtre de temps dans laquelle se situe l'entreprise est favorable à une gestion de l'information financière : une augmentation de capital est annoncée. Il s'agit d'une étape importante dans la vie d'une entreprise durant laquelle les résultats doivent être les plus élevés possibles afin d'inciter une maximum d'investisseurs à participer.

L'analyse financière comme outil d'évaluation de la qualité de l'information comptable et financière

L'année 2015 marque le retour au bénéfice après une année 2014 déficitaire :

- Les ratios de rentabilité des capitaux propres et de l'actif sont en forte progression;
- Les ratios de marge d'exploitation et de marge nette sont en forte hausse également.

Cela pourrait être le signe d'une bonne performance de la direction, mais pourtant, la situation est désastreuse. Il s'agit d'un cas typique d'entreprise qui semble en bonne voie, alors qu'elle ne l'est pas. Afin de le comprendre, il est important de saisir l'intérêt du dirigeant d'afficher un résultat net positif : une rémunération variable plus élevée et un impact plus important en termes de réputation.

Tableau 10.10 **Analyse des marges**

	2015	2014
Marge brute	38 000 $	43 000 $
Chiffre d'affaires	80 000 $	83 000 $
Marge brute	**47,5 %**	**51,8 %**
Résultat d'exploitation	7 000 $	(11 000) $
Chiffre d'affaires	80 000 $	83 000 $
Marge d'exploitation	**8,8 %**	**-13,3 %**
Résultat net de l'exercice	740 $	(12 000) $
Chiffre d'affaires	80 000 $	83 000 $
Marge nette	**0,9 %**	**-14,5 %**

Tableau 10.11 **Analyse des rentabilités**

	2015	2014
Résultat net de l'exercice	740 $	(12 000) $
Capitaux propres	56 740 $	56 000 $
Rentabilité des capitaux propres	**1,3 %**	**-21,4 %**
Résultat net de l'exercice	740 $	(12 000) $
Actif comptable	238 300 $	253 000 $
Rentabilité de l'actif	**0,3 %**	**-4,7 %**

Le chiffre d'affaires de *Sinbad Ltée* est en baisse, alors que le coût des ventes augmente. Ainsi, pour vendre moins de produits, le coût est plus élevé, ce qui est peu logique. Ces variations expliquent la baisse de la marge brute alors que les autres ratios sont en hausse.

De plus, il faut toujours faire attention lorsque les différents ratios de marge ne varient pas dans le même sens. Dans le cas de *Sinbad Ltée*, il est surprenant que le ratio de marge brute diminue alors que le ratio calculé juste après, le ratio de marge d'exploitation, augmente. Ces signes opposés ne peuvent donc s'expliquer que par une charge d'exploitation qui a fortement diminuée. Celle-ci concerne tout d'abord les **frais de recherche et développement** qui diminuent de 40 %. Or, le dirigeant « *indique vouloir poursuivre la politique de recherche et développement qui doit permettre de produire un béton plus solide en période de grand froid et à un moindre coût* ». Cette erreur majeure d'un point de vue stratégique doit amener l'analyste à se poser la question de la raison de cette baisse : est-ce que cela provient d'une volonté d'afficher des bénéfices au détriment de la stratégie à long terme ou d'une erreur de gestion particulièrement inquiétante?

La seconde charge d'exploitation ayant significativement diminuée est composée des amortissements. Leur montant est passé de 24 000 $ à 12 000 $, c'est-à-dire qu'il a été divisé par deux en un an. Parallèlement à cette baisse, le total des immobilisations est relativement stable et n'explique pas pourquoi les amortissements ont autant varié. Il est alors nécessaire de lire en détail les modifications de conventions comptables et les révisions d'estimations comptables. Il est possible que certaines décisions managériales aient affecté la qualité de l'information financière (par exemple : modification de la durée d'utilisation des immobilisations corporelles).

En matière de financement, *Sinbad Ltée* est dans une situation très risquée : le taux d'endettement à long terme est supérieur à 123 % en 2015, et le taux d'endettement bancaire et financier, à 287 % en 2015. Certes, ces taux ont diminué par rapport à 2014, mais la baisse n'est pas suffisante pour la qualifier de rassurante.

Tableau 10.12 Analyse de l'endettement

	2015	2014
Dette à long terme	70 000 $	84 000 $
Capitaux propres	56 740 $	56 000 $
Taux d'endettement à long terme	**123,4 %**	**150,0 %**
Dette à long terme	*70 000 $*	*84 000 $*
Partie à court terme de la dette à long terme	*12 000 $*	*9 000 $*
Dette bancaire	*81 000 $*	*82 000 $*
Dette bancaire et financière	**163 000 $**	**175 000 $**
Capitaux propres	56 740 $	56 000 $
Taux d'endettement	**287,3 %**	**312,5 %**

Les éléments à surveiller et les solutions possibles

Face aux incitations existantes et aux leviers pouvant être activés, il est utile de savoir si des solutions existent pour éviter la gestion de l'information financière.

Le principal point à surveiller concerne la possibilité que le dirigeant soit incité à gérer le résultat net pour **accroître sa rémunération**. Cette question est d'autant plus importante que les organes de contrôle (conseil d'administration, comité d'audit) ne sont pas indépendants et ne semblent pas efficaces (taille excessive du conseil, activité réduite avec une forte baisse du nombre de réunions).

Ce risque de gestion du résultat net est accru en raison de **l'augmentation de capital** prochaine. Cette opération est un moment propice à une forte gestion de l'information financière destinée à convaincre les investisseurs à participer à l'opération.

La première solution est de remplacer les indicateurs tels que le résultat ou le ratio de rentabilité des capitaux propres, c'est-à-dire un indicateur basé sur le résultat net, par le flux de trésorerie généré par les activités opérationnelles ou le flux de trésorerie disponible[103].

[103] Le flux de trésorerie disponible est égal à la somme des flux de trésorerie générés par les activités opérationnelles et les flux de trésorerie liés aux opérations d'investissement.

La seconde solution est de porter une attention approfondie à la politique comptable de l'entreprise, notamment aux changements d'estimations comptables. La diminution de l'amortissement annuel pour une entreprise disposant d'un actif stable est un signal d'une possible gestion du résultat comptable.

Conclusion

Sinbad Ltée est une entreprise particulièrement risquée qui présente toutes les caractéristiques d'une gouvernance inefficace, qui est en mauvaise situation financière et qui présente toutes les incitations possibles pour gérer l'information financière de manière défavorable. Une restructuration du conseil d'administration et une renégociation du contrat de travail du dirigeant sont nécessaires pour diminuer les risques de *Sinbad Ltée*.

11 Cas Hardy Ltée
Énoncé et corrigé

Cas Hardy Ltée
Énoncé

Énoncé du cas

Spécialisée dans le secteur de la publicité, *Hardy Ltée* est une entreprise canadienne cotée en bourse depuis plus de 15 ans. Fondée durant les années 1970 et spécialisée dans la production de documents et panneaux publicitaires, elle est propriétaire de deux usines, une au Québec et une en Colombie-Britannique. *Hardy Ltée* avait alors une expertise dans plusieurs champs du marketing : brochure et plaquette, campagne de communication, conception et rédaction commerciale, marketing direct, photographie. Afin de faire face aux importants besoins de capitaux nécessaires pour se développer dans les nouvelles technologies, *Hardy Ltée* a été introduite en bourse par ses fondateurs. Elle a fait l'objet d'une prise de contrôle majoritaire par le groupe *Sonmat Ltée* en 2008. Le nouveau propriétaire a décidé de l'intégrer au sein de son groupe dans le cadre d'une intégration horizontale. Détenant près de 92 % du capital, les dirigeants de *Sonmat Ltée* souhaitent aujourd'hui retirer de la bourse l'entreprise *Hardy Ltée* car ils estiment que les coûts liés à la cotation excèdent nettement les avantages financiers.

Henri Lelay est dirigeant de *Hardy Ltée* depuis 2008. Il a auparavant acquis une longue expérience de plus de 20 ans dans la publicité. *Sonmat Ltée* a procédé au changement de dirigeant après la prise de contrôle afin de développer une nouvelle stratégie axée sur le développement international et l'ouverture vers de nouveaux marchés tels que l'événementiel ou le monde sportif.

Cette nouvelle stratégie a été une réussite puisque l'entreprise a été choisie pour assurer la promotion de nombreuses entreprises canadiennes lors des Jeux olympiques de Londres en 2012, de Sotchi en 2014, de Rio de Janeiro en 2016 et elle a déjà signé différents contrats pour les Jeux olympiques en 2018 à Pyeongchang en Corée du Sud. Elle a également gagné plusieurs appels d'offres pour assurer la promotion d'une grande marque de soda en Asie et en Europe de l'Est.

L'essentiel des objectifs stratégiques ont donc été atteint et l'entreprise a plusieurs fois surpris le marché par son excellente performance. Il s'agit, selon le magazine *Time Business*, d'une belle réussite dans le monde de la publicité.

Le fait qui illustre le plus visiblement la transformation du Groupe a sans doute été, dans un contexte de très forte croissance du numérique, le lancement de *Arouas*, une initiative destinée à optimiser les performances des investissements des annonceurs et à maximiser les gains de parts de marché de *Hardy Ltée*. Cette initiative offre aux annonceurs la possibilité de toucher des audiences définies avec précision, en une seule campagne et sur des réseaux multiples.

Travail à faire

Recruté sur vos compétences en matière de gestion de la qualité de l'information financière par un fonds d'investissement activiste, il vous est demandé d'analyser l'opération de retrait de cotation. Le gestionnaire de fonds souhaite en effet savoir si la qualité de l'information comptable a été gérée au détriment des actionnaires minoritaires. Si cette qualité est faible, le fonds pourrait agir pour revaloriser l'offre en dénonçant les pratiques contraires à une bonne gouvernance.

À partir de vos connaissances et de votre jugement professionnel, vous devez réaliser une analyse de *Hardy Ltée* et rédiger un rapport comportant deux parties :

- **Une analyse de la gouvernance de l'entreprise *Hardy Ltée*.** L'analyse devra porter sur le conseil d'administration et l'auditeur de l'entreprise;
- **Une évaluation de la qualité de l'information financière de *Hardy Ltée*.** Dans cette section, vous devrez expliquer si le contexte de l'entreprise est favorable à une gestion de la qualité de l'information financière. Vous devrez également indiquer les éléments financiers pour lesquels une analyse approfondie mériterait d'être faite. Cette section doit bien entendu être spécifique au cas de *Hardy Ltée* et non être basée que sur des éléments théoriques.

États financiers de *Hardy Ltée*

Tableau 11.1 État de la situation financière

	2015	2014	2013
Immobilisations incorporelles	6 800	6 000	6 000
Immobilisations corporelles	42 300	59 500	75 500
Immobilisations financières	6 905	4 400	2 500
Actif non courant	**56 005**	**69 900**	**84 000**
Clients et comptes rattachés	7 990	6 950	6 840
Stocks et en-cours de production	4 206	3 500	3 420
Trésorerie et équivalents de trésorerie	3 670	2 691	560
Actif courant	**15 866**	**13 141**	**10 820**
Total	**71 871**	**83 041**	**94 820**

	2015	2014	2013
Capital social	3 000	3 000	3 000
Bénéfices non distribués	23 296	23 182	19 900
Résultat net	(3 099)	114	3 282
Total des capitaux propres	**23 197**	**26 296**	**26 182**
Dette financière	40 080	44 530	53 000
Impôts différés passifs	2 604	2 809	2 983
Passif non courant	**42 684**	**47 339**	**55 983**
Part à court terme de la dette financière	1 500	4 450	8 470
Fournisseurs et comptes rattachés	4 490	4 956	4 185
Passif courant	**5 990**	**9 406**	**12 655**
Total	**71 871**	**83 041**	**94 820**

Tableau 11.2 **État des résultats (en milliers $)**

	2015	2014	2013
Chiffre d'affaires	72 550	69 530	66 100
Charges de personnel	(45 060)	(43 300)	(42 780)
Autres charges opérationnelles	(14 420)	(15 020)	(15 600)
Amortissement	(17 200)	(16 000)	(5 760)
Autres produits et charges non courants	1 000	6 100	3 900
Résultat d'exploitation	**(3 130)**	**1 310**	**5 860**
Charges financières	(1 002)	(1 158)	(1 484)
Résultat avant impôt	**(4 132)**	**152**	**4 376**
Impôt sur le résultat	1 033	(38)	(1 094)
Résultat net de l'exercice	**(3 099)**	**114**	**3 282**

Fonctionnement des organes de direction et du conseil d'administration

Présentation du dirigeant : Henri Lelay, MBA

Henri Lelay est présent au sein de l'entreprise depuis 2008. Il a une expérience de plus de 20 ans dans la publicité. Il est administrateur indépendant de la Fondation des arts de Montréal (membre du comité de rémunération) et de l'entreprise *Atlantics* qui est spécialisée dans la distribution en ligne.

Il est ingénieur et titulaire d'un MBA.

Conseil d'administration

Rôle du conseil d'administration

Le conseil examine :

- Les orientations et accords stratégiques du groupe;
- Les opérations de croissance externe et interne du groupe, susceptibles d'affecter significativement les résultats ou de modifier sensiblement la structure du bilan;
- Les états financiers annuels et entend le rapport du comité d'audit;
- Les conventions intervenues au sein du groupe, et après avis du comité d'audit, la pertinence des options comptables retenues;
- Et prend connaissance du rapport environnemental et social.

Tableau 11.3 Composition du conseil d'administration

Noms	Fonctions
Henri Lelay	Président du conseil d'administration et directeur général
Nicolas Kao	Directeur général, *Sonmat Ltée*[a,b]
Arnaud Laraize	Président du conseil d'administration, *Sonmat Ltée*[a,b]
David Bach	Administrateur d'entreprise, Toronto (Ontario)[i]
Laura Bangui	Avocat, Montréal (Québec)[i,b]
Joel Bakan	Associé-gérant, *Banque Mazard* (États-Unis)[i,a]
John Perle	Directeur général, *Fropin Capital Management*, Los Angeles (États-Unis)[i,a]

[i] administrateur indépendant
[a] membre du comité d'audit
[b] membre du comité de rémunération

Fonctionnement du conseil d'administration

Le conseil d'administration s'est réuni 10 fois au cours de l'exercice 2013, neuf fois au cours de l'exercice 2014 et 11 fois en 2015.

Comités spécialisés

Sur proposition de son président, le conseil d'administration a constitué deux comités spécialisés : le comité d'audit et le comité de rémunération.

Le **comité d'audit** est chargé de surveiller les processus comptables, la communication de l'information financière du groupe et les audits réalisés par son auditeur externe. Le comité d'audit s'est réuni quatre fois en 2013, six fois en 2014 et huit fois en 2015.

Le **comité de rémunération** est en charge de la détermination du plan de rémunération d'Henri Lelay et des hauts dirigeants. Le comité de rémunération s'est réuni une fois en 2013, une fois en 2014 et une fois en 2015.

Rémunération du dirigeant

En raison du plan de restructuration de *Hardy Ltée* et afin de respecter les bonnes pratiques en matière de transparence et de gouvernance, la structure de rémunération d'Henri Lelay a été modifiée en 2015.

Tableau 11.4 Rémunération d'Henri Lelay (en milliers $)

	2015	2014	2013
Part fixe	790 $	300 $	300 $
Part variable	0 $	475 $	520 $
Autres avantages	20 $	20 $	20 $
Total	**810 $**	**795 $**	**840 $**

Honoraires d'audit

Le cabinet d'audit de la Société est un *big 4*, depuis la constitution de celle-ci. Les honoraires facturés à la Société pour l'exercice terminé le 31 décembre 2015 à l'égard de la Société et de ses filiales se sont élevés à environ 690 000 $.

Tableau 11.5 Honoraires versés à l'auditeur (en milliers $)

	2015	**2014**
Relatifs aux services d'audit	265	220
Relatifs aux services liés à l'audit	275	200
Relatifs aux services fiscaux	150	165
Autres	0	50
Total	**690**	**635**

Honoraires relatifs aux services d'audit : Ces honoraires se rapportent aux services professionnels fournis dans le cadre de l'audit et de l'examen des états financiers de la Société ou aux services fournis relativement à la production des documents devant être déposés en vertu des lois et des règlements et à la rédaction de lettres d'accord présumé à l'intention des organismes de réglementation des valeurs mobilières.

Honoraires pour services liés à l'audit : Ces honoraires comprennent les services de certification et services connexes rendus par l'auditeur indépendant. Ces services comprennent également les services relatifs aux consultations comptables ayant trait aux acquisitions et cessions ainsi que les examens du contrôle interne.

Honoraires pour services fiscaux : Ils comprennent les honoraires relatifs à l'assistance en planification fiscale, lors de restructurations et lors de prises de position fiscale, ainsi qu'à la révision des déclarations d'impôts et de taxes et aux opinions fiscales.

Autres honoraires : Ces honoraires sont relatifs aux services-conseils dans le cadre de projets, aux services de gestion des risques et aux services de conformité législative et réglementaire.

Cas Hardy Ltée
Corrigé

Introduction

Spécialisée dans le secteur de la publicité, *Hardy Ltée* est une entreprise canadienne cotée depuis plus de 15 ans. L'entreprise a connu de profonds changements au niveau des secteurs d'activités, de la technologie et de sa structure d'actionnariat.

Après sa prise de contrôle par *Sonmat Ltée*, la nomination d'un nouveau dirigeant a précédé une phase de réussite. En effet, l'entreprise a été choisie pour assurer la promotion de nombreuses entreprises canadiennes lors des Jeux olympiques de Londres en 2012, de Sotchi en 2014, de Rio de Janeiro en 2016 et elle a déjà signé différents contrats pour les Jeux olympiques en 2018 à Pyeongchang en Corée du Sud. Elle a également gagné plusieurs appels d'offres pour assurer la promotion d'une grande marque de soda en Asie et en Europe de l'Est.

Afin de pouvoir affecter de manière optimale les ressources d'*Hardy Ltée* dans ses activités principales, *Sonmat Ltée* souhaite procéder à une opération de retrait de cotation.

Gouvernance de l'entreprise *Hardy Ltée*

Gouvernance de la direction

L'analyse de la gouvernance au niveau de la direction doit se baser sur deux éléments principaux : la sélection du dirigeant et sa rémunération.

Sélection du dirigeant

Le processus de sélection du dirigeant, même si celui-ci s'est déroulé il y a plusieurs années, doit être étudié. Henri Lelay a été nommé en 2008 et a eu pour tâche de mettre en place la stratégie de *Sonmat Ltée* qui était de développer une stratégie axée sur le développement international et l'ouverture de nouveaux marchés.

Après 20 ans dans le secteur de la publicité, il est dirigeant de *Hardy Ltée* depuis sept ans. Aucune information n'est fournie sur son éventuel départ, et son respect de la stratégie initiale permet de supposer que *Sonmat Ltée* est satisfait de son travail.

Rémunération du dirigeant

Le tableau 11.6 montre l'évolution du montant versé au dirigeant. Celui-ci a baissé de 5 % en 2014, puis a augmenté de 2 % en 2015.

Tableau 11.6 **Montant de la rémunération d'Henri Lelay (en milliers $)**

	2015	2014	2013
Total	810 $	795 $	840 $

L'élément important dans une analyse de la rémunération n'est toutefois pas la question « combien? », mais plutôt « comment? ». Dans le cas d'Henri Lelay, la lecture du tableau 11.7 montre que la structure de la rémunération a profondément changé entre 2013 et 2015. En 2013, la part variable représentant près des deux tiers de la rémunération versée à Henri Lelay. En 2015, cette part est nulle, et la part fixe représente 98 % du salaire. Une telle variation doit toujours questionner l'analyste.

Tableau 11.7 **Structure de la rémunération d'Henri Lelay (en milliers $)**

	2015	2014	2013
Part fixe	98 %	38 %	36 %
Part variable	0 %	60 %	62 %
Autres avantages	2 %	2 %	2 %
Total	**100 %**	**100 %**	**100 %**

Hardy Ltée est engagé dans une procédure de retrait de cotation, c'est-à-dire que l'actionnaire principal souhaite acheter la participation des actionnaires minoritaires afin que l'entreprise publique devienne privée. Il s'agit d'un contexte favorable à une gestion de la qualité de l'information comptable et financière[104]. La direction pourrait avoir pour objectif une détérioration de l'image que dégagent les états financiers afin de pouvoir fixer un prix offert aux actionnaires minoritaires relativement faible.

Le changement de la structure de rémunération d'Henri Lelay, associé à un résultat en forte baisse, est le signe d'un changement de politique de rémunération. Lors de la baisse du résultat, la logique aurait voulu que la part variable baisse ainsi que le montant total versé. Ici, l'analyste est en droit de se demander si le changement de politique ne provient pas d'une volonté de stabiliser le salaire du dirigeant lorsque la stratégie de communication financière est de diminuer le résultat. Une analyse financière plus approfondie doit être réalisée.

Gouvernance du conseil d'administration et des comités spécialisés

Les sections suivantes traitent de toutes les problématiques liées à la gouvernance et portant sur le conseil d'administration et les comités spécialisés.

Structure du conseil et des comités spécialisés

Hardy Ltée est composé d'un conseil d'administration et de deux comités spécialisés, le comité d'audit et le comité de rémunération. Ces deux comités sont des acteurs essentiels en matière de gouvernance.

[104] Voir les chapitres portant sur la qualité de l'information comptable et financière

Tableau 11.8 Structure du conseil d'administration et des comités spécialisés

Noms	Fonctions	Conseil d'administration	Comité d'audit		Comité de rémunération	
		Indépendance	Membre	Indép.	Membre	Indép.
Henri Lelay	Président du conseil Directeur général					
Nicolas Kao[a,b]	Directeur général *Sonmat Ltée*		✓		✓	
Arnaud Laraize[a,b]	Président du conseil, *Sonmat Ltée*		✓		✓	
David Bach[i]	Administrateur d'entreprise, Toronto (Ontario)	✓				
Laura Bangui[i,b]	Avocat, Montréal (Québec)	✓			✓	✓
Joel Bakan[i,a]	Associé-gérant, *Banque Mazard* (États-Unis)	✓	✓	✓		
John Perle[i,a]	Directeur général *Fropin Capital Management* Los Angeles (États-Unis)	✓	✓	✓		
	Taux d'indépendance	**57 %**		**50 %**		**33 %**

Indépendance des administrateurs

Le conseil d'administration et le comité d'audit sont majoritairement indépendants : quatre administrateurs sur sept pour le conseil et deux administrateurs sur quatre pour le comité d'audit. La composition de ces deux comités respecte les conditions minimales en matière d'indépendance. Une amélioration est toutefois possible : une augmentation de la proportion d'administrateurs indépendants permettrait de dépasser le seuil de 66 % recommandé par de nombreux codes de bonnes pratiques.

Concernant le comité de rémunération, la situation est tout autre. Composé de trois membres, il n'est que minoritairement indépendant. Il faut surtout voir que le comité est composé de deux représentants de l'actionnaire principal : le dirigeant et le président du conseil d'administration de *Sonmat Ltée*. Cette situation donne un poids significatif à l'actionnaire majoritaire dans la définition de la rémunération du dirigeant de *Hardy Ltée*. La question fondamentale que l'analyste doit se poser : **Est-ce que les incitatifs présents dans le contrat signé avec Henri Lelay ont pour objectif d'accroître la valeur de l'entreprise *Hardy Ltée* ou celle de son actionnaire principal *Sonmat Ltée*?**

Expertise des administrateurs

Le conseil d'administration est composé des représentants du principal actionnaire (deux sièges sur un total de sept), d'un avocat, d'un banquier d'affaires, d'un investisseur en capital-risque et d'un administrateur d'entreprise. Les trois expertises (managériale, sectorielle, formation) sont ici observables.

L'expertise managériale est vérifiée par la participation de dirigeants, notamment celui de l'actionnaire majoritaire, et de conseillers classiques de dirigeants (avocats, banquiers d'affaires). L'expérience sectorielle est également présente en raison du fait que *Sonmat Ltée* présente une activité comparable à *Hardy Ltée*, telle que l'indique la stratégie d'intégration horizontale. Enfin, la troisième expertise, celle relative à la formation, n'est pas directement observable, mais elle peut être déduite à partir des différentes qualités des représentants des actionnaires majoritaires.

Taille du conseil d'administration

Le conseil d'administration est composé de sept membres. Il s'agit, selon les nombreux travaux réalisés sur le sujet[105], d'un nombre restreint d'administrateurs qui permet à cet organe d'être efficace.

Séparation des fonctions de contrôle et de direction

Le directeur général de *Hardy Ltée* est également le président du conseil d'administration. Réunir ces deux tâches en une seule et même personne présente un risque majeur de confusion des fonctions.

Fréquence des réunions

Une mesure objective de l'efficacité du conseil d'administration et des comités spécialisés est le nombre de réunions. Bien que cette mesure ne soit pas parfaite, elle est une information objective et disponible pour l'analyste

La figure 11.1 présente les statistiques relatives à l'entreprise *Hardy Ltée*. Le nombre de réunion du conseil d'administration et du comité de rémunération est stable. Une réunion mensuelle du conseil est une pratique courante, de même qu'une réunion annuelle du comité de rémunération.

L'élément surprenant est la multiplication par deux du nombre de réunions du comité d'audit, le nombre passant de quatre à huit. Une telle évolution est un signe d'un plus grand effort des administrateurs dans le processus de gestion des risques et d'audit de l'entreprise. Le travail de tout analyste doit alors être de comprendre pourquoi un effort plus intense est réalisé.

Figure 11.1 **Fréquence des réunions**

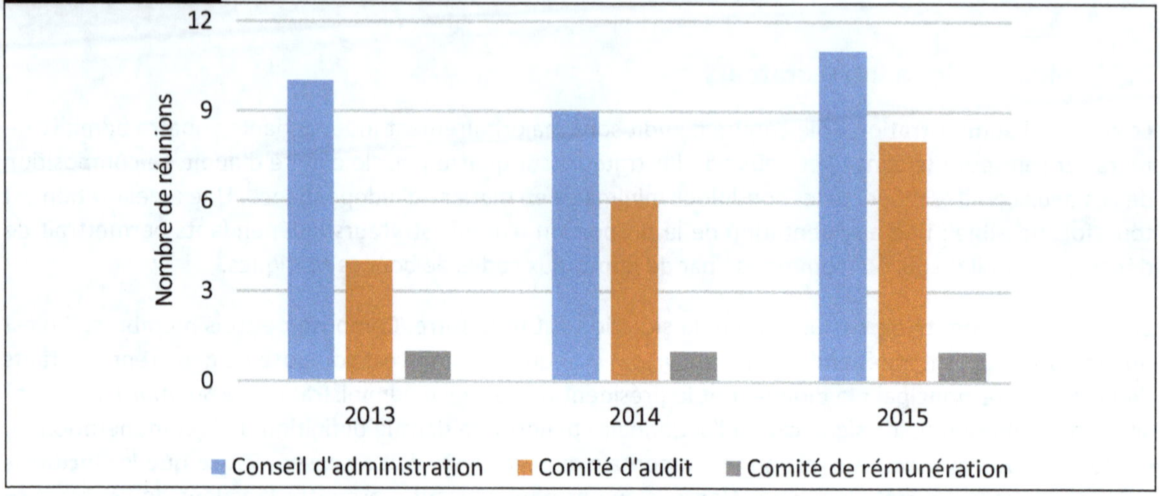

[105] Pour plus d'informations sur ces travaux, voir le chapitre portant sur le conseil d'administration.

L'analyse du conseil et des comités nécessite, comme celle des dirigeants, de prendre en compte le contexte de l'entreprise. Deux éléments sont importants pour apprécier le travail du comité d'audit. *Hardy Ltée* est en phase de retrait de cotation par l'actionnaire majoritaire dont les dirigeants sont deux des quatre membres du comité d'audit. Dans ces conditions, l'accroissement du nombre de réunions du comité d'audit est surprenant, car la majorité des membres disposent déjà d'une information privée et d'un pouvoir de contrôle sur la direction d'*Hardy Ltée*. Une telle surprise est rarement un signal qui peut être qualifié de bon.

Conclusion relative au conseil et aux comités spécialisés

Bien que présentant des éléments favorables, la structure de gouvernance de *Hardy Ltée* est une source d'inquiétudes :

- Le poids important de l'actionnaire majoritaire au sein du conseil;
- La présence des dirigeants de l'actionnaire majoritaire dans le comité de rémunération qui a modifié significativement la rémunération du dirigeant en lui accordant une part fixe élevée;
- La hausse surprenante du nombre de réunions du comité d'audit.

Ces différentes conclusions représentent une information importante pour l'investisseur, qui pourrait les transformer en des motivations pour une opération d'activisme.

Gouvernance de la relation audité-auditeur

Choix de l'auditeur

Le choix d'un *big 4* est relativement logique pour une entreprise cotée en bourse, dont l'activité s'étend sur tout le territoire canadien, qui réalise un chiffre d'affaires de 72 millions $ et qui a un actif comptable de 71 millions $.

Honoraires d'audit et de conseil

L'analyse des honoraires versés à l'auditeur a pour objectif d'apprécier la relation entre ce dernier et son client. Il est en effet possible, à partir de cette observation, de détecter d'éventuels conflits d'intérêts ou manquements au principe d'indépendance.

Les tableaux 11.9 et 11.10 exposent la structure et l'évolution des honoraires versés. En termes de montant, les honoraires d'audit ont augmenté en 2015, alors que les honoraires de conseil ont diminué. Ensuite, il doit être noté que les honoraires d'audit représentent, pour les trois années concernées, entre 84 et 90 % des honoraires totaux. Cette relative stabilité n'indique pas de problèmes majeurs en matière de gouvernance.

Tableau 11.9 Évolution des honoraires

	2015	2014
Honoraires relatifs à l'audit	15 %	1 %
Honoraires de conseil	-34 %	-26 %
Honoraires totaux	**14 %**	**-4 %**

Tableau 11.10 Structure des honoraires versés *(en % du total)*

	2015	2014	2013
Honoraires relatifs aux services d'audit	49 %	43 %	43 %
Honoraires relatifs aux services liés à l'audit	41 %	45 %	41 %
Sous-total	**90 %**	**88 %**	**84 %**
Honoraires relatifs aux services fiscaux	4 %	7 %	9 %
Autres honoraires	6 %	5 %	7 %
Total	**100 %**	**100 %**	**100 %**

Conclusion

Hardy Ltée présente une gouvernance de qualité moyenne, notamment en ce qui concerne la direction et le conseil d'administration. Tout d'abord, ce dernier ne répond pas aux critères de qualité en matière de composition, de structure et d'efficacité. De plus, l'analyse de la politique de rémunération du dirigeant a mis en évidence un changement majeur ayant pour effet de faire disparaître toute incitation à la performance.

Évaluation de la qualité de l'information financière

La gouvernance comme incitation à la gestion de l'information financière

La mauvaise gouvernance de l'entreprise est un premier signal sur la possibilité d'une mauvaise qualité de l'information comptable et financière.

Hardy Ltée est dans une période propice à une gestion du résultat à la baisse. En effet, lors d'une procédure de retrait de cotation, l'actionnaire contrôlant peut être incité à dégrader l'image financière de l'entreprise afin de fixer un prix faible aux actionnaires minoritaires, alors qu'il sait, du fait de son accès privilégié à l'information, que sa santé est bonne.

Un indice important doit amener l'analyste à se poser des questions sur la politique de gestion de la qualité de l'information comptable et financière : la politique de rémunération du dirigeant. En effet, il a pu être constaté que la part variable accordée au dirigeant est devenue nulle, alors que la part fixe a plus que doublé.

L'analyse financière comme outil d'évaluation de la qualité de l'information comptable et financière

Lors d'une modification significative de la **structure de rémunération du dirigeant** de l'entreprise, il est essentiel de procéder à une analyse financière de l'entreprise afin d'en comprendre les raisons.

L'entreprise *Hardy Ltée* a vu sa situation, en terme de ratios de rentabilité et de marge, devenir désastreuse entre 2013 et 2015. Durant cette période, le résultat net de l'entreprise est passé de 3,28 millions $ en 2013, à 0,11 million $ en 2014 et enfin à – 3,1 millions $ en 2015. Le tableau 11.11 fournit les ratios de performance les plus utilisés.

Tableau 11.11 **Ratios de performance**

	2015	2014	2013
Rentabilité des capitaux propres	-13,36 %	0,43 %	12,54 %
Rentabilité de l'actif	-4,31 %	0,14 %	3,46 %
Marge d'exploitation	-4,31 %	1,88 %	8,87 %
Marge nette	-4,27 %	0,16 %	4,97 %
Rentabilité des capitaux propres	-13,36 %	0,43 %	12,54 %
Rentabilité de l'actif	-4,31 %	0,14 %	3,46 %

La lecture des résultats permet de comprendre pourquoi la part variable de la rémunération du dirigeant est devenue nulle en 2015. Par contre, la question reste posée pour l'évolution de la part fixe.

Une analyse financière ne doit surtout pas se limiter aux seuls ratios de performance et, au sens large, aux seuls ratios comptables. Il est essentiel de comprendre les raisons qui expliquent ces ratios. Pour cela, il faut lire attentivement tous les documents et essayer de retracer la vie de l'entreprise et les intérêts de ses parties prenantes.

Dans le cas de *Hardy Ltée*, le principal acteur est l'actionnaire majoritaire, *Sonmat Ltée*. Il a nommé le dirigeant, est présent au conseil et dans les comités spécialisés et a un intérêt particulier qui est de retirer l'entreprise de la cotation. Or, son objectif pourrait être de minimiser le coût de l'opération en proposant un prix bas.

Une fois cette hypothèse formulée, l'analyse financière doit consister à la confirmer ou à l'infirmer. Les ratios de performance tendent à fournir une image dégradée de l'entreprise et donc à inciter les actionnaires à vendre leurs titres à un prix faible. Toutefois, une question est ici importante : pourquoi les ratios sont-ils si faibles?

Différents postes comptables représentent des leviers disponibles pour une éventuelle gestion de la qualité de l'information comptable et financière. Un poste doit être particulièrement surveillé : **les amortissements**. Il est en effet possible de modifier différentes estimations comptables, telles que les durées de vie des actifs immobilisés, pour modifier le montant des amortissements sans avoir à retraiter rétrospectivement les états financiers.

Les amortissements sont passés de 5 760 milliers $ en 2013 à 16 000 milliers $ en 2014, puis à 17 200 milliers $ en 2015. Cette augmentation de près de 200 % en deux ans est surprenante pour une entreprise dont l'activité n'a connu qu'une faible hausse (+ 10 % du chiffre d'affaires). Mais ce caractère surprenant l'est moins au regard de la situation. La stratégie de retrait de cotation s'associe très bien avec une gestion du résultat à la baisse.

De plus, cette gestion du résultat explique parfaitement le changement de la structure de rémunération du dirigeant. Afin de ne pas pénaliser ce dernier du changement de politique comptable, la part fixe de sa rémunération a été augmentée. Cela représente une incitation à la gestion du résultat à la baisse.

Conclusion

La qualité de l'information publiée par l'entreprise est faible en raison des incohérences présentes dans les documents comptables. Les importantes pertes affichées l'année du retrait de la cotation boursière, la forte augmentation des amortissements et la modification de la politique de rémunération sont les signes d'une forte gestion du résultat à la baisse.

12 Cas Thomson & French Inc.

Énoncé et corrigé

Cas Thomson & French Inc.
Énoncé

Énoncé du cas

> *« Votre décision de vous développer en Amérique du Sud est excellente, car vous profiterez ainsi de l'ouverture de ses marchés. Notre étude de la rentabilité du projet et nos conseils sur son financement montrent que l'opération est intéressante pour Thomson & French Inc. et ses actionnaires. Maintenant, il est important que nous évaluions les risques associés à la gouvernance et aux fraudes potentielles dans le déroulement du projet. L'actualité récente montre que la fraude peut être la raison principale d'un échec. Je vous rappelle rapidement. Bonne journée. »*

Sur ces mots, Anna Trian raccrocha le téléphone. Associée principale du cabinet de conseil dans lequel vous travaillez depuis peu, Anna Trian est assise en face de vous dans la salle de réunion. À côté de vous se trouve Francis Thibaut, avocat-conseil, et Jean-Marie Tourie, économiste spécialisé dans les marchés sud-américains. Anna Trian se tourne vers vous :

> *« Nous sommes ravis de ton arrivée au sein du cabinet. Les recommandations que j'ai eues concernant ton premier travail en cabinet d'audit m'ont clairement indiqué que tu travailles fort. En plus, durant ton second emploi au sein d'un service de police, tu as dû développer une véritable compétence pour identifier les situations dangereuses. C'est en rencontrant des fraudeurs et des victimes qu'il est possible de comprendre pourquoi un système a failli.*
>
> *« C'est dans cette perspective que tes compétences nous serons d'une grande utilité. De plus en plus de clients nous demandent d'évaluer le risque de fraude au sein de leur organisation. »*

Anna Trian vous expose la situation du client : *Thomson & French Inc.* est une entreprise canadienne, cotée en bourse, spécialisée dans le secteur aurifère, c'est-à-dire dans l'acquisition de biens miniers aurifères et dans l'extraction et le traitement de minerai aurifère. De dimension internationale, l'entreprise a son siège social à Toronto. Elle mène des activités d'exploration et de production d'or essentiellement au Canada, aux États-Unis, au Ghana et en Mauritanie. L'or, sous forme d'argent aurifère, est expédié à des raffineries en vue de son traitement final.

En matière d'information financière, les nombreux investisseurs institutionnels actionnaires de *Thomson & French Inc.* exigent depuis plusieurs années des états financiers trimestriels détaillés. L'objectif d'une telle communication financière est de présenter l'impact de l'évolution du cours de l'or, particulièrement volatile au cours des dernières années, sur le volume d'activité.

Thomson & French Inc. a annoncé la découverte d'une nouvelle zone aurifère en Bolivie. Son exploitation permettrait la construction d'une nouvelle mine qui augmenterait la production annuelle de 830 000 onces d'or pendant cinq ans pour un coût total de 500 dollars l'once.

Toutefois, avant de pouvoir envisager la construction de cette mine, *Thomson & French Inc.* doit obtenir un *claim* minier, c'est-à-dire un droit exclusif de prospection et de mise en valeur des minéraux découverts, auprès du gouvernement bolivien.

Étant donné que l'entreprise n'est pas présente en Bolivie pour l'instant et qu'elle n'envisage de l'être de manière continue que si le droit minier est obtenu, elle décide aujourd'hui de ne créer qu'une simple entité dont elle sera l'unique actionnaire et qui ne disposera que des ressources permettant de négocier avec le gouvernement. Ses ressources seront essentiellement de la trésorerie destinée au financement du processus d'obtention du droit minier. Cette trésorerie sera utilisée pour la rémunération du représentant de *Thomson & French Inc.*, ses frais accessoires, la location des locaux et les dépenses relatives aux procédures administratives.

Afin de créer cette structure, la direction des ressources humaines a diffusé différentes offres d'emploi par courriel aux employés. Peu se sont montrés intéressés mais, parmi eux, un candidat s'est dégagé : Édouard Mondego.

Présent dans l'entreprise depuis trois ans, il a déjà une longue expérience en Bolivie et avec son gouvernement en raison de son précédent emploi de directeur des relations publiques, fonction qu'il occupa durant six ans chez *Jallon Inc.*, une entreprise minière américaine. Titulaire du titre professionnel CPA, CA, il avait exercé auparavant durant quatre ans au sein d'un cabinet d'audit spécialisé dans le secteur minier avant de le quitter pour *Jallon Inc.*

Au sein de *Thomson & French Inc.*, il a eu des problèmes d'intégration, car il a eu du mal à supporter de devoir partager ses responsabilités avec les autres membres du comité exécutif. Il estime également que sa courte expérience ne justifie pas la différence de salaire existante avec ses collègues. Son salaire est en effet basé plus sur l'ancienneté dans l'entreprise que sur l'expérience professionnelle.

Il est ravi de pouvoir partir en Bolivie afin de retrouver une certaine indépendance. De plus, il a expliqué à la directrice des ressources humaines que sa situation personnelle l'incite à changer de cadre de vie. Un divorce récent et la difficulté de rembourser l'hypothèque de sa maison, qu'il a dû vendre à un prix, selon lui, ridicule, l'incitent à choisir un emploi bien rémunéré, même à l'étranger.

La direction de *Thomson & French Inc.*, ravi de trouver un candidat de cette valeur, lui a imposé de devoir rendre des comptes financiers mensuellement au directeur de la branche exploration, Bernard Hermite, ingénieur de formation. Ce dernier aura pour fonction d'évaluer la performance financière et les risques de cette nouvelle activité sud-américaine.

Inquiet de cette opération réalisée dans un pays disposant d'une mauvaise réputation en matière de transparence, le principal actionnaire, *Gayta Inc.* souhaite connaître les risques de fraude encourus par l'entreprise.

Réalisée à partir des informations relatives à la gouvernance de *Thomson & French Inc.* et à Édouard Mondego, votre rapport comportera deux parties :

- Une **évaluation de la gouvernance** de *Thomson & French Inc.*;
- Une **analyse des éléments qui**, selon votre jugement, **représentent un contexte favorable à la fraude**.

Informations relatives à *Thomson & French Inc.*

Conseil d'administration

Rôle du conseil d'administration

Les dispositions générales sont les suivantes :

- La limite d'âge pour l'exercice des fonctions d'administrateur est fixée à 70 ans. Elle peut être prolongée à 75 ans dans le cas où le nombre des administrateurs ayant dépassé l'âge de 70 ans n'est pas supérieur au cinquième des administrateurs en fonction;
- La limite d'âge pour l'exercice des fonctions de président du conseil, du chef de la direction et des vice-présidents est quant à elle fixée à 65 ans. Elle peut être prorogée, à l'initiative du conseil, jusqu'à 67 ans;
- Chaque administrateur doit être propriétaire de 750 actions au moins pendant la durée de son mandat.

Le conseil examine :

- Les orientations et accords stratégiques du groupe;
- Les opérations de croissance externe et interne du groupe, susceptibles d'affecter significativement les résultats ou de modifier sensiblement la structure du bilan;
- Les états financiers annuels et entend le rapport du comité d'audit;
- Les conventions intervenues au sein du groupe, et après avis du comité d'audit, la pertinence des options comptables retenues;
- Et prend connaissance du rapport environnemental et social.

Il arrête, sur rapport du comité de rémunération, les plans d'attribution d'options d'achat d'actions et se prononce sur les rémunérations des principaux dirigeants du groupe.

Tableau 12.1 Composition du conseil d'administration

Noms	Fonctions
Michael Pippan	Président du conseil d'administration[i] Ancien dirigeant de *Gold Corporation*
Scot Jordan	Directeur général
Peter Nordick	Administrateur d'entreprise, Toronto (Ontario)[i, a]
Edward Tony	Gérant de portefeuille, *Shark Investment*, Toronto (Ontario)[i, b]
Richard Gallan	Professeur de génie civil, Université d'Alberta (Alberta)[i, b]
Delphine Storck	Avocate, Montréal (Québec)[i, a]
Marie Tuillet	Présidente du conseil et directrice générale, *Joaillerie international* (France)
Bernard Shot	Associé-gérant, *Banque Tazard* (États-Unis)[i, b]

[i] administrateur indépendant
[a] membre du comité d'audit
[b] membre du comité de nomination et de rémunération

Fonctionnement du conseil d'administration

Le conseil d'administration s'est réuni 10 fois au cours de l'exercice 2013, 12 fois au cours de l'exercice 2014 et 12 fois en 2015.

Comités spécialisés

Sur proposition de son président, le conseil d'administration a constitué deux comités spécialisés : le comité d'audit et le comité de nomination et de rémunération.

Le comité d'audit est chargé de surveiller les processus comptables et de communication de l'information financière du groupe et les audits réalisés par son auditeur externe.

Le comité de nomination et de rémunération est nommé par le conseil d'administration afin de l'assister sur la question fondamentale des lignes directrices relatives à la nomination et à la rémunération des administrateurs et des membres de la haute direction de l'entreprise.

Le comité d'audit s'est réuni cinq fois au cours de l'exercice 2013, cinq fois au cours de l'exercice 2014 et six fois en 2015. Le comité de nomination et de rémunération s'est réuni une fois au cours de l'exercice 2013, une fois au cours de l'exercice 2014 et une fois en 2015.

Informations relatives à Édouard Mondego

Présentation d'Édouard Mondego

Édouard Mondego est titulaire du titre professionnel CPA, CA et détenteur d'une maîtrise en relations internationales de l'université Paris-Sorbonne (France). Il est également titulaire d'un MBA.

Âgé de 38 ans et présent dans l'entreprise depuis trois ans, il a déjà une longue expérience en Bolivie en raison de son précédent emploi de directeur des relations publiques, notamment avec le gouvernement bolivien, fonction qu'il occupa durant six ans chez *Jallon Inc.*, entreprise minière américaine. Il a auparavant travaillé durant quatre ans au sein d'un cabinet d'audit spécialisé dans le secteur minier avant de le quitter pour *Jallon Inc.*

Rémunération d'Édouard Mondego

La rémunération d'Édouard Mondego est basée sur la réussite de sa mission, c'est-à-dire l'obtention du droit minier. Ainsi, la part fixe sera de 80 000 $ et la part variable de 350 000 $ en cas de réussite et nul dans le cas contraire. Il lui sera également attribué un nombre significatif d'actions *Thomson & French Inc.* afin de l'inciter à participer à la croissance du groupe.

Cas Thomson & French Inc.
Corrigé

Introduction

Le cas *Thomson & French Inc.* a pour objectif d'initier le lecteur à l'analyse de la gouvernance d'une entreprise et à l'identification des fraudes potentielles. Il permet également d'amener le lecteur à avoir une réflexion sur les moyens qui peuvent être déployés pour lutter contre ces fraudes.

Thomson & French Inc. présente l'avantage, d'un point de vue pédagogique, d'associer un risque élevé des différents types de fraudes concernant le développement d'une nouvelle activité, alors que le système de gouvernance actuel de l'entreprise est de qualité.

L'étude de cas permet donc d'amener le lecteur à développer une capacité d'analyse sur ces concepts fondamentaux, tout en mettant en avant qu'une gouvernance de qualité n'implique pas toujours qu'une extension de l'entreprise est nécessairement sans risque.

Gouvernance du conseil d'administration

La première section porte sur l'évaluation de la qualité du conseil d'administration et des comités spécialisés.

Structure du conseil d'administration et des comités spécialisés

Thomson & French Inc. est composé d'un conseil d'administration et de deux comités spécialisés : le comité d'audit et le comité de nomination et de rémunération.

Tableau 12.2 **Analyse du conseil d'administration et des comités spécialisés**

Noms	Conseil d'administration	Comité d'audit		Comité de rémunération	
	Indépendance	Membre	Indép.	Membre	Indép.
Michael Pippan	✓				
Scot Jordan					
Peter Nordick	✓	✓	✓		
Edward Tony	✓			✓	✓
Richard Gallan	✓			✓	✓
Delphine Storck	✓	✓	✓		
Marie Tuillet					
Bernard Shot	✓			✓	✓
Jonathan Bruet	✓	✓	✓		
Indépendance	**78 %**	**3**	**100 %**	**3**	**100 %**

Indépendance des administrateurs

Le conseil d'administration est majoritairement indépendant et les deux autres comités (audit et nomination et rémunération) sont indépendants à 100 %. Cette indépendance prononcée est le signe d'une bonne gouvernance. Le cadre est favorable à une discussion de l'ensemble des décisions managériales par des administrateurs qui ne se trouvent pas en conflit d'intérêts.

Expertise des administrateurs

Bien que l'exercice de la mission du conseil d'administration soit collégiale, il est important de connaître les expertises de chacun des administrateurs. Les trois expertises pour un conseil d'administration efficace sont l'expertise managériale, l'expertise sectorielle et l'expertise en termes de formation.

- L'expertise managériale est vérifiée par la présence de nombreuses personnes ayant assuré des fonctions de direction;
- L'expertise sectorielle est assurée par Marie Tuillet, la présidente et directrice de Joaillerie international, et par Michael Pippan, président du conseil d'administration et ancien dirigeant d'une entreprise du secteur;
- L'expertise en matière de formation est présente via le président du conseil d'administration qui a été un ingénieur diplômé spécialisé dans le secteur minier.

Taille du conseil d'administration

Le conseil d'administration est composé de neuf membres, nombre qui permet des réunions efficaces. Il est toujours dangereux d'avoir un conseil de grande taille, car cela offre peu de temps de parole à chaque administrateur. Il a été démontré qu'un nombre d'administrateurs supérieur à huit ou neuf représente un risque élevé d'enracinement du dirigeant[106].

Fonctions de président et de directeur

Les fonctions de contrôle (président du conseil) et du directeur général sont séparées et permettent ainsi une meilleure répartition des rôles.

Fréquence des réunions

La fréquence des réunions du conseil et des comités spécialisés est un indicateur de l'efficacité et de l'effort des organes de contrôle. Dans le cas de *Thomson & French Inc.*, le conseil d'administration s'est réuni à un rythme mensuel au cours des trois dernières années. Un tel rythme est convenable, car il permet une surveillance de l'activité.

[106] Jensen, M. C. (1993), "The modern industrial revolution, exit, and the failure of internal control systems", *Journal of Finance*, vol. 47 n°3, p. 831-880

Figure 12.1 **Évolution du nombre de réunions**

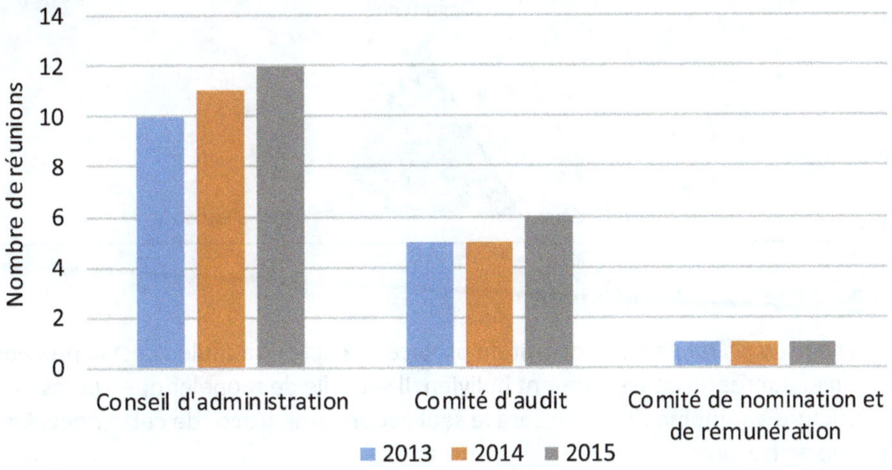

Analyse des comités spécialisés

Comité d'audit

Le comité d'audit est indépendant à 100 %. Un des membres est un comptable professionnel agréé qui a donc une expertise en matière d'information financière et de gestion des risques. Le comité s'est réuni tous les deux mois. Ce rythme est logique pour une entreprise devant publier des comptes trimestriellement.

Comité de nomination et de rémunération

Le comité de nomination et de rémunération est indépendant à 100 %. Il est composé d'expertises différentes : un associé-gérant d'une banque, un gérant de portefeuille et un professeur d'université en génie civil. Il s'est réuni une fois par an. Il s'agit d'une activité peu importante, mais parfaitement logique lorsqu'il n'y a pas de changements majeurs au sein de la direction.

Fraude : risques et recommandations

Cette section porte sur l'évaluation du risque de fraude du point de vue de la personnalité du fraudeur potentiel et de l'acte frauduleux lui-même.

Identification du point de vue de la personnalité du fraudeur

Afin d'apprécier le risque d'occurrence d'une fraude, il faut savoir si un individu répond aux incitations de celui qui franchit la limite légale. Afin de le vérifier, l'outil le plus simple est le triangle de la fraude.

Le triangle de la fraude : un outil de détection du fraudeur

Trois critères définissent le comportement des criminels en col blanc :

1. Ils connaissent une pression financière qu'ils ne peuvent partager ou faire subir à leur entourage;
2. Ils bénéficient d'une opportunité de réaliser une action frauduleuse du fait de leur connaissance approfondie de la fonction qu'ils occupent et;
3. Ils arrivent à se convaincre que leurs actes ne sont pas criminels.

Figure 12.2 **Triangle de la fraude**

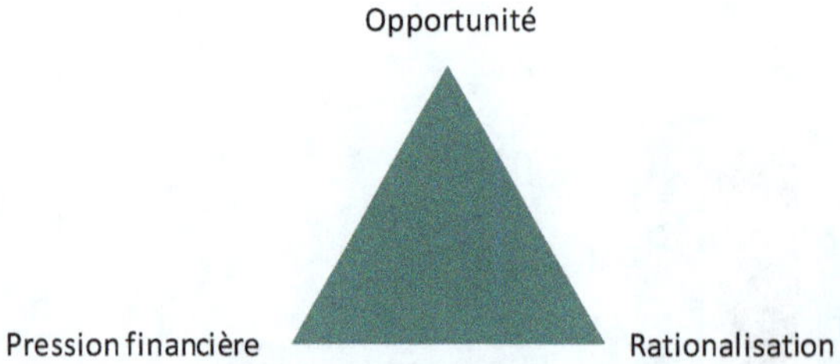

Application au cas d'Édouard Mondego

Dans le cas de *Thomson & French Inc.*, l'opération propice aux actes frauduleux est la procédure d'obtention du *claim* minier auprès du gouvernement bolivien. Il est utile de rappeler que *Thomson & French Inc.* va créer une structure autonome dont elle sera le seul actionnaire. L'actif de cette nouvelle structure ne sera composé que de trésorerie.

Opportunités

Le premier pilier du triangle de la fraude est l'opportunité du fraudeur. Dans le cas de *Thomson & French Inc.*, Édouard Mondégo dispose de deux expertises qui peuvent faire naître une opportunité :

- Une **expertise dans le domaine des relations publiques** et plus particulièrement avec le monde politique et la fonction publique boliviens. Son expérience des négociations avec les personnes ayant un pouvoir important dans l'attribution de droit minier représente certes un avantage pour l'entreprise, mais aussi un risque de corruption.

- Une **expertise développée dans l'audit** avec une spécialisation dans le secteur minier. Son expertise en matière d'audit, c'est-à-dire dans le contrôle de données comptables et dans la gestion des risques, peut faciliter les fraudes relatives aux états financiers ainsi que la dissimulation d'un détournement d'actifs. Son expertise financière est d'autant plus significative que la personne à qui il va rendre des comptes ne semble pas avoir de compétences comptables.

Pressions financières

Édouard Mondégo vit une période difficile du point de vue personnel : un **divorce récent**, une **difficulté d'intégration** au sein de l'entreprise et la **difficulté de rembourser** l'hypothèque à la suite de la vente de sa maison. Ces pressions financières accentuent le risque qu'il franchisse la frontière de la légalité. Il faut noter qu'il s'agit d'un risque et non d'une certitude.

Une pression financière provient également du **mode de rémunération** d'Édouard Mondego. La majeure partie de la rémunération ne sera versée que si la mission en Bolivie est réussie. Dans ce cas, il y a une incitation certaine à obtenir le droit minier, même si cela doit passer par un acte frauduleux.

Rationalisation

La rationalisation supposée dans le modèle du triangle de la fraude est le processus par lequel le fraudeur réalise son acte tout en restant dans sa zone de confort moral. Différents éléments permettent de voir une rationalisation potentielle :

- **Le sentiment d'être moins payé que les autres salariés**. Le point important n'est pas de savoir si la différence est justifiée, mais de comprendre pourquoi il a ce sentiment.

- **Le sentiment d'avoir perdu le fruit de son travail passé** dans un divorce et la vente précipitée de sa maison. Ce sentiment envers la société en général pourrait être utilisé pour justifier l'acte frauduleux.

Approche comportementale et psychologique

En cas de risque de fraude, il est utile de vérifier si des comportements spécifiques aux fraudeurs existent au sein de l'entreprise. L'*Association of Certified Fraud Examiner* (*ACFE*) a défini une liste de comportements à risque dans son rapport annuel. Les principaux indices comportementaux observés sont les suivants[107] : les fraudeurs ont un train de vie supérieur à leurs revenus et/ou ils connaissent des difficultés financières. Les autres principaux indices comportementaux sont : la proximité avec un client ou un fournisseur, l'absence de volonté de partager ses tâches, un comportement peu scrupuleux et un divorce récent.

Dans le cas d'Édouard Mondego et de *Thomson & French Inc.*, différents clignotants sont au rouge et mériteraient une attention particulière :

- Édouard Mondego fait face à d'importantes difficultés financières (divorce, vente de sa maison à un prix trop faible, etc.);
- Il a du mal à s'intégrer au sein de l'organisation. Cette difficulté provient notamment de sa réticence à partager ses responsabilités;
- Édouard Mondego a tissé depuis longtemps des relations privilégiées avec le gouvernement bolivien. Il est important de surveiller les pouvoirs attribués à un individu seul, sans contrôle sérieux, qui disposent d'une trésorerie pour négocier avec des partenaires anciens.

Évaluation du risque de fraude

Trois types de fraudes existent[108] : le détournement d'actifs, la corruption et la fraude relative aux états financiers.

Détournement d'actifs

Le risque de détournement d'actifs est élevé et plusieurs fraudes potentielles existent :

- La mise à disposition de la trésorerie à Édouard Mondego préalablement à toute activité est d'autant plus risquée que l'argent sera disponible en Bolivie, pays dans lequel *Thomson & French Inc.* est absent;
- Il existe un risque de remboursement de dépenses abusives, étant donné qu'Édouard Mondego n'a des comptes à rendre qu'à une personne qui n'a pas de compétences comptables.

Conclusion

En raison du faible contrôle de la trésorerie mise à disposition d'Édouard Mondego, le risque de détournement d'actif est **élevé**.

Corruption

La mission principale d'Édouard Mondego étant d'obtenir un droit minier, il est tout à fait imaginable qu'il ait recours à la corruption pour accélérer le processus. Sa bonne maîtrise des relations avec le gouvernement bolivien et sa rémunération incitative sont des éléments qui doivent amener l'analyste à se poser des questions.

---

[107] Pour plus de détails, voir le chapitre sur la détection et la prévention de la fraude.

[108] Pour plus de détails, voir le chapitre sur la définition de la fraude.

Conclusion

En raison du contexte de l'investissement et de la personnalité d'Édouard Mondego, le risque de corruption est **élevé**.

Fraude relative aux états financiers

Dans le cas d'Édouard Mondego, le risque d'une fraude relative aux états financiers est relativement simple à évaluer. Sa rémunération étant essentiellement incitative et basée sur l'obtention du droit minier, il est possible de produire des états financiers intégrant le droit comme acquis, alors qu'il ne l'est pas.

Conclusion

En raison du faible contrôle des opérations, le risque d'une fraude relative aux états financiers rendus par Édouard Mondego à *Thomson & French Inc.* est **élevé**.

Conclusion

La conclusion de l'étude de cas est double :

- La qualité de la gouvernance de l'entreprise *Thomson & French Inc.* est élevée. L'essentiel des critères relatifs au conseil d'administration et à la relation avec l'auditeur externe indique que le risque est bien géré au sein de l'entreprise;
- Au contraire, la gestion des risques dans l'opération de développement international est de mauvaise qualité. Le choix du processus pour obtenir le droit minier et de l'individu en charge de l'opération est particulièrement risqué.

www.ingramcontent.com/pod-product-compliance
Lightning Source LLC
LaVergne TN
LVHW080647011026
849160LV00014B/1352